3D打印产业知识产权问题研究
——以新一轮科技革命为视角

单晓光　程德理　李文红 ◎ 等著

3D DAYIN CHANYE
ZHISHI CHANQUAN WENTI YANJIU

知识产权出版社
全国百佳图书出版单位
—北京—

图书在版编目（CIP）数据

3D 打印产业知识产权问题研究：以新一轮科技革命为视角/单晓光等著. —北京：知识产权出版社，2021.4

ISBN 978-7-5130-7451-3

Ⅰ.①3… Ⅱ.①单… Ⅲ.①立体印刷—印刷术—知识产权—研究—中国 Ⅳ.①D923.404

中国版本图书馆 CIP 数据核字（2021）第 050445 号

内容提要

本书分为上下两篇。上篇为总论，主要论述了 3D 打印技术及其产业发展与知识产权制度之间的辩证关系。从 3D 打印技术及其产业发展现状入手，从理论角度阐述了 3D 打印产业与知识产权制度的相互作用的机制机理，实证分析了 3D 打印产业发展对于知识产权制度的需求，并对美、日、欧等发达国家和地区与 3D 打印相关的知识产权制度和政策进行了梳理与分析，从政策体系与法律体系两方面为我国 3D 打印产业发展提出了整体性对策。下篇为分论，主要是对 3D 打印技术及其产业发展中涉及的具体的知识产权问题进行分析，并提出具体的应对措施，为 3D 打印产业的健康发展提供参考与借鉴。

责任编辑：王祝兰	责任校对：王　岩
封面设计：乾达文化	责任印制：刘译文

3D 打印产业知识产权问题研究
——以新一轮科技革命为视角

单晓光　程德理　李文红◎等著

出版发行：知识产权出版社有限责任公司	网　　址：http://www.ipph.cn
社　　址：北京市海淀区气象路 50 号院	邮　　编：100081
责编电话：010-82000860 转 8555	责编邮箱：wzl_ipph@163.com
发行电话：010-82000860 转 8101/8102	发行传真：010-82000893/82005070/82000270
印　　刷：天津嘉恒印务有限公司	经　　销：各大网上书店、新华书店及相关专业书店
开　　本：787mm×1092mm　1/16	印　　张：19
版　　次：2021 年 4 月第 1 版	印　　次：2021 年 4 月第 1 次印刷
字　　数：405 千字	定　　价：98.00 元
ISBN 978-7-5130-7451-3	

出版权专有　侵权必究

如有印装质量问题，本社负责调换。

知识产权制度与科学技术革命

（代序）

建立知识产权制度的根本目的是激励对研发的投入。但从可持续发展的角度来看，除了经济上的考量之外，基本权利和道德因素也是很重要的方面。平衡各方利益始终是防止知识产权制度功能失调的准则。知识产权制度是否或在多大程度上完全履行了其职能，是否会逐渐功能失调，这些都是我们研究滚滚向前发展的科学技术与知识产权制度之间关系的根本起点和对象。

一、知识产权制度的变革与科技革命的演进：历史的事实

人类社会的发展史告诉我们，知识产权制度孕育了科学技术，科技的发展促进了知识产权制度的变革，而知识产权制度的演进又推动着科技的进步，两者的螺旋式上升，不断提升着人类社会走向富裕繁荣的新高度。

现代知识产权制度萌芽于文艺复兴运动，并催生了现代科学技术。现代专利制度的雏形——1474年的《威尼斯法》在这一时期应运而生。尽管缺乏准确的记载，但同一时期受到保护的技术，比如抽水泵、磨坊设计、挖掘机等，表明了知识产权制度与科学技术二者之间存在着相关性。[1]

历史的经验一再显示，以一些颠覆性技术为标志的科技革命，不断改变着人类社会的生产、商业、消费方式，促进着社会经济的进步，而知识产权制度则为这些颠覆性技术乃至科技革命不断进化添加了"利益之油"。培根说，"知识就是力量"。现代经济学的研究证明，技术进步是经济可持续增长的最为重要的推动力。研究进一步显示，与私有创新知识相比，公开的创新知识更容易传承、扩散和使用，因而社会经济价值更大。历史的事实则更为清晰，专利等知识产权制度的确立与变革，与走在创新最前沿的科技革命的发生和发展具有因果相关性。[2] 世界强国的发展史也无一例外地告诉我们，通过设立和调整知识产权制度，抢占前沿性颠覆性技术科技革命的高地，不断提升科技和产业的竞争力，才是跻身世界强国的"华山一条路"。

---

[1] 克拉瑟. 专利法：德国专利和实用新型法、欧洲和国际专利法：第6版［M］. 单晓光，张韬略，于馨淼，等译. 北京：知识产权出版社，2016：70-73.

[2] 寇宗来. 专利制度与工业革命［N］. 文汇报，2012-08-06.

普遍认为，发生在18世纪英国的第一次科技革命中的颠覆性技术是以飞梭（1733年）、珍妮纺纱机（1765年）和改良型瓦特蒸汽机（1785年）等为标志的机械技术，导致了手工生产转变为机器制造、由作坊转为工厂的革命。由此，人类迈入"机器时代"，人类社会也因此首次出现了工厂和商店这种生产与商业模式。研究发现，第一次科技革命与以排他性独占权利为基础的现代专利制度的建立（英国1623年的《垄断法》），时间上相距100多年，这种时间上的先后顺序表明，现代专利制度可能是孕育和促进科技革命的关键因素。专利制度建立，公开披露并保护技术，技术因此而得到积累和传播。事实上，瓦特并非蒸汽机的第一个发明人，而是在纽可门式蒸汽机的基础上不断改进了蒸汽机的运行效率。由于获得了蒸汽机的专利，瓦特得到了巴洛克、博尔顿等企业家的"风险投资"，这又助力了蒸汽机技术的市场化。由此可见，现代专利等知识产权制度的创立，是第一次科技革命以及相应而生的工厂和商店这种生产和商业模式制度需求的一种准备。特别值得注意的是，知识产权制度与科技革命发生发展的这种时间差和顺序，随着之后科技革命发生频率的加快，已经变得越来越短，甚至是彼此协同而进了。伴随着第一次科技革命，现代专利制度逐渐从英国向欧洲大陆传播。欧洲各国几乎都在这一时期相继建立了以排他性独占权利为特征的现代专利制度，进一步助燃了第一次科技革命从英国到欧洲大陆的燎原之势，对英国乃至欧洲大陆的社会经济产生了巨大影响，奠定了英国、法国等欧洲国家世界列强的地位。

19世纪60年代后期，开始了将人类社会带进"电气时代"的第二次科技革命。此时的代表性颠覆性技术主要是电力技术的产生及其运用。电器开始代替机器，成为补充和取代以蒸汽机为动力的新能源。引领科技革命的科技创新活动开始突破国界的限制，创新成果的开发、传播和应用也必然要在跨国范围内来实现。最早体现对各国创新成果予以一体化保护理念的《保护工业产权巴黎公约》（1883年）、《保护文学和艺术作品伯尔尼公约》（1886年）等一系列知识产权国际条约陆续登台问世，构筑了开放包容的国民待遇、最低保护原则等国际知识产权制度的框架，有力保障和推动了第二次科技革命在欧洲、美国、日本等国家和地区的迅速扩张。第二次科技革命极大地推动了社会生产力的发展，对人类社会的经济、政治、文化、军事、科技和生产力产生了深远的影响。

特别值得我们今天深思和借鉴的是，这一时期许多国家迅速改革其专利等知识产权制度，以应对正在蓬勃兴起的第二次科技革命，从而成功跨进世界强国之列。

正是以西门子为代表的德国工程师协会、德国化学学会等发明人和协会的不懈努力，力克当时弥漫在德国等国家的反专利制度的思潮，才成功说服德国颁布了现代意义上的统一专利法（1877年）乃至随后的实用新型法（1891年）等烙上了德国创新特色印记的现代工业产权法律制度，❶极大地助推了德国把握和引领第二次科技革命的机遇。1866年，德国人维尔纳·冯·西门子发明了发电机，19世纪80年代德国人卡尔·

---

❶ 克拉瑟. 专利法：德国专利和实用新型法、欧洲和国际专利法：第6版［M］. 单晓光，张韬略，于馨淼，等译. 北京：知识产权出版社，2016：70-73.

弗里特立奇·本茨等人成功地制造出由内燃机驱动的汽车，使得德国一跃成为新的世界科技和工业强国。

第二次科技革命推动各科技强国制造业迅猛发展，技术创新要求各国提供更为强有力的保护，美国也因此进一步完善了专利法。1836年，美国对专利法进行了大规模修订，确立了可授予专利的主题类型范围，建立了规范化、专业化的专利审查标准和程序。

另一个颇有意义的事件是，1851年，英国在伦敦海德公园举行了世界上第一次国际工业博览会，史称"水晶宫博览会"。在这次博览会上，美国用自己的创新让世界眼花缭乱。美国的发明人作出了很多技术贡献，在降低生产成本方面展现了非凡的创造力，美国各阶层的人都参与到创新活动中。英国精英发现美国专利法对美国创新贡献很大，受此刺激，在1852年对自己的专利体系作了重大修改，目的就是与美国竞争。

类似故事在知识产权制度与科技发展史上屡见不鲜，专利等知识产权制度对科技发展的促进推动作用由此也可见一斑。

世界贸易组织（WTO）的《与贸易有关的知识产权协议》（TRIPS）与以信息技术为标志的第三次科技革命息息相关，极大地助力美国夯实了新的霸权地位。从20世纪四五十年代开始的第三次科技革命是一场以原子能、电子计算机、空间技术和生物工程的发明和应用为主要颠覆性技术的信息技术革命，由此人们走入"信息时代"。第三次科技革命大大促进了全球化的进程，知识产权与国际经济技术贸易联系日益紧密。在以美国为代表的发达国家极力主张下，代表了国际上高标准、严要求的知识产权保护体系的TRIPS于1995年初生效。TRIPS是这一时期直至当前世界范围内知识产权保护领域中涉及面广、保护水平高、保护力度大、制约力强的一个国际条约，体现了全球化背景下第三次科技革命的诸多制度需求。该协议不仅是保护知识产权最新的一个条约，而且是将知识产权保护纳入WTO体制的法律依据。随着以TRIPS为核心的WTO知识产权体系的发展，体现科技革命创新成果的知识产权对世界经济影响与日俱增。尤其是21世纪初以来，知识产权对科技的经济影响以及知识产权制度的优化调整问题引起了世界各国的关注。

越来越多的迹象表明，第三次科技革命还正在兴旺蓬勃，以无人交通工具、3D打印、人工智能等新的颠覆性技术为标志的第四次科技革命却已汹涌而至，人类正在迈入"人工智能"时代。

科技革命波澜壮阔的发展过程，尤其是第四次科技革命波涛汹涌的强势抢滩，使人们日益认识到，虽然技术知识的创新是推动经济发展和创造就业的重要力量，但新经济增长理论和当代世界经济发展趋势揭示，知识产权已日益成为重要的生产要素，获得了知识产权保护的技术知识才是受市场经济认可的创新，体现为知识产权的创新才是真正有意义的创新。世界经济增长的原动力正在由技术知识让位于体现了市场经济机制认可的创新技术知识,亦即受到法律保驾护航的知识产权。世界经济增长正在进入"资源驱动—资本驱动—技术驱动—知识产权驱动"的升级版模式,知识产权已成为拉动世界经济增长的主导力量。借助于知识产权密集型产业❶对经济影响的研究,欧美等发达经济体都在分析新科技革命背景下知识产权制度对经济的影响,并以此为基础调整和优化知识产权制度,力图始终引领新的科技革命,永远独占强国霸主的地位。2012年4月,美国商务部联合美国专利商标局(USPTO)发布了知识产权与美国经济的实证研究报告《知识产权和美国经济:聚焦产业》❷。报告显示,美国313个产业中有75个产业为知识产权密集型产业,2010年知识产权密集型产业对美国GDP总贡献率为34.8%,对美国就业率的直接贡献率为27.7%。报告还强调,美国所有的经济部门都离不开知识产权的运用,知识产权是美国经济保持全球领先的希望所在。紧随美国上述报告之后,2013年9月,欧洲专利局(EPO)和原欧盟内部市场协调局(OHIM)也共同发布了《知识产权密集型产业对欧盟经济和就业的贡献》的报告❸。报告显示,2008~2010年,欧盟321个知识产权密集型产业对欧盟GDP贡献率为39.0%,就业贡献率为35.1%。2015年、2016年,美国和欧盟又相继发布更新了数据的第二版知识产权密集型产业研究报告❹。两份新的报告都反映出,知识产权对美欧的经济贡献率进一步提高,知识产权密集型产业结构继续优化。上述报告再次充分说明新科技革命中知识产权对美欧经济发展有直接的巨大作用,进一步论证了以获取知识产权为导向的创新才是当代世界经济增长的原动力。据此,与以往的历次科技革命一样,发达国家和地区一直在不断优化其知识产权制度,进而建立起适应第四次科技革命的新竞争优势。

---

❶ 知识产权密集型产业是以专利、商标、版权等知识产权客体的一种或多种组合的集中优势,运用市场经济制度进行创造、保护和运用,从而获取收益的产业。它具有知识产权的高密集性、法律保护的高依赖性、经济上的高增长性和高风险性等特征,包括但不限于专利密集型、商标密集型、版权密集型、软件密集型产业等。知识产权密集型产业的经济贡献目前是国际上比较认可的度量知识产权经济作用的重要指标之一。参见:单晓光、姜南、漆苏. 知识产权强国之路:知识产权密集型产业研究[M]. 上海:上海人民出版社,2016:27.
❷ Economics and Statistics Administration, United States Patent and Trademark Office. Intellectual property and the U. S. economy: industries in focus [R/OL]. U. S. Department of Commerce, 2012. https://www.uspto.gov/sites/default/files/news/publications/IP_Report_March_2012.pdf.
❸ A Joint Project between the European Patent Office and the Office for Harmonization in the Internal Market. Intellectual property rights intensive industries: contribution to economic performance and employment in the European Union: industry: level analysis report, September, 2013 [R/OL]. http://documents.epo.org/projects/babylon/eponet.nsf/0/8E1E34349D4546C3C1257BF300343D8B/$File/ip_intensive_industries_en.pdf.
❹ Economics and Statistics Administration, United States Patent and Trademark Office. Intellectual property and the U. S. economy: 2016 update [EB/OL]. U. S Department of Commerce, 2016 (2016-09-26). https://www.uspto.gov/learning-and-resources/ip-motion/intellectual-property-and-us-economy; A Joint Project between the European Patent Office and the Office for Harmonization in the Internal Market. Intellectual property rights intensive industries and economic performance in the European Union: industry-level analysis report, October 2016 [R/OL]. http://documents.epo.org/projects/babylon/eponet.nsf/0/419858BEA3CFDD08C12580560035B7B0/$File/ipr_intensive_industries_report_en.pdf.

二、第四次科技革命与知识产权制度：我们拿什么迎接新一轮科技革命？

知识产权制度的演进与科技革命的发展史充分地展示了，每项技术创新都不可避免地要与新旧利益群体为其利益而进行的斗争齐头并进，我们的司法和立法必须为此进行努力。然而，这不一定导致所有方面都能看到相互冲突的利益的公正平衡。我们唯有不懈努力做的是，当时考虑到了哪些利益，今天将考虑到哪些利益，如何才能平衡？行进中的第四次科技革命正在产生巨大影响，知识产权领域的每个人都必须掌握推动这一时期巨大变革的技术发展并了解其影响。欧洲专利局局长安东尼奥·坎普诺斯（António Campinos）2018年12月5日在欧洲专利局举办的关于区块链专利的大型会议上如是说。[1]

新一轮科技革命，或称之为第四次科技革命，人们对其有着多种的解读。从申请专利保护的技术角度来看，欧洲专利局认为主要是由物联网（IOT）推动的，包括3D打印、云计算和人工智能等颠覆性技术。欧洲专利局还认为"科技革命"一词反映了最新技术发展的普遍性和颠覆性潜力。虽然以前的科技革命导致重复性体力劳动的自动化程度不断提高，第四次科技革命却走得更远：它导致整个任务组的大规模自动化，包括人类以前执行的重复性智力任务。第四次科技革命可以显著提高生产流程的效率和灵活性，并增加产品和服务的价值。向自主经营的"智能"工厂的转变已经被欧洲及其他地区的工业和政策制定者视为一个重要挑战。同样，在交通（自动车辆）、能源（智能电网）、城市、医疗保健和农业领域部署连接对象也深刻地改变了这些部门的组织方式。与以往的历次科技革命一样，第四次科技革命也会引发重大的经济和社会问题。提高日常智力任务的自动化程度改变了人类工作的性质，从而改变了劳动力市场的平衡。它迫使企业重新思考它们的商业模式并适应新的竞争形式。决策者面临着支持和规范新的数字基础设施以及创建适当的法律框架以保护数字时代的竞争、网络安全和消费者权利的挑战。[2]

第四次科技革命浪潮汹涌，滚滚向前。新的科技革命是新挑战，更是新机遇。我们耿耿于怀的李约瑟之谜[3]也正在解开。以往的历次科技革命都令人遗憾地与我们中国无关，第四次科技革命不同了，它对于世界的历史是第四次，而对于中国也许就是真正的第一次。我们不能再坐失千载的良机。经过几十年改革开放，我们打下了高科技

---

[1] EPO. EPO holds first major conference on blockchain [EB/OL]. (2018-11-05) [2020-11-14]. https://www.epo.org/news-issues/news/2018/20181205.html.

[2] EPO. Patents and the fourth industrial revolution: the inventions behind digital transformation | December 2017 [EB/OL]. (2018-07-18) [2020-11-14]. http://www.renrendoc.com/p-10290402.html.

[3] 李约瑟之谜，是指英国学者李约瑟（Joseph Needham，1900—1995）在其编著的15卷《中国科学技术史》中正式提出的问题："尽管中国古代对人类科技发展作出了很多重要贡献，但为什么科学和工业革命没有在近代的中国发生？"

研发的雄厚基础，在诸多领域开始形成竞争力，"中国制造2025"计划就可以说是开始新科技革命征程的宣言书。与以往任何时候都不一样，当然也耐人寻味的是，几乎所有发达的工业化国家都在密切关注我国在第四次科技革命中的表现和进展趋势。2017年12月，欧洲专利局联合德国商报研究所发布了名为《专利与第四次工业革命——数字转化背后的发明》（*Patents and the Fourth Industrial Revolution—The Inventions behind Digital Transformation*）❶的报告。报告不无警惕地提醒道，欧洲、美国和日本是第四次科技革命的领导者，但中国和韩国是迅速的追赶者。报告进一步解析道，欧洲、美国和日本早在20世纪90年代就开始发展第四次科技革命的技术，直至2016年仍然是第四次科技革命技术的创新中心。韩国和中国几十年之后才开始第四次科技革命的创新，但发展速度远超其他地区。中国70%的第四次科技革命技术的专利申请来自华为和中兴。德国也在急切地关注中国在第四次科技革命中的表现。德国著名的马普创新与竞争研究所的专家在一份有关人工智能的智库报告中强调，数据是发展人工智能尤其是在深度学习方面的基础，但在数据的量上，德国难以与中国和美国竞争，而只能在机器数据、数据质量和发展"数据依赖弱"的人工智能技术方面发挥优势，并特别呼吁要学习中国、法国和日本将人工智能作为未来关键技术的战略。❷

第四次科技革命我们开始迎头而上，但应该清醒的是，欧洲专利局2018年年报表明，中国与韩国一样，通信技术领域（ICT）的发展特别快速，但也过于集中在这个狭小的领域，而同期大多数欧洲专利局成员国、美国和日本的专利表现出了多样性，领域宽广。❸

应该大声呼吁，我们需要且有能力参与并抓住第四次科技革命的机遇，为此，新科技革命时代的知识产权制度必须先行一步。助力占领新科技革命制高点，构建新时代知识产权制度是知识产权工作者的时代使命。

新一轮科技革命如同历次科技革命一样，会出现新的生产和商业模式，工厂和商店等概念的内涵和外延也都在悄悄地发生变化（参见图1）。知识产权制度必须去面对这种改变和挑战。比如，现在人们忧虑担心，第四次科技革命中基于开放式创新的协作研究和产学合作将不断增加，第四次科技革命强调的合作共享理念是否会与传统知识产权的独占排他性理念产生冲突呢？此外，第四次科技革命发展速度难以预测，新技术将层出不穷，在现有法律尚无法对具体权利予以确认的情况下，科技进步的红利是"法律上留白的利益"，这个"留白的利益"应该给谁呢？知识产权法律制度正当

---

❶ EPO. New patent study confirms growth in fourth industrial revolution technologies ［EB/OL］. （2017－12－11）［2020－11－14］. https：//www. epo. org/news－issues/press/releases/archive/2017/20171211. html.

❷ HARHOFF D, HEUMANN S, JENTZSCH N, et al. Eckpunkte einer nationalen strategie für künstliche intelligenz ［EB/OL］. （2018－07－26）［2020－11－14］. https：//www. ip. mpg. de/fileadmin/ipmpg/content/aktuelles/Eckpunkte_einer_nationalen_Strategie_fuer_Kuenstliche_Intelligenz. pdf.

❸ EPO. European companies and inventors file more patent applications in 2018 ［EB/OL］. （2019－03－12）［2020－11－14］. https：//www. epo. org/news－issues/news/2019/20190312. html.

性告诉我们，这种利益首先应该留给社会和公众。❶

挑战不止，变革不停。放眼世界，立足中国，建设完善中国特色的知识产权制度，这才是应对复杂多变的国际形势、破解李约瑟之谜、把握新科技革命的机遇、建设知识产权强国和世界科技强国的制胜法宝。

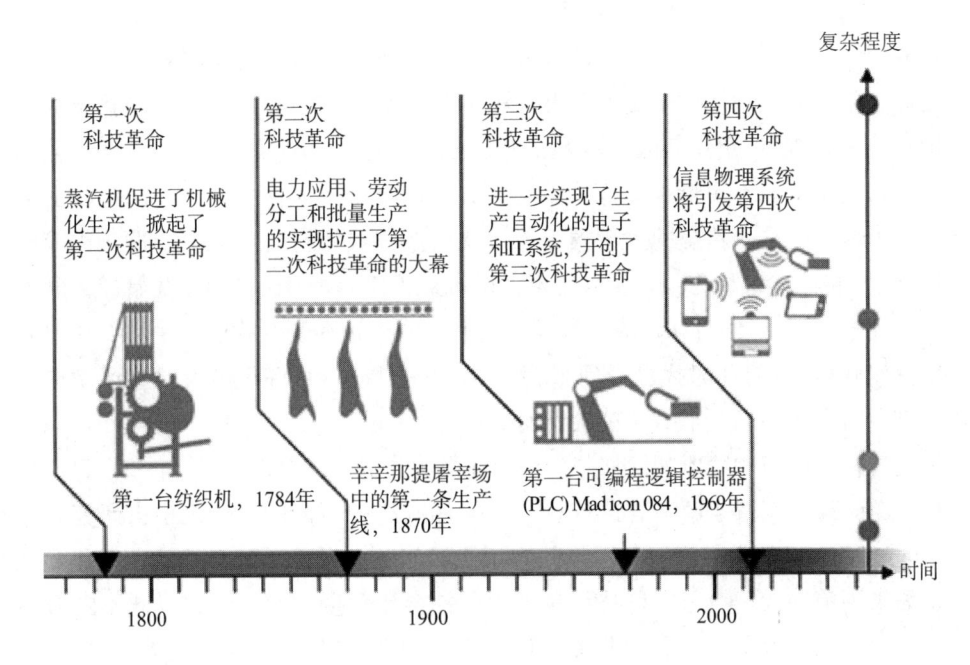

图1　历次科技革命发展示意图❷

资料来源：DFKI（2011 年）。

三、路在何方：第四次科技革命背景下聚焦于 3D 打印的知识产权对策

如前所述，欧洲专利局还认为"科技革命"一词反映了最新技术发展的普遍性和颠覆性潜力。换言之，科技革命就是由颠覆性技术导致的，因此，知识产权制度演化变革必然受到颠覆性技术的极大影响。颠覆性技术（disruptive technology），从字面上理解，是一种颠覆了某一行业主流产品和市场格局的技术。颠覆性技术也是一个与时俱进的概念，人类科技革命历史上的颠覆性技术总是前赴后继地出现的，例如第一次科技革命的蒸汽机、第二次科技革命的电动机、第三次科技革命的计算机以及正在来临的第四次科技革命中的 3D 打印、人工智能等。党的十九大报告指出，创新是第一驱动力，尤其是要关注开创性和颠覆性技术。历史的经验告诉我们，这些技术带来的社

---

❶ 林广海. 人民法院知识产权司法保护工作取得显著成效［EB/OL］.（2018-01-31）. http://www.chinaipmagazine.com/news-show.asp? 21667.html.

❷ 转引自：VIEW K H, LUKAS W D, WAHLSTER W. Industrie 4.0：mit dem internet der dinge auf dem weg zur 4. industriellen revolution［J］. VDI Nachrichten, 2011, 13：11.

会变革和经济推动往往是难以估量的。人类科技和经济发展史上无数行业的兴衰传奇故事对企业、经济和创新政策提出了一个重要的教训：在一代的技术中取得成功并不能保证下一轮比赛的成功。❶

我们知道，自2011年起，英国《经济学人》杂志刊登了多篇以3D打印为主题的文章，2012年麦基里·保罗（Markillie Paul）的文章最具代表性：人类正面临着新一轮科技革命，它主要表现为以3D打印为代表的新技术与制造业深度融合的制造业革命，其核心是数字化制造，包括更聪明的软件（如数字化模型）、更神奇的新材料（如碳纤维和纳米颗粒）、更灵巧的机器人、更全面的制造业网络服务与3D打印。它们聚合在一起将使生产成本更低，生产周期更短，生产过程更人性灵活，生产流程更通畅便捷。更为重要的是，传统的大规模、流水线生产方式将转向更适应个性化需求的大规模定制。❷ 自此，被称为新一轮科技革命的标志性工具的3D打印，开始成为学术界关注和研究的热点。3D打印作为一种新兴生产模式，正在改变我们的生活、法律和经济，令我们确信3D打印时代已经到来。❸ Sklyer R. Peacock 将此称为"生产制造的民主化"现象并预测侵权、假冒可能会泛滥。❹

无论对科技革命的阶段如何划分，基于前面的分析不难看出，对于涉3D打印的知识产权问题必须将其置于新一轮的或称之为第四次科技革命的背景之中去研究，才不至于身陷"庐山"之中，难识其面临的知识产权问题真面目。至少可以肯定并要强调的是，如果说第一次至第三次科技革命推动了社会化大生产的实现并以此不断升级发展的话，那么第四次科技革命将带来一个追求个性化（定制化）生产的大时代。❺

本书的基本内容来源于同济大学上海国际知识产权学院单晓光教授主持的国家社科重点项目"3D打印产业发展涉及的知识产权问题研究"（项目批准号：14AZD105），研究主要聚焦于三个子研究领域：①3D打印产业发展与知识产权制度的关系研究；②应对3D打印产业对知识产权制度挑战的国际实践；③我国促进3D打印产业发展和应对知识产权制度变革的对策。根据前面的阐述，3D打印实际也是第四次科技革命中或者说数字化时代的一个颠覆性标志技术，因此，将其置于新一轮全球科技革命的大背景中进行研究，更有利于揭示3D打印已经遇到和将要遇到的规律性知识产权问题。围绕主题，研究分别从"理论趋向""国际视野""制度探讨"等视角展开阐述，最后

---

❶ HARHOFF D. Eisbaronen lernen – Ein Beispiel aus dem 19. Jahrhundert zeigt：wer sich auf dem erfolg der vergangenheit ausruht, kann leicht unter die räder geraten [N/OL]. Süddeutsche Zeitung, 2018 – 02 – 19. https：//www.sueddeutsche.de/wirtschaft/forum – von – eisbaronen – lernen – 1.3872164.

❷ PAUL M. A third industrial revolution, manufacturing and innovation：special report [J]. Economist, 2012 (4)：3 – 12.

❸ 利普森，库曼.3D打印：从想象到现实 [M]. 赛迪研究院专家组，译. 北京：中信出版社，2013：1 – 5.

❹ PEACOCK S R. Why manufacturing matters：3D printing, computer – aided designs, and the rise of end – user patent infringement [J]. William & Mary Law Review, 2014, 55 (5)：1934 – 1960.

❺ 刘迪，单晓光. 向德国学创新（2）工业4.0：知识产权与信息化再碰撞 [EB/OL]. (2015 – 03 – 14) [2016 – 11 – 30]. http：//www.thepaper.cn/newsDetail_forward_1311026.

提出了我国应对 3D 打印产业发展涉及的知识产权问题的"应对战略"。为了更好地揭示国际政治经济和新科技革命的发展趋势，在上述三个子研究布局的基础上，对整体内容作了逻辑顺序上的调整和整合式的布局，将三个子研究成果嵌入新的"总—分论"框架的各个章节之中，从而使读者能够更好地阅读和理解本研究的思路与内容。

全书由单晓光教授统筹通稿，复旦大学法学院马忠法教授，同济大学上海国际知识产权学院徐明副教授以及博士研究生刘迪、张晓龙、徐骁枫分别协助承担了相应子课题的研究和书稿初稿撰写的工作。同济大学上海国际知识产权学院程德理教授、博士研究生李文红、傅春晓全面更新了研究资料，并对全书进行了整体性补充和完善。

3D 打印、人工智能等新一轮科技革命标志性技术还处于迅猛发展期间，无论是技术本身，还是相关产业的形成，都远未稳定，对社会经济的影响尚难准确判定，司法实际案例仍然鲜见。对它们的研究和分析更多地还是从趋势预测与理论推导的角度展开的，因此难免有秀才打仗、纸上谈兵的不足，以及只见树木、不见森林的偏见缺陷，等等。比如，3D 打印的非商业目的的实施现象给权利人造成的损失实际能有多大？由 3D 打印引发的侵权、假冒泛滥究竟可以到达何种程度？这些问题需要我们更深入地从理论的角度探索，更要求我们及时掌握 3D 打印等技术和相关产业发展的最新动态、趋势、现实的案例，从实证的角度作更全面和更科学的分析，方能得出理论和实践都有用的锦囊妙计，从而未雨绸缪，与时俱进地调整相关知识产权制度，促进 3D 打印等技术和产业繁荣，迎接第四次新科技革命的到来，为建设知识产权强国和科技强国夯实基础。

于上海市顾村
二〇二〇年十月十六日

目 录

绪 论 1
 第一节 研究的意义与问题 1
 第二节 研究的基础 2

上 篇 总 论

第一章 3D打印及其产业概述 17
 第一节 3D打印的发展现状 17
 第二节 3D打印发展趋势 19
 第三节 3D打印对创新生态与社会经济的影响 24

第二章 3D打印与知识产权制度的理论分析 29
 第一节 3D打印与知识产权制度的理念 29
 第二节 3D打印与知识产权制度的作用机制 31
 第三节 3D打印引发的知识产权问题 37

第三章 3D打印与知识产权制度的实证分析 60
 第一节 我国3D打印产业链现状 60
 第二节 我国3D打印产业中涉及的知识产权案例实证分析 69
 第三节 我国3D打印产业对知识产权制度的需求分析 73

第四章 3D打印与知识产权制度的辩证关系 75
 第一节 知识产权制度对3D打印发展的作用 75
 第二节 3D打印发展对知识产权制度变革的推动 78
 第三节 3D打印技术、产业与知识产权的互动模式 81

第五章 3D打印知识产权问题域外应对经验 85
 第一节 美国与3D打印相关的知识产权制度 85
 第二节 欧盟与3D打印相关的知识产权制度 95
 第三节 日本与3D打印相关的知识产权制度 102

第六章　3D打印知识产权问题整体应对思路 ·············· 106
第一节　3D打印知识产权法律体系的整体应对思路 ············ 106
第二节　3D打印知识产权政策体系的应对思路 ·············· 125

下　篇　分　论

第七章　3D打印涉及的专利法问题 ···················· 131
第一节　3D打印涉及的专利客体适格性 ·················· 131
第二节　3D打印涉及的专利侵权 ······················ 143
第三节　3D打印涉及的专利权限制 ····················· 160
第四节　3D打印涉及的技术保护措施 ··················· 208

第八章　3D打印涉及的著作权法问题 ·················· 217
第一节　3D打印涉及的数字模型 ······················ 217
第二节　3D数字模型著作权侵权行为 ··················· 227
第三节　3D打印涉及的"异形复制" ··················· 232
第四节　3D打印涉及的著作权合理使用 ·················· 239

第九章　3D打印涉及的商标法及竞争法问题 ·············· 253
第一节　3D打印涉及的商标法问题 ····················· 253
第二节　3D打印涉及的竞争法问题 ····················· 259

结　语 ··································· 264
第一节　结　论 ······························ 264
第二节　研究不足与下一步计划 ······················ 266

参考文献 ································· 268

绪　论

第一节　研究的意义与问题

一、研究的目的与意义

《"十三五"国家战略性新兴产业发展规划》已经明确将3D打印定义为一项战略性新兴技术。经过近40年的发展，3D打印正逐步从实验室走向产业化。一方面，3D打印因其自身所具有的数字化、去中心化和个性化的特点，对于建立在传统集中化大生产基础上的知识产权制度似乎带来了新的挑战。另一方面，知识产权制度的完善也是鼓励3D打印进一步创新和推进其产业化发展的重要支撑，对于扫清我国3D打印产业化发展的阻碍、平衡产业发展过程中各方之间的利益、减少其所带来的侵权风险具有关键作用。本书旨在基于新一轮科技革命的背景从理论上系统揭示3D打印对知识产权制度的影响，同时从实践出发阐明我国3D打印产业化发展对知识产权制度的实际需求及其存在的问题，并从理论和实践的分析中得出3D打印与知识产权制度之间的辩证关系和互动规律，在此基础上借鉴域外的经验，为优化知识产权制度、推动3D打印及其产业发展提供决策建议。

二、问题的提出

经过30多年的发展，3D打印已经走出了实验室，逐步运用于航空航天、生物医学、电子机器人、建筑行业，甚至渗入到服务业等领域。整体上，当前3D打印的发展并没有撼动知识产权制度设立的初衷与理念。但由于3D打印在制造的流程和方式上区别于传统等材和减材制造方式，具有"数字化""个性化"和"去中心化"的特点，对建立在集中化大生产基础上的传统知识产权制度带来了一定挑战。如何正确看待3D打印对于当前我国知识产权制度的影响，不仅关系到我国知识产权制度的发展，更关系到我国3D打印的产业化发展。3D打印作为当前具有代表性的颠覆性技术，与其相伴而生的各种利益诉求，将在新一轮技术革命的商业模式变革下产生新的变化。而当这些新的利益诉求达至一定规模，并具备一定程度的客观性和典型性时，就要求法律制度承认这种新型生产制造模式（分布式数字化制造）和由此产生的新型商业模式（开放式创新和平台模式等）。换言之，如果新型制造模式、商业模式以及由此带来的新利益诉求持续存在并不断拓展形成规模，就可能在客观上动摇传统的权利人利益格局，从而挑战传统知识产权制度。

本书要解决的问题是：①通过研究3D打印产业发展对科技、经济、政治、文化等方面的影响，总结出3D打印产业发展引发的系列社会因素的变化；比较3D打印产业引发的科技、产业、经济领域系列变化是否符合知识产权制度的演变规律，进而论证3D打印产业发展是否可能引发新一轮的知识产权制度变革。②3D打印产业发展给我们带来的变革以及我们所能遇见的变革加之超出我们想象力的变革，可能影响整个人类社会的生产生活方式。在这种条件下，现有的知识产权制度体系是否还能适应3D打印快速发展的需要？当前著作权、专利和商标等法律制度确定的一般规定和法律原则，能否应对3D打印产业发展带来的挑战？③面对3D打印等新技术发展对知识产权制度可能构成的种种冲击，当前世界主要国家的应对方式和措施是什么？其中的得失又是什么？对我国的启示是什么？借此进一步考察3D打印及其产业发展对当前知识产权制度国际化所带来的挑战，并对未来知识产权制度国际化的路径及其走向进行分析和预测。

第二节 研究的基础

一、国内文献综述

（一）国内有关3D打印对社会经济发展影响的研究现状

研究3D打印对产业发展的影响，首先需要研究技术、产业与知识产权之间的关系。冯晓青（2012）认为，技术创新是知识产权战略的重要目标，知识产权战略实施是实现技术创新的重要保障。❶ 马一德（2013）指出，要加快专利技术产业化，发展知识产权服务市场，实现知识产权的市场价值。❷ 技术、产业与知识产权之间关系紧密，3D打印对产业发展的影响表现在：在推动3D打印产业自身发展的同时，亦可通过3D打印产业中的3D打印材料、零部件、打印机的应用带动传统制造业的发展。

第一，3D打印可带动自身产业链的发展。王忠宏等（2013）认为，3D打印将激

---

❶ 冯晓青. 技术创新与知识产权战略及其法律保障体系研究 [J]. 知识产权，2012 (2)：3-5.
❷ 马一德. 创新驱动发展与知识产权战略实施 [J]. 中国法学，2013 (4)：29-32.

发自主创业者利用3D打印设备通过电子商务等平台为消费者定制个性化产品。[1] 陈燕和（2013）将3D打印产业分为上、中、下游三个阶段，分析其对传统经济模式产生的影响（主要集中在对产业成本、生产管理、就业、制造业和世界制造业格局所产生的影响上），并认为3D打印对于提升社会福祉具有重要意义，处于产业链核心地位的3D打印研发机构（企业和个人）地位极其重要，虽然其技术自身还存在问题，但谁也无法预料其未来的发展。[2] 孙文德等（2015）以杭州3D打印产业发展现状为出发点，提出杭州发展3D打印应对3D打印产业链进行顶层设计，定性定量分析其对上下游产业经济的影响，鼓励自主创新技术的研发和产业化。[3]

第二，3D打印会对传统制造业产生影响。李忠富等（2015）采用案例分析方法介绍了国内外4个3D打印建筑的实现过程，同时结合3D打印应用的优劣势分析，提出了在我国建筑业推广应用3D打印的发展思路与建议。[4] 贾平等（2015）研究了3D打印在航天领域的广泛应用，指出3D打印在太空中应用还需谨慎论证，尤其要处理好与传统制造技术的关系，避免对传统制造业造成负面冲击。[5] 另外，刘强等（2016）指出，开源运动为社会公众提供了创新的平台，开源软件运动发展较快，其将影响传统制造业所依赖的整个产业链。[6]

（二）国内有关3D打印对知识产权制度影响的研究现状

吴汉东等（2013）认为，从理论上看，知识产权是科技、经济、法律等协调的结果；从现实上看，科技因应知识产权的保护而发展；从历史上看，知识产权制度顺应科技的发展而变革；从趋势上看，技术创新将推动知识产权制度的现代化。[7] 随着3D打印的发展，学者们注意到该技术对经济社会的深远影响。刘鑫（2017）通过对3D打印进行专利检索发现，1997~2016年，3D打印全球发明专利申请总量达到34604件，其中中国受理的发明申请达9656件，已成为全球专利申请的热点地区和最大的目标技术市场，紧随其后的有美国、日本、德国、韩国、法国和英国等。美国已经成为3D打印领域的领头羊。英国主要是基于RepRap开源项目的3D桌面打印技术。[8] 日本政府通过"产、学、官"合作强化研究成果产业化机制，倡导活用知识产权助推产业发展

---

[1] 王忠宏, 李扬帆, 张曼茵. 中国3D打印产业的现状及发展思路 [J]. 经济纵横, 2013 (1): 90-93.
[2] 陈燕和. 3D打印产业发展问题分析 [J]. 产业与科技论坛, 2013 (11): 19-20.
[3] 孙文德, 匡慧珍, 杨志, 等. 杭州3D打印技术产业化发展现状及发展路径建议 [J]. 现代城市, 2015 (1): 36-39.
[4] 李忠富, 何雨森. 3D打印技术在建筑业领域的应用 [J]. 土木工程与管理学报, 2015 (2): 47-53.
[5] 贾平, 李辉, 孙棕檀. 国外3D打印技术在航天领域的应用分析 [J]. 国际太空, 2015 (4): 31-34.
[6] 刘强, 陈舜翊. 开放源代码硬件许可协议知识产权问题研究：以3D打印为视角 [J]. 北京理工大学学报（社会科学版）, 2016 (1): 134-140.
[7] 吴汉东, 等. 知识产权制度变革与发展研究 [M]. 北京：经济科学出版社, 2013: 125-150.
[8] 刘鑫. 中国3D打印专利技术产业化发展的机会与障碍 [M]. 北京：科学出版社, 2017: 100-130.

机制，主要是基于气泡技术的三维打印机喷头的研究（刘红光等，2013）。[1] 推动3D打印发展，知识产权制度的作用不可忽视。王忠宏等（2013）认为，知识产权保护机制仍有问题，影响了3D打印的创新发展，需要针对3D打印出台政策和行业标准，积极引导3D打印产业健康发展。[2] 有学者指出，3D打印发展进程中所凸显的法律问题，尤其是与著作权法、专利法、商标法和反不正当竞争法等法律法规的兼容性与风险性问题，必将会成为引导新一轮科技革命的3D打印产业发展中的无法承受之重（姚强等，2013）。[3]

（1）3D打印与著作权。对于3D打印与著作权之间的问题，熊琦（2014）认为，用3D打印机制造的物品若极其类似他人受著作权保护的物品，而该件物品创作者并不知道受著作权保护物品的存在，是独立进行的设计，则并不侵犯著作权；但如果是对他人作品的扫描，就涉及从立体到平面或者从平面到平面的复制行为。3D数字模型文件可以分为扫描生成的模型文件和设计生成的模型文件。[4] 对于扫描生成的模型文件，姚强等（2013）指出，3D扫描实质上是一种对扫描产品整体外观的机械复制行为，扫描人在创作过程中亦没有创造性劳动，因此不能因为扫描人仅仅实施了一些前期简单、机械的劳动，就认定其对扫描模型文件享有著作权；扫描模型文件的著作权，还应归属被扫描产品的"源始"知识产权人才比较合适。[5] 吴广海（2017）认为，3D打印中的数字模型文件本质上可以看作为施工、生产绘制的工程设计图、产品设计图，这一属性与我国著作权法关于图形作品的界定一致，因此专利产品的数字模型文件可以视为图形作品。[6] 马忠法（2014）认为，3D打印的模型以及涉3D打印中的有关计算机程序都属于著作权法的保护范围。[7] 与此同时，也有学者提出对于数字模型文件进行著作权保护的不利之处。张韬略等（2014）认为，第一，著作权不保护功能性要素，即只有专利产品外形中具有装饰性特征且被3D数字模型文件所"复制"时，权利人才能主张著作权侵权，因此有些部分权利人就无法借助著作权进行保护；第二，著作权的排他性弱，无法阻止他人的独立创作，因此，如果其他人独立完成了发明并创作了3D打印数字模型文件，则无法主张其侵犯著作权；第三，著作权保护表达而不保护构思，如果有其他人以完全不同的程序语言来表达产品3D图形的构思，不显示图形，也可以

---

[1] 刘红光，杨倩，刘桂锋，等.国内外3D打印快速成型技术的专利情报分析[J].情报杂志，2013（6）：40-46.
[2] 王忠宏，李扬帆，张曼茵.中国3D打印产业的现状及发展思路[J].经济纵横，2013（1）：90-93.
[3] 姚强，王丽平."万能制造机"背后的思考：知识产权法视野下3D打印技术的风险分析与对策[J].科技与法律，2013（2）：17-21.
[4] 熊琦.3D打印行为的著作权规制：旧瓶能否装新酒？[J].电子知识产权，2014（5）：46-50.
[5] 姚强，王丽平."万能制造机"背后的思考：知识产权法视野下3D打印技术的风险分析与对策[J].科技与法律，2013（2）：17-21.
[6] 吴广海.3D打印背景下专利产品修理与再造的区分标准[J].知识产权，2017（3）：43-49.
[7] 马忠法.3D打印中的知识产权问题[J].电子知识产权，2014（5）：30-38.

规避著作权法的规制。❶ 袁博（2014）指出，3D 打印仍然属于复制行为，因为其本质上仍然属于从三维设计到三维实物的复制；这里的设计虽然存在于二维载体，但是其中包含详尽的三维设计参数和表达形式，在人脑的空间想象和计算机软件中都可以非常容易地转化为立体表现形式。❷ 马忠法（2014）提出，从 3D 打印过程来看，它是以数字设计文件为基础，通过材料逐层添加的方式制造三维物体的过程；从该技术的运作过程可以看出，它实质上是一种生产制造过程而非打印。❸ 李永明等（2016）建议应当对合理使用中的私人复制予以限制，灵活运用"三步检验标准"对合理性进行审查。❹ 孙玉荣等（2017）指出 3D 打印数字模型到 3D 打印物的转换应为复制，并分析了 3D 数字模型和 3D 打印物的著作权侵权风险问题。❺

（2）3D 打印与专利权。刘强等（2015）梳理了 3D 打印产品发明核心要素的图形化、产品发明活动的开放化两大特点，认为在 3D 打印环境下，作为开放创新主体的小微发明者亟须获得专利保护，要通过拓宽保护对象、简化授权程序和提高申请程序的灵活性，使开放创新的各类主体获得更为平等的法律地位。他们还提出 3D 打印环境下的专利制度变革既要维护专利权人对后续成果的分享权益，也要维护非竞争对手的合理使用自由，并限制保护范围和期限，从而在专利权人与其他开发者、使用者之间建立新的利益平衡机制。❻ 对于商业性的 3D 打印店，由于其规模小、社区化和非公开化的特点，专利权人难以发现 3D 打印应用构成侵权（张韬略等，2014）。❼ 另外，当用户的制造行为跳出传统的框架后，依据现有的法律难以判断其是否构成侵权。在专利法中允许的"修复"和不允许的"重造"之间作出正确清晰的界定，是亟待解决的问题（蔡元臻，2014）。❽ 吴广海（2017）提出，应该以"全部技术特征"标准作为 3D 打印背景下专利产品修理与再造的区分标准。❾ 毕文轩（2017）认为，利用 CAD 文档打印实物的行为属于专利法意义上的"制造"，通过 CAD 文档制造其他专利产品的行为属于"使用"。❿

对于专利侵权，在实践中侵权人既可以独立创造 3D 打印数字模型文件，也可以通过扫描已有的产品来形成数字模型文件。有学者研究指出，3D 数据仅仅具有描述性功

---

❶ 张韬略，黄洋. 3D 打印时代我国专利权人的维权困局及出路［J］. 电子知识产权，2014（5）：39 - 45.
❷ 袁博. 3D 打印的知识产权侵权风险及对合理使用制度的影响［J］. 中华商标，2014（2）：21 - 24.
❸ 马忠法. 3D 打印中的知识产权问题［J］. 电子知识产权，2014（5）：30 - 38.
❹ 李永明，郑金晶. 3D 打印中 CAD 文件的定性与复制问题研究［J］. 浙江大学学报（人文社会科学版），2016（2）：147 - 159.
❺ 孙玉荣，王罡. 论 3D 打印数字模型的复制［J］. 科技与法律，2017（4）：70 - 76.
❻ 刘强，罗凯中. 3D 打印背景下的专利制度变革研究［J］. 中南大学学报（社会科学版），2015（5）：51 - 55.
❼ 张韬略，黄洋. 3D 打印时代我国专利权人的维权困局及出路［J］. 电子知识产权，2014（5）：39 - 45.
❽ 蔡元臻. 3D 打印冲击下专利间接侵权制度研究［J］. 科技与法律，2014（1）：142 - 159.
❾ 吴广海. 3D 打印背景下专利产品修理与再造的区分标准［J］. 知识产权，2017（3）：43 - 49.
❿ 毕文轩. 3D 打印热现象在法律解释视域下的"冷思考"：以著作权与专利权的认定与保护为视角［J］. 天津法学，2017（2）：70.

能的说辞显然是站不住脚的。如果将这些数据与专利产品本身比较，其所含信息的精确度与充分度已经能够供用户用来打印相关产品。在这一问题上，数据的功能性已远远超出其描述性（蔡元臻，2014）。❶ 对于网络环境下的专利侵权问题，我国学者研究了3D打印中专利侵权的特征，提出应借鉴网络环境下著作权保护方式对专利产品的3D数字模型文件进行著作权保护，同时可引入数字化作品保护中的"通知—删除"规则（吴广海，2017）。❷

对于专利合理使用，陈伯仲等（2013）的观点是，3D打印进步会迫使我们对专利法中专利侵权例外情形进行修改。因为如果坚持个人打印者非出于生产经营目的制造和使用就不侵犯专利权，一旦3D打印发展到"自给自足"式生产、可以让个人廉价制造任何喜爱的物品的程度，个人消费品的专利保护就难以实现。❸ 巩珊珊（2015）主张3D打印不仅触及个人非营利性使用专利侵权豁免规则问题，更为进一步反思专利法宗旨和实现方式提供了契机。其在梳理"合理使用"各种观点的基础上，对限制或取消"合理使用"的观点进行激烈抨击，认为要坚决捍卫"个人知识自由"。❹ 相反，马忠法等（2015）认为3D打印中的"复制""合理使用"本质是"一种未经专利权人同意的作品使用行为"，与"特定的物"相联系，具有经济价值，故而，应当对"合理使用"进行限制，将"个人、家庭"3D打印专利产品的行为定性为侵权。❺ 伍春艳等（2014）则对3D打印下"修理—再造"进行区分，对"生产经营目的"予以界定，对创建和销售CAD文件性质展开研究，认为应当坚持专利法利益平衡的原则，既要防范专利权人的权利过分扩张，又要建立数字千年专利法（DMPA）、间接侵权等路径维护其专利权利。❻ 另外，刘强（2015）对自我复制的行为性质进行分析，认为3D打印的自我复制属于制造性使用行为，构成了专利侵权，并将自动复制行为和不可避免的复制行为作为例外。❼

（3）3D打印与商标权。相对于学界对著作权和专利权的关注，有关3D打印与商标权关系的研究就冷清了许多。李薇薇（2014）从商标的使用行为入手，分析得出了4种3D打印中的商标不当使用行为，分别是克隆、隐匿、交换和虚拟使用。以上4种行为会带来商标来源混同、产品质量缺陷难以区分和品牌淡化的风险，并且由于当前商标侵权认定的局限性，无法对因个人使用需求而进行3D打印"盗版"商品的消费者提起诉讼。因此，建议在3D打印产品上强制标注"3D打印产品"的标签，以区别于传

---

❶ 蔡元臻. 3D打印冲击下专利权间接侵权制度研究 [J]. 科技与法律，2014（1）：142-159.
❷ 吴广海. 3D打印背景下专利产品修理与再造的区分标准 [J]. 知识产权，2017（3）：43-49.
❸ 陈仲伯，曾艺. 3D打印时代专利侵权判定的思考 [J]. 发明与创新，2013（11）：38-39.
❹ 巩珊珊. 3D打印技术对专利合理使用的影响 [J]. 法商研究，2015（5）：51-56.
❺ 马忠法，陈潜. 3D打印中的"复制"与"合理使用" [J]. 上海财经大学学报，2015（3）：97-104.
❻ 伍春艳，焦洪涛. 3D打印技术发展与专利法回应 [J]. 科技与法律，2014（4）：581-596.
❼ 刘强. 自我复制专利侵权问题研究：以3D打印等自我复制技术为视角 [J]. 法商研究，2015（5）：184-192.

统制造产品；对于侵权的认定，可对"个人非经营性使用目的"进行扩大解释；重新界定开源模式下间接侵权人的侵权责任，同时，可强制性规定发布3D打印软件的网站在发现或者被告知其上传的模型文件中包含有侵权的商标信息时，应负有公告并撤除的义务。对于在相关网站上传并分享其数字模型设计文件的个人则应声明和承诺其数字模型设计文件不包含侵权的商标信息。❶ 袁博（2014）把利用3D打印侵犯商标权的情况分为3种：直接打印立体商标或类似3D打印并用于商业活动；打印他人商品并附着相同商标；打印自己生产的物品，但冒用他人商标。他经过分析认为，以上3种情况都是可以被当前的法条所规制的。❷ 但这一观点并没有得到学界的认同。刘强等（2015）在完善商标侵权认定规则的设想中，认为应当取消"商业活动中使用"这一构成要件；在主观认定方面，可拓宽商标间接侵权行为认定标准；对于引诱侵权领域，可以借鉴"对于已知侵权风险故意漠不关心"标准；对于帮助侵权而言，原告可以向被告发出详尽且真实的警告函，推断对方已知晓。在涉及责任的分配上，对于仅存间接侵权和直接侵权、间接侵权共存的情况进行分别认定，这就会在结果的承担上产生差异。因此建议借鉴美国法院确立的"商标合理使用三标准"从反面认定不属于合理使用的行为，以此来变相地扩大适用范围。❸

（4）其他方面。在反不正当竞争法领域，袁博（2014）认为3D打印主要涉及对别人产品的反向工程。如果该产品来源合法，不能认定为侵犯商业秘密行为，但是如果打印产品上具有区别商品来源的显著特征，同样也可以认定为不正当竞争行为。❹ 至于技术保护措施，目前主要集中在著作权层面，专利法方面的研究相对较少。王迁（2003）将我国2001年修正的《著作权法》与世界知识产权组织（WIPO）、美国、欧盟、澳大利亚的技术措施立法进行比较，重点探讨了合理使用原则在网络环境下适用的问题。❺ 在2010年《著作权法》修正后，他又就这一问题再次研究，对各国的技术措施立法模式进行总结，主张技术措施的高水平法律保护会与对作品的合理使用难以避免地产生冲突，建议解除对直接规避行为的约束，从而为合理使用留下空间（王迁；2016，2017）。❻ 随着虚拟世界朝着更少控制的方向发展，法律的规范作用难以有效发挥，呈现出无秩序状态。为了保护财产权利，专利权人求助于法律之外的自助形式，例如技术措施（Michael，2013）。❼

---

❶ 李薇薇. 3D打印中商标不当使用的法律规制 [J]. 华中科技大学学报，2014（5）：80-84.
❷ 袁博. 3D打印的知识产权侵权风险及对合理使用制度的影响 [J]. 中华商标，2014（2）：21-24.
❸ 刘强，李红旭. 3D打印视野下的商标侵权认定 [J]. 知识产权，2015（5）：58.
❹ 袁博. 3D打印的知识产权侵权风险及对合理使用制度的影响 [J]. 中华商标，2014（2）：21-24.
❺ 王迁. 对技术措施立法保护的比较研究 [J]. 知识产权，2003（2）：3-8.
❻ 王迁. 论禁止规避技术措施的范围 [J]. 法学家，2016（6）：134-136；王迁. 技术措施保护与合理使用的冲突及法律对策 [J]. 法学，2017（11）：9-20.
❼ MICHAEL G J. Anarchy and property rights in the virtual world: how disruptive technologies undermine the state and ensure that the virtual world remains a "Wild West" [J/OL]. (2013-03-16) [2017-06-15]. https://ssrn.com/abstract=2233374.

二、国外文献综述

欧洲议会（2017）发布了一份名为《3D 打印——对知识产权领域和民事责任的挑战》的文件。该文件显示欧洲议会已经将 3D 打印作为一个优先考量的技术挑战，并将该技术视为推动全球化的重要新兴技术之一，将改变我们的生产、工作、运输以及消费的传统方式。❶ 欧盟委员会 2017 年开始在政策上进行修订，并于 2017 年 7 月对知识产权和民事责任领域的 3D 打印相关问题采取了一定对策。❷ 同时，在经济合作与发展组织（OECD）2017 年出版的《下一次生产革命：在政府和商业中的运用》中强调，对于 3D 打印这样的技术需要长期的研究分析，另外对于一些短期内的挑战，商界、教育界、政界的领袖应该时刻准备调整应对措施，特别是在知识产权、竞争和贸易等政策以及未来生产运输方面的运用。因此，3D 打印带来了法律、道德、医药、健康和安全等多方面的挑战。❸

（一）国外 3D 打印对社会经济发展影响的研究现状

（1）传统制造业。Pillay 等（2015）认为伴随 3D 打印和各种材料的突变式发展，3D 打印产业的快速发展推动了传统制造业的发展，逐渐走进了人们的日常生活。❹ Petrick 等（2013）通过对 3D 打印在传统制造业生产模式（设计、生产和分销）各个环节所产生的冲击的分析，认为制造业将来应当被分为两部分：其一，对于能够替换的产业部分，还是适用规模经济的生产方式；其二，对于高度可定制的部分，则应当交由 3D 打印机。每一种生产模式都应当利用其自身的优势，而且这将是一个漫长的过程。❺ Forrest 等（2013）对 3D 打印本身所具有的优势和特点进行反向思考，总结出了其对传统工业时代所带来的四个方面的冲突：功能的多样性——它可以生产任何东西；削减工人、货物装配的成本；与互联网相结合——资源的大众化和合作的大众化；对地缘

---

❶ European Parliament (Committee on Legal Affairs). Working document: three - dimensional printing, a challenge in the field of intellectual property rights and civil liability [EB/OL]. (2017 - 11 - 23) [2020 - 11 - 14]. http://www.europarl.europa.eu/sides/getDoc.do?type = COMPARL&reference = PE - 612.302&format = PDF&language = EN&secondRef = 01.

❷ European commission. Reflection paper on harnessing globalization [EB/OL]. (2017 - 05 - 10) [2020 - 11 - 10]. http://eur - lex.europa.eu/legal - content/EN/TXT/?uri = COM%3A2017%3A240%3AFIN.

❸ OECD. The next production revolution: implications for governments and business [EB/OL]. Paris: OECD Publishing, 2017. https://www.oecd.org/governance/the - next - production - revolution - 9789264271036 - en.htm.

❹ PILLAY V, CHOONARA Y E. 3D printing in drug delivery formulation: you can dream it, design it and print it. How about patent it? [J]. Recent Patents on Drug Formulation, 2015, 9 (3): 192 - 193.

❺ PETRICK I J, SIMPSON T W. 3D printing disrupts manufacturing: how economies of one create new rules of competition: 3d printing may represent a disruption to the manufacturing industry as profound as the industrial revolution [J]. Research - Technology Management, 2013 (6): 12 - 16.

经济的影响——它预示了商品和分销的去全球化。❶ 另外，Rayna 等（2016）不仅研究了 3D 打印对传统制造和供应链的影响，还对商业模式、新型财务资源、价值链等进行了考察，发现 3D 打印对于传统工业经济的影响是全方位的，需要予以认真对待。❷

（2）商业模式。Brooks 等（2014）分析了 3D 打印带来的 10 种商业模式，列举了运用该等商业模式的公司和其提供的服务，并强调随着 3D 打印机价格的下降，商业模式中的替代部分将进一步快速发展，例如非常适合于汽车产业（包括汽车的生产与维修）等行业。❸ 同时，Bechthold 等（2015）指出，3D 打印的商业化不仅改变了某些行业的产品组件、成品生产的模式，而且改变了产品设计、制造工艺、供应和分销链，可能对传统的生产渠道产生巨大影响。❹ Lemley（2015）也认为，3D 打印与其他数字技术具有共同的特征，即当一个物体的信息的创建与该物体的生产分离，传统的商业模式将受到挑战，而与生产流程相关的新型商业模式将崭露头角。❺ Desai（2014）预测，个人 3D 打印行业可能会走到与其他数字行业（这些数字行业包括软件、网络、音乐和电影业等）过去所面临的相同的十字路口，针对终端消费者在未来的侵权能力，专利权人在有效强制执行其权利方面只存在有限的能力。❻ Lipson 等（2013）深入探讨了"用户创新者"。他们认为个人 3D 打印市场的特点是拥有众多的"用户创新者"，由于众多个人 3D 打印机得益于开源软件和硬件，掌握了一定技术的用户有能力改变现有的设计，因此，企业与用户创新者之间的特定互动模糊了生产者、创新者和消费者之间的界限。❼

（二）国外有关 3D 打印对知识产权制度影响的研究现状

（1）3D 打印与著作权。Castro（2013）分析指出，3D 打印数字模型文件获得专利保护的可能性比较小。❽ Santoso 等（2016）认为，当涉及打印对象本身时，著作权问题将在 3D 打印中占据主导地位，使用 3D 打印生成新的与已存在的并无不同的文件并

---

❶ FORREST E, CAO Y. Digital additive manufacturing: a paradigm shift in the production process and its socio-economic impacts [J]. Engineering Management Research, 2013, 2 (2): 66-70.

❷ RAYNA T, STRIUKOVA L. Aditivity and rapid prototyping: how 3D printing is changing business model innovation [J]. Technological Forecasting & Social Change, 2016, 102: 214-224.

❸ BROOKS G, KINSELY K, OWENS T. 3D printing as a consumer technology business model [J]. International Journal of Management & Information Systems, 2014, 18 (4): 271-280.

❹ BECHTHOLD L, FISCHER V. 3D printing: a qualitative assessment of applications, recent trends and the technology's future potential [EB/OL]. (2017-06-05) [2017-06-20]. http://www.efi.de/fileadmin/Innovations-studien_2015/StuDIS_17_2015.pdf.

❺ LEMLEY M A. IP in a world without scarcity [J]. New York University Law Review, 2015, 90 (2): 460-515.

❻ DESAI D R. The new steam: on digitization, decentralization, and disruption [J]. Hastings Law Journal, 2014, 65 (6): 1469-1482.

❼ LIPSON H, KURMAN M. Fabricated: the new world of 3D printing [M]. New Jersey: Wiley, 2013: 115-120.

❽ CASTRO D. Should government regulate illicit uses of 3D printing? [R]. The Information Technology & Innovation Foundation, 2013.

进行出售时，被认为是侵犯著作权。❶ Phoebe Li 等（2014）认为，3D 打印机用来打印三维产品可能会侵犯著作权，需要追究 3D 打印设备提供者的责任。❷

（2）3D 打印与专利权。Bechtold（2015）在 WIPO 报告中指出，3D 打印与知识产权以及创新之间存在着复杂关系：知识产权制度对 3D 打印行业的影响是复杂的，一方面专利保护是工业 3D 打印商业战略的重要组成部分，另一方面知识产权保护在个人 3D 打印领域可能会给创新带来中性或有害的后果。❸ Kufess 等（2014）认为，获得一项专利和执行专利保护所需要的花费，在 3D 打印领域都会带来很重要的挑战；同时对于增长或更新速度非常快的技术来说，申请时间也是一个问题。基于上述两点的考虑，他们认为，实用新型专利相对于传统专利保护来说，由于申请时间短、更加容易和保护时间较短等特点，利用其对 3D 打印进行保护更加适合。❹ Doherty（2012）认为打印者只需要通过 3D 打印机对文档进行打印就能得到受保护的专利产品，工序简单，操作便利，制造侵权物的成本大大降低，加大了专利侵权发生的可能性。而且，对于消费者使用 3D 打印机制造和使用专利产品的行为，专利权人无法主张专利权，其原因在于行为人可以主张没有生产经营目之合理抗辩。❺

从国际层面看，各国规定也存在差异。美国专利制度一直存在着扩大适用修复原则的趋势。近年来，一些学者也开始寄希望通过 3D 打印，使法院在"修复"和"重造"两个概念的界定上取得进展（Doherty，2012）。❻ Howells（2015）认为对用户侵犯专利权的行为取证可能是困难的，因为 3D 打印要求一个先进的生产过程，有一个非常专业的技术方案。❼ Santoso 等（2016）认为，结合使用的技术、法律和政策分析，专利侵权在 3D 打印中是一个主要的可能性持续问题。❽ Holbrook 等（2015）指出专业人士已经开始对 3D 打印侵犯专利权进行关注。❾

英美有学者预测，在 3D 打印的促使下，现有专利制度中的个人非营利使用专利产品的侵权例外情形，很有可能会向有利于专利权人的方向修改（Matthew 等，2013）。❿

---

❶ SANTOSO S M, WICKER S B. The future of three-dimensional printing：intellectual property or intellectual confinement？[J]. New Media & Society，2016，18（1）：138-155.

❷ LI P，MELLOR S，CHARLOTTE J，et al. Intellectual property and 3D printing：a case study on 3D chocolate printing [J]. Journal of Intellectual Property Law and Practice，2014（4）：322-332.

❸ BECHTOLD S. WIPO report：3D printing and the intellectual property system [R]，2015：19.

❹ KUFESS T，CASS W J. Rethinking additive manufacturing and intellectual property protection [J]. Research Technology Management，2014（5）：35-42.

❺❻ DOHERTY D. Downloading infringement：patent law as a roadblock to the 3D printing revolution [J]. Harvard Journal of Law & Technology，2012，26（1）：353-361.

❼ HORNICK J. 3D printing will rock the world [M]. South Carolina：North Charleston，2015：83-134.

❽ SANTOSO S M，WICKER S B. The future of three-dimensional printing：intellectual property or intellectual confinemen？[J]. New Media & Society，2016，18（1）：138-155.

❾ HOLBROOK T R，OSBORN L S. Digital patent infringement in an era of 3D printing [J]. California：University of California Davis Law Review，2015，48（4）：1319-1384.

❿ MATTHEW M，XUAN S. Chinese intellectual property aspects of 3D printing [EB/OL]. （2013-07-01）. http：//www.hg.org/article.asp？id=30501.

Shuchman（2013）指出，立法者和法院应当尽快梳理 3D 打印过程中出现的有关专利侵权判定的一系列问题，通过对专利侵权判定的规制，建立起适用于 3D 打印的侵权判定体系，从而保证传统专利制度在新技术的冲击下仍能被充分地运用。这比缩小合理使用范围这种"伤筋动骨"的手段，更能保证权利人和社会公众双方的利益。[1] Wilbanks（2013）指出，一些制造商和专利持有者开始将损失收入归因于 3D 打印革命，他们将把 3D 打印替换部件视为盗窃。因此，他们要么试图收紧对他们销售的产品的限制，要么会对那些用多个 3D 打印替换部件修理产品的消费者提起诉讼。当消费者一次将多个部分替换为 3D 打印替换部件时，这一法律区分变得更加复杂，需要确立一个明晰的标准。[2] 最后，诚如 Lemley（2016）所言，当前的专利制度在面对管理规则的转变和法律的变革时，体现出了惊人的适应力和弹性。[3]

（3）3D 打印与商标权。为了平衡知识产权权利人和社会公众之间的利益，促进 3D 打印的快速发展，Desai 等（2013）建议应对个人 3D 打印行为给予一些豁免，确保个人在家里的 3D 打印并不产生民事责任，将其视同事实上的合理使用行为。[4] Hornick（2015）认为，通过 3D 打印侵犯相应知识产权而被起诉的消费者将运用合理使用制度维护自己的权利。[5] Santoso 等（2016）主要从技术层面对 3D 打印的问题提出了自己的看法。[6] Weinberg（2010）客观分析技术和法律的冲突，并对 3D 打印发展持积极态度。[7]

（4）其他方面。Dreier 等（2003）认为权利人利用技术措施可以实现"私人立法"，破坏了合理使用制度的利益平衡，需要对保护技术措施予以制衡，以保障社会公共利益。[8] Macik（2015）强调专利法要建立一种具有协作性和前瞻性的系统，来实现为各国的行业——这些行业可能面临着 3D 打印背景下个人用户的专利侵权风险——带来正外部效应增长。[9] 诚如 Lemley（2015）所言，在一个无稀缺的世界中，3D 打印为

---

[1] SHUCHMAN L. 3D printing: the next big thing in IP law [EB/OL]. (2013-05-17) [2017-06-12]. http://www.law.com/corporatecounsel/PubArticleCC.jsp?id=1202600412379&3D_Printing_The_Next_Big_Thing_in_IP_Law&slreturn=20130605113136.

[2] WILBANKS K B. The challenges of 3D printing to the repair-reconstruction doctrine in patent law [J]. George Mason Law Review, 2013, 20 (4): 1147-1181.

[3] LEMLEY M A. The surprising resilience of the patent system [J]. Texas Law Review, 2016, 95 (1): 1.

[4] DESAI D R, MAGLIOCCA G N. Patents, meet napster: 3D printing and the digitization of things [D]. Indianapolis: Indiana University Robert H. McKinney School of Law, 2013: 37.

[5] HORNICK J. 3D printing will rock the world [M]. South Carolina: North Charleston, 2015.

[6] SANTOSO S M, WICKER S B. The future of three-dimensional printing: intellectual property or intellectual confinement? [J]. New Media & Society, 2016, 18 (1): 138-155.

[7] WEINBERG M. It will be awesome if they don't screw it up: 3D printing, intellectual property and the fight over the next great disruptive technology [R]. Public Knowledge (white paper), 2010: 11.

[8] DREIER T, NOLTE G. The German copyright: yesterday, today, tomorrow [C] //BECKER E. Digital rights management: technological, legal and political aspects. Berlin Heidelberg: Springer-Verlag, 2003: 496.

[9] MACIK T. Global data meets 3-D printing: the quest for a balanced and globally collaborative solution to prevent patent infringement in the foreseeable 3-D printing revolution [J]. Indiana Journal of Global Legal Studies, 2015, 22 (1): 162-170.

知识产权带来挑战的同时也带来机遇。❶ 欧洲议会（2017）对于一系列的3D打印知识产权问题，提出了一些公共政策建议：建立全球统一管理的3D打印数字文件数据库，对私人3D打印的数量进行一定的立法限制，或者对3D打印征收一定使用税以来补偿知识产权人的损失，等等。欧洲议会还强调，创新需要符合法律对其进行的规制。❷ Dinwoodie等（2017）同时也提醒要关注英国脱欧对于知识产权制度（包括3D打印政策）的影响。❸ 另外，澳大利亚的Daly（2016）认为，3D打印的发展将颠覆传统知识产权法的边界，特别是著作权和外观设计的边界已经相应地模糊，而生物3D打印的发展亦对公共健康制度构成新的挑战。

（三）国际组织对于应对3D打印挑战的反应

虽然世界3D打印发展较快的主要国家（如美国、英国、德国等）在知识产权法律方面至今都没有采取太多的修改举措，但从国际组织层面上看，已经有许多机构作出了相关调研报告，如WIPO在2015发布的《世界知识产权报告：突破性创新与经济增长》中，就将3D打印描述为一种突破性技术，并指出在3D打印领域美国、德国和日本是主要的专利申请和拥有国。WIPO的Jewell（2013）认为："3D打印可以引起知识产权保护的诸多制度性挑战。就如同创意内容的数字化已经造成创意产业与版权法之间的剧烈冲突一样，同样的问题也会发生在3D打印领域。如果推展到全球化的数字制造，那么这个问题将会更大。"❹

WIPO前总干事高锐（2013）曾强调要加强3D打印全球化商业价值的拓展。❺ 面对诸如3D打印、机器人和纳米技术等新兴技术，高锐（2015）表示："我们要为这些颠覆性技术的明天创造良好的发展环境。"❻ 此外，WTO在2013年的《世界贸易报告》中，也对3D打印将如何改变世界贸易进行了论述。❼ 而WTO（2015）报告认为，3D打印可能会通过内包（in-sourcing）的方式，导致制造业和供给链向发达国家回流。Livesey（2018）就质疑3D打印和其他新兴技术是否会最终导致"脱离全球价值链，而

---

❶ LEMLEY M A. IP in a world without scarcity [J]. New York University Law Review，2015，90（2）：460.
❷ European Parliament (Committee on Legal Affairs). Working document：three-dimensional printing, a challenge in the field of intellectual property rights and civil liability [EB/OL]. (2017-11-23). http://www.europarl.europa.eu/sides/getDoc.do?type=COMPARL&reference=PE-612.302&format=PDF&language=EN&secondRef=01.
❸ DINWOODIE, GRAEME B, DREYFUSS R C. Brexit and IP: the great unraveling [J]. Cardozo Law Review, 2017 (39)：967.
❹ JEWELL C. 3D printing and the future of stuff [J]. WIPO magazine, 2013 (2)：2-6.
❺ SAEZ C. WIPO demonstrates 3D printing: making the impossible possible [EB/OL]. (2013-04-25). http://www.ip-watch.org/2013/04/25/wipo-demonstrates-3d-printing-making-the-impossible-possible/.
❻ WIPO. Small group of countries drives innovation in breakthrough technologies [EB/OL]. (2015-11-11). https://www.wipo.int/pressroom/en/articles/2015/article_0015.html.
❼ WTO. World trade report 2013: factors shaping the future of world trade [EB/OL]. https://www.wto.org/english/res_e/booksp_e/wtr13-0_e.pdf.

造成去全球化的局面"❶。瑞典国家贸易署（2016）发表了3D打印所带来的制度性挑战相关报告，认为："3D打印不仅改变了生产制造方式，而且制造中的场所、参与者的改变，也将改变贸易谈判的模式。"其还认为，一个清晰完善的法律制度框架十分重要，而不仅仅是对于侵权责任或知识产权保护方面的修订。❷ 假设所有的多边、区域性、双边协定中都融入知识产权章节，那么在3D打印的数字传输中将会产生许多复杂的问题。

另外，联合国也曾对3D打印的滥用表示了关注。联合国前秘书长潘基文（2016）对安理会表示："信息技术、人工智能、3D打印和合成生物学将对人类的日常生活产生深远的影响，为众人带来福利，但其潜在的滥用也会给人类带来灾难。"❸

（四）国外与3D打印相关的知识产权案例

当前，世界范围内大多与3D打印相关的知识产权司法案例主要来自普通法系国家（如美国、英国与澳大利亚等），原因是普通法系在处理实际问题时比较灵活，法官可以在立法空白的时候作出自身的判断，从而形成判例指引之后的司法。例如，在著作权和外观设计的界限划定方面，英国2011年的Lucasfilm Ltd & Others v. Ainsworth and Another案、美国2017年的Star Athletica LLC v. Varsity Brands Inc et al. 案，以及澳大利亚2014年的Seafolly Pty Limited v. Fewstone Pty Ltd案等。另外，美国2015年开始的ClearCorrect Operating LLC v. International Trade Commission案（以下简称"Clear Correct案"），对于专利贸易、数字化传播以及3D打印等概念的关联进行了初步探讨。在此新兴技术的挑战下，法官的"造法"不仅仅是普通法的法律渊源之一，而且是核心的法律依据。就如同英国大法官Goff所言，普通法通过一个个案例实现了法律的动态累进，而且还可以在法律走得过于超前时进行调节。❹ 随着3D打印商业价值的提升，在2018年，还陆续发生了一些与3D打印相关的专利诉讼。如美国的Desktop Metal Inc. v. Markforged, Inc. and Matiu Parangi案❺，该案的陪审团发现Markforged公司确实侵犯了其竞争对手Desktop Metal公司所拥有的两项专利。

---

❶ LIVESEY F. From global to local: the making of things and the end of globalization [M]. New York: Pantheon, 2018: 223.

❷ National Board of Trade (Sweden). Trade regulation in a 3D printed world (National Board of Trade 2016) [EB/OL]. https: //www. kommers. se/Documents/dokumentarkiv/publikationer/2016/Publ - Trade - Regulation - in - a - 3D - Printed - World. pdf.

❸ BAN K M. Addressing security council, secretary - general calls for recommitment to eradicating weapons of mass destruction "once and for all" [EB/OL]. (2016 - 08 - 23). https: //www. un. org/press/en/2016/sgsm17996. doc. htm.

❹ GOFF L. The future of the common law [J]. International & Comparative Law Quarterly, 1997, 46 (4): 745 - 760.

❺ Case number: 1: 18 - CV - 10524.

|上 篇|

总 论

第一章 3D打印及其产业概述

第一节 3D打印的发展现状

一、3D打印概述

3D打印（3D printing），又称增材制造（additive manufacturing）或快速成型，是一种集合机械、电子、材料、软件等多个学科的制造技术（故全书中3D打印即指3D打印技术）。[1] 美国材料与试验协会增材制造技术委员会（ASTM F42）[2] 对3D打印的定义是：一种与减材制造（subtractive manufacturing）相反的，根据三维数据把材料集中于一体的生产技术。[3] 因此，3D打印必须由数据来驱动，实现该技术的基本流程包括"数据获取""数据处理""打印成型（品）"和"最后处理"等工序。

具体而言，典型的3D打印始于对现实世界中物体的3D扫描，或在计算机辅助设计（CAD）软件包中创建此类物体的数字表达；然后将该物体的形状和其他特征以专门的文件格式进行储存；在修复物体数字表达中的潜在错误后，使用专门软件将该数字表达转换为用于3D打印机的切片指令，对原始物体进行3D再现。一旦完成实际打印后，通常会应用高分辨率的后期处理技术，以补偿3D打印中的缺点或提高所生产物体的质量或分辨率。至少在概念方面，由于真实世界中的物体的数字表达没有限制，因此几乎任何形状或几何图形均可通过3D打印机进行复制。

当今社会存在多种多样应用3D打印的制造工艺，主要区别在于其原材料层的放置方式以及所使用的原材料种类。根据3D打印制造工艺中原材料层的放置方式，可以将3D打印划分为熔融沉积（FDM）、立体光固化（SLA）、选择性激光烧结（SLS）、分层实体制造（LOM）等种类。[4] 3D打印制造工艺中被用来制造3D物体的原材料因技术而

---

[1] 华融证券3D打印小组. 透视3D打印：资本的视角 [M]. 北京：中国经济出版社，2017：1-10.

[2] 英文全称为：ASTM Committee F42 on Additive Manufacturing Technologies.

[3] DILLON S. Infringement by blueprint: protecting patent rights in a world of low-cost 3D printing [J]. American Intellectual Property Law Association Quarterly Journal, 2014, 42 (3): 431.

[4] BARNATT C. 3D打印：正在到来的工业革命 [M]. 韩颖，赵俐，译. 北京：人民邮电出版社，2014：19-39.

异。3D 打印的专用材料快速发展，目前已有 200 多种。❶ 典型的材料包括热塑性塑料、雕塑土、陶瓷材料、金属合金、玻璃、纸张、感光聚合物，甚至活细胞和食物。材料以粉末、细丝、液体或薄片的形式出现。虽然有些材料（如热塑性塑料）可以多次熔融并重熔，但是其他材料（如热固性聚合物）不能熔化成可重复使用的液体形式，因为一旦熔化，其内部成分就会发生变化。

在生产实践中，3D 打印的主要用途最初是"快速成型"。自 20 世纪 80 年代以来，工程和工业设计公司一直在使用 3D 打印，以加快其设计和原型制作流程。之后，越来越多的 3D 打印也被用于生产零部件甚至成品。目前，大型 3D 打印机被用于打印建筑物、汽车、飞机、电动机和发电机的部件，其涉及的行业主要包括建筑、工业设计、汽车、航空、航天和军事等领域。此外，3D 打印也被运用于医疗领域，例如生产用于髋关节置换和助听器外壳的定制托座；3D 打印还可以生产终端消费产品，例如生产时尚服饰、鞋类、珠宝、眼镜，甚至食品等。❷

二、3D 打印发展现状

目前我国 3D 打印仍有不少核心技术与材料依赖进口，核心技术尚被美国、德国、以色列等国家掌控，如美国的 Stratasys 公司和 3D Systems 公司就各持有几百项核心专利。根据英国知识产权局的资料，国际上顶尖 3D 打印专利持有者包括富士通（Fujitsu）、Stratasys 公司和 3D Systems 公司。❸ 而 Gridlogics Technologies 的研究则显示，顶尖专利持有者包括 3D Systems 公司、Stratasys 公司、麻省理工学院和惠普公司。❹ Yen‐Tzu 和 Hsin‐Ning 的一项研究表明，十大顶尖专利持有者所拥有的 3D 打印专利占全部 3D 打印专利的 26%。❺ 目前，美国、日本和中国的相关专利最多，其中众多顶尖专利持有人为美国的公司。❻

值得注意的是，我国部分 3D 打印技术的研发已处于世界先进水平。其中，激光烧结技术较为领先，已能够满足特种零部件的使用要求，率先应用于航天、航空装备制造。而生物 3D 打印也取得了显著进展，已可以制造简单的生物组织。但是在 3D 打印

---

❶ 邓飞，刘晓阳，王金业，等. 3D 打印技术发展及塑性材料创新应用 [J]. 塑料工业，2019（6）：8‐12.

❷ LI P, MELLOR S, GRIFFIN J, et al. Intellectual property and 3D printing：a case study on 3D chocolate printing [J]. Journal of Intellectual Property Law & Practice, 2014, 9 (4)：322‐332.

❸ U. K. Intellectual Property Office. 3D printing：a patent overview [R/OL]. 2013：19 [2017‐04‐02]. https：//www. gov. uk/government/publications/ 3d‐printing‐a‐patent‐overview.

❹ Gridlogics Technologies PVT Ltd. 3D printing：technology insight report [R/OL]. [2017‐04‐05]. http：//www. patentinsightpro. com/techreports/0214/Tech%20Insight%20Report%20‐%203D%20Printing. pdf.

❺ YEN‐TZU C, HSIN‐NING S. Understanding patent portfolio and development strategy of 3D printing technology [C] //2014 Portland International Conference on Management of Engineering & Technology. Kanazawa：IEEE, 2014：1407‐1415.

❻ U. K. Intellectual Property Office. 3D printing：a patent overview [R/OL]. [2017‐04‐02]. https：//www. gov. uk/government/publications/ 3d‐printing‐a‐patent‐overview.

相关软件领域，我国的技术近乎空白。

在3D打印的技术产业化应用上，国内一些知名的、技术实力强的3D打印公司，基本都是依托于高校的成果转化，对3D打印进行产业化，如北京殷华依托于清华大学、陕西恒通智能机器依托于西安交通大学、湖北滨湖机电依托于华中科技大学等。北京太尔时代生产的桌面3D打印机的价格和质量已具备了国际竞争力，在欧美市场已有一定知名度和市场占有率。更多的3D打印公司是从代理经销国外公司的3D打印设备和3D打印材料等起步的。有些企业则通过购买国内外各类3D打印设备，专门为相关企业提供3D打印服务，如广东省工业设计中心、杭州先临快速成型技术有限公司等。

在产业链上，3D打印企业主要可以分为三类：上游的材料企业、中游的3D打印设备企业、下游的服务应用企业。未来材料领域、设备领域、服务领域都将是3D打印产业的重要发展领域。就上游领域而言，材料一直是我国制造业的软肋，不少3D打印材料需要进口，价格昂贵，一定程度上限制了3D打印的发展。目前我国有些企业和研究机构正在抓紧进行材料的研发。在中游的3D打印设备领域，美国的两大巨头占据先发优势，且正在大力开拓亚太市场。国内大部分企业主要生产个人级3D打印机，能生产工业级3D打印机的企业屈指可数，还无法与国外巨头相提并论。相比中上游，我国下游的服务应用领域相对成熟一些，尤其是在航天军工领域，对3D打印的需求增长较快。这与航天军工市场需要的零部件较复杂、要求快速响应、所用材料成本高昂有关。在医疗和日常消费领域，3D打印也有不小的应用空间，但相关市场仍需要长时间培育。

总而言之，目前我国3D打印相关产业尚处于发展的初级阶段，表现为我国3D打印相关产业的规模还很小，大部分3D打印公司还处于投入阶段，具有良好产出的公司并不多。而且我国3D打印企业的规模普遍较小，研发力量不足，与3D打印产业的引领者3D Systems公司和Stratasys公司相比，差距仍非常明显。这两家公司每年都投入1000多万美元用于研发新技术，研发投入占销售收入的10%左右，不仅研发设备、材料和软件，而且以合作开发、直接购买等方式，获得大量来自企业外部的相关专利技术。

虽然技术研发和产业发展上我国和欧美国家目前还有一定的差距，但差距并不大。3D打印毕竟是一项新兴的技术与产业，总体而言，各国基本上还是处于同一起跑线上。

第二节 3D打印发展趋势

虽然现在3D打印还远不是行业中的主流制造技术，但该技术的未来发展和应用仍存在空间。新技术的适用通常需要几十年时间，例如，电机制造业中的传动装置取代传动系统花了 40 年的时间。❶ 可以预见的是，在与传统制造社会并行的道路上，3D 打印将通过参与、协作和共享来探索、开发和使用 3D 打印应用程序，并且在生产制造和商业模式方面产生重大的变革。

由于 3D 打印越来越广泛地被接受并纳入业务实践，同时也被视为一项有可能导致当前产业链大规模变革的颠覆性技术。据行业观察家预测，到 2022 年，3D 打印市场将创造 239 亿美元的收益；而到 2024 年，将可能达到 356 亿美元。到 2025 年，该技术的影响将达到每年 2300 亿～5500 亿美元，其中对消费者用户达 1000 亿～3000 亿美元，对直接制造业达 1000 亿～2000 亿美元，以及工具和模具的创建业达 300 亿～500 亿美元。❷ 到 2025 年，预计 3D 打印市场的综合平均增长率（CAGR）将超过 16.5%，其中扫描软件的综合平均增长率将达到 18.4%，功能部件的综合平均增长率将达到 16.5%。❸

一、工业 3D 打印

工业应用的 3D 打印系统的发展遵循了制造业和相关行业中的普遍模式。2014 年的数据显示，全球大约有 34 家制造商生产和销售工业 3D 打印系统。这些公司中有 18 家位于欧洲，7 家在中国，6 家在美国，2 家在日本，1 家在韩国。其中 9 家公司在 2013 年销售了 100 多套系统。❹ 大部分的 3D 打印公司都属于中小型企业。❺

工业 3D 打印的发展呈现出以下五方面趋势。

一是成本持续下降。在未来数年内，对于一家企业而言，3D 打印机的典型投资成本将从 70000 美元降到 2000 美元。❻ 对于新的采用 3D 打印的传统制造商来说，降低了市场壁垒。这些机器允许高度个性化，与传统大规模制造相比，构成强大竞争力。传统制造业的更高整合将进一步消除供应链中的层级。❼

---

❶ HALL B H. Innovation and diffusion [M] //FAGERBERG J, et al. The Oxford handbook of innovation. Oxford：Oxford University Press, 1988：429 - 484.

❷ McKinsey Global Institute. Disruptive technologies：advances that will transform life, business, and the global economy [R/OL]. 2013：105 - 110 [2017 - 06 - 20]. http：//www.mckinsey.com/insights/business_technology/disruptive_technologies.

❸ 郑伟. 3D 打印市场预测 [J]. 今日印刷, 2019 (7)：43 - 44.

❹ Wohlers Associates. Wohlers report 2014：3D printing and additive manufacturing state of the industry [R/OL]. Fort Collins, CO., 2014：59 [2017 - 06 - 20]. http：//www.wohlersassociates.com/2014report.html.

❺ Expertenkommission Forschung und Innovation. Gutachten zu forschung, innovation und technologischer leistungsf？higkeit deutschlands [R/OL]. 2015：73 [2017 - 06 - 05]. http：//www.efi.de/fileadmin/Gutachten_2015/EFI_Gutachten_2015.pdf.

❻ Gartner. Gartner says early adopters of 3D printing technology could gain an innovation advantage over rivals [EB/OL]. [2017 - 06 - 05]. http：//www.gartner.com/newsroom/id/2388415.

❼ BRODY J, PURESWARAN V. The new software - defined supply chain：preparing for the disruptive transformation of Electronics design and manufacturing [R/OL]. [2017 - 06 - 05]. http：//public.dhe.ibm.com/common/ssi/ecm/en/gbe03571usen/GBE03571USEN.PDF.

二是行业日趋集中。目前，市场主要由两大系统制造商所占领：位于以色列和美国的 Stratasys 公司以及位于美国的 3D Systems 公司。其他重要的参与者包括北京太尔时代科技有限公司（中国）、EOS 和 Envisiontec（德国）。初期的大部分 3D 打印公司都属于中小型企业。❶ 如今整个行业已经有了一定程度的整合，出现了较大规模的公司收购。仅在 2017 年，全球就发生 13 起重大并购案，如 3D 打印巨头 3D Systems 公司收购了牙科材料公司 Vertex – Global Holding B. V.（旗下品牌有 Vertex 和 Next Dent），作为日本工业机械重要制造商之一的住友重工以 3300 万美元的对价收购了美国马萨诸塞州的增材制造开发商 Persimmon Technologies，全球制造和 3D 打印服务局 Proto Labs 以 1.2 亿美元的价格收购 Rapid Manufacturing Group，LLC（RAPID）等。❷ 行业集中度的提高主要是因为研发需要巨大的投入。例如，一项关于 3D 打印系统制造商的调查显示，其平均研发支出占销售收入的 19.1%。❸

三是标准即将制定。随着工业 3D 打印行业的成熟和多元化，术语、流程、界面和制造技术的标准化已成为一个重要课题。目前，3D 打印标准制定的主要组织机构中最重要的有美国材料与试验协会增材制造技术委员会、国际标准化组织增材制造技术委员会（ISO/TC261）以及欧洲标准委员会（CEN）等。❹ 2009 年，美国材料与试验协会成立的 3D 打印技术委员会下设 8 个分技术部门，专门从事 3D 打印过程控制、设计测试、打印材料等方面的标准制定工作。❺ 国际标准化组织 2011 年成立的 3D 打印技术委员会下设专门从事工艺、设计、测试、数据等的工作小组，致力于制定国际标准。❻ 2014 年，欧洲为了规范 3D 打印标准，制定了增材制造标准化支持行动计划（SASAM）。2015 年，上述三家委员会联合发布 3D 打印标准技术路线图，明确了增材制造标准化发展的战略方向，确定了各细分领域标准化的工作重点。❼ 2016 年，国际标准化组织和美国材料与试验协会签订《增材制造标准发展架构》，将标准划分为一般标准、材料标准、特定标准三类，为全球标准制定明确了努力方向。❽ 近年来，各主要机构已经制定了 59 项 3D 打印相关标准。❾

四是投入资金逐渐增多。工业 3D 打印公司和研发活动的资金有着多种来源。其

---

❶ Expertenkommission Forschung und Innovation. Gutachten zu forschung, innovation und technologischer leistungsfähigkeit deutschlands [EB/OL]. 2015：73 [2017 – 06 – 05]. http：//www.efi.de/fileadmin/Gutachten_2015/EFI_Gutachten_2015.pdf.

❷ 2017 年全球 3D 打印行业重大并购案盘点 [EB/OL]. (2018 – 03 – 10) [2019 – 03 – 10]. http：//www.soho.com/a/226761829_157139.

❸ Wohlers Associates. Wohlers report 2014：3D printing and additive manufacturing state of the industry [EB/OL]. Fort Collins CO., 2014：59 [2017 – 06 – 05]. http：//www.wohlersassociates.com/2014report.htm.

❹ 薛莲，肖承翔，李海斌. 增材制造标准体系研究 [J]. 标准科学, 2017 (11)：52 – 55.

❺ 肖承翔，李海斌. 国内外增材制造技术标准现状分析与发展建议 [J]. 中国标准化, 2015 (3)：73 – 75.

❻ 景绿路. 国外增材制造技术标准分析 [J]. 航空标准化与质量, 2013 (4)：44 – 48.

❼ 黎海雄. 欧盟 3D 打印标准化路线图：上 [J]. 新材料产业, 2016 (6)：16 – 22.

❽ 王灿友，苏秦，李涤尘. 3D 打印标准化探究 [J]. 信息技术与标准化, 2015 (12)：18 – 21.

❾ 陈为平，林有希，黄捷，等. 3D 打印发展现状分析及展望 [J]. 工具技术, 2019 (8)：10 – 14.

中，风险投资起着一定的作用，各国政府还通过各种渠道为3D打印提供大量资金。除了通过各国国家科学基金会和欧盟第七个框架计划（2007~2013）进行的一般性研究，专门的政府资金也投入到与能源、军事应用和外层空间相关的3D打印项目中。例如，美国国防部与美国国家实验室一直是3D打印研究方面的积极支持者。美国能源部高级项目研究局（ARPA-E）资助了一个项目，以通过使用3D打印生产30kW感应电动机。美国国家航空航天局（NASA）投入巨资研究如何应用3D打印生产用于外太空任务中的更换零件。❶

五是政府更加重视。工业3D打印也逐渐成为大规模政府举措的对象。例如，在2012年，美国政府提出了"国家制造业创新网络"（NNMI），其中一家机构"美国制造"（America Makes）就专注于3D打印。该机构的目标是促进企业和学术界以及政府机构之间的合作，将3D打印引入主流制造业。❷ 该机构是一家公私合作伙伴机构，将50家公司、28所大学和研究实验室以及16家其他组织联合在一起，并获得了美国政府5000万美元的支持。❸ 欧盟在其第七个框架计划中共投入了2.25亿欧元作为3D打印研究资金，并继续积极支持后续的"地平线2020"（Horizon 2020）计划。❹ 德国政府在2003~2013年为3D打印提供了约2100万欧元的研究经费。❺ 此外，我国已经对3D打印作了重大的战略投资。总体上，政府资助的活动比公司发起的研发活动更具重要性。

二、个人3D打印❻

由于众多个人3D打印机基于开源软件和硬件运作，因此掌握了一定技术的用户有能力改变和改进现有的硬件和软件设计。在个人3D打印市场中，企业与用户创新者之间的特定互动模糊了生产者、创新者与消费者之间的界限。因此，在个人3D打印市场中，用户创新发挥着重要作用。❼

---

❶ Wohlers Associates. Wohlers report 2014: 3D printing and additive manufacturing state of the industry [R/OL]. Fort Collins CO., 2014: 199 [2017-06-05]. http://www.wohlersassociates.com/2014report.htm.

❷ 详见：http://americamakes.us.

❸ BECHTHOLD L, FISCHER V, HAINZLMAIER A, et al. 3D printing: a qualitative assessment of applications, recent trends and the technology's future potential [J]. 2015: 59 [2017-06-05]. http://www.efi.de/fileadmin/Innovationsstudien_2015/StuDIS_17_2015.pdf.

❹ European Commission. Additive manufacturing in FP7 and horizon 2020: report from the EC workshop on additive manufacturing [R/OL]. (2014-06-18). https://www.metalliskamaterial.se/globalassets/4-fakta/bilder/ec-am-workshop-report.pdf.

❺ BECHTHOLD L, FISCHER V, HAINZLMAIER A, et al. 3D printing: a qualitative assessment of applications, recent trends and the technology's future potential [J/OL]. 2015: 59 [2017-06-05]. http://www.efi.de/fileadmin/Innovationsstudien_2015/StuDIS_17_2015.pdf.

❻ 亦称为桌面级或消费级，下文以"个人级"统一表述。

❼ KOSTAKIS V, PAPACHRISTOU M. Commons-based peer production and digital fabrication: the case of a RepRap-based, lego-built 3D printing-milling machine [J]. Telematics and Informatics, 2014, 31 (3): 434-443.

个人 3D 打印未来发展趋势是产品价格将更加便宜、开源运动将更加广泛、业务模式将更加多元、融资途径将更加便利。针对个人终端消费者的 3D 打印系统和服务市场蓬勃发展的趋势也是日益明朗，具体体现在以下几方面。

一是产品价格将更加便宜。个人 3D 打印机在 2013 年的平均售价下降为 1208 美元。❶ 据业内观察家估计，2013 年售出了 72503 台个人 3D 打印机，总收入达到 8760 万美元，占整个 3D 打印市场收入的 9%。

二是开源运动将更加广泛。在硬件上，许多个人 3D 打印机起源于 RepRap（开源）项目。❷ RepRap 项目由英国巴斯大学（University of Bath）的 Adrian Bowyer 作为一个开源项目于 2005 年启动，其目标是创造一台可以自我复制的 3D 打印机。该项目的所有设计都是在 GNU 通用公共许可证（GPL）下发布的。RepRap 的实践证明，公开源代码不仅可用于计算机软件，还可以用于实体产品的创建。❸ 个人 3D 打印机包括 RepRap 及其衍生产品，以及由 MakerBot、Delta Micro Factory、3D Systems 和其他众多公司出售的打印机。在软件上，许多个人 3D 打印机构的成员都是 RepRap 社区的成员，并信奉开源社区的价值观，这也促进了专门的 3D 打印软件程序的创建。这些软件程序获得了开源许可证或专有版权许可证授权，但是都属于免费提供。

三是业务模式将更加多元。用户可以共享 3D 设计文件或使用集中式 3D 打印服务来打印 3D 物体，并通过寄送服务收到打印出来的产品。3D 打印早期应用的典型是，Shapeways 根据客户的规格按需提供 3D 打印产品，并允许外部人员在公司网站上设立"商店"。目前 Ponoko、Sculpteo 和 Shapeways 等公司运营着这样的业务：3D 物品的生产商可以将其模型出售给消费者，消费者可以在家打印实体物品或者通过市场上的 3D 打印店进行物品打印。其他平台则专注于 3D 设计文件的分享。例如，由 MakerBot 运营的平台 Thingiverse 允许上传和共享用户创建的数字设计文件，其目前拥有超过 400000 份设计文件，并供 RepRap 和相关社区广泛使用。此外，来自相关行业的老牌公司正在探索进入个人 3D 打印服务市场，例如 Office Depot、Staples 和 UPS 等公司目前正在部分门店试点提供 3D 打印服务。❹ 目前，零售商宜家的大部分目录已经由 3D 产品图像生成。❺

---

❶ Wohlers Associates. Wohlers report 2014：3D printing and additive manufacturing state of the industry [R/OL]. Fort Collins CO., 2014：124-125 [2017-06-05]. http://www.wohlersassociates.com/2014report.htm.

❷ 详见：http://www.reprap.org.

❸ JONES R, HAUFE P, SELLS E, et al. RepRap：the replicating rapid prototyper [J]. Robotica, 2011, 29 (1)：177-191.

❹ MOILANEN J, DALY A, LOBATE R, et al. Cultures of sharing in 3D printing：what can we learn from the license choices of thingiverse users? [J]. Journal of Peer Production, 2015 (6)：1-9.

❺ PARKIN K. Building 3D with IKEA [N/OL]. [2017-02-20]. http://www.cgsociety.org/index.pdf/CGS-Features/CGSFeatureSpecial/building_3d_with_ikea.

第三节 3D 打印对创新生态与社会经济的影响

一、3D 打印背景下的创新生态

不少评论者认为,3D 打印存在瓦解传统设计和制造方法、颠覆现代产业生产模式的可能性。❶ 仅就创新活动而言,3D 打印的快速发展以及与互联网、云计算等技术的紧密结合,正逐步呈现出新的时代特征。

(一) 创新成本由昂贵走向平价

3D 打印可以被用来制作实验室设备和工具,用来代替一系列日益复杂和昂贵的实验设施,从而大大降低创新的成本。例如,环境科学家可以以低于 50 美元的价格制造一种手持的、便携式的、开放源代码的比色计,进行 COD 测量,来替代类似的、成本超过 2000 美元的手持式工具;❷ 土木工程师可以花大约 60 美元用于制作测量悬液的工具,来替换另一个 2000 美元的工具;❸ 物理学家可以制造出 50 美元的光电实验装置,例如一个过滤轮,来取代 2500 美元的劣质商业工具。❹

(二) 创新过程由封闭走向开放

3D 打印之前,创新活动基本都处于封闭或半封闭的状态,不同创新主体之间基于利益考量,鲜有共享交流。通常只有在利益一致的情况下,才会在有限的范围内进行知识、信息共享和合作交流。在 3D 打印背景下,新技术的迅速传播和广泛运用成为内生的迫切要求,而 Thingiverse、Noisebridge 等开源社区和创客空间的应运而生,为社会公众提供了广阔的产品设计交流平台。只要简单注册,社会公众就可以在平台上互通共享技术知识,免费使用他人的发明创造,甚至获取开发新产品的资金支持,使创新活动愈发开放。

(三) 创新主体由少数走向多元

3D 打印使参与产品设计的主体范围得以大幅拓展,逐步呈现出社会化的趋势。❺

---

❶ 巴内特. 3D 打印正在到来的工业革命 [M]. 韩颖,赵俐,译. 北京:人民邮电出版社,2014:157 - 158;中国工程机械学会. 3D 打印:打印未来 [M]. 北京:中国科学技术出版社,2013:150 - 151.

❷ ANZALONE G C, GLOVER A G, PEARCE J M. Open – source colorimeter [M]. Sensors, 2013, 13 (4):5338.

❸ WIJNEN B, ANZALONE G C, PEARCE J M. Open – source mobile water quality testing platform [J]. Journal of Water Sanitation and Hygiene for Development, 2014, 4 (3):532.

❹ PEARCE J M. Building research equipment with free, open – source hardware [J]. Science, 2012, 337 (6100):1303.

❺ 刘强,罗凯中. 3D 打印背景下的专利制度变革研究 [J]. 中南大学学报 (社会科学版),2015 (5):51.

20世纪以来，创新活动主要依靠精英队伍，即少量的研发机构（一般为企业、高校、专业科研机构等）和研发人员。普通社会公众很难自行研发或生产所需要的产品。3D打印的不断发展，降低了获得信息、修改产品设计图乃至制造产品的技术性门槛，降低了创新活动的时间和资源成本，使社会公众参与创新活动的能力得到实质性的提高。如今，社会公众也能够独立地参与到产品设计过程中，并且可以将自己的设计文档上传网络，分享到共享社区中；其他人都可以对原有的产品设计文档予以无限次的修改，从而对产品研发作出自己的贡献。

（四）创新产品由单一走向集成

在专利制度起源时期，一项技术往往对应一件产品，对应一项专利权，"假设我们能够把一项技术放入背包，只要摇晃它，它就能够产生响声"。❶ 之后，产品的专利集成趋势逐步形成，一件专利产品往往集成了多项专利。而在3D打印背景下，这种特征将更加明显。尤其在开源社区中，社会公众都可以参与产品的设计和创新，可以不受拘束地对前人或他人的原始创作，自由地进行修改、完善和提高。一件创新产品完全有可能集聚了多个参与者或者多项发明创造，并且不同创作者之间的贡献可能难以划分。随着3D打印相关产品创新活动的纵深发展，智力成果高度集成的趋势也愈发明了。

（五）实施创新由复杂走向便捷

3D打印构建了CAD文档与产品之间的一一对应关系，CAD文档已经成为3D打印产品发明的核心要素。与传统的设计图和产品说明书相比，CAD文档具有数字化、立体化、直观化和易操作的特点。得益于互联网、物联网时代信息通信技术的日益发达，社会大众可以在网络上查找并下载CAD文档，也可以用3D扫描仪获得产品设计图，然后在计算机上进行任意修改，之后通过3D打印机打印出产品模型，并对产品性能进行测试。这就扫除了不具备专业知识和娴熟操作技能的普通社会大众实施文字描述的技术方案的障碍，使创新活动变得前所未有的便捷和高效。

二、3D打印对社会经济的影响

（一）生产制造模式的变化

彼得·马什将制造业的模式分成五个阶段：第一阶段是少量定制，第二阶段是少量标准化生产，第三阶段是大批量标准化生产，第四阶段是大批量定制，第五阶段是

---

❶ MERGES R P. As many as six impossible patents before breakfast: property rights for business concepts and patent system reform [J]. Berkeley Technology Law Journal, 1999, 14 (2): 578-615.

个性化量产。❶ 3D 打印的应用，使生产流程更加简化，对特殊劳动技能的要求降低，个性化生产成本下降，个性化定制更加容易，加上个性化消费的兴起，将逐渐进入第四阶段即大批量定制的初级阶段，从而给现有的市场环境带来巨大影响。这些影响具体体现在以下方面。

一是生产方式变化。新科技革命中出现了以 3D 打印机为代表的新型生产设备，将制造业带入了数字化时代。❷ 在数字化技术和 3D 打印技术交互融合的背景下，在虚拟现实、计算机网络、大数据和多媒体等支撑技术的支持下，根据用户的需求，迅速收集资源信息，对产品信息、工艺信息和资源信息进行分析、规划、重组，实现对产品设计和功能的仿真，进而快速生产出达到用户要求性能和外观的产品。3D 打印时代，分布在各个作业点上的微电脑、移动终端、RFID 条码设备、软件、数字化测量设备和无线工业以太网将是生产制造现场配备的基本装置。❸

二是生产组织形式变化。现在的生产组织方式为"集中生产、全球分销"。先盖厂房，从全球采购原材料，生产后再运送到各地销售，运输成本、信息搜寻与交易成本都很高。3D 打印的最大价值不是制造，而是服务。随着 3D 打印的发展，分散生产、就地销售成为可能。制造业也许不再选择工厂那样将人力、资金、设备等生产要素大规模集中化的生产方式，而是转变为一种以 3D 打印机为基础、更加灵活、所需投入更少的生产方式。3D 打印的应用区别于集中、大规模的生产制造，变为社会化分散式的制造。遍布分散的小微企业甚至家庭将承担众多的零部件、元器件的加工任务，与整机组装相配套，形成上下关联的产业群。

三是定制量产变化。以往科技革命的成就之一，是机械化的普及实现了规模生产。但是，流水线的产品无法满足日益突出的个性化需求。3D 打印则可能将规模化大生产演变为若干个性化定制，打破集约化生产的传统模式。在以互联网为核心的新科技革命时代，3D 打印的发展将极大地改变大规模的生产方式，实现个性化生产。这个阶段的个性化量产和 16 世纪前的少量定制的生产方式类似，但又存在很大的不同。个性化量产采用一系列自动化流程，可大大降低产品的生产成本，提高生产效率，并能保证产品质量，是少量定制采用的纯手工生产所无法比拟的。在制造的数字化时代，个性需求将随着 3D 打印的成熟，边消费边生产，消费的同时就是生产，将开启真正的体验式消费，消费者和生产者的身份产生混同。❹

---

❶ 马什. 新工业革命［M］. 赛迪研究院专家组，译. 北京：中信出版社，2013：57 - 65.
❷ 中国社会科学院工业经济研究所课题组. 第三次工业革命与中国制造业的应对战略［J］. 学习与探索，2012（9）：93 - 94.
❸ 周洪宇，鲍成中. 大时代：震撼世界的第三次工业革命［M］. 北京：人民出版社，2014：82.
❹ 托夫勒 A. 托夫勒 H. 财富的革命［M］. 北京：中信出版社，2006. 未来学家阿尔文·托夫勒在其《第三次浪潮》一书中首次提出"prosumer"（产消者）一词，并将那些为了自己使用或者自我满足而不是为了销售或者交换而创造产品、服务或者经验的人命名为产消者。2006 年托夫勒又在《财富的革命》一书中提出"产消合一经济"。

四是产业前景变化。随着廉价家用3D打印机需求的增长,其相关产业链(包括零配件制造、打印材料等行业)也会进入高速发展期。在互联网领域,围绕3D打印出现了越来越多的电子商务模式,例如在线3D打印服务、个人定制设计制造服务、共享3D打印模型社区以及面向云制造的3D打印网络。与互联网类似,移动信息平台和智能手机的普及也为某些3D打印增值服务提供了理想的应用推广平台。与此同时,3D打印产业的崛起,还将带动设计、创意、软件开发、教育培训、装备制造、材料与模具等相关产业的发展。此外,基于3D打印的实体商业模式(如各地的3D打印店与3D打印照相馆)将迅速成长,3D打印必将波及和影响各行各业的工作模式,传统的生产制造业将面临一次长时间的"洗牌",或增强很多行业的生命力从而实现转型升级,或导致某些行业走向消亡。❶

(二)商业模式的变革

过去和未来,3D打印无疑正在带来显著的产品和服务创新,对商业模式也必将产生重大影响。❷

一是新业务模式的建立。商业模式涉及不同业务模型组件,不管是组件的变化程度,还是组件数量的变化,都会导致商业模式的变化。首先是价值创造。3D打印促进了产品和服务的创新,而且涉及价值的创造,特别是其价值网络的子组件。事实上,3D打印帮助客户和公司之间实现共同创造,由此产生的产品价值高于大规模生产的产品。其次是价值延伸。到目前为止,众包模式一直局限于生产过程的思想/设计阶段。3D打印使众包模式应用到流程的制造阶段成为可能。❸ 最后是价值支付。通过让客户在家里(或在当地打印店)生产,3D打印可以极大地改变分销渠道,创造新的渠道。例如,配件(如智能手机)公司,除拥有自己原有的分销渠道之外,使用一个在线3D打印服务(如Cubify云、Ponoko或Shapeways)出售其产品。❹ 随后用户可以选择国内的在线3D打印服务打印产品,或在当地的打印店直接打印。因此,3D打印可以在价值创造、价值主张和价值交付之间创造一个潜在的正向循环:①众包和大规模定制能够提高价值创造,可以促进价值主张和提供服务的进一步发展;②价值主张的改变导致价值交付的变化,从而引发更多3D打印机的采用;③通过3D打印机可以开发众包和大规模定制,从而进一步增加价值创造的机会。

二是收入模式的创新。虽然3D打印会带来更多的价值,但这也可能给传统商业模

---

❶ 利普森, 库曼. 3D打印:从想象到现实[M]. 赛迪研究院专家组, 译. 北京:中信出版社, 2013:1-14.
❷ RAYNA T, STRIUKOVA L. From rapid prototyping to home fabrication: how 3D printing is changing business model innovation [J]. Technological Forecasting & Social Change, 2016, 102: 214-224.
❸ RAYNA T, STRIUKOVA L. From rapid prototyping to home fabrication: how 3D printing is changing business model innovation [J]. Technological Forecasting & Social Change, 2016, 102: 218.
❹ RAYNA T, STRIUKOVA L. From rapid prototyping to home fabrication: how 3D printing is changing business model innovation [J]. Technological Forecasting & Social Change, 2016, 102: 220.

式带来更大的困难。正如数字化行业面临的问题一样,需要创新的收入模式加以克服。这无疑是商业模式创新最为关键的领域,可能涉及利润分配的根本性变化。消费者在生产过程中的一个重要组成部分(从设计到制造和分销)可能会不愿意付出太多,除非他们认为物有所值(如全定制)。为此,一些公司可能不得不彻底改变它们的收入模式,转向更多的附加值产品,或者从互补性服务中获得收入。

三是业务模型的转移。业务模型转移包括横向转移和纵向转移两个方面。将业务模型横向转移到现有或新市场的做法往往是有风险的,因为在进入市场之前必须进行大量投资。公司"计划、设计、测试和重新测试替代商业模式的变化,直到它们找到最适合它们的目标"。[1] 对于企业来说,在商业模式创新方面,除了尝试和出错之外,通常没有其他选择,而这一启发式过程通常要付出很大的代价。但3D打印使横向转移的风险更小,因为产品可以按要求生产,成本最低。除了进入现有市场之外,同样的策略也可以应用于全新的市场。除了横向转移,3D打印还可以使企业快速向上游或下游转移。例如,企业可能会放弃直接生产,并专注于设计和服务。[2] 与此相反,依赖于中间商制造产品的设计公司可能决定自己生产。这也意味着,企业可以通过采取更多的活动(或者放弃其中的一些活动)来更好地适应业务模式的"长度"。

另外,3D打印有助于企业以更低的成本尝试各种商业模式。3D打印很容易帮助企业实现业务的多样化甚至改变它们现有的业务重点,包括竞争对手。此外,市场结构变化会更加活跃,过去存在的关键边界往往会被逐步抹去,例如消费者同时成了生产者。[3]

---

[1] SOSNA M, TREVINYO – RODRIGUEZ R N, VELAMURI S R. Business model innovation through trial – and – error learning: The Naturhouse case [J]. Long Range Plan, 2010, 43 (2): 384.

[2] SOSNA M, TREVINYO – RODRIGUEZ R N, VELARMURI S R. Business model innovation through trial – and – error learning: The Naturhouse case [J]. Long Range Plan, 2010, 43 (2): 387 – 388.

[3] RAYNA T, STRIUKOVA L. From rapid prototyping to home fabrication: how 3D printing is changing business model innovation [J]. Technological Forecasting & Social Change, 2016, 102: 214 – 224.

第二章 3D打印与知识产权制度的理论分析

从知识产权制度的产生与发展历程来看，其一直伴随着技术创新以及技术产业化的发展。本章探讨3D打印与知识产权制度理念是否吻合，以及现有知识产权制度下知识产权的作用机制是否适应3D打印的发展，在此基础上系统梳理当前3D打印产业化发展过程中所面临的知识产权问题以及对知识产权制度的需求，从而为后文研究3D打印时代知识产权制度的变革奠定基础和前提。

第一节 3D打印与知识产权制度的理念

研究表明，3D打印的发展并没有从制度层面撼动知识产权制度设立的初衷和理念。

第一，个体理念。个体理念是以个体为权利主体作为价值取向构建知识产权主体制度的基本理念。❶ 知识产权制度产生早期，为了保护知识产权权利人的利益而出现的著作权法、专利法、商标法，均以个体为基本理念。世界上第一部专利法也规定专利权人必须为"第一个真正发明人"。❷ 如今，以个体为权利主体的理念仍体现在知识产权制度中，表明了个体理念在知识产权制度上的重要性。随着科学技术的发展，集体在知识产权创新活动中发挥的作用愈加明显，各国也意识到单纯就个体进行知识产权保护已不能完全满足市场发展要求，必须对集体创造的智力成果进行保护。

3D打印并未动摇知识产权制度的个体理念，或者说，个体为权利主体的价值取向所构建的个体理念并没有受到3D打印及其产业化发展的冲击。虽然创新的主体经历了从个人主体向集体个体再向大众个体的过渡，但并不意味着个体理念发生了变化，而仅仅是个体来源的多元化转变。3D打印及其产业化发展将会提高个人的制造能力从而降低其创新成本。但是3D打印从本质上来看仅仅是一种制造方式的革新，使得创新成果能够更加便捷地传播和制造。这同网络技术与计算机技术的结合对于著作权的影响——使得作品

---

❶ 齐爱民. 知识产权法总则［M］. 武汉：武汉大学出版社，2011：36.
❷ 1623年，英国颁布《垄断法》（*The Statute of Monoplies*），这是世界上第一部具有现代含义的专利法。该法第6条规定，发明专利权人必须是某项发明的"第一个真正发明人"。参见：郑成思. 知识产权的起源［EB/OL］. http：//www. iolaw. org. cn/shownews. asp？id＝6757.

的创作与传播更加便捷类似,但是归根结底创新的主体依然是个人或者集体。

第二,智慧理念。智慧理念是以智慧成果为知识产权财产而产生的基本理念。知识产权制度明确保护个人智慧创造的成果,个人智慧创造的成果价值和意义又因个人能力的不同而不同。个体理念分为个人和集体,智慧理念也可产生于集体。知识产权制度尊重个人和集体的智慧。传统知识产权制度所保护的创新成果,无论是作品还是技术都具有无形性,只是呈现在日常生活中的载体不同,例如书、唱片、影视光盘和其他产品等。

3D打印仍然秉承知识产权制度的智慧理念。3D打印仅仅是将作品的数字化进一步推向了实体物的数字化。这体现为通过3D扫描将具有艺术性或功能性的实体物进行3D建模,并运用3D打印设备将CAD文件再次打印为另外一个实体物的过程。但整个过程并没有改变创新成果的无形性,以智慧成果为知识产权财产的智慧理念也未受到3D打印及其产业化发展的影响。

第三,创新理念。创新理念是以创新为价值取向构建知识产权制度的基本理念。"知识产权制度的本质是鼓励创新,不鼓励模仿与复制。"[1] 知识产权制度上的创新,指的是将个人和集体智慧成果转化为作品、技术、商标等知识产品,包括三类:原始创新——前所未有的重大知识创造与发明;集成创新——对现有知识进行有效利用和集成的创新;再创新——在前人先进技术的基础上进行再次创新。这三类创新受到知识产权制度的保护。

3D打印依然坚持知识产权制度的创新理念。技术都是中立的,具有两面性:3D打印不仅为创新降低了门槛,同样也为制造和仿冒降低了门槛。知识产权制度本身伴随着科技革命的发展而来,创新和仿制是科技进步与知识产权制度无法回避的永恒话题。一方面,技术发展不是孤立的,在其发展过程中技术保护措施同时也在发展。针对3D打印及其产业化发展将会带来的个人制造仿制问题,当前也在同步开发相关的区块链技术和人工智能技术在该领域的应用对其进行防范。另一方面,人的行为可以由法律规制,只要通过对现有法规进行梳理和修改即可避免或减少该种行为的出现,这就更需要知识产权法对创新的保护。因此,在3D打印的发展过程中,仍然应坚持以创新为价值取向,继续鼓励创新,不鼓励模仿与复制。

依据变迁论可以发现,知识产权制度的变迁不是偶然和无序的,它遵循一定的内在逻辑,有着自身的发展规律。该理论认为,技术进步是知识产权制度变迁的动力源。[2] 3D打印作为先进制造技术之一,改变了传统等材和减材的制造模式,降低了创新和产品制造的门槛,加大了对个性化产品的需求并推动了创客运动的发展,对知识产权制度带来了一定的挑战;但仍然坚持个体理念、智慧理念和鼓励创新不鼓励仿制

---

[1] 郑成思. 知识产权战略与知识产权保护［EB/OL］.（2005-06-24）［2020-11-28］. http://iolaw.cssn.cn/zxzp/200506/t20050624_4596334.shtml.

[2] 吴汉东. 知识产权法的制度创新本质与知识创新目标［J］. 法学研究,2014（3）:97.

行为的创新理念，与知识产权制度的基本理念相吻合，并没有产生颠覆式结果。

第二节　3D 打印与知识产权制度的作用机制

知识产权制度的激励机制和利益平衡机制在 3D 打印领域面临一定的挑战。

从功利主义的角度看，激励创新是知识产权制度的首要立法目的。3D 打印的发展正在改变传统制造模式下知识产权制度发挥作用的前置条件，使得激励创新立法目的的实现面临着挑战，需要完善知识产权法对创新进行再激励。

3D 打印不仅催生了一批新的利益群体，利益结构演变为更加复杂的混合结构，而且利益客体的范围更加宽泛和模糊，可能会产生各种利益冲突，甚至对抗。这种冲突和对抗仅仅依靠市场调节并不能解决问题，需要完善知识产权法对各方利益进行再平衡。

一、3D 打印与创新激励机制

知识产权法激励创新理论之所以备受推崇，归根到底是因为它的利益激励思路得到了广泛认可。自 Arrow 把创新看成"知识的生产"[1] 以来，知识产权制度被视为一种有效的激励创新制度。长期以来，"激励创新被视为证明知识产权法（包括专利法）合理性的首要理由"[2]。知识产权制度通过赋予发明者一定期限的垄断权，使其得以弥补创新成本，获得垄断利润，从而提高从事发明创造的积极性。虽然关于知识产权制度是否能够真正激励创新的问题，一直以来都存在着很大的争议，但是并没有阻止"为天才之火添加利益之油"的理念转化为专利制度。

在 3D 打印为代表的创新生态下，知识产权法在应对过程中是否有必要修改规则以实现对创新的再激励？对于这一问题，学者们主要分为两个阵营。一是否定说，认为知识产权法的创新激励已经不适应新的技术发展。一方面，在 3D 打印这个"虚拟世界"里，是一种"无政府状态"，法律无能为力。[3] Brean（2013）认为，通过专利法打击 3D 打印侵权是"no use"，应寻求版权法的帮助。[4] 另一方面，Geertrui（2017）

---

[1] ARROW K J. Economic welfare and the allocation of resources for invention ［M］//Universities - National Bureau Committee for Economic Research & Committee on Economic Growth of the Social Science Research Council. The rate and direction of inventive activity: economic and social factors ［M］. New Jersey: Princeton University Press, 1962: 609 - 625.

[2] 墨杰斯，迈乃尔，莱姆利，等. 新技术时代的知识产权法 ［M］. 齐筠，张清，彭霞，等译. 北京: 中国政法大学出版社, 2003: 10.

[3] MICHAEL G J. Anarchy and property rights in the virtual world: how disruptive technologies undermine the state and ensure that the virtual world remains a "Wild West" ［J/OL］. (2013 - 03 - 16) ［2017 - 06 - 15］. https://ssrn.com/abstract = 2233374.

[4] BREAN D H. Asserting patents to combat infringement via 3D printing: it's no "use" ［J］. Fordham Intellectual Property, Media & Entertainment Law Journal, 2013, 23 (3): 813 - 814.

认为，3D打印的出现并没有改变专利法的权利范围的界定、概念和侵权评估惯例，也没有从根本上破坏主导现行专利法的创新激励功能，专利法不需要做什么。❶ 二是肯定说，认为新技术给激励理论带来了挑战，需要进行专利法的局部改革。Osborn等（2015）认为，3D打印极大地降低了创新成本，并通过对专利法的发明理论、对专利法的心理学和社会学见解等方面的研究，呼吁对专利法进行重大改革以促进创新。❷ Ebrahim（2016）认为，快速发展的3D打印模糊了数字和物理世界的界限，可能会影响整体的创新活力，制定新的法规和改革现有的法规是有意义的。❸ WIPO的报告指出，工业3D打印对于现行的专利制度和理论没有实质影响，而个人3D打印则"呈现不同景象"，并提出了"各种机制如何激励该领域的创新"问题。❹

本书认为，在传统制造模式下，创新（和模仿）成本一般比较高昂，创新过程基本处于封闭状态，作为创新主体的发明人只是社会上的少数人，创新成果往往以单一成果的形式体现。这些要素也构成了知识产权制度得以发挥激励创新作用的潜在前置条件。然而3D打印的出现正在悄然对这些要素施加变量，产生了新的创新特征（详见本书第一章第三节的论述），如创新成本由昂贵走向平价，创新过程由封闭走向开放，创新主体由少数走向多元，创新产品由单一走向集成，实施创新由复杂走向便捷等，随之对知识产权法创新激励效应的实现构成了一定的挑战。因此在应对过程中需要进一步激励创新，即创新再激励。具体原因有以下四个方面。

一是3D打印加剧了财产激励的递减效应。专利法强调财产制度的对物维度，通过制度建构把无形的"抽象物"转变为一种看得见、可以观察和核实的纸面所有权，以此作为主要的激励手段。专利权人获得对创新成果的占有权，"它们像物权一样，可以作为排他性开发经营权"，实现"对物的控制"，确保归属上的唯一性和收益的垄断性。❺ 但是，不为名、不为利的发明家始终存在。如此不难回答开源3D打印社区的出现给知识产权学者提出的一个问题：为什么开发人员投入大量的时间、金钱和精力来创建开放源代码的3D打印机，而无须通过知识产权系统收回其投资？答案可能是开源3D打印机的开发商可能具有类似于其他的开源产品开发商的动机，❻ 特别是对开源3D打印机的硬件和软件开发商而言，个人的需要、内在动机和声誉的目标可能是重要的

---

❶ OVERWALLE G V, LEYS R. 3D printing and patent law: a disruptive technology disrupting patent law? [J]. International Review of Intellectual Property and Competition Law, 2017, 48（5）: 504 – 505.

❷ OSBORN L S, PEARCE J M, HASELHUHN A. A case for weakening patent rights [J]. St. John's Law Review, 2015, 89（4）: 1185 – 1253.

❸ EBRAHIM T Y. 3D printing: digital infringement & digital regulation [J]. Northwestern Journal of Technology and Intellectual property, 2016, 14（1）: 37.

❹ BECHTOLD S. 3D printing and the intellectual property system [R] //WIPO. WIPO economic research working papers: 2015. 2015: 11 – 12.

❺ 泰雷, 泰勒尔. 法国财产法: 上 [M]. 罗结珍, 译. 北京: 中国法制出版社, 2008: 15, 113.

❻ LERNER A, TIROLE J. Some simple economics of open source [J]. Journal of Induserial Economics, 2002, 50（12）: 197.

驱动因素。❶ 可见，随着共享社区的发展，越来越多的个人和社团加入到这一平台，与他人分享智力成果。传统的财产激励遇到了一定的危机，知识产权法的激励作用有可能出现递减效应。当然，现在并没有任何研究表明，财产权的激励已经走到历史舞台的尽头。相反，对现代科技的财产激励仍然发挥着重要作用，例如生物医药行业。但不可否认的是，3D 打印的开源运动加剧了财产激励的递减效应，对知识产权制度提出了更高的要求，需要知识产权法的相关具体制度进行再激励安排。

二是 3D 打印加剧了投资和收益的博弈关系。创新活动往往需要耗费大量的成本，包括时间、精力和金钱。随着 3D 打印材料和应用程序数量的扩大和科学设备开放数字设计源代码，"一个人可以在生物学和医学研究实验室里打印出便宜的实验室移液管，取代一个花费超过了 100 美元的商业移液管"❷，从而降低了科学硬件的成本和研发的风险。不可否认，包括 3D 打印在内的现代科技发展，的确降低了基础研究、研发制模、产品营销等方面的成本，但这只是研发活动高昂成本中的一部分，并不能覆盖整个成本和消除所有风险。更为重要的是，3D 打印加快了创新的节奏，大大缩短了创新周期，使得知识产品更新快、易老化、经济寿命不确定等特点更为明显。创新活动往往演变为"胜者全得，输者全输"的极端格局，胜出的人将获得巨额利益、失败的人血本无归的惨烈博弈较以往而言更加惨烈，可能会对创新投资产生诸多负面影响。知识产权制度的目标不仅仅是激励发明，更是激励对发明的投资。❸ 在 3D 打印的创新生态中，由于人们趋利避害的本性，知识产权法有必要通过创新再激励的制度安排，平衡投资和收益的关系，正确引导人们从事创新活动。

三是 3D 打印凸显了创新知识的稀缺属性。这是对 3D 打印进行创新再激励的考虑前提和基点。一方面，谢晓尧等（2016）认为，就知识产权而言，激励理论所预设的稀缺性问题，已经显得不合时宜。3D 打印的出现貌似佐证了这一观点。"'人人时代'已成为趋势"、"创客们利用 3D 打印将 DIY 运动推向'公众制造'""众包以全世界的人才为基础，日益发展为'超级外包'"使得"全球 20 亿人总计高达数万亿小时"的自由时间可以用来创造知识，❹ 个人行动能力将实现飞跃，知识也将大大地丰富。然而，激励创新的动力源泉，是建立在物品稀缺的一般观念上，即人类生活在稀缺的世界，必须解决资源约束下的优化选择和效率性配置。❺ 财产权与稀缺性相关联，财产法被视为鼓励创造以应对物品紧缺的激励制度。另一方面，历史证明，人类对于知识的渴求是无止境的。而且，随着人们掌握的知识越多，不懂的东西也越多，两者呈现出

---

❶ DE JONG J P J, DE BRUIJN E. Innovation lessons from 3 – D printing [J]. MIT Sloan Management Review, 2013, 54 (2): 45.

❷ LEWISITE. Laboratory pipette [EB/OL]. (2013 – 10 – 02) [2017 – 06 – 15]. http://www.thingiverse.com/thing: 159052.

❸ 考夫. 专利制度经济学 [M]. 柯瑞豪，译. 北京：北京大学出版社，2005：26.

❹ 谢晓尧，吴楚敏. 转换的范式：反思知识产权理论 [J]. 知识产权，2016 (7)：6.

❺ 萨缪尔森，诺德豪斯. 经济学：19 版 [M]. 肖琛，主译. 北京：商务印书馆，2013：4 – 14.

一定的正相关关系。在3D打印出现之前，人们并不了解3D打印方面的知识。如今，即便3D打印已经过30多年的发展，仍有很多知识未被掌握，例如以下几类知识。①提高精度知识。目前世界上最好的3D打印机，其打印精度也很难达到百分之一毫米，这种精度难以满足许多高精度领域的使用要求。②提高强度知识。对于强度要求高的产品，3D打印就明显力不从心了。这是快速成型技术本身就存在的缺陷和局限性。③降低成本知识。工业级3D打印机的价格从几十万元到几百万元不等，价格高昂。④提高效率知识。目前3D打印机的打印速度很慢，即便是一个小东西，打印出来也需要几个小时。⑤丰富材料知识。当前3D打印机可以使用的材料非常有限，成为制约3D打印发展的最大瓶颈。可见，3D打印的发展不仅没有彻底解决知识稀缺的问题，相反进一步凸显了人们对知识的大量需求与产出相对稀缺之间的矛盾。

四是3D打印强化了政府力量的主导作用。各国政府越来越重视知识的产出。近年来，3D打印的快速发展，与各国政府的重视和大力推动有着密不可分的关系。美国"国家制造业创新网络"下的America Makers将50家公司、28所大学和实验室、16家其他组织联合起来专注研究3D打印。欧盟在其第七个框架计划中投入2.25亿欧元作为3D打印研究资金。[1] 各国都想在3D打印产业中抢占技术的制高点，以推动本国制造业和经济的发展，为此采用了法律、财政、税收、资助等一系列手段。就知识产权制度而言，政府正面临一种两难选择：如果激励不足，产业会失去国际竞争力；如果激励过度，则会造成社会成本过高。因此，就3D打印而言，政府的理性选择是提供创新再激励并找到最佳平衡点的保障。

二、3D打印与利益平衡机制

利益平衡不仅是法律价值的重要内容，也是法律在社会生活中有效实施的重要保障，更是知识产权法的立法取向。亚里士多德认为，法律规则的一般性和刚性可能会使法官无法将该规则适用于解决个别案件，而采用平衡的方法可以解决这种困难。经过近现代法学家的发展，利益平衡已成为知识产权法立法所遵循的准则，也逐渐成为司法实践中解决纠纷的重要考量原则与方法。

知识产权法是一种通过赋予知识产品创造者或知识产品所有人以其知识产品市场经营专有权等权利，来促进知识的创造、传播与利用，推动社会文明进步的法律制度，与"利益"存在着天然的联系。例如，在专利法中，围绕专利产品的生产、传播、利用而形成了多个利益主体，例如国家、专利权人、发明者、专利使用者等。专利使用者的利益又可分为出于商业目的竞争性利用的竞争者利益与出于非商业目的获取知识

---

[1] BECHTHOLD L, FISCHER V, HAINZLMAIER A, et al. 3D printing: a qualitative assessment of applications, recent trends and the technology's future potential [R/OL]. [2018-01-23]. http://www.efi.de/fileadmin/Innovationsstudien_2015/StuDIS_17_2015.pdf.

和信息而利用专利的普通使用者利益等。

科技发展的经验显示，重大新技术的产生兴起都会引发一系列的连锁反应，冲突和不平衡是不可避免的。而在各种冲突中，利益冲突是其实质所在。但是，市场利益是一种动态的利益格局，时时刻刻都在变化，合理范围内的变化可以由市场进行自我调节实现动态平衡，而超出合理范围的变化就不能仅仅依靠市场调节来解决问题，需要知识产权法对利益进行再平衡。

如前所述，3D 打印将带来生产制造模式的变化（分布式数字化制造、大批量定制生产等）和商业模式的变革（开放式服务和平台模式等），势必引起新的利益冲突和不平衡。那么，3D 打印下再平衡的判断标准是什么？在该标准下 3D 打印是否会引发需要知识产权制度予以再平衡的利益失衡局面呢？如果需要，那么再平衡的目标是什么？

(一) 判断标准是"公益－私益"是否平衡

专利是存在于社会和发明者之间的一种纯粹性契约。专利法是国家以技术进步为交易目的，在技术发明人和社会公众之间建立的"对价"或平衡机制。国家以理性国家的角色主持公道，在技术发明人的财产权保护和整个社会的科技进步之间主持"衡平"与"对价"——国家尊重智力劳动者的自然权利，即一个智力劳动者如果愿意公开自己的创造性技术信息，国家将补偿给权利人一定时间和空间的独占性权利使其继续保持该技术而拥有生产优势地位。在传统制造模式下，专利法确立了一系列相关的制度安排，包括权利归属、权利限制、权利有限保护期、权利许可和转让、权利救济等制度，作为平衡"公益－私益"的具体措施。由此可见，在这种"以垄断换取公开"的平衡机制中，协调平衡好社会公众获得知识的公益与专利权人获得经济利益的私益之间的关系，是最为重要的任务。"公益－私益"之间的平衡格局是否被打破，是关系到"以垄断换取公开"契约能不能履行的关键因素。如果两者利益的平衡格局没有被打破，则契约能够继续履行。如果被打破或者有被打破的危险，则契约就存在履行风险。这就需要利益平衡机制作出再平衡，以确保专利法立法目的的实现。

(二) 3D 打印下"公益－私益"的失衡风险

3D 打印可能给制造模式、销售模式、运输模式、成本效益等方面带来重大变革（详见第一章第三节的论述），而且给人类伦理、社会安全、产品质量等方面带来深远的影响。尽管目前 3D 打印的打印材料还不够多，打印速度还不够快，运用还不够广，但 3D 打印的发展日新月异，势头迅猛。从发展趋势来看，3D 打印存在使"公益－私益"失衡的风险。一是公益与私益的混同。在传统制造模式下，消费者一般不存在制造能力，消费者利益的集合往往被视为社会公共利益，属于公益的范畴。而在 3D 打印背景下，消费者的制造能力通过个人 3D 打印机被释放出来，消费者也从一重身份转变为"消费者＋制造者"双重身份，甚至可能是"消费者＋制造者＋销售者＋传播者"

等多重身份。当他们作为"制造者""销售者"时,其利益的集合一般不能再视为社会公共利益,而是类似于专利权人竞争者争取市场利益的私益,那么公益与私益就出现了混同。二是公益与私益的冲突。3D打印激发了个人用户的设计、创造和制造热情,开源社区和共享平台为个人用户提供了有利条件,个人用户对于包括专利产品或方法在内的知识需求上升。同时,3D打印大大降低了发明人(或专利权人)在基础研究、设计原型、生产制造、产品销售等方面的成本,使得他们的知识产出能力大大增强,但考虑到个人用户大量侵权的可能,很多发明人(或专利权人)往往转而采用其他途径如商业秘密、技术限制措施等,来维护其市场利益,知识的供给反而减少。社会公众对知识需求的上升和发明人(或专利权人)知识供给的减少,将可能造成公益与私益的对立,"以垄断换取公开"的机制可能面临困局。

(三) 恢复"公益-私益"等利益的平衡是再平衡的目标

虽然在本质上,专利法应该"尽可能地保护所有社会利益,并维持这些利益间的,与保护所有利益相一致的某种平衡或者协调"。[1] 但是,成功的专利制度关键都在于使专利权人的专有权和拥有一个开放和竞争性市场的公众利益之间达成平衡,即"专利制度需要在发明者的利益和一般公众的利益之间达成平衡"。[2] 这种利益平衡机制的关键则是专利权人的个人利益和社会公众利益以及在此基础上更广泛的公共利益之间的平衡。[3] 通过上面的分析可知,利益再平衡的目标显然就是把"公益-私益"的失衡状态恢复为平衡状态。利益平衡机制需要寻求平衡点的制度设计和安排,以协调解决知识产权人的独占权和社会公众对知识产品的自由接近权之间的对立和冲突。在3D打印的背景下,对于消费者而言,其双重身份、多重身份的混同,为平衡公益与私益增加了难度。在协调利益时,需要拓宽利益范围,认真考虑新旧利益主体之间、新利益主体之间以及旧利益主体之间的利益诉求,对其中的不同利益主体的价值取向都应给予充分考虑,尽可能实现每一利益主体都在利益体系中拥有合理的利益份额,各利益主体间形成相互依赖的利益关系。协调各种利益主体之间的利益冲突,始终使知识产权人的利益和社会公众的利益保持均衡态势,构建一个相对稳定的利益格局,这就是利益再平衡的目标。显然,这是利益平衡也是利益再平衡的制度设计在知识产权法上的最高价值追求。[4]

---

[1] 博登海默. 法理学:法哲学及其方法 [M]. 邓正来,姬敬武,译. 北京:华夏出版社,1987:141.

[2] 格兰德,吉莱密. 加拿大专利制度:在公权与专利权人之间适当的平衡 [J]. 加拿大知识产权评论,1994 (6). 转引自:冯晓青. 专利法利益平衡机制之探讨 [J]. 郑州大学学报(哲学社会科学版),2005,38 (3):58.

[3] 冯晓青. 专利法利益平衡机制之探讨 [J]. 郑州大学学报(哲学社会科学版),2005,38 (3):58.

[4] 冯晓青. 知识产权法的价值构造:知识产权法利益平衡机制研究 [J]. 中国法学,2007 (1):70.

第三节　3D 打印引发的知识产权问题

由于人们认识能力的局限，知识产权制度不可能准确预见技术发展的未来。只要技术向前进步，知识产权制度就可能会出现空白和模糊地带。立法者需要跟随技术发展的步伐，适时进行法律变革。3D 打印和知识产权制度的理念是相吻合的，而其技术创新和产业化发展的趋势表明需要利用知识产权制度对 3D 打印的创新进行再激励并且实现 3D 打印产业发展中新的"公益－私益"之间的再平衡。有鉴于此，本章将探讨 3D 打印引发的利益格局变动，梳理 3D 打印时代知识产权制度所面临的复杂问题。

一、3D 打印引发的利益格局变动

3D 打印作为当前代表性的颠覆性技术，与其相伴而生的各种利益诉求，将在新一轮科技革命中产生新的变化。而当这些新的利益诉求达至一定规模，并具备一定程度的客观性和典型性时，就要求法律制度承认这种新型创新生态、生产制造模式和由此产生的新型商业模式。[1] 换言之，只要新型创新生态、生产制造模式、商业模式以及由此带来的新利益诉求持续存在下去，并不断拓展形成稳定态势，就能在客观上动摇传统的利益格局。

（一）利益主体的变化

人类历史上每一次重大的科技进步和社会变革，都会使得产业重组。有些行业逐渐没落消亡，有些行业应运而生。随着数字技术和信息产业的发展，3D 打印逐渐改变了传统制造业的生产方式和制造模式。在这个过程中，新的利益主体随之诞生。一是创客。Make 杂志将其定义为将 3D 打印方面的创意转变为软件或硬件甚至是 3D 产品的群体。自从"创客嘉年华"在美国加利福尼亚州举办之后，创客逐渐成为一个独立的群体登上历史舞台。二是网络开源社区。开源社区在网上公布各种各样的 3D 打印产品设计，是平台会员的创意集散地和用户们的打印资源库。由 MakerBot 公司所创办的 Thingiverse 社区的极大成功表明程序开源看似利益有所损失，但由于公众的广泛参与，开源社区往往会得到更多。三是 3D 打印服务商。3D 打印服务商是指为客户提供设计、打印、寄送、售卖 3D 打印产品等服务的供应商。Shapeways 自 2007 年成立以来，已经生产了超过 100 万款 3D 打印产品，总产量超过 60 亿件，在线商店超过 8000 家。四是中介组织。围绕 3D 打印知识产权的评估、保护与开发等产生了很多新的中介人，通过

---

[1] RAYNA T, STRIUKOVA L, DARLINGTON J. Co-creation and user innovation: the role of online 3D printing platforms [J]. Journal of Engineering and Technology Management, 2015, 37: 90-102.

政府支持、私人股票、公开市场或债务等手段，为知识产权权利人投融资、知识产权打入市场、知识产权战略布局和买卖等方面提供建议和支持。可见，3D打印催生了一批新的利益群体，这些群体出于自身考虑，在知识产权法上各有相应的利益主张。

（二）利益结构的变化

传统制造模式下的市场利益结构主要是三元结构，即知识产权权利人、竞争对手和社会公众。社会公众（消费者）由于自身的经济和技术门槛，一般只有通过知识产权权利人（或被许可人）或其竞争对手两种渠道才能获得专利产品或知识产权侵权产品。知识产权权利人通过控制竞争对手（比如生产商、销售商）来实现对市场的占有，依靠诉讼方式对其主张侵权赔偿，以取得流失的市场利益，一般并不直接针对数量庞大的消费者主张权利。在3D打印领域，工业3D打印市场利益结构是典型的三元结构。然而，个人3D打印降低了消费者的经济和技术门槛，消费者从事制造活动的能力大幅提升，甚至可以在办公室或家里通过扫描专利产品，形成CAD文件直接打印。这样一来，传统制造模式下的市场利益结构从三元结构就转变为二元结构。因此，3D打印带来的市场利益结构将是一种二元结构与三元结构并存的模式，即混合型市场利益结构。有学者认为短期内3D打印还没有给知识产权制度带来颠覆性革命。[1] 如果这个论断成立，那就意味着这种二元与三元混合型市场利益结构将会长期存在。在这种结构下，知识产权权利人一方面保持了三元结构下的优势市场地位，仍然可以基于知识产权法赋予的独占权，控制制造商、销售商，打击侵权主体，获取和维护市场利益。另一方面在知识产权法尚未有明确针对个人3D打印规则的情况下，知识产权权利人的市场利益在一定程度上就存在失控的风险。因为知识产权权利人基于成本和收益考量、公众形象以及管辖权等方面的原因，一般不愿意直接向普通消费者索赔。因此，有学者提出，可以追究共享社区、网络平台、打印服务商的间接责任。[2] 这就相当于在二元结构下，加塞了一层结构，重新形成三元结构。但是，消费者在扫描专利产品（或修改设计）后，自己用3D打印机打印出专利对象物的情况，属于纯粹的二元结构，无法人为地增加一层结构。由此，二元与三元混合型市场利益结构就会给知识产权法提出更为复杂的课题。

（三）利益客体的变化

3D打印正在为现实世界和数字世界的交织添加第三个维度。该技术使人们可以直接利用数字文件，制造出复杂的实体物。例如，3D打印机、扫描仪和计算机辅助设计程序（CAD文件）允许人们将实体物扫描成数字文件，然后通过3D打印机将上述数字文件直接打印成实体物。3D打印这些技术上的革新带来了传统制造技术中所没有的

---

[1] 马忠法，陈潜. 3D打印中的"复制"与"合理使用" [J]. 上海财经大学学报，2015 (3)：97-98.
[2] 吴广海. 3D打印中的专利权保护问题 [J]. 知识产权，2014 (7)：21.

客体，如前述数字文件、控制3D打印所需的制造指令性文件等。

再如，传统制造模式下，即减材制造法的生产中，一般情况下美观和实用往往不可兼得。即使有计算机的辅助、数控机床的运用，也很难精确地计算出切削工艺流程。产品形状越复杂，切削工艺就更为复杂，制造费用越高，甚至有些形状切削工艺根本无法实现。制造实用型产品时，基于切削工艺和制造成本的考虑，舍弃一些美观方面的追求是很正常的。所以，一般来说传统制造模式下的实用性和美观性分列光谱的两端，也许会有交叉，但区间比较狭窄。著作权和专利权分别保护审美性和功能性的产品，而对于兼有两种特征的产品则缺乏有效的保护。❶ 3D打印采用增材制造的方法，摆脱了减材制造技术的诸多制约，对于产品形状或美观的实现能力有了很大的提高，能够制造出很多从未见过的形状。3D打印为制造既具实用性又具美观性的产品提供了可能。随着3D打印进一步发展成熟和应用范围扩大，实用和美观将不再像传统制造模式下那样相互对立，交叉的部分在光谱总长度上的区间可能大大拓宽。在知识产权法没有对这个区间予以进一步区分的情况下，利益客体的范围将随之拓宽，并且针对某个具体的客体进行判断将是一个困难的工作。

知识产权制度创立的目的在于对涉及知识产品的各种利益予以认识并加以协调。"利益决定着法的产生、发展和运作，法律影响着利益之实现。"❷ 利益决定着知识产权制度的存在和发展。3D技术引发的利益格局变动，与作为旧利益表现形式的现有知识产权制度之间，必然会产生冲突和矛盾。这种利益矛盾对知识产权制度提出了时代性的需求。本书将着眼于知识产权制度在客体、知识产权侵权和知识产权限制等方面由于3D打印的利益格局变动所引发的问题来展开研究和探讨。

二、3D打印引发的知识产权客体问题

自第三次科技革命以来，物理世界与虚拟世界逐渐开始混同，以低成本制作、传播图像和电影副本能力的提升，增加了可供获取的信息量，促进了文化创新。然而，用来制作和传播未经授权的电子书、电影、图片和歌曲的拷贝工具，给著作权制度带来了巨大挑战，由此带来了著作权所保护的作品种类的扩张。现在，3D打印导致了硬件和软件之间界限的突破，❸ 也将引发知识产权制度的客体问题并随之带来保护客体上的变革。

所谓客体问题，是指由于3D打印的发展，其技术实现过程中出现的若干智力成果（新的利益客体）可能是传统知识产权法律体系的客体范围所无法涵摄的。这是由于法律具有滞后性，立法往往会落后于现实发展，可以说这种现象的出现有其一定的必然性。

---

❶ 刘强. 3D打印与知识产权法 [M]. 北京：知识产权出版社，2017：17-18.
❷ 孙国华. 论法与利益的关系 [J]. 中国法学，1994（4）：36-43.
❸ Eolas Techs., Inc. v. Microsoft Corp., 399 F. 3d 1325, 1339-40 (Fed. Cir. 2005).

（一）3D 打印的数字化制造流程

在颠覆性技术的作用下，3D 打印的数字化制造概念不断深化。

图 2.1 所表示的就是整个 3D 打印数字化制造的流程：3D 打印机遵从数字化制造相关文件的指引，制造出有形物体。在此过程中，所有的电脑数值控制机器，通过数字化制造相关文件以数字化输入，指挥机器完成对产品的设计、成型、打磨与完善等。

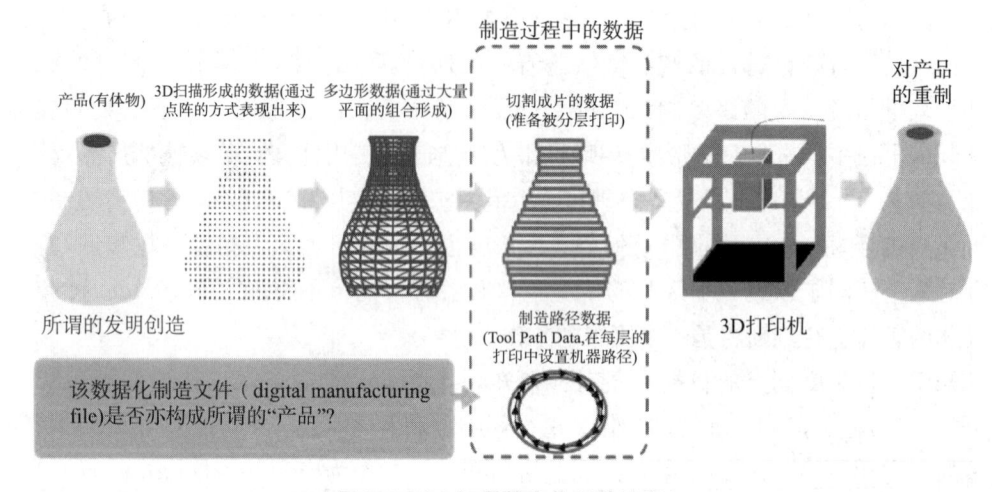

图 2.1　3D 打印数字化制造流程

一般而言，数字化制造的三大区块是设计、控制与管理，而数字化制造相关文件是串联该三大区块的核心与纽带。数字化制造相关文件，主要是指在无人为干扰的情况下，能为相关机器提供指令的文件。同时，这些文件必须能够被计算机"视觉化"（如可显示在屏幕上）。另外，该文件必须能够通过各种计算机编程语言和机器语言（主要是二进制码"0"和"1"）表现出来。❶

整体而言，从产品的制造流程角度出发，数字化制造相关文件可以分成三类：一是设计文件（design file，如 DWG 文件）；❷ 二是预制造文件（manufacturing‑ready file，如 STL 文件），❸ 由设计文件直接转换而成，其作用为预置制造参数和模型；三是制造指令文件（machine‑instruction file，如上述 GCODE 等）。❹ 图 2.2 就是操作打印一个简单洗衣机的 GCODE 文件的片段。

理论上，可将上述三类文件再划分为两大类：一类是仅表达信息的数字化制造相

---

❶ Eolas Techs., Inc. v. Microsoft Corp., 399 F. 3d 1325, 1339‑40 （Fed. Cir. 2005）.

❷ ".dwg"是通用格式，是 AutoCAD 创立的一种图纸保存格式，已经成为二维 CAD 的标准格式。很多其他 CAD 为了兼容 AutoCAD，也直接使用 dwg 作为默认工作文件。

❸ ".stl"文件是在计算机图形应用系统中，用于表示三角形网格的一种文件格式。它非常简单，应用很广泛。STL 是最多快速原型系统所应用的标准文件类型。STL 是用三角网格来表现 3D CAD 模型。

❹ GCODE，亦称 G 代码。G 代码是数控程序中的指令，一般都称为 G 指令。使用 G 代码可以实现快速定位、逆圆插补、顺圆插补、中间点圆弧插补、半径编程、跳转加工。

关文件，包括设计文件和预制造文件；另一类是属于技术方案的数字化制造相关文件，即制造指令文件。当前学界统一将 CAD 文件指代在数字化制造过程中出现的大部分数字化文件。❶

```
G1 Z15.0 F9000    ;move the platform down 15mm

G92 E0            ;zero the extruded length
G1 F200 E3        ; extrude 3mm of feed stock
G92 E0            ;zero the extruded length again
G1 F9000
;Put printing message on LCD screen
M117 Printing...

;Layer count: 12
;LAYER:0
M107
G0 F9000 X58.549 Y59.387 Z0.300
;TYPE:SKIRT
G1 F1800 X59.715 Y58.239 E0.03847
G1 X60.945 Y57.153 E0.07706
G1 X62.234 Y56.138 E0.11563
G1 X63.575 Y55.196 E0.15417
G1 X65.099 Y54.246 E0.19639
```

图 2.2　简单洗衣机 GCODE 文件片段

另外，用户还可以通过从现有的网络存储器和 3D 扫描仪中获得已存在有体物的三维数字化文件，并对这些数字化文件进行修改、分享和出售等。❷ 而正是这些文件的存在，可能导致原物品上知识产权人的恐慌——在没有许可的情况下，该数字化文件的流转极易造成侵权，且取证困难。

其中，产品设计图的数字化形式（CAD 文件），亦称 3D 数字模型。3D 建模是 3D 打印的前提和基础。3D 数字模型的生成方式主要有三种：第一种是运用 CAD 等制图软件自行设计、创作的 3D 数字模型；第二种是运用 CAD 等制图软件按照图纸绘制生成的 3D 数字模型；第三种是利用 3D 扫描仪对实物的形状及外观资料进行全方位的记录，并对搜集到的数据进行三维重建，经计算机软件处理而建立实物的 3D 数字模型。以上建模方式得到的 3D 数字模型都存在两种格式：CAD 格式文件和 STL（Stereo Lithography）格式协作文件。CAD 文件完整呈现目标产品的最终形象图例，可供人们阅读、理解和修改，而 3D 打印机只能读取 STL 格式协作文件上记录的横截面信息。因此，无论

---

❶　OSBORN L S. The limits of creativity in copyright：digital manufacturing files and lockout codes [J]. Texas A&M University Journal of Property Law，2017，4（1）：25-66.

❷　FELTMAN R，MIMS C. 3D scanners are getting cheap so fast，the age of 3D piracy could soon be upon us [N/OL]. QUARTZ（2013-08-15）[2018-01-20]. http：//qz.com/115824/3d-scanners-are-getting-cheap-so-fast-the-age-of-3d-piracy-could-soon-be-upon-us/；SPRING A P. David，laser scanner offers DIY，low-cost 3D recording solution [EB/OL].（2012-08-13）[2018-01-20]. http：/newatlas.com/laser-3d-recording-david-laser/23676/.

是独立设计建模、按图绘制建模，还是扫描建模得到的CAD文件，都需要通过计算机编译工具将其转存为能够被3D打印机读取并执行的STL文件。犹如计算机程序的源代码和目标文件的关系一样，CAD文本和STL文本应被视为同一作品。❶ 因此，在探讨3D数字模型是否构成知识产权客体时，应当将STL文件和CAD软件中诸多其他格式的文件都视为同一对象进行研究。在此基础上，再考察3D数字模型是否具备受保护知识产权客体的要件。

3D数字模型即产品设计图的数字化形式（CAD文件）是整个3D打印数字化制造链中的核心要素，即3D打印带来了产品发明核心要素的图形化。这与传统专利制度中仅将产品设计图作为技术方案的辅助说明手段有着较大的区别。

（二）专利法上的客体问题

在Van Overwalle等看来，在3D打印数字化制造过程中，有5类客体可以对其进行专利适格性的探讨（参见图2.3）。

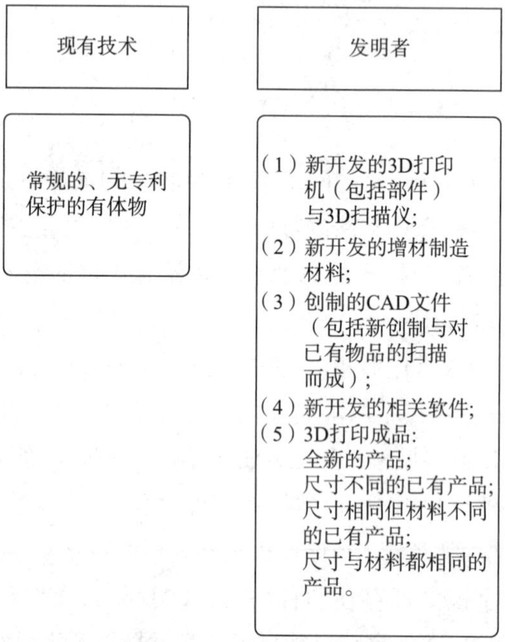

```
┌─────────────────┐    ┌─────────────────────┐
│   现有技术      │    │     发明者          │
└─────────────────┘    └─────────────────────┘

┌─────────────────┐    ┌─────────────────────┐
│                 │    │ (1) 新开发的3D打印  │
│ 常规的、无专利  │    │     机（包括部件）  │
│ 保护的有体物    │    │     与3D扫描仪；    │
│                 │    │ (2) 新开发的增材制造│
│                 │    │     材料；          │
│                 │    │ (3) 创制的CAD文件   │
│                 │    │     （包括新创制与对│
│                 │    │     已有物品的扫描  │
│                 │    │     而成）；        │
│                 │    │ (4) 新开发的相关软件；│
│                 │    │ (5) 3D打印成品：    │
│                 │    │     全新的产品；    │
│                 │    │     尺寸不同的已有产品；│
│                 │    │     尺寸相同但材料不同│
│                 │    │     的已有产品；    │
│                 │    │     尺寸与材料都相同的│
│                 │    │     产品。          │
└─────────────────┘    └─────────────────────┘
```

图2.3　3D打印制造法律关系中存在的众多客体❷

图2.3中第（1）类、第（2）类与第（5）类客体，与传统减材或等材制造领域的客体相比而言并无专利法意义上的区别，只要符合专利法立法规定，其可专利性毋庸置疑。值得关注的是第（3）类与第（4）类客体的专利适格性问题，包括3D数字

---

❶ 韦之. 试论3D打印核心著作权问题［J］. 华中科技大学学报（社会科学版），2014（5）：75.

❷ VAN OVERWALLE G，LEYS R. 3D printing and patent law：A disruptive technology disrupting patent law？［J］. International Review of Intellectual Property and Competition Law，2017，48（5）：504－537.

模型的 CAD 文件（一是数字设计而成的 CAD 文件，二是对已存在物品扫描形成的 CAD 文件）及其相关软件（如制造指令文件）。

许多学者认为 CAD 文件不能受到专利权的保护。❶ 因为，CAD 文件中的数字产品本身缺乏一定的新颖性与创造性，或者其文件指导的数字制造也不构成方法专利。

专利权与著作权有所不同，专利的保护是通过申请和授权取得的。专利要用专业的语言，将专利权固定下来（通过专利申请文件），从而划定需要保护的技术范围。按照现有的专利立法，如果专利申请文件中直接要求保护的客体是有形的技术成果，那么很难再要求对无形的制造相关的数字化文件进行专利保护（基于新颖性和创造性的考量）。但是，从实践来看，在数字化制造的大潮之下，基于有形的技术成果的专利直接侵权很难在 3D 打印的具体情景中成立。❷ 因为越来越多的终端用户从互联网中匿名获得大量数字化制造相关文件。即使这样的非法获得行迹被权利人发现，事实上也很难证明该文件是否最终被用于实际制造有体物。另外，依照现有的专利立法，相关数字文件的非法持有者，也未必对该文件相应的实体进行销售和许诺销售，而可能仅销售和许诺销售无形的数字文件。

美国学者对于是否给予制造的相关数字化文件专利保护持一定的保留意见。因为处理此问题会对社会的后续创新产生一定的影响，甚至是阻碍。❸ 当然，对于制造相关的数字化文件也可以作为计算机程序（软件）进行保护。但在美国国内，阻力来自 2014 年的 Alice Corp. Pty. Ltd. v. CLS Bank Int'l 案（以下简称"Alice 案"）对于抽象思想申请专利的限制。❹ 在 20 世纪 90 年代至 21 世纪最初 10 年间，美国整个专利界对于计算机程序的专利适格性比较包容。但在美国联邦最高法院 Alice 案判决作出后的两年中，美国地区法院对于 568 件专利根据美国专利法第 101 条和该案中建立的标准进行了审查，发现有 190 件专利仍然有效，而 378 件专利却被判决无效，平均无效率达到了 66.5%；美国联邦巡回上诉法院（CAFC）支持了 3 件专利有效，而认为 34 件专利无效，平均无效率达到了 91.9%。❺ 但自 2016 年 6 月至 2017 年 3 月，联邦巡回上诉法院的态度有了些许松动，在一些诉讼中支持了"抽象思想"专利的有效性，且其中 4 件都与计算机程序相关。❻ 总而言之，美国在 Alice 案之后，对于计算机程序的专利适格性认定达到了最大限度的不确定性。所以，当前对于制造相关数字化文件要进行专利

---

❶❷ OSBORN L S. Intellectual property channeling for digital works [J]. Cardozo Law Review, 2018, 39: 1303 – 1362.

❸ HOLBROOK T R, OSBORN L S. Digital patent infringement in an era of 3D printing [J]. University of California Davis Law Review, 2015, 48 (4): 1319.

❹ Alice Corp. Pty. Ltd. v. CLS Bank Int'l, 134 S. Ct. 2347, 2354 (2014).

❺ TRAN J L. Two years after Alice v. CLS Bank [J]. Journal of the patent and Trademark office Society, 2016, 98: 354, 356.

❻ 例如：Thales Visionix Inc. v. United States, 2017 WL 914618 (Fed. Cir. Mar. 8, 2017); Amdocs (Israel) Ltd. v. Openet Telecom, Inc., 841 F. 3d 1288 (Fed. Cir. 2016); BASCOM Global Internet Servs. v. AT&T Mobility LLC, 827 F. 3d 1341 (Fed. Cir. 2016), etc。

保护是较为困难的。Alice 案之前，对于计算机文件的抽象性判断最重要的案例是 In re Beauregard 案❶。该案强调"计算机可读取中介"（computer readable medium）（如 CD 等计算机存储）包含计算机程序。但是如果说该判例能在 Alice 案之后仍然适用，也仅对有限的抽象性数字文件适用，因为其讨论的客体是针对固定的物理存储介质。

而一些学者认为 CAD 文件可以直接视为产品，受到专利权的保护。Osborn 认为，CAD 文件实质是除了最终成品外的整个生产过程。❷ 所以，CAD 文件只需"一键"即可成品，且极易适用、分享与复制。如果在现代社会，人们可以通过 3D 打印，将一些可以受到专利保护的数字化物品打印成品，那么法院与立法者就应该考虑将 CAD 文件等同视为实质的物品。❸ 因此，Osborn 提出，应该将 CAD 文件在大众市场环境下定义为"产品"，而在私人使用时定义为"服务"（这是一个值得深究的观点）。另外，如果该打印最终成品不能与打印过程区分，3D 打印的过程也可以被认为是德国专利法第 9 条下的方法专利。❹

有部分学者支持软件专利的保护模式，但这首先会受到专利适格性标准的考验。❺ 也有部分学者认为，一个完整的 CAD 文件不是软件而是数据，类似于计算机中存储的 JPEG 图片文件或 MP3 音乐文件。❻

（三）著作权法上的客体问题

从印刷术、电子技术到网络技术，每一次科技的巨大进步都会催生出新的著作权客体和专有权利。

如前所述，3D 数字模型即产品设计图的数字化形式（CAD 文件）是整个 3D 打印数字化制造链中的核心要素。但是，3D 数字模型是否属于作品、属于什么类型的作品

---

❶ 53 F. 3d 1583，Fed. Cir. 1995. In re Beauregard 案中的可专利保护客体，仅针对含机器指令文件（machine-instruction files）。

❷ OSBORN L S. Digital patent infringement and the ITC ［EB/OL］（2014-04-30）［2020-11-14］. http：// patentlyo. com/patent/2014/04/digital-patent-infringement. html.

❸ BALLARPINI R M，NORRGÅRD M，MINSSEN T. Enforcing patents in the era of 3D printing ［J］. Journal of Intellectual Property Law & Practice，2015，10（11）：850-866.

❹ BLANKE-ROESER C. 3D-druck als herausforderung für das deutsche und europäische patentrecht-rechtlicher rahmen und chancen für rechteinhaber ［M］// REDLICH T，MORITZ M，WULFSBERG J P. Interdisziplinäre perspektiven zur zukunft der wertschöpfung. Wiesbaden：Springer Gabler，2018：135-146.

❺ 可专利性一般会涉及的法律如《欧洲专利公约》第 52 条第 2 款、《中华人民共和国专利法》第二章（第 22～25 条）以及美国专利法第 101 条等。

❻ 关注日本特许厅（JPO）2017 年第四次工业革命的报告中将 3D 打印相关 CAD 文件作为"程序"进行保护。日本将类似于 CAD 文件的数据视为"产品"发明，进行专利权的保护。该点详见日本专利法（2008 年修改）第 2 条"……本法所称的发明之'实施'是指下述行为：一、就产品（包括程序等，下同）的发明而言，是指该产品的生产、使用、转让等（转让等指转让及出租，当该产品为程序等的，包括通过电信线路提供程序等的行为，下同）、出口、进口或者许诺转让等（包括以转让为目的的展示，下同）行为；……"日本专利法（2008 年修改）第 2 条第 4 款："本法所称的'程序等'是指程序（为能获得一个结果而被编制成的针对计算机的指令，本项下述亦同），以及相当于程序的供电子计算机处理之用的信息。"这里的定义也是很重要的。

在现有著作权法中没有明确的规定，有待探讨和明确。因为如果对数字模型没有明确的保护，很容易导致司法者面对数字模型的侵权纠纷时无法准确适用法条，无法对3D打印中3D模型相关的创作者进行有效的保护和激励，无疑将会影响到3D打印产业的发展。❶ 尤其是考虑到3D打印所具有的数字化、去中心化和个性化特点进一步打破了比特与原子的界限，在降低创新成本的同时也降低了他人借助可能是通过非正当不合法途径获取到的3D数字模型实施打印行为的成本。

美国联邦最高法院曾指出，著作权侵权行为的成立需要证明两个因素：①权利人拥有有效的著作权；②作品是原创的。❷ 因此，在认定是否构成著作权侵权时，首先要判断受侵害客体的权利人是否拥有有效的著作权，即是否受著作权保护。3D打印著作权侵权案件也不例外。3D数字模型是否为著作权法所保护的作品，是其受到著作权规制的基础与前提。

三、3D打印引发的知识产权侵权问题

如前所述，目前的3D打印产业，分为工业3D打印和个人3D打印两个层面，二者对原有的知识产权利益格局产生了不同的影响。工业3D打印相当于新增了一个工业部门，采用不同于传统制造的方式进行工业生产，对于原有的利益格局影响较小。但是个人3D打印的迅速发展，打印机价格的持续下降，个人用户和打印产品激增，使开放式创新、社会化制造的趋向凸显，这将对知识产权利益格局产生重要的影响。

这些产业模式的变化和利益格局的变动，决定了3D打印的知识产权（主要是专利）侵权特征与传统知识产权侵权相比，具有显著的不同。

（一）3D打印知识产权侵权特征

事实上，在讨论3D打印知识产权侵权问题时，需要区分是在专利法语境下，还是在著作权法语境下。两者都在数字化环境中面临风险与挑战，但根据各自权利类型的不同，又存在不同——专利偏重制造和使用，而著作权偏重复制和传播。数字化技术冲击下的著作权问题，法律界已在过去的20年间开展了深入的研究，但对于数字化冲击下的专利法问题却鲜有讨论。故本节将重点引出3D打印背景下专利侵权问题，而3D打印专利侵权问题的解决方案和3D打印的著作权侵权问题将留待本书下篇分论部分进行分析，此不赘述。

1. 侵权主体增加

在传统的工业时代，"守门人"理论被运用到专利领域，即专利权人依靠专利产品

---

❶ CHAN R M, ENIMIL S A. Copyright considerations for providing 3D printing services in the library [J]. Bulletin of the Association for Information Science & Technology, 2015, 42 (1): 26-31.

❷ Feist Publ'ns v. Rural Tel. Serv., 499 U.S. 340, 361 (1991).

的生产者和销售者实现对专利产品的生产销售控制,将专利产品的成本分摊到每一个消费者。❶ 专利侵权防范的重点在于生产者和销售者。随着高质量3D打印机进入普通家庭,个人用户的制造能力大幅增强。人们可以私密地在自己的办公室或家中制造实体物,而不需要从批量生产的工厂中购买。现在,如果一个拥有扳手或燃油喷射器数字文件的人恰好也有一个3D打印机,那么他离实体物之间的距离"只是打印机的开关"。❷ 与给媒体行业带来恐慌的文件共享技术相比,3D打印对实体物的制造还进行了分散和部分匿名处理。❸

2. 侵权成本降低

在传统制造模式下,制造产品一般包括产品设计、工艺设计、毛坯制造、零部件制造、产品组装等过程。❹ 每一个过程都需要不菲的资金、技术、设备和人工成本,复杂的工艺还需要组织化生产,这使得个人消费者往往难以制造专利产品。传统专利法对专利进行保护的基础在于专利产品生产所需的资金、技术等方面的成本较高。❺ 相比于传统制造方式,3D打印采用增材制造的方式,设计、打样、修改、制造等过程所需的资金、时间、技术成本大为降低。对于个人而言,甚至可以直接在共享平台找到CAD文件打印即可,操作简单。此外,随着打印机、打印材料价格的加速下降,制造侵权产品的成本也会呈现出陡直的下降趋势。

3. 侵权方式数字化

消费者和设计者可以通过使用扫描仪扫描专利产品,或者对照设计,得到CAD文件上传到网络。在网络环境下,数字化专利产品CAD文件创建、上传、共享、复制、修改、传播、下载变得非常便捷。专利产品CAD文件会在极短的时间内在网络上广泛扩散。传统专利法依赖物理限制阻止侵权发生的技术措施被3D打印瞬间破解。理论上讲,任何人只要连接了网络,就能得到CAD文件,随即就能够打印出专利产品。可见,CAD文件在未来的侵权问题中扮演着极其重要的角色。针对CAD文件的一系列操作都可能对专利权人的利益造成重大影响。因而,有学者将制作、销售、使用和进口用于打印专利产品的CAD文件称为"数字专利侵权"。❻ 更有学者认为,如果这些数字文件侵害了专利发明的经济价值,那么它们就有可能有悖于当初建立专利制度的初

---

❶ 刘强,王超. 3D打印视野下的专利间接侵权:兼评《专利法修改草案(征求意见稿)》第71条之规定 [J]. 电子知识产权,2015 (5):30.

❷ WILBANKS K B. The challenges of 3D printing to the repair – reconstruction doctrine in patent law [J]. George Mason Law Review, 2013, 20 (4): 1147 – 1148.

❸ DEPOORTER B. Intellectual property infringements & 3D printing: decentralized piracy [J]. Hastings Law Journal, 2014, 65 (6): 1483, 1493 – 1502.

❹ 吴广海. 3D打印中的专利权保护问题 [J]. 知识产权,2014 (7):17 – 18.

❺ DOHERTY D. Downloading infringement: patent law as a roadblock to the 3D printing revolution [J]. Harvard Journal of Law & Technology, 2012, 26 (1): 353, 368 – 369.

❻ EBRAHIM T Y. 3D printing: digital infringement & digital regulation [J]. Northwestern Journal Technology & Intellectual Property, 2016, 14 (1): 39 – 41.

表❶，除非专利权人能够对制作专利发明实体物的 CAD 文件进行控制，否则会抑制创新的积极性。

(二) 3D 打印知识产权侵权规则的适用困境

前述侵权特征的出现，使得 3D 打印作为一项有别于传统制造的制造技术引发了专利侵权方面的广泛担忧。目前，有的制造商已经参与了针对个人 3D 打印机的专利诉讼，但迄今为止，还没有出现针对 3D 打印机制造的侵权产品的诉讼，也没有对 CAD 文件创造的物体的专利诉讼。❷ 随着 3D 打印机应用的日益普及，可以推断这类案件在未来将会从无到有、由少到多地出现。但是，现有的侵权理论和相关制度在应对中存在着诸多问题。

1. 直接侵权规则的适用

适用直接侵权的法律规定，追究侵权人的直接侵权责任，是专利权保护的重要手段。《中华人民共和国专利法》(以下简称《专利法》) 第 11 条规定，为生产经营目的制造、使用、许诺销售、销售、进口专利产品，或者使用专利方法，以及使用、许诺销售、销售、进口依照专利方法直接获得的产品的行为构成专利侵权。美国专利法上不以"生产经营目的"为必要，只要未经许可实施了以上行为即构成侵权。❸ 英国把"占有、持有"也作为侵权行为。❹ 德国则表述为"制作、许诺、向市场投放或利用"。❺ 在我国，判断一项行为是否构成专利侵权，大致经过以下四个步骤。一是判断该行为是否以生产经营为目的。如果答案是否定的，则不构成侵权，没有必要进行后续的审查。二是如果前述判断答案是肯定的，则需要再对专利权人的权利要求进行解释，以明确专利权的保护范围。三是对比被控侵权方案和专利权利要求，看前者是否落入后者主张的字面或等同权利要求范围。四是看被控侵权者是否具有法定的抗辩或免责事由。

虽然直接侵权有制造、许诺销售、销售等多种行为，但就 3D 打印而言，产生实物形态的侵权主要是"制造"侵权产品。我们称之为"实物直接侵权"，以便与后面将要讨论的基于 CAD 文件直接侵权的"数字直接侵权"相区别。3D 打印是一种"制造"方式，通过逐层地构建对象直到完成，将专利产品技术方案的必要特征全部再现。因此，在"以生产经营为目的"的情况下，只要行为人使用 3D 打印机"打印"出受专利权保护的物品，无论主观状态如何，根据现行法律都构成直接侵权，因为行为人已

---

❶ HUBBARD W. Inventing norms [J]. Connecticut Law Review, 2011, 44 (2): 369, 374-376.

❷ DILLON S. Infringement by blueprint: protecting patent rights in a world of low-cost 3D printing [J]. Aipla Quarterly Journal, 2014, 42 (3): 425.

❸ 美国专利法第 271 条 (a) 款。

❹ 英国专利法第 60 条第 (1) 款 (a) 项。

❺ 德国专利法第 9 条，引自：中国人民大学知识产权教学与研究中心，中国人民大学知识产权学院. 十二国专利法 [M].《十二国专利法》翻译组，译. 北京：清华大学出版社，2013：128.

经擅自制造了该实体物。理论上，专利权人可以侵犯专利权的名义提起诉讼，这与传统制造模式下的情形并无本质区别。

由于3D打印的特殊性，法律适用存在一定的困难。在现实中，3D打印实体物主要有两种途径：一是通过家庭3D打印机打印，二是通过3D打印服务店（网站或公司）打印。

就前一种情形而言，难点在于对"生产经营目的"的界定。德国、英国、法国等都将"私人领域非为经营目的"或"属于个人行为且为非商业目的"的"为个人目的"的专利实施行为视为专利侵权的例外。❶ 相比之下，美国作为侵权例外的范围则小得多，主要限于"实验使用"，即由实验室等非营利性组织从事的非商业性使用视为侵权例外。我国对于"生产经营目的"的含义和适用范围没有明确界定，导致学界在这一点上存在诸多分歧。但是，一般认为，个人出于好奇心或欣赏、娱乐等目的进行3D打印属于"非生产经营目的"。然而，基于3D打印的可及性，假设某一用户在好奇心或者收藏等目的的驱使下，打印了数十个甚至上百个专利实物，那么是否侵权？抑或该用户打印出数量众多的专利实物后，不仅留下一部分供自己使用，而且还免费赠送给众多的亲朋好友，这是否侵权？按照"非生产经营目的"的字面意思，这在很多国家应该并不视为侵权。但是由于这种行为严重触动了专利权人的商业利益，在以后的司法实践中，有必要对"非生产经营目的"予以清晰界定，至少进行限制性解释。

就后一种情形而言，难点在于法律适用中如何平衡好3D打印店的利益与风险。考虑到3D打印材料和3D打印机折旧等因素，长期为不特定多数人免费打印似乎难以理解，3D打印店一般属于"生产经营目的"。按照专利法关于直接侵权的法律规定，无论3D打印店是否知晓打印的是专利侵权产品，都应当承担侵权责任。❷ 专利权人可以向比家庭用户更容易识别的3D打印店主张直接侵权赔偿。这将更富有效率，更有经济保障。然而，由于专利侵权与著作权侵权有很大区别，区分各种各样的打印物品是否侵犯专利权需要具备丰富的专利知识和花费大量的时间精力。这就意味着3D打印店需要承担极高的注意义务，并可能随时面临众多专利权人的索赔主张。从民法角度讲，这可能显失公平。而且，在严重的不确定风险面前，3D打印店有可能陷入难以为继的窘境之中。❸

另外，在实物直接侵权中，工业3D打印侵权与传统制造模式下的侵权判定并无实质性的差别，而个人3D打印则有不少新的难题。首先，侵权人难以确定。P2P（对等网络）文件的共享和开源社区的兴起，提高了传播速度，进一步扩大了潜在侵权者的

---

❶ 吴广海. 3D打印中的专利权保护问题 [J]. 知识产权，2014 (7)：22.

❷ HOLBROOK T R, OSBORN L S. Digital patent infringement in an era of 3D printing [J]. University of California Davis Law Review, 2015, 48 (4): 1319.

❸ EBRAHIM T Y. 3D printing: digital infringement & digital regulation [J]. Northwestern Journal Technology & Intellectual Property, 2016, 14 (1): 51.

范围。而 3D 打印机分布的广泛以及网络匿名的现实，导致专利权人更难确定侵权人。此外，专利权人为追踪直接侵权活动所作的大量努力可能毫无价值，因为大量的侵权行为可能会因个人的非商业行为例如研究或实验使用的例外而被排除。其次，诉讼成本高昂。即使专利权人确定了侵权人，但侵权人在地理分布上可能是分散的，使得专利权人不得不根据合并规则❶或者个人管辖权的要求分别去起诉每个侵权人。最后，影响公共关系。这可能会导致专利权人起诉那些原本想要购买专利产品的潜在客户。诚如当年非法的数字音乐下载出现时，音乐行业就面临过这种情况。❷ 音乐行业权利人起诉了非法下载者，或者至少是从事大规模下载的人。然而，这种策略并不是有效的，因为它可能会失去潜在的客户，从而造成公共关系的僵化。❸

2. 间接侵权规则的适用

美、英、德等国都规定了间接侵权制度。我国《专利法》还没有正式建立间接侵权制度，主要通过《中华人民共和国民法典》（以下简称《民法典》）等来规范。一般认为，间接侵权主要包括引诱侵权和帮助侵权两种情形。❹ 间接侵权理论被认为是现行法律下 3D 打印环境中专利权人最可能进行维权的途径，因为它并没有涉及 CAD 文件本身是否侵犯了实体物专利权的难题。依据间接侵权理论，当一方当事人从事侵犯他人权利的行为时，例如当第三方根据 CAD 文件制造出侵权实体物时，其责任就产生了。❺ 当人们可以购买或免费下载 CAD 文件时，相关网页已经存在。就像在数字音乐环境中，人们可以使用点对点网络来共享他们自己购买或创造的音乐文件。如果这些网站主动引诱或为个人用户打印专利侵权产品提供实质性帮助，那么需要承担间接侵权责任。❻

对于专利权人来说，追究中间机构的间接侵权责任最大的好处，莫过于找到了一个"大财主"。❼ 与追究个人用户的侵权责任相比，这种办法更省事、更经济，同时还避免了负面影响。然而，在法律的适用中却存在诸多困难和争议。

一是引诱侵权的"故意视而不见"标准。引诱侵权的主观要件要求很高，CAD 文件托管网站必须有强烈的意图鼓励下载者进行侵权活动，并"知道引诱行为构成了专利侵权"。在美国联邦最高法院处理的 Global – Tech Appliances v. SEB S. A. 案

---

❶ TAYLOR D O. Patent misjoinder [J]. New York University Law Review, 2013, 88 (2): 652.

❷ HUGHES J. On the logic of suing one's customers and the dilemma of infringement – based business models [J]. Cardozo Arts & Entertainment Law Journal, 2005, 22 (3): 725 – 729.

❸ RIAA V. The people: five years later [N/OL]. Electronic Frontier Found, (2008 – 09 – 30) [2017 – 08 – 20]. https://www.eff.org/wp/riaa – v – people – five – years – later.

❹ EBRAHIM T Y. 3D printing: digital infringement & digital regulation [J]. Northwestern Journal Technology & Inteuectual Property, 2016, 14 (1): 46 – 65.

❺ HOLBROOK T R. The intent element of induced infringement [J]. Santa Clara High Technology Law Journal, 2006, 22 (3): 400.

❻ 伍春艳. 试论 3D 打印技术背景下专利间接侵权的认定 [J]. 华中科技大学学报（社会科学版），2014, 28 (5): 77 – 80.

❼ EBRAHIM T Y. 3D printing: digital infringement & digital regulation [J]. Northwestern Journal Technolog & Intellectual Property, 2016, 14 (1): 65 – 66.

中，法院设立了一个"故意视而不见"的标准，即"超越鲁莽和过失的有限范围"，以发现必要的"认识——诱导行为构成专利侵权"。法院提出"故意无视"包括两个要求："（1）被告必须主观上认为很有可能存在这样一个事实；以及（2）被告必须采取故意的行动避免获悉这一事实。"❶ 如果将这一标准应用于托管 CAD 文件的网站，只有那些极端挑衅的托管网站，如海盗湾和 DEFCAD 等，才可能被判定主动引诱了个人用户的直接侵权行为。这些网站托管的 CAD 文件中包含专利对象的数字拷贝，并带有标题、描述或对专利对象的引用，而网站对这些文件没有任何限制或过滤，或者收到专利权人的"删除"通知却不采取合理措施等。这些网站似乎满足了"故意视而不见"的最小故意要求，可能成立主动引诱侵权。除此之外，大部分网站可能并不容易被认定为引诱侵权，因为大量的 CAD 文件并没有明显的专利标记，专利权人也很难及时在海量的网站上发现侵权 CAD 文件以便向网站发出通知。基于识别专利的难度，监管部门也无法对网站科以很高的注意义务。只要网站隐晦低调地行事，即便它们引诱了个人用户打印侵权产品，也不容易被判定为引诱侵权。

二是 CAD 文件的"实质性组件"争议。网站提供怎样的 CAD 文件才能视为提供了实质性组件？美国联邦最高法院在 Microsoft v. AT&T 案中讨论了如何将包含源代码的软件"与蓝图（或包含设计信息的任何东西，例如，一个示意图、模板或原型）相比较"的问题等。其认为包含源代码的软件不是一个组件，因为"一个蓝图可能包含一个专利设备组件的构造和组合的精确说明，但它本身不是该设备的可结合组件"❷。虽然在后来的 Ormco Corp. v. Align Tech., Inc. 案中，地区法院认为，Amiga 磁盘文件（ADF）是专利申请的一个组成部分，它"更像是配方中的一种成分而不是配方卡本身"❸。两个不同的判决给认定"组件"带来了不确定性。学者们也对这个问题进行了深入探讨，但尚未形成共识。❹ 有的认为应当适用等同原则，把 CAD 文件等同视为专利物理产品。❺ 有的则认同美国联邦最高法院的意见，认为 CAD 文件并不是具有"实质性"作用的组件。❻

三是 CAD 文件的法律性质模糊。Ballardini 等所作的一项实证研究表明，大多数人对 CAD 文件的法律性质认识普遍较低。❼ 首先，CAD 文件类同于蓝图（blueprint），但

---

❶ 131 S. Ct., 2060–2064 (2011).

❷ Microsoft v. AT&T, 550 U. S. 437, 441442 (2007).

❸ Ormco Corp. v. Align Tech., Inc., 609 F. Supp. 2d 1057 (C. D. Cal. 2009).

❹ MIMLER M. 3D printing, the internet and patent law: a history repeating? [J]. Social Science Electronic Publishing, 2014, 101 (48): 10004, 10011.

❺ HOLBROOK T R, OSBORN L S. Digital patent infringement in an era of 3D printing [J]. University of California Davis Law Review, 2015, 48 (4): 1368–1369.

❻ BREAN D H. Asserting patents to combat infringement via 3D printing: it's no "use" [J]. Fordham Intellectual Property, Media & Entertainment Law Journal, 2013, 23 (3): 771–814.

❼ BALLARDINI R M, LINDMAN J, ITUARTE I F. Co‑creation, commercialization and intellectual property‑challenges with 3D printing [J]. European Journal of Law and Technology, 2016, 7 (3): 14.

也有些许差别。在发明人申请专利时，需要公布蓝图、工程设计图表等，实际上就是公开要求保护的发明。CAD 文件与蓝图的共同点在于，都是以图的形式展现，都具有扩散性。然而，蓝图是一种二维图表，无论是纸质的还是数字的，都需要相当大的努力、技能和资源才能依据其制造出发明的实体物。因此，专利权人并不在意蓝图被人知晓以及扩散。而 CAD 文件是一种三维数字图形，只需要一台打印机和一些打印材料，稍加练习，专利的实体物就能被打印出来。其次，CAD 文件略不同于模具。模具的制造以及利用模具制造专利的实体物或零部件，都需要昂贵而精细的机械和工艺[1]，且往往需要后续的组装、调整等过程；CAD 文件则不同，可以通过 3D 扫描仪、下载等方式轻松获得。另外，模具是实物形态，CAD 文件是数字形态。最后，CAD 文件不同于零部件。在 Deepsouth 案[2]和 Paper Converting Machine Co. v. Magna - Graphics Corp. 案[3]中，被控侵权人制造了涉案发明的组成部分，并将其运往国外进行组装。[4] 美国联邦最高法院认为，零部件是一个独立的物理存在，经过组装的方式成为产品的组成部分；而 CAD 文件则是完全无形的，也不需要组装，更不是组成部分，这使得它们与未组装的组成部分——零部件相比大不相同。

总之，在传统专利法语境中，蓝图、模具、零部件等都是实物形态，而 CAD 文件则是虚拟形态。两者真正的区别在于"两个世界"，一个是物理世界，另一个是虚拟世界。由于 CAD 文件不同于传统制造模式下的任何一种物件，在现有的法律体系中找不到与其准确对应的法律术语，因此其法律性质和适用不清，加剧了关于 CAD 文件性质的争议。但根据美国 1998 年数字千年版权法（DMCA）的立法经验，专利法在数字化语境的改造下，未来 CAD 文件可能在具体的情况下，就等同于蓝图、模具或零部件。

四是间接侵权行为的有体物前提。3D 打印和 CAD 文件的出现提供了一个机会，让我们重新考虑专利侵权判定中对有形的要求。CAD 文件作为数字制造的工具，在有形时代很难有一个完全的类比，通常用来与其比较的是蓝图和模具。[5] 根据专利法在有形时代的理论，"制造"或"使用"一个专利的模具或蓝图设备不会构成直接侵权。有学者认为，在数字时代，有形与无形的分界线已经被抹去，软件现在可以执行硬件在过去的功能。如果专利产品的实体物仅仅是一个开关，那么仅仅将发明的有形实施方案视为侵权行为真的还有意义吗？是否可以认为专利制度也应该抹去这种分界线？

五是间接侵权的结果要件。崔国斌认为，间接侵权的成立还需要有直接侵权行为

---

[1] ALEC. Is 3D printing a viable and affordable alternative to injection molding production？［EB/OL］. 3DERS（2014-11-06）［2018-04-15］. http：//www.3ders.org/articles/20141106-is-3dprinting-technology-a-viable-and-affordable-alternative-to-injection-molding-production.html.

[2] Deepsouth Packing Co. v. Laitram Corp.，406 U.S. 518（1972）.

[3] Paper Converting Mach. Co. v. Magna-Graphics Corp.，745 F.2d 11（Fed. Cir. 1984）.

[4] HOLBROOK T R. Extraterritoriality in U.S. patent law［J］. William and Mary Law Review，2008，49（6）：2119，2131-2132.

[5] BREAN D H. Asserting patents to combat infringement via 3D printing：it's no "use"［J］. Fordnam Intellectual Property，Media & Entertainment Law Journal，2013，23（3）：796-800.

的发生或"会发生"这一前提条件。❶ 那么,问题就可能变成了 CAD 文件是否被打印或是否具有被打印的可能性。这就又回到了个人用户侵权打印的监测问题上。如果没有这一前提条件,那么专利权人就没有受到实际损失,要求网站承担责任就违背了"利益填平"原则。况且,一些 CAD 文件可能永远不会被打印,可能只是用来观看而已。

六是间接侵权的因果关系。事实上,要证明个人用户打印的某一侵权产品与网站积极引诱或提供的某一个具体的 CAD 文件之间存在因果关系是很困难的。个人用户在打印前也许观看了数个网站中的同一个 CAD 文件,哪个网站应当承担间接侵权责任?此外,即便上述因果关系能够被证明,实际打印地可能是在另一个对某一特定专利产品没有保护的国家。随着大众消费和 3D 打印的全球化,监测打印 CAD 文件和证明专利间接侵权可能需要跨越多个地域。这可能会进一步加剧上述这些问题的复杂性。❷

3. 数字侵权的可行性

传统上,专利侵权通常与实体发明物有关。❸ 侵权行为通常涉及执行该过程的一些设备。❹ 随着 3D 打印的出现,Holbrook 认为,有形商品与其数字体现之间的界限变得如此模糊,以至于它们应该被同等对待。他提出"数字直接侵权"的主张,将创建、销售、使用、进口专利产品 CAD 文件的行为认定侵权。❺ 一些学者认为 CAD 文件不仅仅是物理设备的一个无用的蓝图,更是一个强大的工具,能让它的拥有者就像拥有物理对象本身一样满意。假设有这样一项专利,其权利要求书针对的是一个改进的火箭燃料喷射器,但权利要求书中不包含能够打印该喷射器的 CAD 文件。这个 CAD 文件可以直接打印,不需要额外的装配,而且打印出的产品确定是受专利权保护的燃料喷射器。❻ 那么创建、销售、使用、进口这个 CAD 文件是否侵权?然而,也有学者认为,CAD 文件打印物理对象并不是"简单的按一下按钮",而需要相当多的技术专长(包括在打印前和打印后阶段),把 CAD 文件看作和物理对象一样,将一个受保护对象的

---

❶ 崔国斌. 专利法原理与案例 [M]. 北京:北京大学出版社,2016:752.

❷ EBRAHIM T Y. 3D printing: digital infringement & digital regulation [J]. Northwestern Journal Technology & Intellectual Property, 2016, 14 (1): 58.

❸ HOLBROOK T R. Liability for the "threat of a sale": assessing patent infringement for offering to sell an invention and implications for the on–sale patentability bar and other forms of infringement [J]. Santa Clara Law Review, 2003, 43 (3): 751, 755.

❹ Hughes Aircraft Co. v. United States, 640 F. 2d 1193 (Ct. Cl. 1980).

❺ HOLBROOK T R, OSBORN L S. Digital patent infringement in an era of 3D printing [J]. University of California Davis Law Review, 2015, 48 (4): 1364–1367.

❻ NASA. NASA tests limits of 3–D printing with powerful rocket engine check [EB/OL]. [2017–08–27]. http://www.nasa.gov/press/2013/august/nasa–tests–limits–of–3–d–printing–with–powerful–rocket–engine–check/#. U9EvJlbF9g0.

CAD 文件的制作与直接侵犯专利权等同起来，是不恰当、不准确的。❶ 那么，究竟在 3D 打印时代"数字直接侵权"是否成立？这首先取决于这一主张是否能够在现行侵权理论与实践中适用。如果不能适用的话，我们就必须非常谨慎，因为这往往会带来一系列复杂的问题。为此，下面我们主要从 CAD 文件的制造、许诺销售、销售、使用、进口等方面进行深入探讨，以期得到答案。

（1）制造行为

在 3D 打印中，创建一个 CAD 文件是否可以界定为"制造"？北京市高级人民法院《专利侵权判定指南（2017）》第 99 条规定："制造发明或者实用新型专利产品，是指权利要求中所记载的产品技术方案被实现，产品的数量、质量不影响对制造行为的认定。以下行为应当认定为制造发明或者实用新型专利产品行为：（1）以不同制造方法制造产品的行为，但以方法限定的产品权利要求除外；（2）将部件组装成专利产品的行为。"在美国，"制造"的定义得到了联邦最高法院的一些司法考虑。在 Bauer & Cie v. O'Donnell 案❷中，法院认为，制造是"包含对发明物的构造"。在此基础上，一些美国评论家的共同观点是，"制造"的专有权利不会被创建 CAD 文件所侵犯，因为它不涉及对发明统一体的构造。❸

就发明所有技术特征都必须存在于一种被诉侵权产品中而言，在确定一项发明专利产品是否被"制造"时，我国法律与美国有着相似的出发点。在此基础上，很难认为 CAD 文件的创建导致了一项发明专利产品被"制造"，因为 CAD 文件并未以有形的形式再现完整物。如果法院作类推解释——包含了同样完整物的 CAD 文件类似于物理发明，则明显大大超出了原先的范畴。

在著作权法的背景下，侵权行为通常只会出现在以与原作相同的形式进行复制的情况下。正如 Pape 法官在 Cuisenaire v. Reed 案❹中所陈述的那样："一组书面指示不能'通过依照这些指示构造一个物品'而被复制。复制必须再现原物。"不可否认，专利法侵权与著作权法侵权之间存在区别，然而，认为 CAD 文件的创建就是对专利的"复制"，这一观点似乎有些牵强。当然，如果 CAD 文件的创建者也打印了侵权产品，情况将会有所不同，就可能构成实物直接侵权。

（2）许诺销售或销售行为

这里的销售通常指的是要求销售方有交付产品并转让产品所有权的行为。与之关

---

❶ HOLBROOK T R, OSBORN L S. Digital patent infringement in an era of 3D printing [J]. University of California Davis Law Review, 2015, 48 (4): 1364－1367.

❷ Bauer & Cie v. O'Donnell, 229 U.S. 1 (1913), 10.

❸ DOHERTY D. Downloading infringement: patent law as a roadblock to the 3D printing revolution [J]. Harvard Journal of Law and Technology, 2012, 26 (1): 353, 368－369; PEACOCK S R. Why manufacturing matters: 3D printing computer－aided designs, and the rise of end－user patent infringement [J]. William and Mary Law Review, 2014, 55 (5): 1933, 1944－1945.

❹ Cuisenaire v. Reed [1963] VR 719.

联的许诺销售，是指"以做广告、在商店橱窗中陈列或者在展销会上展出等方式作出销售商品的意思表示"。❶ 许诺销售一般仅限于专利产品或依照专利方法直接获得的产品，专利方法不存在许诺销售的问题。我国引进"许诺销售"规范之初，主要是基于加入 WTO 的 TRIPS 以及制止各种商业展销会上侵权展品推销行为的双重考量。❷

我国《专利法》没有明确规定销售行为完成的认定标准。《最高人民法院关于审理侵犯专利权纠纷案件应用法律若干问题的解释（二）》（2015）第 19 条规定："产品买卖合同依法成立的，人民法院应当认定属于专利法第十一条规定的销售。"关于销售行为的界定，存在两种意见，一种是合同成立说，另一种是标的物交付说。为厘清许诺销售与销售的法律界限，最高人民法院采用合同成立说：若合同成立后未交付产品，则不产生赔偿，但不影响已构成销售的定性。

在美国，"出售"的权利并没有得到联邦最高法院的解释，但已经受到了联邦巡回法院的审查。2005 年，法院在 NIP Inc. v. Research in Motion Ltd. 案中得出结论，销售有两种可能的含义："（1）以一个价格转移财产或所有权；（2）通过协议进行这种转移。"❸ 根据该案和其他一些联邦巡回法院的案例，可以说，只有专利申请中描述的物理发明将被转移时，销售未经授权的产品才会侵权。在此基础上，Brean 认为，销售一种描述物理发明的 CAD 文件，不太可能在美国构成侵权。❹ 与之相反的观点是，Holbrook 和 Osborn 认为"销售 CAD 文件可能会取代实际物品的销售"，❺ 他们不同意 Brean 对相关案件的法律分析。因为法院在 Transocean Offshore Deepwater Drilling Inc. v. Maersk Contractors 案❻中认为，利益"受一份销售侵权石油钻机的期货契约"负面影响的专利权所有人，有权在建造该钻机之前提起侵权诉讼。这个案例似乎引发了这样的可能性，即销售不一定需要有形物体的转移。

（3）使用行为

我国《专利法》对于"使用"的概念没有进行过定义。依据北京市高级人民法院《专利侵权判定指南（2017）》，将侵犯发明或者实用新型专利权的产品作为零部件或者中间产品制造另一产品应当认定为对专利产品的使用（第 102 条）。而该指南第 103 条规定，专利方法的使用是指权利要求记载的技术方案的每一个步骤均被实现。在李宪奎诉拱北海关案❼中，法院认为，使用他人专利是指行为人直接将他人专利技术付诸实施的过程。按照这种解释，使用一个 CAD 文件，通常就是指将其打印成实体对象。因

---

❶ 《最高人民法院关于审理专利纠纷案件适用法律问题的若干规定》（2015）第 18 条。
❷ 尹新天. 中国专利法详解 [M]. 北京：知识产权出版社，2011：136.
❸ NTP Inc. v. Research in Motion Ltd. 418 F3d 1282 (2005).
❹ BREAN D H. Asserting patents to combat infringement via 3D printing: it's no "use" [J]. Fordham Intellectual Property, Media & Entertainment Law Journal, 2013, 23 (3): 771, 793.
❺ HOLBROOK T R, OSBORN L S. Digital patent infringement in an era of 3D printing [J]. University of California Davis Law Review, 2015, 48 (4): 1359.
❻ Transocean Offshore Deepwater Drilling Inc. v. Maersk Contractors, 617 F3d 1296 (2010).
❼ 案号：广东省高级人民法院（2004）粤高法民三终字第 288 号。

此，只要是基于生产经营目的，将一个专利产品或专利方法直接可得对象的 CAD 文件打印出来就构成直接侵权。

然而，如果个人上传或共享了专利产品的 CAD 文件，抑或商业性网站提供了专利产品 CAD 文件的下载服务，是否构成侵权意义上的"使用"？在澳大利亚高等法院的 Pinefair Pty Ltd. v. Bedford Industries Rehabilitation Assn Inc. 案❶（以下简称"Pinefair 案"）中，发现专利产品被侵犯了关于被设计在固定区域保留土壤的弹性花园边缘材料。在非一致性的决定中，Mansfield 法官和 Foster 法官认可了 Von Doussa 法官在一审中的裁决，即"使用"可以由此构成：利用这项发明的商业优势来推动市场宣传和推广，即使在真正销售的时候产品已经改变——这样它就不再拥有专利申请的所有完整物了。尽管被调查者并没有出售侵权产品，但是他们对发明的生产和使用不是"次要的或暂时的"，而是使它们在市场上处于领先地位，所以大多数人认为这因其侵权目的构成了"使用"。

毫无疑问，通过分发一个可以为打印专利产品提供指令的 CAD 文件，专利的商业价值可以被降低。然而 Pinefair 案中的侵权使用情况，与 CAD 文件的发布之间存在显著的不同。在 Pinefair 案中，侵权物品被"制造"，并通过附加的制造工艺"被使用"来创造一个非侵权的物品。发布 CAD 文件并没有中间的"制造"。因为，只有当文件被打印时，"制造"才会发生。使用应以专利产品存在为前提，只要 CAD 文件没有被打印，则不存在"使用"。因此，上传、共享或提供 CAD 文件，无论是有偿还是无偿，都不能被视为是对专利产品或专利方法本身的使用。

（4）进口行为

专利法上的进口行为是指，将落入专利权利要求保护范围的产品、依照专利方法直接获得的产品或者含有外观设计专利的产品在空间上从境外越过边界运入境内的行为。在大多数情况下，进口的后续行为是国内销售和使用。专利权人可以控制"生产经营目的"的进口行为，个人少量非商业的进口行为被排除在外。TRIPS 第 60 条规定，缔约方可以将旅行者个人行李中的少量非商业货物以及托运的少量产品排除在边境保护措施之外。

在英国，Saccharin v. Anglo-Continental Chemical Works 案❷表明，当一个国内专利方法在国外实施后产生的中间产品或成品再进口到国内时，就会产生侵权。在该案中，专利所有人控制了制造某种化学物质方法的权利，该化学物质随后能被转化为糖精（通常使用的人工甜味剂）。生产中间化学品的方法是该领域的一项技术进步，其使得糖精生产的效率更高。在这种情况下被告从国外使用该专利方法制造糖精的公司进口糖精。法院判断侵权行为的一个依据是，若在这些情况下没有保护，专利的价值就会降低。第三方就会在外国管辖权（没有专利保护）的情况下实施这一专利方法，然

---

❶ Pinefair Pty Ltd. v. Bedford Industries Rehabilitation Assn Inc. (1998) 87 FCR 458.

❷ Saccharin v. Anglo-Continental Chemical Works, RPC 307 [1900].

后在国内进口和销售这些制成品。

在创建和分发 CAD 文件时，考虑类似的扩展保护是否可以提供给非专利实体产品，这是有建设性的。几乎无疑的是，如果认定这样的行为侵犯了专利权，那么专利权人将处于更有利的地位，以保护其发明的经济价值。在美国的 Align v. ClearCorrect 案中，美国国际贸易委员会（ITC）的行政法官认定 ClearCorrect 的 CAD 文件属于"337 条款"所界定的"物品"，进口专利产品的 CAD 文件等同于将专利产品进口至美国。但是美国联邦巡回法院则以 2 票对 1 票的结果，推翻了 ITC 的决定，将该案发回重审。❶ 对此，学术界的分歧也很大，学者们也各抒己见，尚未达成共识。

更为重要的是，一旦将 CAD 文件作为直接侵权的对象，任何创建、上传、下载、修改、传播 CAD 文件等操作行为，都可能涉嫌专利侵权，这就相当于实现了 CAD 文件的可专利性。那么其带来的连锁反应将是巨大的：首先，专利权人的权利过大，理论上专利权人可以起诉任何操作 CAD 文件的人；其次，社会成本过高，为了实现专利权人对 CAD 文件的控制，整个社会承担了巨大的成本；再次，由于社会公众缺乏专利知识，过高的责任将会阻隔公众参与，进而阻碍 3D 打印产业的发展；最后，将 CAD 文件作为直接侵权对象也不利于后续的创新。

综上所述，从制造、使用、许诺销售、销售、进口这几个角度来看，"数字直接侵权"这一主张与现有的侵权理论并不兼容，如果采用这一模式对专利权予以保护，则可能存在诸多的不适应性和不确定性。对于该问题的应对将在分论中具体展开，此处不赘述。

四、3D 打印引发的知识产权限制问题

知识产权限制是实现知识产权法中利益平衡原则的基本制度，其功能在于通过对知识产权的适当限制，保障社会公众对智力成果的必要接近与合理分享，从而平衡专利权人利益与社会公共利益。换言之，知识产权限制要求以利益平衡为原则不断制约知识产权制度，与知识产权保护制度实质上是相互补充，殊途同归，都是为了促进科技的进步。

具体到 3D 打印，其所具有的分布式制造模式和个性化定制生产发展趋势，必将在知识产权制度的权利限制方面产生深远的影响。

---

❶ 卡菲. 做好准备：3D 打印的知识产权问题来了 [EB/OL]. (2017－12－02) [2018－01－22]. http://www.watson－band.com.cn/pubDetail.htm? item.id=f6fc444ec21f4138a496baf03d3902e1.

（一）分布式制造模式所带来的困境

对于3D打印的去中心化❶发展而言，其所导致的分布式制造模式最明显的表现是，终端用户制造大大增加了专利侵权的可能性，而分布式数字化制造的过程可以使成千上万的个人侵权同时发生。

也就是说，事实上，3D打印促成了去中心化侵权（decentralized piracy）的形成，因为3D打印彻底改变了原有盗版、侵权生产模式，分散的消费者可以更加廉价地获取假冒产品，且不需要商业性伪造工具的辅助。3D打印方便个人消费者实施大量的直接且非商业化专利侵权行为，其正在对制造商和零售商产生侵权威胁。在一个倡导开放式创新和平台共享的3D打印时代，基于旧有专利制度革新缓慢的情况，去中心化侵权的出现和扩散是可以预见的。而过于苛刻和严厉的权利执行或救济，将大大降低公众对专利制度本身的支持。鉴于大规模侵权行为的存在，如果只是对个别个体进行诉讼，就会大大影响公众对专利的认知，认为被诉只是随机的"不幸"。在社会中，不平衡的执行会导致公众对于法律的偏见，特别是当法律等社会规范和个人信念背道而驰时，就会导致侵权的责任感消失，从而产生对于专利保护的偏见。换言之，"不公正"的、过度的侵权执行，会导致公众侵权的反弹，加剧"报复性"侵权行为的发生。

当前，去中心化对专利制度最大的影响在于权利人对其享有专利的控制力❷的下降，具体表现为：一是传统专利制度所依赖的高度集中大规模生产制造模式将受到分布式数字化制造模式的挑战，其集中授权和权利高度垄断的制度设计不断被侵蚀，专利正丧失原有的权威和魅力；二是互联网的深化发展导致原本较为集中的专利侵权行为逐渐被分拆开来，专利制度对于数字化产品的传输管控力不足，从而导致数字化环境下专利侵权日渐泛滥；三是在百年前以主权为中心建立起来的专利制度地域性，也会在无国界差别的去中心化（分布式）的专利产品传输和制造过程中不断受到挑战，并同时会波及与之相关的权利用尽规则的适用。

综上，现有的专利侵权规则都是建立在传统的基于一定地域内中央集权式的专利保护制度上，但其在去中心化的影响下明显出现了不适应性，并且权利人对自身专利的控制力进一步被削弱。仅靠专利侵权追责，已经不能适应一个个人使用需求猛增、公共利益高涨的3D打印时代。同时，庞杂的专利侵权立法和司法判定体系，并不能在短时间内克服修改成本高、反应缓慢且缺乏专业知识背景等弱点。因此，如果将去中心化影响下的侵权泛滥比喻为洪水，那么相较于专利侵权规制的"建坝堵水"的刚性

---

❶ 去中心化（decentralization）的内涵是，从大规模集中生产走向小规模分散式生产，在数字化具体环境下的实例就是分布式数字化制造模式。互联网是当前工业发展和技术创新的基础与重中之重。3D打印更需要强大的互联网支持，从而为智能生产和智能工厂提供实现的可能。互联网的分散性与广泛渗透性，加剧了去中心化的趋势。

❷ 控制力，即专利产品的控制力，其指的是专利权人及其相关主体对专利产品在流通环节中的保护（救济）、运用与管理能力等。

方式，专利权限制制度及相应的反限制制度更具"通渠疏水"的柔性优点。所以，在配合政府公共政策的情况下，适当完善专利权限制制度，也许能更高效、更平顺地处理好技术创新与专利保护之间的矛盾，从而确保公私利益之间的实时动态平衡。

（二）个性化定制生产所带来的困境

在3D打印环境下，"个性化（定制化）"（individualization/customization）意味着变革目标。3D打印将通过智能设备和网络，完成个人与生产线的互动，实现许多人梦寐以求的"私人定制"。总之，3D打印实现了个性化定制生产，并且定制周期简短，生产方便快捷。[1] 一般而言，个性化有两个层面，一是打着"个性化"旗号进行的营利商业活动（即一种商业模式），二是用户个体的"个性化"利用专利成果。下文主要讨论第二个层面。

3D打印背景下以3D打印为代表的颠覆性技术发展，掀起了个性化定制（或称客制化）的浪潮。3D打印允许大规模的定制化，从而导致技术的大范围传播和更多的用户加入其中，加速了有体物世界与数字化世界的沟通和联结。所有3D打印的流程都将在一定程度上依赖数字化制造相关文件（如CAD文件等），其可以便捷地进行数字化传输，用户亦可以利用其数字化的特点，不断进行修改或完善，从而适应个性化定制需求。而个性化定制可能会涉及两个重要群体：一是消费者、终端用户、兴趣爱好者和DIY用户，其一般将技术使用在私人或非专业领域；二是专业的工程师或技术人员，他们将技术拿来进行试验和修改，从而研究专利技术的功能等。[2]

个性化影响下的侵权泛滥会导致各权利主体间的利益失衡，而非营利性实施他人专利所提供的权利限制，一直是专利制度中重要的利益平衡机制。非营利性实施他人专利就像是一把双刃剑：在专利成果制造的技术和成本门槛较高的时候，其对于权利人利益的损害可以忽略不计；但是在3D打印等颠覆性技术的影响下，低成本、高还原、难追查的数字化制造将分散到千家万户，而这时非营利性实施他人专利条款将可能成为吞噬权利人利益的罪魁祸首之一。换言之，个性化所带来的专利合理使用新需求，将与不完善的非营利性实施他人专利条款产生矛盾，进而对旧有专利制度产生冲击。

总而言之，3D打印的出现和发展，对专利权人的权利实施和利益实现构成威胁。专利权人开始将利益损失归因于3D打印，主张对专利权利进行扩张，用以抵消3D打印所带来的不利影响。在不到10年的时间里，3D打印机的成本大幅下降，使得人们可以负担得起家用3D打印机的购买，能够打印专利产品的零部件，用于替换原有的零部

---

[1] 工业4.0：中国，美国，德国引爆世界大战？[N/OL].[2017-10-14]. http://gongkong.ofweek.com/2016-02/ART-310045-8500-29062699.html.

[2] 我们认为符合条件的反向工程可能落入科学实验的例外之中。欧洲《统一专利法院协议》在其第27条（k）款中也将"反向工程"加入其中。

件，修复产品的功能。当消费者能够进一步利用 3D 打印来延长专利产品的使用寿命时，他们将停止从零售商店购买某些物品。因此，一些制造商和专利权人要么试图收紧对他们销售的产品的限制，要么会对那些用多个 3D 打印部件替换产品的消费者提起诉讼。此外，3D 生物打印则给专利权扩张提供了另外一种可能。3D 生物打印能够在打印过程中或随后将 3D 生物打印材料整合到人体中，这模糊了发明与发现的界限。由于人工材料的注入在结构上和可见性上被认为是明显不同的，因此可能会被认为是符合"显著不同特征"的。然而，在专利权扩张的背后，必然是公众和个人权利的收缩。专利权的过分扩张必然会扭曲现有的专利制度的立法追求，破坏努力实现的利益平衡。正如历史上所多次出现的那样，社会公众将会广泛抵制专利权的扩张，要求对其进行限制。专利权人和社会公众、权利的扩张和限制之间的矛盾将产生严重对立，有待于通过对专利权限制制度的完善来缓解乃至消除矛盾。

第三章 3D打印与知识产权制度的实证分析

第一节 我国3D打印产业链现状

我国3D打印的研发基础来源于发达国家，经过30年的发展已经基本形成了涵盖产业上、中、下游的完整产业链，并聚集了一批领先的企业。其中产业链上游涵盖精密机械、数控技术、信息技术、材料科学和激光技术，中游涵盖打印设备生产和打印材料生产，下游涵盖三维模型设计服务、打印服务和打印产品应用。

本章将从实证研究的角度阐述3D打印与知识产权制度的相互影响问题。在实证调研方面，主要通过专利检索、资料收集和现场座谈相结合的方式进行。在调研对象的选择方面，集中于宏观和微观两个层面的问题展开。宏观层面，主要调研我国增材制造产业联盟和国家增材制造创新中心，对国家对增材制造产业发展的需求、未来增材制造技术产业化发展的方向以及增材制造创新中心构建协同创新过程中所面临的知识产权问题进行重点分析；微观层面，则是选取3D打印产业链上游（材料、打印技术）、中游（工业级和民用级设备制造商）和下游（汽车、医疗、航空航天、平台服务）具有代表性的企业，试图了解3D打印在企业应用过程中所涉及的有关知识产权管理和保护方面存在的具体问题和需求。

一、上游研发环节：知识产权政策面临新挑战

3D打印产业发展的研发环节，主要集中于专用材料、软件开发、关键设备/核心器件的开发三个方面。目前我国3D打印产业化发展在研发环节面临的问题表现为：首先，专用材料发展滞后导致材料选择局限性较大，品种少，供应商少，高性能材料严重依赖进口；其次，3D打印相关关键装备与核心部件严重依赖进口问题依然较为突出；最后，我国绝大部分增材制造软件市场被国外企业占据。❶ 如何鼓励前沿和共性领域的技术创新、形成协同创新环境、加速创新成果的转化是制约我国3D打印产业化发展的关键因素。为此，我国在2016年12月设立了国家增材制造创新中心，作为国家设

---

❶ 中国增材制造产业联盟. 中国增材制造产业发展报告（2017）：简版［R］，2018：30-31.

立的第二个制造业创新中心,其知识产权政策显现出如下新趋势和问题。

(一)创新模式的转变,要求创新中心知识产权政策的重心由私权保护转向成果共享

众所周知,3D打印的一大优势在于降低大众创新的门槛,但这一观点实际所指的是3D打印的应用端,而对于3D打印的研发环节,情况却恰恰相反。随着3D打印的产业化发展,其技术研发的成本和门槛越来越高,尤其对前沿性和共性关键性技术的创新更是如此。传统单个主体之间创新能力的比拼,已经转变为产业链上各个主体之间协同创新能力的竞争,从3D打印专利权人的分布(参见表3.1)可以看出申请量排名前10位的专利权人中,高校和科研机构占据6席,其余被该领域内具有相当实力的企业占据,而个人已经逐渐退出了该领域的创新主体范围。国际上亦是如此。例如,1989年熔融沉积成型技术(FDM)的发明人斯科特·克伦普在获得专利授权的同年设立了Stratasys公司,激光选区烧结技术(SLS)的发明人C. Deckard在1989年设立了DTM公司等。上述个人创新的奇迹也随着3D打印第一批基础专利的到期而消失,取而代之的是整合产业链的大型企业在研发上的高投入和国家层面整合了"政、产、学、研、用"各方创新主体协同创新的比拼。显然传统单个主体的线性创新模式已经无法满足需要。国家制造业创新中心的建设正是以国家选定的重点推进技术为抓手,整合了"政、产、学、研、用"各方主体所搭建的协同创新网络,其目的之一是在创新领域突破前沿性与共性关键性技术创新的瓶颈。该协同创新模式的核心在于整合创新中心各个创新主体之间对于创新成果的共享,这就与传统知识产权法律制度所建立的私权属性发生了冲突。如何通过创新中心知识产权政策的制定,在平衡各方利益、尊重创新主体对创新成果所有权的基础上,有效促进创新成果的共享,是构建高效的协同创新网络的关键环节,也是国家对制造业升级改造的需要。

表3.1 我国3D打印专利权分布前10名的专利权人(2000~2017年)❶

序号	权利人名称	涉及3D打印内容
1	中国科学院	工业级以及SLA高精度激光固化3D打印机、手持式三维扫描仪、光学坐标测量系统、3D打印服务、三维扫描抄数服务、CAV全尺寸检测

---

❶ 笔者采用专利信息分析法,在Soopat数据库、国家知识产权局专利检索数据库及专利之星数据库中检索国内3D打印专利。检索时以第一个数据库为主、后两个数据库为辅,检索方式为依据关键词进行检索,关键词为"3D打印""材料""方法"或"工艺",检索时将多个关键词以and或者or的方式组合,中文如"3D and 打印机 or 设备""3D and 打印 and 材料""3D and 打印 and 方法 or 工艺 or 技术",并对得到的2000~2017年专利数据进行相应的筛选和统计,以此获得我国3D打印专利申请前10名权利人和专利强度分布图。

续表

序号	权利人名称	涉及3D打印内容
2	西安交通大学	基于光固化成型、激光熔覆、熔融沉积等工艺,着重于3D打印在生物医疗领域的应用
3	杭州先临三维科技股份有限公司	个人级、工业级、透明介质激光、生物细胞3D打印机,3D打印软件与耗材,3D打印创新服务平台建设,3D数字技术培训等3D打印服务
4	珠海天威飞马打印耗材有限公司	3D打印设备机及配备件、打印耗材产品(包括回收激光碳粉盒和喷墨盒)及配备件,3D打印软件产品开发、生产,3D打印耗材及零部件的检测、开发及相关技术服务,体系管理的咨询服务
5	北京太尔时代科技有限公司	个人级、工业级3D打印机,UP系列、Model Wizard等3D打印软件,UP Fila PLA、UP Fila ABS材料等3D打印材料
6	华中科技大学	"铸锻铣一体化"金属3D打印、3D打印激光器生产、金属材料打印研发、3D打印工艺软件
7	湖南华曙高科技有限公司	工业级3D打印机等3D打印设备研发制造,3D打印材料研发生产,尼龙、金属3D打印系列解决方案,开源增材制造系统以及客户服务
8	浙江大学	生物打印工艺及生物3D打印机、生物打印器官芯片等医疗器械装备研究及开发过程中所涉及的成型工艺、成型机理、装备开发
9	清华大学	3D打印金属机械锻压以及材料成型方面科研实力较强,涉及3D打印生物细胞研发
10	上海交通大学	医学图像处理与建模、医学3D打印、手术导航与手术机器人、数字化手术室系统、人体生物力学与生物摩擦学、个体化骨科植入物CAD/CAM技术

(二)创新能力的提升,要求创新中心知识产权保护的边界相对扩张

根据《制造业创新中心建设工程实施指南(2016—2020年)》的要求,国家制造业创新中心所聚集的是某一技术领域内,创新能力很强的高校、科研机构和产业链中具备相当实力的企业,所以创新能力高是其特点之一。以我国增材制造创新中心为例,该中心由西安交通大学、北京航空航天大学、西北工业大学、清华大学和华中科技大学5所大学以及从事增材制造装备、材料、软件生产及研发的13家重点企业共同组建。现已经形成了由2名院士、6名"千人计划"及业内著名专家领衔的创新团队。❶学者

---

❶ 国家增材制造创新中心概况[EB/OL].[2017-12-20]. http://www.niiam.cn/about.jsp.

们也已经对知识产权保护标准与创新能力之间的关系展开了各个角度的研究，并发现创新能力的高低与知识产权保护的标准呈现正相关性。这就决定了在制造业创新中心领域内知识产权保护的边界也应相对更广，例如对技术秘密、技术研发关键数据的保护等。而各国知识产权法所确定的知识产权的保护范围和保护标准，是与该国整体的发展水平与创新能力相适应的。法律所确定的保护标准是一国知识产权保护标准的最低要求，相对来说知识产权政策更具有灵活性和适应性。如何在创新中心层面构建合适的知识产权保护范围，不仅是各方创新主体的实际需要，也是当前创新中心知识产权政策面临的主要挑战。

（三）创新目的的转移，要求创新中心促进创新成果的商业化

对战略性的新兴制造业领域而言，促进前沿性和共性技术创新的转移转化和首次商业化，不仅关系到能否尽快抢占该产业发展的制高点和获得产业标准制定的国际话语权，还关系到能否构建具有可持续发展能力的协同创新网络环境。创新成果的快速转移转化和首次商业化能够使得各方创新主体尽快得到回报，这不仅有利于刺激各方更多地进行创新投入，也有利于增强整个产业的核心竞争能力。以我国增材制造产业发展现状为例，3D打印相关专利申请量排名前10位的主体中，高校和科研机构占据6席，企业仅4席（参见表3.1）。由此可见，我国在创新成果的转移转化和商业化能力上仍存在问题，这也是我国增材制造产业发展呈现"学院派"发展的主要原因之一。与美国和欧盟等发达国家和地区以企业占据主要地位相比，在产业竞争力上显然并不处在同一个重量级。创新成果的转移转化和商业化应用，究其根源应该是创新主体的自身权利，是否转化、何时转化和如何转化都应当由权利人自己决定，这就产生了其与国家制造业转型升级紧迫性之间的冲突。我国制造业创新知识产权政策如何在现有知识产权制度的前提下促进创新成果的快速商业化，也是其面临的挑战之一。

二、中游设备制造环节：技术转让受阻，侵权行为萌芽

3D打印相关设备制造环节在整个产业链中居于中游，起到承上启下的作用。对于上游相关技术的研发环节来说，这是相关技术进入产业化生产的关键阶段。对于下游的应用环节来说，该阶段决定了应用市场的大小以及未来发展的方向。从目前我国的具体情况来看，3D打印设备的制造占据了整个产业链产值的半壁江山。

如表3.2所示，2016年我国3D打印产业链产值中，3D打印相关设备制造产值占比50.1%，3D打印相关材料产值占比26.9%，而3D打印相关服务产值仅占比23.0%。依据消费对象、打印质量、打印速度，尤其是价格来进行细分，可以将3D打印相关设备制造商分为工业级3D打印相关设备制造商和个人级3D打印相关设备制造商。两者在产业化发展过程中都面临着知识产权制度问题的风险。

表 3.2　2015～2016 年我国 3D 打印产业产值构成❶

年份	设备制造	材料	服务
2015	49.9%	23.4%	26.7%
2016	50.1%	23.0%	26.9%

（一）3D 打印相关设备制造商在技术创新来源方面遇到的知识产权问题

我国 3D 打印相关设备制造商的技术创新来源主要有三种途径。一是自主研发。3D 打印相关产业是技术密集型产业，自主研发能力作为一个企业的立身之本，决定了企业未来的发展前景。例如，上海普利生机电科技有限公司（以下简称"普利生公司"）主要集中于光固化技术，目前获得 4 项发明专利和 1 项外观设计专利授权，这些技术的研发都是公司内部的研发部门独立完成的。上海联泰三维科技有限公司（以下简称"联泰公司"）的立体光刻成型技术来源于其独立的研发中心，已经获得发明专利 4 项、实用新型专利 22 项、外观设计专利 12 项、软件著作权 4 项，还拥有申请中的发明专利 23 项。二是合作开发。3D 打印是一个涉及多领域的交叉学科，单个企业由于资金、实验设备和研发能力的限制，需要通过对外合作来完善其研发能力。例如，普利生公司牵头，联合东南大学、中国科学技术大学、华中科技大学、华南理工大学、南京大学、南京航空航天大学、长春理工大学 7 所高校，以及苏州赛菲集团有限公司，组成研发团队获得了科技部重点项目"微纳结构增材制造工艺与装备"的立项。三是技术转移。我国 3D 打印起步于高校和科研机构，前面的专利检索表明，高校和科研机构中占据了前 10 名中的 6 席，具有绝对的科研优势地位。因此，高校和科研机构的技术转让和许可使用非常关键。但在调研中发现，普利生公司和联泰公司并没有通过技术转移的途径获得技术。

前两种技术创新来源通过适用现有知识产权制度，与项目参与方签署相关合作协议，就可以明确各方对创新技术的归属和使用权限。针对第三种技术转移方式，有企业提出，目前国内的 3D 打印相关企业规模不大，自身的研发能力相差无几，关注的 3D 打印研发方向重合较少，因此企业间相互的技术转移并不是当前主要的渠道。因此，结合我国 3D 打印所呈现出的"学院派"发展现状来看，从高校和科研机构进行技术转移应当非常值得关注。但现实中此类技术转移存在以下几个方面的阻碍。首先，发明人并不能主导其科研成果的转让和许可行为。我国高校和科研机构中的科研人员完成的技术成果绝大部分涉及职务发明，这就造成了实际发明人和专利权人不统一的现象。而实际发明人除了获得奖励之外，对于专利技术的转移转化和许可使用并不具有决定权。企业想要获得专利技术必须与实际权利人，也就是高校或科研机构进行协

---

❶ 中国增材制造产业联盟. 中国增材制造产业发展报告（2017）：（简版）[R]，2018：11.

商。其次，在转移动力方面，一方面，发明人所在单位的积极性会稍逊于实际发明人；另一方面，转让和许可的效率同产业发展的速度不相匹配。随着3D打印产业化的快速发展，技术更新的速度成倍地提高，这就与当前高校和科研机构转化效率产生了一定的时间上的冲突，会大大降低企业争取专利转让和许可使用的兴趣。归根到底，我国当前职务发明制度的设计可能会对3D打印产业化的发展带来潜在的制约效应。

（二）3D打印相关设备的仿制现象已经出现，但主要集中于个人领域

依据 Context 最新统计数据，2017 年我国金华万豪配件有限公司和浙江闪铸三维科技有限公司个人级3D打印相关设备的出售量已经跻身全球前5强，分别占据全球销售量的9%和5%。而工业级3D打印机的销售量排名前5位的企业中，还没有我国企业的身影，前5名仍然是 Stratasys、EOS、3D Systems 这类3D打印领域传统企业以及美国的 HP 和 GE 这类科技巨头。❶ 上述情况反映了我国3D打印相关设备生产商的发展现状，即个人级3D打印相关设备生产已经进入竞争激烈的"红海"，而工业级3D打印相关设备生产商的竞争还处于平静的"蓝海"。

在实地调研3D打印相关设备制造商中发现，无论是工业级，还是个人级，都出现了仿制的现象，但各类制造商对于仿制的应对态度并不相同。例如，有的企业提出尽管其发现网上确实有仿制其3D打印机的现象，但是由于工业级3D打印机本身在打印技术、打印精确性以及设备制造成本等方面的要求比较高，形成了天然仿制门槛，因此他人仿制的仅仅是外观设计，又因为其设备销售渠道较为固定，所以并未对其产品的销售产生太大的影响。同时，该企业特别强调，当前具有一定规模的企业已经非常重视发展和研发中的知识产权问题，不会简单地仿制别人的技术，即便买回一些设备进行反向工程，也都在技术研发的过程中。还有的企业认为，目前工业级3D打印设备生产商的主要目标集中于各自技术优势领域的市场开拓，真正意义上的竞争并没有发生。个人级3D打印相关设备的生产主要利用的是已经进入公有领域的技术或者开源的3D打印，通过简化打印流程降低成本，这就降低了进入的门槛，因此该领域内中小微企业较多，在我国形成了遍地开花的局面，企业之间的竞争也停留在相互降价的层面。即便像浙江闪铸三维科技有限公司这类在国内销量居于前列的企业，通过专利检索也可以发现，该公司所申请的45项专利中，外观设计专利10项，实用新型专利27项，发明专利仅有8项。在调研另一家公司时也发现，该公司在推出自己的3D打印机后，淘宝等网络销售平台上很快会出现一些仿造的产品或者稍作改进的产品。但由于知识产权维权成本较高和保护意识薄弱，该公司尚未对侵权行为进行进一步的追究。

---

❶ 3D科学谷.3D打印机2017年全年出货情况新鲜出炉，工业级GE现加速超越趋势，桌面级万豪与闪铸挺进全球前5强［EB/OL］.（2018-04-12）［2018-04-12］.http：//www.3dsciencevalley.com/？p=11843.

三、下游应用环节：个人制造能力提升引发知识产权风险

3D 打印及其相关设备的应用，不仅关系到整个产业链中技术研发投入和设备生产的资金回流，更为重要的是关系到 3D 打印的推广。目前我国 3D 打印应用已经拓展到社会生活的多个领域，如航空航天❶、航海❷、模具铸造❸、医疗❹、建筑❺、食品❻、个人消费品❼、家电❽、创意产品❾和教育等。首先，与前述 3D 打印自身研发阶段面临的创新门槛越来越高正好相反，在 3D 打印产业化发展的应用环节，其自身具备数字化、全产业化和去中心化的特点，使得各个应用领域的创新门槛大大降低。其次，随着 3D 打印设备的材料、打印速度、打印精度的提升，工业级 3D 打印相关设备和个人级 3D 打印相关设备的边界正在变得越来越模糊，这也助推了个人制造能力的提升。最后，互联网技术的普及以及未来传播速度的大幅提升也将进一步提升 3D 打印 CAD 文件交互式使用的便捷程度。技术的完善是一把双刃剑，上述产业化发展的优势同样也带来了产业化发展中的知识产权风险。

（一）创新门槛的降低，将助推创新技术来源的多元化

3D 打印及其相关设备的推广，无论对工业还是民用领域都起到了降低创新门槛的效果，但是事实表明在两个方面的实际效果却并不完全相同。在工业领域，由于 3D 打印相关材料、打印成本和打印速度上的缺陷，打印具有实用性的最终产品还停留在航空航天和个性化需求比较高的医疗领域。例如，在我国商用飞机有限公司的调研中，有工程师认为，以现阶段而言，大型飞机发动机已经有 10% 左右的零部件适合运用 3D 打印。而 3D 打印目前应用最为普遍的还是在产品研发环节、快速成型和模具制造中。

---

❶ 例如，鑫精合激光科技发展有限公司采用激光选区熔化技术自主研发制备的大尺寸薄壁钛合金点阵夹层结构件，保障了火星车产品的顺利研发与实验。国产大飞机 C919 长达 3070mm 的中央翼缘条，采用金属增材制造技术成型，大大缩短了零部件的研发周期等。

❷ 例如，上海电气集团股份有限公司依托"3D 打印打印燃气轮机轴向旋流器工业化应用探索"项目，成功制备出符合性能要求的部件。

❸ 例如，北京易加三维科技有限公司为注塑厂设计并制作的多款带有随形冷却系统的模具，不仅提高了使用寿命，缩短了作业周期，还明显改善了局部位置冷却不均的现象。

❹ 例如，华曙高科与医疗机构合作已经成功实施术前规划、手术模拟等患者辅助临床治疗 500 多例，相关应用技术已处于国内领先水平；2016 年 5 月，北医三院推出的金属增材制造人工椎体获 CFDA 注册批准。

❺ 例如，2017 年 1 月 18 日，在江苏省苏州工业园区内，全球首个带内装、外装一体化 3D 打印"1100 平方米精装别墅"对外开放。这批建筑包括一栋面积 1100m² 的别墅和一栋 6 层居民楼。

❻ 例如，洛阳魁谷三维食品有限公司已经开发出能够投入商业化运用的自助式 3D 打印巧克力售卖设备。

❼ 例如，2017 年 5 月，匹克在跑步领域推出了中国首款 3D 打印跑鞋"FUTURE"并进行限量发售。

❽ 例如，2015 年在德国 IFA 展上，海尔公司向全球展示了最新的 3D 打印柜机空调，与此前在家博会上展出的 3D 打印空调只是外观打印不同，这款空调首次实现了送风功能的 3D 打印。

❾ 例如，上海极臻三维设计有限公司的产品展示区展示了其运用 3D 打印完成的极致盛装（服装及饰品）、极致盛宴（日常饮食）、极致盛行（旅游文化）和极致盛放（生活家居）多个门类的日常创意产品。

例如，在对无锡艾尔特线性运动机械有限公司的调研中，该公司研发总监表示，在产品研发过程中，3D打印可以将之前几天的制模时间降低为几个小时，可以大幅降低成本，并且对产品的设计优化更加方便。因此，在铸件加工方面，长三角地区的厂家使用3D打印的较为普遍。从上述两例可以看出，3D打印的应用对工业领域来说降低了创新研发的成本（时间成本和经济成本），但并未改变通过专利申请获得私权保护的方式。在民用领域，3D打印及其相关设备的推广助推了"创客"现象。美国学者Anderson认为，创客有两个门槛，一个是创意，另一个是技能。有了3D打印之后，创客们只需要在计算机里作出创意的原型，不需要工厂的帮助，就能使用3D打印机将其实现。❶ 创客创新的目的也从单一的申请专利获得利益上的回报转向基于个人的兴趣爱好，因此他们更倾向于将创新成果通过论坛或网络与其他创客进行共享。在调研中，某公司负责人表示他就曾经遇到过这样一件事：一位朋友利用业余时间发明了钓鱼竿起竿装置，他利用公司的3D打印设备简化了该装置，并打印出成品，经过测试效果非常不错。但是他的朋友除了将打印出的剩余装置送给钓友之外，还在论坛中分享了CAD文件。随着我国教育水平的提高和创客文化的发展，会有更多的人基于个人爱好利用业余时间完成一些"小发明"。由于其创新的目的并不在于获利，而仅仅出于个人爱好，因此在微博、微信和论坛等社交媒体进行分享是其首选的方式，而申请专利获得私权保护对于这类发明人来说程序复杂，成本过高，也不符合其创新的初衷。另外，更多的创新主体放弃专利申请，而选择公开使用或者在网络上进行分享，必然会对传统专利审查以文献检索为主的方式带来一定的挑战。

（二）制造方式的去中心化，将使得侵权行为难以发现

传统制造方式以机械加工工艺为主，将所有的零部件运到指定地方装备生产，具有周期长、物流成本高和对市场需求反应效率低等缺陷，而3D打印自身特点可以说在理论上能够解决这些问题。但目前3D打印仍处于发展期，我国市场整体的认知度不高，据IDC在亚洲国家的3D打印应用情况调查，目前我国排名第四位，仅有10%的公司已经购买或者愿意引进3D打印设备。其中，7%~8%的公司已经购买，只有2%~3%的公司计划引进3D打印设备。❷ 现阶段我国提供3D打印应用解决方案的公司规模都相对较小。规模比较大的如上海悦瑞三维科技有限公司，规模较小的如洛阳五行年三维技术有限公司等。这类企业遍布全国，为其周边企业提供一站式的3D打印相关服务。通过调研得知，这类企业无论规模大小，都会遇到客户要求对其所提供的产品配件或整体进行3D扫描并进行建模，而对于这些产品或配件的来源以及打印出的产品的用途，3D打印服务提供方表示其并不会或者没有意愿去深究。其中一些规模较大的企业的做法是，为了防止自身陷入专利侵权纠纷，会通过同客户签订免责协议的方式进行规避。

---

❶ 安德森. 创客：新工业革命：第2版[M]. 萧潇, 译. 北京：中信出版社，2015：6.
❷ 华融证券3D打印研究小组. 透视3D打印资本的视角[M]. 北京：中国经济出版社，2017：252.

而一些小微企业，由于同类企业相互竞争的压力，一般会对该种情况视而不见。

3D 打印在降低创新门槛的同时也助长了侵权行为。在民用领域，虽然当前个人级 3D 打印相关设备因为打印材料、打印精度方面的缺陷还不能打印出具有实用功能的物品，但对于一些具有艺术性的作品，例如动画人物、游戏人物或者电影道具等，已经完全可以通过 3D 扫描、CAD 文件的设计，然后通过个人级 3D 打印相关设备进行打印。一些个人级 3D 打印相关设备的生产商和工作室还通过在销售网站上传此类受著作权保护作品的 CAD 文件供消费者免费下载，以此来吸引更多潜在客户的注意力。个人级 3D 打印相关设备的发展现状可以类比之前个人电脑的发展趋势。随着 3D 打印、打印材料的进一步发展和普及，个人级 3D 打印机的价格会更加亲民，在降低创新门槛的同时，侵权行为更加难以发现。

（三）个人制造能力的提升，将模糊商业性行为的边界

个人制造能力的提升可以说是 3D 打印产业化发展的终极目标。世界经济论坛创始人兼执行主席克劳斯·施瓦布曾经预测，"只要拥有一台 3D 打印的相关设备，任何人都能轻松进行 3D 打印。这一技术能够使某些传统消费品根据需求进行本地化打印，顾客不必特意前往商店购买。3D 打印机有望成为办公室甚至是家庭中必不可少的设备"，有 81% 的受访者认为该引爆点将在 2025 年之前出现。[1] 届时，传统知识产权法依赖制造技术与成本所形成的天然屏障将被打破，传统消费者通过购买获取创新产品的地位将会上升为"产消者"。每个人通过自己的 3D 打印设备就能打印出具有艺术性的作品（尤其是实用艺术作品）、具有功能性的产品甚至附有他人商标的产品。这将会导致个人使用的行为与商业性使用行为之间的界限变得模糊，有可能使得现有的知识产权制度丧失激励创新的基本功能。但是，我们通过对我国 3D 打印相关产业界的调研和访谈发现，目前的 3D 打印及其产业化发展并不会对以等材和减材制造方式为主的传统制造业产生颠覆的效果，两者之间应该是相互补充的。但谁也无法预料科技将来的走向，事实上工业级 3D 打印机已经能够打印出具有实用功能的产品，并能够对现有设备进行修复。正如计算机的产业化发展规律一样，各国在争夺巨型计算机更快运算能力的同时，随着技术的完善与制造成本的降低，个人计算机也已经进入了平常百姓家，与互联网技术的结合使个人复制和传播的能力有了质的飞跃，信息网络传播权给著作权领域带来了新的挑战。这一规律似乎也可以类比 3D 打印未来的产业化发展之路。随着工业级 3D 打印、速度和材料等方面的技术完善，个人级 3D 打印相关设备也会越来越普及，个人制造能力也必将大幅提升。

综上所述，人们在面对科技变革的时候总会不自觉地高估当前的发展形势，对于技术发展的未来往往持一种悲观的态度。由我国 3D 打印及其产业化发展现状的调研和

---

[1] 施瓦布. 第四次工业革命：转型的力量 [M]. 北京：中信出版社，2016：179.

分析可以看出，虽然政府在政策、财政和金融等方面的帮助必不可少，但鼓励创新、保护创新和加速创新成果转化的知识产权制度环境才是关键。目前我国3D打印及其产业化发展过程中面临的知识产权问题主要集中在产业链的两端。在上游研发阶段，知识产权政策需要应对随着前沿性和共性技术创新门槛越来越高所带来的协同创新的挑战；而在产业链下游应用阶段，知识产权法则要面对3D打印产业化发展所带来的，尤其是个人级3D打印相关设备将会带来的在知识产权确权、维权、权利限制方面的挑战。在产业链中游虽然已经出现了仿制的萌芽，但仅仅局限于外观设计和实用新型方面，并且对设备制造商并未带来实质上的竞争和冲击。总之，发展3D打印对知识产权政策的需求十分紧迫，但知识产权法是否需要变革还要结合3D打印领域的相关案例进行综合判断。

第二节　我国3D打印产业中涉及的知识产权案例实证分析

知识产权司法保护是3D打印产业化发展过程中各类创新主体对其创新成果的权利和利益进行救济的最后一道防线，同时也是推进知识产权法律体系完善的主要动力之一。对我国3D打印产业化发展过程中涉及的知识产权司法案例的检索与分析结果，不仅可以非常客观地反映出产业链中各类创新主体利益争夺的焦点，更能为我国知识产权法律体系是否需要完善变革提供客观的依据。

一、3D打印产业化发展中涉及的知识产权案例简述

通过在"中国裁判文书网""无讼案例""中国法院网""北大法宝""汇法网"等网站搜索与3D打印有关的知识产权司法案例，截至2018年底，共搜索到相关的案例总量不足100件，主要为买卖合同纠纷；与3D打印相关的知识产权案例只有4件，当事人分布在北京、珠海，且其中2件为管辖权异议裁定，具体如表3.3所示。

表3.3　我国3D打印相关知识产权案例检索

序号	裁判文书	区域	案由
1	珠海市东拓贸易有限公司诉国家知识产权局专利复审委员会外观设计专利权无效行政纠纷一审行政判决书［(2015)京知行初字第1730号］	珠海	外观设计专利权无效行政纠纷
2	珠海天威飞马打印耗材有限公司、珠海天威泛凌贸易有限公司与珠海市东拓贸易有限公司侵害外观设计专利权纠纷二审民事裁定书［(2015)粤高法民三终字第123号］	珠海	外观设计专利权纠纷

续表

序号	裁判文书	区域	案由
3	北京威控睿博科技有限公司与北京太尔时代科技有限公司侵害实用新型专利权纠纷二审民事裁定书[（2016）京民辖终15号]	北京	实用新型专利权纠纷，管辖权异议
4	北京威控睿博科技有限公司与北京太尔时代科技有限公司侵害实用新型专利权纠纷二审民事裁定书[（2016）京民辖终16号]	北京	实用新型专利权纠纷，管辖权异议

上述4件涉及3D打印的知识产权案件实际上只是2件案件，只是2件案件都经历了上诉环节。第一件被称为国内涉及3D打印第一案，案由为珠海天威飞马打印耗材有限公司、珠海天威泛凌贸易有限公司与珠海市东拓贸易有限公司侵害外观设计专利权纠纷。在该案中，珠海天威飞马打印耗材有限公司与其控股子公司珠海天威泛凌贸易有限公司在京东商城销售的天威个人级3D打印机侵犯了珠海市东拓贸易有限公司专利号为ZL 2013××××637.3的外观设计专利，后经无效程序，该外观设计专利被宣告无效；二审改判驳回了珠海市东拓贸易有限公司的上诉。第二件是北京太尔时代科技有限公司诉北京威控睿博科技有限公司侵害实用新型专利权纠纷案。该案经过管辖权异议之后，在审理过程中以北京太尔时代科技有限公司申请撤诉终结。除此之外，我国企业3D打印产业化发展的过程中也卷入了与国外企业之间的专利诉讼。例如，2016年11月，世界3D打印行业两大巨头之一——著名桌面3D打印机Makerbot的拥有者Stratasys公司在美国明尼苏达州联邦地区法院对Afinia提起诉讼，状告Afinia公司的H系列3D打印机侵犯了其4项专利，分别涉及加热平台、挤出器、接缝隐藏和填充器。而Afinia公司所属的Microboards科技有限公司是北京太尔时代科技有限公司在美国的品牌合作伙伴，Afinia H的美国品牌产品系列个人级3D打印机UP Plus3D是由北京太尔时代科技有限公司生产的。

二、3D打印产业化发展中相关知识产权案件的特征分析

通过上述检索结果可以发现，除案件数量少以外，还存在纠纷集中于产业中游、知识产权涉及领域少、当事人较为单一等特点，客观地反映出我国当前3D打印产业发展的阶段特点。

首先，案件主要集中于3D打印相关产业链中游，尤其是个人级3D打印相关设备生产厂商。一方面，这一情况不仅说明了当前我国个人级3D打印相关设备生产厂商之间的竞争非常激烈，而且说明3D打印相关的个人级设备的竞争已经开始扩展到海外的市场。另一方面，调研中所提醒的产业链上游对前沿性和共性技术的研发以及产业链

下游在应用推广中存在的知识产权风险，尚未出现在司法实践中。这也与我国目前在上游研发阶段的能力不足、下游3D打印普及程度不高的发展现状吻合。

其次，案件涉及的领域集中于专利领域，尤其以实用新型和外观设计为主。这也说明，我国3D打印的研发层面，尤其是技术强度方面较为薄弱，企业相互间的技术竞争还停留在较低的层面。此外，我国企业在向外推广的过程中会遇到外国企业的阻挠，但这种阻挠并不是不允许我国个人级3D打印相关设备进入海外市场。毕竟我国在制造成本上仍具有一定的竞争优势，而且欧美等的大企业早已将发展方向定位在产业利润更高的工业级3D打印相关设备的生产上，而将其国内的教育、技术普及等领域的市场也让给了我国，其主要意图在于获得专利技术的许可使用费。与著作权和商标领域相关的纠纷并未显现，主要原因可能是由于3D打印在打印速度、精度和材料等方面的限制，以及普及程度不高。

最后，案件涉及的当事人仍以企业为主，并未涉及消费者，而且集中于个人级3D打印相关设备生产企业。这一方面反映出这类企业规模都不大，但市场生存压力较大，导致其还处在无序化竞争的阶段。另一方面则反映出随着知识产权法的普及和推广，我国工业级3D打印相关设备生产厂商和材料生产商越来越重视研发，越来越尊重知识产权保护，不会轻易模仿他人的专利技术。3D打印案件当事人不涉及消费者，说明3D打印所具有的创新与制造方式上"去中心化"的特点在现实中并未充分发挥出来。这也与3D打印目前应用领域不确定、普及程度不高的现状相符合。

三、3D打印产业发展中知识产权案例特征形成的原因分析

首先，3D打印竞争主体都专注于各自擅长的领域，技术创新并未出现明显的交叉。通过对3D打印的专利分布分析可以看出，目前我国排名前10位的权利人中高校和科研机构占据了6个，各自都有自己擅长的领域。例如，西安交通大学的卢秉恒团队专注于光固化成型、激光熔覆、熔融沉积等工艺，华中科技大学的史玉升团队侧重的是"铸锻铣一体化"金属3D打印，清华大学颜永年团队关注点在3D打印金属锻压以及材料成型方面。4家企业中的杭州先临三维科技有限公司专注于3D扫描与3D打印，珠海天威飞马打印耗材有限公司重心在3D打印的耗材，北京太尔时代科技有限公司更擅长于桌面3D打印机，湖南华曙高科技有限公司专注于选择性激光烧结技术。绝大多数的参与者目前还只是在3D打印机销售上进行竞争，而在技术层面上不具有竞争力。这是因为每个公司关注的3D打印的领域不同，消费者对3D打印的需要也各不相同。

其次，3D打印涉及的整个产业规模相对较小，发展重心仍处在开拓技术应用的市场，远没有到达分割市场的阶段。根据荷兰跨国银行和金融服务公司荷兰国际集团（ING）的预测，按照当前的投资数量和发展速度，在未来40年内，3D打印将和传统

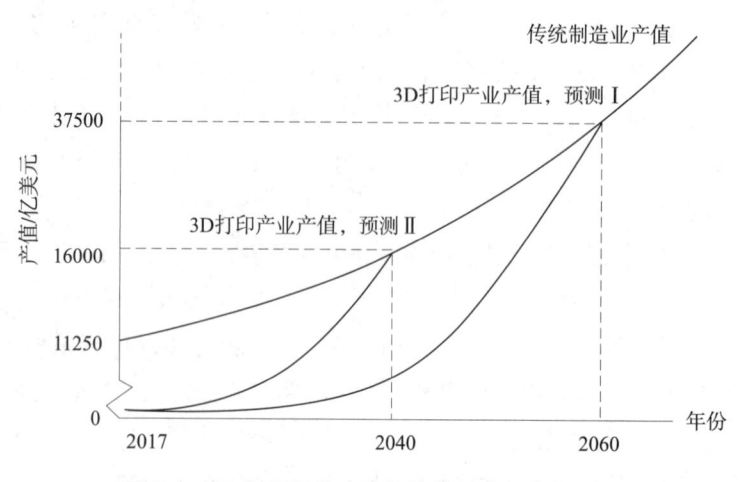

制造业平分天下。如果加大对 3D 打印的投入，最快达到这一目标的时间在 2040 年（参见图 3.1）。❶ 我国同样存在类似情况。例如，2016 年在我国传统制造业实现利润已达 62398 亿元；❷ 据中国增材制造产业联盟统计，2016 年我国增材制造产业规模达 80 亿元。❸ 同期 3D 打印相关产业的产值仅有 109.1 亿元。我国 3D 打印相关企业当前主要仍是专注于其自身的优势领域。为此需要努力推动 3D 打印与相关产业的结合，努力开拓新的市场，对接国际市场趋势。

图 3.1　3D 打印相关产业与传统制造业产值对比

最后，3D 打印仅在个别领域达到了市场成熟度，打印材料、打印速度和打印质量仍存在缺陷，致使其"去中心化"的特点暂时没有发挥出来。根据高德纳（Gartner）在 2017 年 7 月 12 日公布的"2017 版 3D 打印炒作周期表"❹ 可以看出，3D 打印仅在快速成型和加热设备领域处在技术成熟期。因此，由 3D 打印所引发的知识产权问题似乎还处在萌芽期。通过对我国 3D 打印相关产业的实证调查也可以发现，除在航空航天和医疗的个人定制领域 3D 打印被用来直接生产产品之外，目前 3D 打印仍主要用于产品研发的过程中。个人级 3D 打印机由于打印质量和打印成本的影响，并不能直接用于生产产品。

---

❶ The Economic and Financial Analysis Division of ING Bank. 3D printing：a thread to golbal trade ［R/OL］. 2017：9 – 10（2017 – 09 – 28）. https：//think. ing. com/uploads/reports/3D. printing. DEF_270918. pdf.

❷ 国家统计局. 中华人民共和国 2016 年国民经济和社会发展统计公报 ［R/OL］.（2017 – 02 – 18）. http：//www. stats. gov. cn/tjsj/zxfb/201702/t_20170228. 1467424. html.

❸ 黄鑫. 我国增材制造产业化取得重大进展：3D 打印产业化进程加速 ［EB/OL］.（2017 – 05 – 15）. http：//www. gov. cn/xinwen/2017 – 05/15/content_5193779. htm.

❹ SHANIER M, BASILIERE P. Hype cycle for 3D printing in 2017 ［EB/OL］.（2017 – 07 – 12）［2018 – 01 – 02］. https：//www. gartner. com/doc/3759564/hype – cycle – d – printing.

第三节　我国 3D 打印产业对知识产权制度的需求分析

基于对我国 3D 打印产业化发展现状的判断、产业链中各企业在发展过程中面临的知识产权问题的实证调研以及相关知识产权司法案例的检索分析，我们认为，我国 3D 打印产业化发展对知识产权制度的需求主要表现在政策和法律两个方面。

一、3D 打印产业化发展对知识产权政策层面的需求

我国 3D 打印产业化发展对知识产权政策的需求可谓非常急迫。究其原因，有以下三个方面。

首先，在国家层面，3D 打印是我国战略性产业中的关键技术之一，是"中国制造"向"中国智造"转变的关键一环。3D 打印产业作为一项高新技术产业，技术创新尤其是该领域前沿性与共性技术的创新是关系到整个产业发展的核心要素。为此，我国在 2017 年 1 月成立了国家增材制造创新中心。但从 2016 年 10 月由工信部办公厅发布的《制造业创新中心知识产权指南》可以看出，我国还没有形成产业链中各主体协同创新的环境。

其次，在产业层面，尽管已经过 30 多年的发展，但我国 3D 打印相关产业相对于欧美等发达国家仍处于追赶者的地位，技术创新能力、技术成果转化和产业化应用等方面明显不足。导致这一情况的主要原因是，在 3D 打印产业链上游的研发环节，尤其是在前沿性与共性技术的研发层面，门槛越来越高，传统个人线性创新模式已无法满足产业发展的需要。只有整合产业链中各创新主体，形成协同创新模式，才能符合产业发展的要求。知识产权政策的完善正是解决这些问题的关键。美国学者已经认识到，相对于其他方面的政策，美国制造业创新中心更需要的是知识产权政策的完善。

最后，同为一种调整社会成员对创新成果的产生、管理、运用和保护等行为的社会规范，知识产权政策与知识产权法律相比，知识产权政策自身具有的灵活性与适用领域的针对性是知识产权法律所不具有的。因此，在尊重知识产权法律规定的前提下，通过完善知识产权政策的途径，不仅能及时回应产业发展的需求，也能为知识产权法律的进一步修改与完善提供经验。

二、3D 打印产业化发展对知识产权法律层面的需求

我国目前 3D 打印产业化发展对知识产权法律层面的需求并不急迫，但此处的"不急迫"指的是在 3D 打印产业化发展对我国知识产权法律带来的冲击层面，而在 3D 打

印产业化发展过程中面临的知识产权法律完善层面，则似乎是"急迫的"。

首先，科技革命和知识产权制度的发展史表明，知识产权法律过早地介入技术创新，会因为技术产业发展方向的不确定，而造成法律功能失调、立法资源浪费等负面效果；过晚介入，则会无法达到激励创新和促进产业发展的目的。只有在技术创新和产业化发展进入成熟期时介入，才能消除这些不利影响。世界3D打印技术产业联盟创始人兼执行理事长罗军先生认为，当前3D打印还在各个产业领域进行尝试式应用，这就充分说明了3D打印还没进入成熟期。运用技术措施这种私力救济方式对创新成果进行保护，在3D打印领域也较为常见。针对未来3D打印在提升个人制造能力的同时可能助长的个人侵权行为，美国硅谷的Authentise公司推出了一套能让客户不接触3D打印源文件就直接打印的解决方案（streaming printing），通过软件手段来保护整个打印流程数据的安全性。这就好比是出生婴儿的手圈，每一份设计师的作品都带上一份版权的"手圈"，在作品数据流流动的每个环节，该"手圈"都作了有效的跟踪和记录，一直到打印机终端。❶ 美国谷歌公司在2017年收购了一家叫Source3的版权保护创新公司，该公司开发了一个基于Web的系统，可以安全地储存并管理设计，并且在得到许可后才能被用于3D打印。❷

其次，我国3D打印产业化发展仍处于初级阶段，市场开拓和技术推广是当前产业发展的主要任务。在工业级3D打印相关设备领域，由于技术并未出现明显交叉，因此几乎不存在侵犯知识产权的情况。虽然个人级3D打印设备制造商之间以及与国外制造商之间已经出现了相关专利权纠纷，但都集中于外观设计和实用新型，并未涉及发明专利、著作权和商标权等，且属于传统知识产权侵权行为，并未对现有的知识产权法产生冲击。由于打印速度、精度和材料等方面的制约，3D打印在个人领域并未普及，其打印的产品也并未对普通商品产生替代的效果，"个人制造"的时代并未到来，因此3D打印对现有知识产权保护与权利限制的冲击并未显现。如果急于提高知识产权保护标准，不仅会使大批游走在灰色地带的企业倒闭，阻碍产业的健康发展，同时也会对创新产生负面影响。然而，对于3D打印产业化发展过程中遇到的知识产权制约性问题，例如知识产权法对3D打印带来的数字化的包容性、职务发明归属的局限性等问题则应当适时应对。正如Bergeron所说："无论如何，立法应当避免法条的重复，并且应当考虑事物当前的发展现状，创新需要法律的陪伴，否则将阻碍或约束创新。"❸

---

❶ GE通过区块链保证数字化制造过程3D打印产品的认证［EB/OL］.（2018 - 06 - 29）. http：//www.51shape.com/? p=12381.

❷ Source3. 为打击盗版Facebook收购原3D内容保护公司［EB/OL］.［2018 - 09 - 06］. http：//mp.weixin.qq.com/s/3xOdHY0Chm1qB15nmftw.

❸ BERGERON J. Report on three - dimensional printing, a challenge in the fields of intellectual property rights and civil liability［R］. European Parliament, 2018：11.

第四章 3D打印与知识产权制度的辩证关系

第一节 知识产权制度对3D打印发展的作用

专利信息可以反映技术的发展态势和优势对比,其被认为是研究技术创新和变革的重要数据资源,也承载着丰富的产业信息。因此专利情报可以用于讨论知识产权制度对3D打印发展的作用。

一、3D打印全球专利态势

专利在3D打印创新的发展和产业的成长中,发挥着不可替代的重要作用。根据2019年3月IPlytics公司发布的3D打印技术专利申请数量报告,全球共有与3D打印技术相关的专利95302件,涉及专利家族43718项。2007~2018年,3D打印专利年申请量持续上升,从2355件上升到24245件(2018年),增长至10倍。❶ 特别是自2013年开始,呈现出明显的加速状态(参见图4.1)。

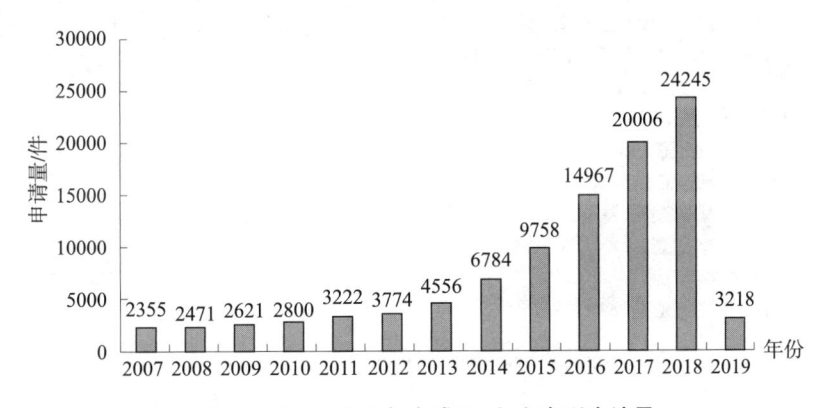

图4.1 2007~2019年全球3D打印专利申请量

注:2019年数据为2019年1~2月申请量。

---

❶ IPlytics. Patent and litigation trends for 3D printing technologies [EB/OL]. (2019-03-07). https://www.iplytics.com/report/patent-litigation-trends-3d-printing/#wpcf7-f3219-p3222-o1.

根据 IPlytics 公司上述报告，在 3D 打印技术专利申请量前 10 位领先申请人中，通用电气公司的专利家族数为 1068 项（2516 件），位居首位；其次是惠普公司，专利家族数为 921 项（2285 件）；紧随其后的是联合技术公司、西门子公司、波音公司和施乐公司（参见图 4.2）。

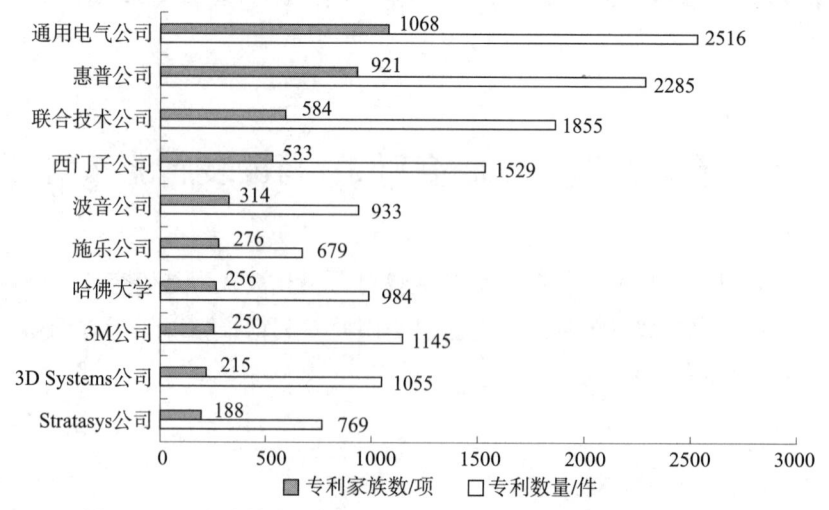

图 4.2 3D 打印技术前 10 位领先专利申请人（截至 2019 年 2 月）

申请人	专利家族数/项	专利数量/件
通用电气公司	1068	2516
惠普公司	921	2285
联合技术公司	584	1855
西门子公司	533	1529
波音公司	314	933
施乐公司	276	679
哈佛大学	256	984
3M公司	250	1145
3D Systems公司	215	1055
Stratasys公司	188	769

从地域分布来看，专利申请主要位于美国、中国和欧洲。美国专利商标局、中国国家知识产权局和欧洲专利局的受理量依次为 44177 件、18838 件和 15049 件（参见图 4.3）。

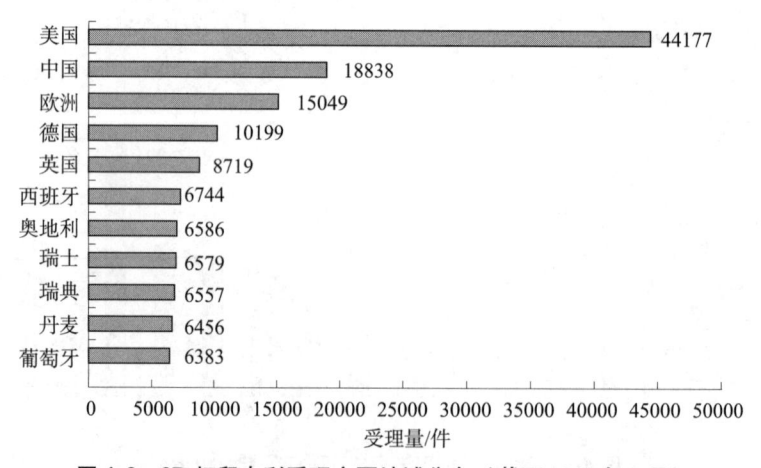

图 4.3 3D 打印专利受理主要地域分布（截至 2019 年 2 月）

地域	受理量/件
美国	44177
中国	18838
欧洲	15049
德国	10199
英国	8719
西班牙	6744
奥地利	6586
瑞士	6579
瑞典	6557
丹麦	6456
葡萄牙	6383

二、来自欧洲专利局的专利分析

2020 年 7 月 13 日，欧洲专利局发布了 3D 打印专利分析报告。报告显示，近年来，欧洲专利局受理的涉及 3D 打印的专利申请量快速地提高，2015～2018 年，涉及 3D 打印技术的专利申请量的年均增长率达到 36%。这是欧洲专利局在同时期所有专利受理量的年均增长率（3.5%）的 10 倍。

虽然 3D 打印技术中 2/3 的专利申请是由大公司提交的，但该报告还显示：拥有 15～1000 名员工的小公司在该领域的专利申请量占比达到了 10%（2148 项），个人发明者和员工少于 15 名的微型企业的专利申请量占比达到了 12%（2584 项），大学、医院和公共研究组织的专利申请量占比则达到了 11%（2448 项）。这表明这三种小型创新主体已经成为 3D 打印创新生态系统的重要参与者。

三、知识产权制度对 3D 打印发展的作用阐释

从以上的专利情报可以发现，由于知识产权制度通过法律程序明确 3D 打印创新成果的产权归属，从而以财产激励的方式推动了创新的发展，表现为 3D 打印专利申请总数量的持续上升和增长率的快速提升。

知识产权制度的本质就是授予权利人对知识的垄断权，以保障作为权利人通过法律途径获得一定时期的市场垄断地位，使得权利人经营的事业在市场上没有其他竞争者，从而可以借由垄断利益、专利许可费等方式来收回研发成本并赚取利润，而且相应的市场投资人也可以分享利润。从以上 3D 打印的专利情报中的申请人信息可以发现，3D 打印的创新主体中以大公司为主，且三种小型创新主体也已经成为 3D 打印创新生态系统的重要参与者。这表明知识产权制度在促进更多人参与创新方面起到了作用。

专利制度中的信息公开要求可以提升 3D 打印相关技术传播的广度和效率，从而促进公共知识的丰富程度，使得研发人员可以在此基础上开展再创新，从而提高社会的整体创新水平。并且，通过 3D 打印相关专利技术与传统制造产业的融合，可以有效地促进整个社会制造产业水平和数字化水平的提升。从以上 3D 打印的专利情报中的应用领域信息可以发现，3D 打印相关专利申请涉及的应用领域非常广泛，表明专利制度促进了 3D 打印相关的技术溢出效应，有利于传统产业的转型升级。

但是，专利制度也可能对技术创新与产业发展产生阻碍作用。3D 打印相关专利申请的急剧增长，有可能产生与众多复杂新兴技术领域类似的"专利丛林"现象，从而导致再创新的成本大幅提升，以及专利技术实施的成本提升，进而导致 3D 打印产业化进程受阻。

总而言之，科技进步是经济发展的决定性因素，是实现经济增长方式转变的关键。在推进技术创新的制度供给中，专利制度无疑是一种国际上通行的、利用法律和经济手段来推动技术进步的有效办法。它以专有权为诱因，"为天才之火添加利益之油"，同技术创新一起携手走过了几个世纪。

目前，专利法仍然是鼓励3D打印发明和革新被广泛接受的机制。专利法是在专利权人和包括专利权人的竞争对手在内的社会公众之间的权利义务进行分配和均衡的法律。出于对投资和技术公开的激励，专利制度向社会公众暗示，必须容忍一定期限专有权利的赋予，以换取发明和对发明的接近。由于专利法的存在，无论最初发明者还是后续发明者都可以公开最初的发明和改进的发明，这就为在后的发明奠定了坚实的基础。冯晓青称之为"以垄断换公开"的平衡机制。❶ 通过"以垄断换公开"，促进了发明的传播与交流，推动了技术的推广与进步，实现了国家经济和科技的发展。

第二节　3D打印发展对知识产权制度变革的推动

历次技术革命下的专利制度演变史早就表明，每一次重大技术的产生与发展，都会给专利权人、社会公众等主体的权利义务以及其他各方利益带来深远影响。就此，专利制度往往通过扩大可专利主题、设立新权利或者对现有权利作出更宽泛的解释、对侵权强化司法救济等，以适应新的技术环境。同时，在扩张的权利中划出一块"公共领域"作为限制，以实现新的利益平衡。❷

如前所述，3D打印这一变革性的技术产生并产业化发展之后，引发了一系列的知识产权问题，对知识产权制度提出了新的更高要求，成为推动知识产权制度进步甚至导致知识产权制度变革的重要推动力。

一、3D打印发展对知识产权制度的推动因素之产品数字化

在整个3D打印的产业链条中，3D打印机、CAD文件和打印材料成为必不可少的生产要素，其中CAD文件又居于核心地位。CAD文件是实现比特与原子转换的基本要素，也是实现整个产业链条由上向下延伸的关键因素。借助3D打印技术，可以实现在现实世界和数字世界之间几乎无缝地转化。随着高质量3D打印机进入普通人的家庭，CAD文件和实体对象之间的区别将变得越来越小。在3D打印过程中，CAD文件发挥着至关重要的作用。CAD文件并不是没有用的蓝图，而是一个强大的工具。在一个3D打印机无处不在的世界里，拥有CAD文件就像拥有实体物一样重要。虽然CAD文件并不是专利产品的实物，但经济价值与实物相当，因为额外成本只有微不足道的打印机使用成本和打印材料成本而已。由于CAD文件具有可复制性和可转移性，可以通过电子邮件发送、在线发布，并可以从互联网上下载，因此CAD文件甚至比实物更具有价

---

❶ 冯晓青. 知识产权法利益平衡理论 [M]. 北京：中国政法大学出版社，2006：110 - 128.
❷ 吴汉东. 知识产权制度变革与发展研究 [M]. 北京：经济科学出版社，2013：154 - 155.

值。正因为如此，专利权人担心他的专利发明的 CAD 文件被私自创建、广泛传播和下载，以及被秘密打印。

然而，专利制度通常对产品和方法授予专利，向来不保护这种 CAD 文件。这就意味着，专利权人可以控制专利产品或专利方法直接可得的实物，却不可以控制 CAD 文件。❶ 在 3D 打印时代，CAD 文件是新制造模式下的基本生产要素，专利权人如果不能取得 CAD 文件的专利保护，就无法很好地控制 CAD 文件，其垄断地位和垄断利润将是一句空话。除非专利权人能够对可以用来制作专利发明实体物的 CAD 文件进行控制，否则必然会抑制其从事创新活动的积极性。因而，专利保护客体上的这一真空地带，有可能破坏当初建立专利制度的初衷。

二、3D 打印对知识产权制度的推动因素之制造民主化

随着 3D 打印技术的发展，制造业也许不再完全依赖工厂这种将人力、资金、设备等生产要素大规模集中化的生产方式，因为新产生了一种以 3D 打印机为基础、更加灵活、所需投入更少的生产方式。凭借着 3D 打印技术、众多的开放平台与打印店，无论有没有自己的打印机，每个人都能制造出个性化的物品。设计和制造将不再成为少数人的特权，普通公众都可以参与这一过程，个性化需求都可以得到满足。首先是应用多元化。3D 打印技术产业的崛起，带动设计、创意、软件开发、教育培训、装备制造、材料、模具等相关产业的发展。由于众多个人 3D 打印机基于开源软件和硬件，因此掌握了一定技术的用户有能力改变和改进现有的硬件和软件设计，用户创新发挥着越来越重要的作用。❷ 在个人 3D 打印市场中，企业与用户创新者之间的特定互动（"制造商运动"）模糊了生产者、创新者与消费者之间的界限。❸ 其次是创新平价化。3D 打印技术的发展和运用显著降低了创新活动中原型设计、产品开发、成品销售等各个阶段的成本和风险，科技创新与以往相比将耗费更少的金钱、时间和精力。有学者指出，从整体来看，创新活动得以降低 25%～50% 的成本，有些甚至更低。❹

在新技术下，社会公众不仅基于技术的内在特点具备限制专利权的能力，而且拥有冲击专利权的能力。

在此背景下，本为限制专利权的制度规则，例如权利用尽、修理－再造区分、合

---

❶ 至于是否可以通过间接侵权制度予以控制 CAD 文件，目前尚无定论。
❷ KOSTAKIS V, PAPACHRISTOU M. Commons – based peer production and digital fabrication: the case of a RepRap – based, lego – built 3D printing – milling machine [J]. Telematics and Informatics, 2014, 31 (3): 434 – 443
❸ BECHTHOLD L, FISCHER V, HAINZLMAIER A, et al. 3D printing: a qualitative assessment of applications, recent trends and the technology's future potential [EB/OL]. [2017 – 06 – 20]. http://www.efi.de/fileadmin/Innovationsstudien_2015/StuDIS_17_2015.pdf.
❹ OSBORN L S, PEARCE J M, HASELHUHN A. A case for weakening patent rights [J]. St. John's Law Review, 2015: 1185 – 1253.

理使用等，正在或可能成为公众冲击专利权的重要突破口。首先，按照传统的权利用尽规则，一旦专利权人将专利产品合法销售以后，就失去对专利产品的控制权，购买人得以采取使用、许诺销售、销售等方式处置。如果该规则适用到3D打印的自我复制中，就可能使专利权人的第一次销售成为最后一次销售，专利权人利益根本无从保障。其次，购买人支付对价获得专利产品后，获得专利产品的使用权，可以对之进行修理。随着3D打印技术走进千家万户，个人打印专利产品的零部件以用于修理产品成为经济、方便、快捷的选择。从理论上来看，购买人具备反复修理、持续修理的能力，技术越发展，这一能力越强。但是修理－再造规则的模糊性使得专利权人处于非常不利的地位。最后，3D打印技术的发展使得社会公众摆脱了传统制造时代资金、场地、技术等方面的桎梏，个人制造能力空前解放。个人合理使用规则存在广泛滥用的可能，专利权人的利益也可能消耗在海量的个人制造之中。

三、3D打印对知识产权制度的推动因素之服务平台化

在实物直接侵权中，工业3D打印侵权与传统制造模式下的侵权判定并无实质性的差别。而个人3D打印是否构成专利侵权，主要取决于专利法对消费者将其用于私人用途的行为的覆盖程度。在一些国家（如美国）的专利法中，对私人或非商业用途不存在例外。[1] 同时，在修复和重建行为的区分中也面临新的挑战，这存在于众多专利系统中。[2] 更为重要的是，个人3D打印存在确定侵权人困难、诉讼成本高昂、可能影响公共关系等难题。

当难以针对直接侵权者强制实施权利，权利所有者通常将目光转向那些间接促成或甚至鼓励这些侵权行为的其他相关方。有学者提出，可以追究共享社区、网络平台、打印服务商的间接责任。[3] 就引诱侵权而言，CAD文件托管网站必须有强烈的意图鼓励下载者进行侵权活动，并"知道引诱行为构成了专利侵权"。如果将这一标准应用于托管CAD文件的网站，只有那些极端挑衅的托管网站如海盗湾和DEFCAD等，才可能被判定主动引诱了个人用户的直接侵权行为。除此之外的大部分网站只要隐晦低调地行事，即便它们引诱了个人用户打印侵权产品，也不容易被判定为引诱侵权。就帮助侵权而言，"组件方面"的历史判决给认定CAD文件是否是"组件"带来了不确定性和混乱。学者们也对这个问题进行了深入探讨，只是尚未形成共识。

---

[1] DESAI D R, MAGLIOCCA G N. Patents, meet napster: 3D printing and the digitization of things [J]. Georgetown Law Journal, 2014, 102: 1691 – 1720.

[2] WILBANKS K B. The challenges of 3D printing to the repair – reconstruction doctrine in patent law [J]. Geogre Mason Law Review, 2013, 20 (4): 1147 – 1181; MENDIS D. "The clone wars": episode 1: the rise of 3D printing and its implications for intellectual property law – learning lessons from the past? [J]. European Intellectual Property Review, 2013, 35 (3): 155 – 169.

[3] 吴广海. 3D打印中的专利权保护问题 [J]. 知识产权，2014 (7): 21.

由于起诉直接侵权者的交易成本过高，乍看之下，追究中介侵权责任似乎更为有利，特别是针对互联网服务和在线内容提供者的中介责任。❶ Thingiverse 等 3D 设计文件公司已经多次收到删除通知。❷ 如果采用著作权法的相关规定来规范，会产生诸多不适应，有必要构建专门的网络专利侵权制度予以规制，包括所调整的"通知—删除"规则以及引诱标准。❸

总之，由于 3D 打印的兴起，专利权等知识产权存在被削弱甚至在某些领域被严重削弱的现实危险，使得原先的利益平衡态势面临着随时失衡的风险，而且这一转变的速度正在随着技术的突飞猛进而变得越来越快。专利制度的利益平衡建立在流动的基石之上，是一种动态之平衡，应随着客观情势的变化而因应调整，以避免利益失衡。❹ 因此，当客观条件的变化导致利益平衡的格局发生改变时，专利制度等知识产权制度也应随之变化。❺

第三节　3D 打印技术、产业与知识产权的互动模式

一、基本互动模式

就专利制度与新技术的关系而言，吴汉东等在《知识产权制度变革与发展研究》一书中，深入探讨了新技术发展与包括专利制度在内的知识产权制度的关系。他们认为，从理论上看，专利制度是科技、经济、法律等协调的结果；从现实上看，科技因应专利制度的保护而发展；从历史上看，专利制度顺应科技的发展而变革；从趋势上看，技术创新将推动专利制度的现代化。❻

基于对历次科技革命与知识产权制度演变的观察，可以构建技术创新、产业发展与知识产权制度的基本互动模式，如图 4.4 所示。

图 4.4 中，由技术创新、产业发展和知识产权制度三者组成的互动模式由三大部分构成：

---

❶ LANDES W M, LICHTMAN D. Indirect liability for copyright infringement: napster and beyond [J]. Journal of Economic Perspectives, 2003, 17 (2): 113 – 124.

❷ MENDIS D. "The clone wars": Episode 1: the rise of 3D printing and its implications for intellectual property law – learning lessons from the past? [J]. European Intellectual Property Review, 2013, 35 (3): 159.

❸ BALLARDINI R, NORRGÅRD M, MINSSEN T. Enforcing patents in the era of 3D printing [J]. Journal of Intellectual Property Law & Practice, 2015, 10 (11): 857 – 865.

❹ 陶鑫良. 网络时代知识产权保护的利益平衡思考 [J]. 知识产权, 1999 (6): 18 – 22.

❺ 陶鑫良, 袁真富. 知识产权法总论 [M]. 北京: 知识产权出版社, 2005: 229.

❻ 吴汉东, 等. 知识产权制度变革与发展研究 [M]. 北京: 经济科学出版社, 2013: 125 – 150.

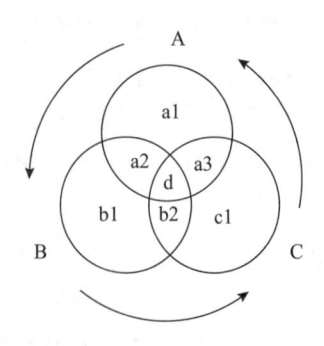

图 4.4　知识产权制度、技术创新与产业发展三者结构及其相互作用示意图
（A：知识产权制度；B：技术创新；C：产业发展）

首先是相互独立的三个元素。其中，A 代表知识产权制度，其范围包括 a1 + a2 + d + a3；B 代表技术创新，其范围包括 a2 + b1 + b2 + d；C 代表产业发展，其范围包括 c1 + a3 + d + b2。其次是三个元素两两交叉组成的部分：知识产权制度同技术创新的交叉部分 a2 + d、技术创新与产业发展交叉部分 d + b2、产业发展与知识产权制度交叉部分 d + a3。最后是三个元素共同交叉的部分 d。

在知识产权制度中，知识产权制度具有两项基本功能。在私人层面，其相对于私人财产的权利形态而存在；在国家层面，其又具有政策选择的功能。知识产权制度与技术创新的交汇，即图 4.4 中的 a2 + d 位置代表知识产权政策对技术的选择，所产生的效果表现为该项技术的发展在国家层面受到的肯定与助推作用。

在技术创新中，图 4.4 中的 b2 + d 位置代表技术进步对产业发展的促进作用，所产生的效果表现为生产方式的变化、新商业模式的产生和旧有商业模式的革新。

在产业发展中，图 4.4 中的 a3 + d 位置代表产业升级所带来的利益格局的变动对原有知识产权制度的挑战和需求。

简而言之，从经济社会发展的历史可以看出，人类文明特别是近代以来的各方面发展都离不开科学技术的推动，科技革命一直是社会进步的原动力。历次科技革命都造成原有的利益格局的变化，以及新利益群体的产生，特别是对发明创造者的利益和社会公众的利益产生重大影响，形成利益冲突和矛盾，从而推动专利制度作出相应的调整甚至变革。顺应时代的专利制度变革又进一步推动科学技术的发展。❶ 可以说，专利制度因科技革命而生，因利益关系而变，其制度史本身就是一个科技创新、利益格局变化与法律制度变革之间逐次传递、相互作用的过程。

二、基于 3D 打印的分析

随着各国从 2012 年开始相继将 3D 打印提高到国家创新战略发展的高度，3D 打印

---

❶ 吴汉东，等. 知识产权制度变革与发展研究 [M]. 北京：经济科学出版社，2013：125 – 149.

这一产生于 20 世纪 80 年代的技术，从默默无闻的实验室突然走到了历史舞台的最前面。如何科学、客观地评价 3D 打印的发展水平，3D 打印将会对传统产业产生什么样的影响，现有知识产权制度应当如何应对，就成了首要的问题。下面就从横向和纵向两个维度来分析 3D 打印中技术创新、产业发展和知识产权制度的互动模式。

（一）横向协同演变

横向的协同演变意味着，任意一个元素出现了变化，就会引起另外两个元素相应的变化来主动适应。

第一，从微观角度来看，3D 打印的发展已经触动了单个元素的横向变动。

根据本书第一章的论述可以知道，3D 打印的技术创新刚进入图 4.4 所示的 b2 阶段，已经初步走向产业化发展。就技术创新而言，3D 打印自身的进化已经开始，但远未达到技术成熟阶段。虽然 3D 打印第一批基础性专利技术已经到期进入到公有领域，但并不是说 3D 打印作为一项技术创新已经完成了其一次完整的内部循环。在实践中发现，目前第一批到期的相关 3D 打印的基础专利技术，在生产速度、生产精度、材料来源和生产成本等方面仍有很多不足之处，因此绝大部分还停留在模型生产、产品样品展示或者个人爱好等方面。这只是一次技术迭代的完成，可以说是万里长征仅仅走完了第一步。

就产业发展而言，前瞻产业研究院的报告指出，2019 年，全球 3D 打印设备出货量以个人级为主，3D 打印设备销售额以工业级和设计级为主。2019 年中国 3D 打印设备产业结构中，专业级 3D 打印设备产业规模 57.11 亿元，占比达到 80.6%；桌面级 3D 打印设备产业规模 13.75 亿元，占比 19.4%。

观察图 4.4 中的 a2 位置，可以发现，随着 3D 打印的技术发展，美国、欧盟、日本等发达国家和地区相继将 3D 打印作为其创新战略中的一项重点扶植技术，随之而来的是在政策和资金上对 3D 打印研发的倾斜，如美国建立国家增材制造创新研究所以推广 3D 打印，德国推行"工业 4.0"战略，日本政府在 2014 年投入 40 亿日元加大 3D 打印的发展等。由此基本确定了 3D 打印未来发展的地位。

第二，从宏观角度来看，目前 3D 打印的发展并没有带来三者互动模式的整体横向运转。虽然 3D 打印在技术创新和产业发展中都引发了变动，但是目前来看，无论是现实生活中，还是司法实践中，都还没有出现与其相关的案例，即便存在一些冲突，运用当前的知识产权法律制度，通过司法解释的方式也足以将其解决。因此，虽然 3D 打印已经触发了单个元素的变动，但是并没有达到触发整体横向运转所需的度。

（二）纵向协同演变

人类社会分为三个基本层次：生产力、生产关系（经济基础）、上层建筑。这三者的关系表现为：生产力决定生产关系，生产关系反作用于生产力；经济基础决定上层建筑，上层建筑也反作用于经济基础。在这两对逻辑关系中，经济基础是个无法忽视的内容。

因此,技术创新、产业发展和知识产权制度,处于同一社会时期的不同层面,其相互间的影响也存在一定的顺序问题。技术创新作为生产力中最活跃的因素,其并不能对处于社会上层建筑之中的知识产权制度产生根本影响,而应当通过其产业化发展来实现。这就是三者在互动模式上的纵向协同演变机制。

研究表明,目前3D打印尚未引发三者纵向协同演变。从技术创新来看,3D打印经过了近30年的发展,从麻省理工学院的实验室走到了当今的生产车间和人们日常生活当中。随着第一批相关技术专利的到期进入公有领域,可以说技术创新在纵向上已经完成了一次大的提升。Wohlers公司2018年报告显示,全球3D产业虽然从2010年开始一直保持高速增长,但截至2017年底总产值仅仅73.4亿美元,在产业总量上还是比较少的。❶

从产业发展实践来看,3D打印无论是工业级别还是民用级别,无论是服务型还是制造型,虽然有了一定的发展,但其仍处于产业发展的初级阶段。因此,对于知识产权制度来说,缺少了产业发展基础。实践中,无论是在司法领域,还是生活领域,均没有3D打印相关案例的出现。

综上所述,从微观角度来看,3D打印仅仅对技术创新产生了横向影响,而对产业发展没有产生明显的纵向影响。

三、小结

总而言之,3D打印技术作为一项颠覆性技术,将给各方利益带来深远影响,特别是对专利权人的利益造成诸多负面效应,其专利权存在被削弱甚至在某些领域被严重削弱的现实危险,使得原先的利益平衡态势面临着随时失衡的危险。虽然迄今为止,3D打印技术对专利制度构成实质性挑战的典型案例尚不多见,这可能源于3D打印技术全面渗透入生产生活,以及受此影响的利益格局变动需要相对较长的过程方能显现,其典型案例的出现也往往具有一定的滞后性。结合技术创新、产业发展和知识产权制度的运转模式,也可以发现3D打印已经触发了该运转模式下三者之间单个元素的横向协同演变,尚未触发整体横向协同演变,也尚未触发三者的纵向协同演变。

但基于专利制度的演变历史可知,随着技术的发展尤其是产业化发展的深入,伴随3D打印在技术创新特征方面的发展趋势及在生产制造模式和商业模式两个方面对社会经济的影响,3D打印导致的利益失衡将不可避免地从可能转变为现实。参考域内外经验提前对其中的知识产权问题进行预判,对之进行深入研究,并在此基础上探讨具有可行性、可操作性的应对之策,即便在当下也具有重要而现实的意义。

---

❶ 3D打印在线网. 2017年中国增材制造产业增速高于全球4个百分点,仍需进一步整合 [EB/OL]. (2018 - 07 - 31). https://mp.weixin.qq.com/s/W5Mt9xywkU1pEgsPHdrX6w.

第五章 3D 打印知识产权问题域外应对经验

第一节 美国与 3D 打印相关的知识产权制度

美国作为 3D 打印的诞生地,一直引领着 3D 打印、相关的材料技术以及设备制造的发展方向。2012 年美国制定了重振制造业计划,决定建立 15 个研究中心,而 3D 打印就被确定为首个努力的方向。该研究中心的成立也助推了美国 3D 打印相关技术的快速增长。我国 3D 打印的专利申请量虽然已经排名第二,但与美国的差距还比较大。2015 年美国 3D 打印设备保有量高达 37.8%,虽然比 2014 年下降了 0.3 个百分点,但是美国的设备保有量占有率仍然高居榜首。我国(不含台湾地区)3D 打印设备的市场占有率由 2014 年的 9.2% 上升至 2015 年的 9.5%,位居第三。❶ 在世界前 6 位 3D 打印企业中,前 3 位都是美国公司,分别为 3D Systems、Stratasys 和 ExOne。美国取得的这些成绩不仅得力于美国政府在宏观层面对 3D 打印的支持和推动,❷ 更应当归功于美国知识产权制度对于 3D 打印及其产业化发展的积极回应。首先,针对 3D 打印创新领域,美国适时推出了《国家制造创新网络知识产权指南》,形成了"政、产、学、研、用"各方参与的协同创新网络环境,以增材制造创新中心为依托,突破了 3D 打印及其产业化运用过程中对于前沿性和共性基础技术研究的瓶颈。其次,3D 打印技术虽然是一项对传统产业具有"颠覆"作用的技术,知识产权法学界并没有急于对其进行规制,而是基于其本国产业发展的现状给予了一定的发展空间。

一、美国助推 3D 打印产业发展的相关知识产权政策经验考察

2011 年美国总统科技委员会在所提供的《确保美国在先进制造业的领导地位》报告中,区分了产业政策和创新政策之间的不同,并强调美国的先进制造业需要创新政

---

❶ WHOLERS T, CAFREY T. Wholers reoprt 2012: 3D printing and additive manufacturing state of the industiral annual worldwide progress report [R]. Wholers Associates, Inc, 2016.

❷ 美国 3D 打印产业化的过程离不开相关政策的支持和推动,在对相关政策进行分析的过程中,可以分为四个层面的内容,即战略层面、产业/技术发展层面、标准/认证工作层面和研究技术执行层面。

策而不是产业政策。[1] 2014年10月，由美国国家先进制造办公室（AMNPO）牵头，联合美国能源部、商务部、国防部、国家航空航天局、国家科学基金会等组成的知识产权任务小组起草了《国家制造创新网络知识产权指南》。其宗旨和目标在于保护制造业创新中心各参与方的利益，同时降低企业，尤其是中小企业在知识产权方面的障碍，使其能够更容易地利用所需的知识产权，同时促进制造业技术向市场更加有效地转化，并鼓励中小企业的积极参与。当然，该指南还必须完全符合美国知识产权管理法案 Bayh–Dole Act 的规定。

（一）美国《国家制造创新网络知识产权指南》解读

该指南定义了中心发展知识产权（IDIP）与非中心发展知识产权（NDIP）。中心发展知识产权是指，由中心资助项目开发出的知识产权，而不包括由其他主体资助的项目。非中心发展知识产权则是指由使用中心设备而不是由中心资助的项目发展出的知识产权。

美国关于制造业创新中心的知识产权指南包含以下主要原则：

第一，中心层面的知识产权管理。基于中心的管理和成员协议，每个中心应该拟订知识产权管理计划。该计划宣布最起码的中心发展知识产权和非中心发展知识产权、技术许可、对机密数据的处理和背景知识产权等方面所涉及的所有权、范围界定和发布，公开和处理关于中心内部的知识产权争议，中心解散后向成员转移知识产权的优先权等。

第二，项目层面的知识产权管理。中心应当鼓励应用研究项目的参与方提前协商知识产权条款，不应迟于联合研发项目开始之前。该提前协商的知识产权条款，至少应当包括知识产权的归属、许可维护、争端处理和任何对于联合开发的知识产权公开发表的限制。

第三，知识产权的归属。除非通过事先协定的方式进行相应规范，否则中心所产生的知识产权都应当归中心成员所有（按职务发明确定归属），合作完成的知识产权由雇主共同所有。

第四，中心开发的知识产权权利。成员创造的中心开发知识产权，应当在创造之时就授予中心和中心的成员一项非排他性许可，允许成员基于内部的研发或发展的目的，而不是对该产品或方法的制造、使用或销售行为使用该项知识产权。对于商业性使用（包括特许使用费）的许可条款，要独立于成员协议，基于诚实信用原则进行协商，中心开发的知识产权权利仅在成员身份存续期间允许成员二次开发。

第五，非中心开发的知识产权权利。非中心开发的知识产权不需要同其他成员分享，基于上述的研发过程中对工具和设备的使用（根据联盟中相关合同条款的规定）

---

[1] 中国电子信息产业发展研究院. 美国制造业创新研究院解读 [M]. 北京：电子工业出版社，2018：22.

支付使用费（全部成本）。非中心开发项目知识产权的所有权和共同所有权归属应当由项目协议规范。对于使用政府资金建立的中心所拥有的工具或设备，已经收回全部使用成本，由中心进行管理，仅仅使用产业基金的非中心开发的知识产权，不应当创设一种政府使用权或介入权。

第六，背景知识产权。背景知识产权由该知识产权的提供者所有，在该项知识产权进入中心项目之后，不能被剥夺。任何背景知识产权的所有者应当基于逐个项目和单独某个项目的目的允许其他参与方使用。如果项目各方认为该背景知识产权将来对由该项目所产生的成果进一步使用、发展或产品改进有所帮助，各方应通过特许或协议的方式，在最初的项目协议中对合作开发项目结束后的继续使用予以规定。

第七，数据的权利及管理。作为中心知识产权管理计划的一部分，中心应当在遵守美国出口管制法的前提下开发一个数据计划。该计划应当界定和区分中心内部的数据范围和种类（限制性权利、中心的保护措施、项目的保护和不限制的权利等），并且规制数据的获得和控制，以此来保证机密性以及网络安全。该计划应当利用网络安全的最佳方案，例如美国证券交易委员会合规审查办公室的《网络安全措施指南》。使用这些网络安全最佳方案可以帮助将知识产权保护标准化，以此来发现不正常的行为或企图剽窃知识产权的行为。已存在的数据仍然归属于最初的所有人。已存在所有权的数据，被认为也是一种财产应当被保密，除非已经其所有人公布。生成数据由生成数据的成员方享有，生成数据应当在协定的期限内保持秘密性。由中心资助项目的双方所产生的数据，将会由产生数据的参与者同中心共同享有。除非协议另有规定，联邦政府对于中心生成的数据和知识产权保有的权利，应当与政府基金资助机构的权利和美国政府管理预算局公开的指南相一致。无论是已存在的还是后期生成的数据，除非由所有人进行了财产登记，否则都应当对所有中心的成员自由使用开放。

美国《国家制造创新网络知识产权指南》通过创新中心层面和项目层面形成纵横相结合的两套协议体系，明确了中心开发的知识产权与非中心开发的知识产权的管理。创新中心知识产权的范围则扩张到了背景知识产权与数据的权利及管理，以促进创新中心的数据与其他信息的共享。在美国制造业创新中心成员的组成结构中，企业的数量和创新能力都处于主导地位，因此知识产权的转化问题并不突出。故此，在指南中仅仅对知识产权的公开给予了规定，联邦政府资助研究项目的结果通过出版物公开的一系列政策，并未对创新成果的转化给予重视，这也是符合其本国国情的。

（二）美国制造业创新中心知识产权管理措施解读

美国制造业创新中心所采用的形式为公私合作模式（PPP），其主要目的是使政府利用有限的资金，调动"产、学、研、用"各方参与创新中心的积极性，聚焦于共性和前沿性的技术研究与开发，在基础研究与产业化发展之间搭建桥梁。美国政府对于制造业创新中心有明确的退出机制规定，7年之后创新中心需要自负盈亏。因此，如何吸引更多的高校、科研机构和企业加入就成为重中之重。除了在资金方面能够具有一定吸引力之外，其更大的吸引力来自创新中心各成员方对知识产权的渴求。

美国增材制造创新中心所采用的"会员分级制知识产权分配"和"孵化器加速服务包"模式，是吸引大型制造商加入并持续出资的亮点。首先，创新中心依据会员所交年费的多少将会员分为铂金、金和银三个级别。铂金会员在诸多事项上享有免费待遇，其次是金卡会员，而银卡会员则在许多事项上没有优惠。例如，铂金和金卡会员都享有创新中心发起的联合研究项目相关知识产权的免费、非专有商业开发权，以及所参与的会员自立应用研究项目知识产权的专有使用权等（具体参见表5.1）。其次，孵化器加速服务包是针对高级会员所享有的为其研发出的前沿性和基础性技术转化所提供的一系列服务。由此可见，赋予会员单位参与创新中心的管理、项目遴选，拥有更广泛的知识产权权利以及研发和成果转化方面的优先权和专享特权，不仅是不同级别会员之间的差别，更能够吸引"产、学、研、用"各领域内创新主体自愿出资和参与的积极性。上述两方面的措施构建了一条具有可持续发展协同创新和成果转化的路径。

表5.1 "AmericanMake"的部分会员权益[1]

项目	会员级别		
	铂金	金	银
年费/万美元	20	5	1.5
能够通过创新中心网络和资源获得新的研发资助机会	√	√	√
加入能与工业界和同僚合作的平台	√	√	√
访问只对会员开放的数据	√	√	√
访问创新中心的知识产权（依会员级别和项目协议而定）	√	√	√
获取《沃勒斯报告》	4份	2份	1份
加入研究成果向社会转化的平台	√	√	√
孵化器加速服务包（一些优先权和专享特权）	√	×	×
参与制定技术路线图	√	√	×
使用创新中心设施用于研发（如首检和试制）	√	√	×

二、美国应对3D打印产业发展对知识产权制度影响的对策分析

经过30多年的发展，3D打印凭借其先进的制造技术，在全球掀起了3D打印产业的潮流。在工业互联网倡导传统制造业向数字化、网络化和智能化的大方向发展的背

---

[1] 中国电子信息产业发展研究院. 美国制造创新研究院解读［M］. 北京：电子工业出版社，2018：54.

景下，美国通过建立 NAMII、发布 3D 打印发展路线图、制定 3D 打印行业标准、完善 3D 打印知识产权保护的法律法规等措施，非常重视 3D 打印产业的健康发展。如今，美国是全球 3D 打印发展最快、最好的国家之一，已在医疗、汽车制造、军工等领域广泛使用 3D 打印。美国在涉及 3D 打印知识产权制度建设保护方面的经验尤为值得关注。

美国对 3D 打印的知识产权保护，主要集中在与 3D 打印有关的著作权保护、专利权保护和商标权保护三大方面。

(一) 与 3D 打印相关的著作权保护

在构成美国版权法的权利集合中，作品的排他性复制权是最为基本的一项权能。当其他人根据作品制作复制品或录音制品时，就侵犯了权利人的复制权。在对复制品和录制品进行界定时，美国版权法（《美国法典》第 17 编）第 101 条使用了"……作品以现在已知或未来发展的方法被固定其中……"的方式来概括复制行为的方式。❶ 这样概括规定的优势在于回避了列举复制方式所带来的局限性，保证了立法的稳定性。而且这对于 3D 打印来说，无论是前期的 3D 扫描行为，还是 3D 打印行为，都具有相当的包容性。

美国版权法中著作权的权利限制与例外以及合理使用制度有其鲜明的特点，在其版权法第 107~122 条这 16 个条款中，具体规定了对于著作权的限制、例外或权利的适用条件。相对于适用范围较为固定的权利限制和例外条款❷来说，第 107 条中规定的合理使用制度具有相当的灵活性。显然该制度能够使得美国版权法在应对作品新的传播、复制技术和新的商业模式挑战时，具有更大的适应性。在合理使用抗辩的适用过程中必须考量以下四个因素❸。第一，使用的目的和特点，即该使用行为是否以商业为目的。虽然允许以非商业性的目的使用享有著作权的作品，一直是合理使用的基础，但是这仅仅是判定合理使用的要素之一，也就意味着即便是非商业性的使用，例如评论、教学、研究等，法院还是会综合其他要素加以考量。因此，3D 打印未来可能会发生的个人打印行为，并不能由此而得以豁免。第二，享有著作权作品的特征。该因素涉及两个问题，一是作品是虚构性的还是事实性的，对于两者合理使用的范围也不一样；二是是否发表也会影响到合理使用的认定问题。第三，与享有著作权作品的整体相比，使用的数量和质量。如果行为人复制的作品数量多，则有可能不构成合理使用；反之，则有可能构成合理使用。从复制部分对于整体作品的重要性来看，如果是原作中的重要精华部分，有可能不属于合理使用；反之，则有可能构成合理使用。第四，对于享

---

❶ 哈尔彭，纳德. 美国知识产权法原理 [M]. 宋慧献，译. 北京：商务印书馆，2013：80 – 81.

❷ 美国版权法第 108 条涉及图书馆和档案馆复制的例外，第 112 条涉及临时复制的例外，第 117 条涉及计算机软件的合法购买者为了备份的复制和使用的方便而修改的例外，第 120 条涉及为了施工而对建筑作品的必要改变，第 121 条涉及为了盲人或残疾人而进行的特殊形式的复制等。

❸ 李明德. 美国知识产权法 [M]. 2 版. 北京：法律出版社，2014：380 – 382.

有著作权作品的潜在市场或价值来说,使用所具有的影响。该因素是上述判断是否合理使用中最为重要的一个因素,它所针对的是该使用行为是否有可能损害作品的市场和价值。因此,就 3D 打印的现阶段发展来看,其普及程度、打印作品的精度都还不会对作者的利益产生太大的影响,但是从另一个角度来看,美国版权法中的合理使用制度也没有完全肯定私人非营利性的 3D 打印行为的正当性。该制度的灵活性对于 3D 打印来说完全能够适用。

早在 1998 年,随着互联网和数字技术的发展,美国专门制定了数字千年版权法,应对比特(把作品或模拟信号转换为二进制数码信息)侵权,抑制易获取、难监控的著作权比特侵权形式的多样化,并对网络服务提供商(ISP)的责任予以限制,为网上作品著作权的保护提供切实有效的法律依据。"避风港"原则❶由此诞生,但并未能解决网络上著作权的全部问题。美国的"红旗标准"在一定程度上制约了网络服务提供商侵权。该标准规定,如果侵权行为非常明显,像一面鲜红色旗帜在行为人面前公然飘扬,以至于在同等情况下,理性人都能够意识到侵权行为的存在,而行为人装作看不见侵权事实,则同样能够认定行为人至少应当知道侵权行为的存在。❷ 以"彭罗斯三角形案"为代表,美国数字千年版权法的"通知—删除"规则❸为 3D 打印侵犯著作权的问题提供了解决方案。彭罗斯三角形是荷兰设计师 Ulrich Schwanitz 在 Youtube 网站上发布的一段光幻觉视频,并声称该幻觉作品可以在 Shapeways❹ 平台上购买。但是,Shapeways 平台的一名实习生采用相关技术将仿制该光幻觉作品的视频发布到可供用户大量免费下载作品的 Thingiverse❺ 平台上。后经过沟通和起诉,Thingiverse 平台撤下了侵权作品,Schwanitz 最终撤回了起诉。

著作权法和专利法保护的客体本质上是不相同的。著作权法禁止非法复制,不保护产品功能,专利法不保护单纯的艺术设计,两者保护客体的界限不清晰导致法院在现实案例的裁判上不统一。对此,美国法院通过很多案例判决逐渐确立了一项判断标准——可分性原则(severability),即如果作品中的设计元素是非功能性的,且在设计过程中没有考虑到工业生产或其他实用性的压力,那么该作品是可以受到著作权保护

---

❶ "避风港"原则是指在发生著作权侵权案件时,当网络服务提供商只提供空间服务,并不制作网页内容时,如果网络服务提供商被告知侵权,则有删除的义务,否则就被视为侵权。如果侵权内容既不在网络服务提供商的服务器上存储,又没有被告知哪些内容应该删除,则网络服务提供商不承担侵权责任。后来"避风港"原则也被应用在搜索引擎、网络存储、在线图书馆等方面。

❷ NIMMER M B, NIMMER D. Nimmer on copyright [M]. New York: Mattew Bender Elite Products, 2003: 12B.04 [A].

❸ 所谓的"通知—删除"规则就是指,当网络服务提供商被告知侵权时,有删除侵权内容的义务,否则就要承担连带侵权责任。

❹ Shapeways 是一个网络 3D 数字作品共享平台,用户也可以在该平台上定制自己需要制作的 3D 打印作品。用户可以将自己的 3D 数字作品上传到该共享平台,也可以在该共享平台上花钱购买其他人设计好的 3D 数字作品。

❺ Thingiverse 是一个网络 3D 数字作品共享平台,该平台中有大量的三维立体数字模型的 CAD 文件可供用户免费下载,同时用户可以上传自己设计的 3D 数字作品。

的；反之，若是受到了制造和使用物体的影响，则很难受到著作权法保护。❶《保护文学艺术作品伯尔尼公约》（以下简称《伯尔尼公约》）把同时具备实用性和艺术性的作品称为实用艺术作品。而 3D 打印出的作品也可同时具备审美和实用功能，表面上看，3D 打印作品被纳入了《伯尔尼公约》的保护范围。但 1976 年修订的美国版权法第 101 条❷规定，实用艺术作品应该是一件实用性和艺术性成分可以分离的作品，只有满足作品艺术性的成分能够独立存在并构成艺术品时，才能受到该法的保护。美国的判例将实用性和艺术性进一步分为"物理性可分离"和"观念性可分离"。❸ 对于"物理性可分离"的实用艺术作品，具有艺术性的模型作品本身就会受到著作权法保护，因此，扫描现有作品或基于扫描结果进行 3D 打印的作品都应取得著作权人的许可。美国法院采取"融合理论"（merger doctrine）界定"观念性可分离"，即当思想只能通过极其有限的方式表达时，该思想因与表达方式融合而不受著作权的保护。❹ 因此，通过功能性成分表现其艺术性成分的 3D 打印作品，就会因其艺术性和功能性未分离，而不会受到著作权法的保护。由此可见，现行美国版权法只对实用性和艺术性可以分离的实用艺术作品进行保护，但对于不能分离的实用艺术作品，它们在满足外观设计专利的条件下可以受到外观设计专利权的保护。❺ 在著作权保护具体操作上，美国还发展了多个细化标准，如"主/次要标准""暂时置换标准"等。❻

此外，对于经 3D 扫描后的 CAD 文件再进行后续改进的问题，美国第九巡回法院在"许愿骨"案中表示，改变三维扫描物体后生成的 CAD 文件，可以提高一定的智力创造水平，进而满足著作权保护所需的独创性条件。❼ 这样深入的研究，对我们完善涉及 3D 打印产业的知识产权保护方面的制度是值得借鉴的。

（二）与 3D 打印相关的专利权保护

Charles Hull 在 1984 年首先成功研发出 3D 打印，之后还获得了美国专利授权。目前在全球 3D 打印相关专利的申请中，中国已经超越欧盟和日本成为紧随美国的第二大申请方。但是值得注意的是，美国企业的 3D 打印专利数量较多（参见表 5.2），排名前 10 位的专利权人中仅有麻省理工学院一家高校，其他均为企业。这说明企业的技术创新活力被很好地激活，与我国当前学院派的发展状况对比，具有更强的市场竞争能力。事实上，这一现象得益于美国坚持"发明人优先"的职务发明权属模式。从历史

---

❶ 曹琦. 3D 打印对现行知识产权制度的挑战 [N]. 中国知识产权报，2013 – 09 – 13（10）.
❷ 1976 年修订的美国版权法第 101 条对受该法保护的绘画、雕刻和雕塑作品给出了这样的定义：这类作品包括就其形式而非其机械和实用方面而言的艺术性工艺作品。实用物品的设计，如果具有能从该物品的实用方面分离出来，并单独存在的绘画、雕刻、雕塑的特征，则在该范围内，该设计应视为绘画、雕刻和雕塑作品。
❸ Carol Barnhart v. Economy Corporation, 773F. 2d411（2nd Cir. 2005），p. 418.
❹ Educational Testing Services v. Katzman, 793 F. 2d 533, 539（3rd Cir. 1986）.
❺ 张嘉容，罗先觉. 关于中国实用艺术作品保护的反思 [J]. 电子知识产权，2009（12）：76 – 80.
❻ 卢海君. 美国实用艺术作品的版权法保护制度及其借鉴 [J]. 知识产权，2014（3）：96 – 103.
❼ Lucky Break Wishbone Corp. v. Sears Roebuck & Co., 373 Fed. App'x 752（9th Cir. 2010）.

演进的层面看，美国专利法中对于职务发明归属的规定一直与其经济发展水平相适应，经历了强调个人创新时期、按照贡献分配专利权时期和强调契约合同时期。❶ 纵观这三个时期可以发现，其职务发明归属的规定虽然有一些微调，但是一直坚持发明人优先的基本原则。现行美国专利法明确规定，职务发明成果的专利申请权属于发明人，单位只能以发明人转让的方式获得专利权和专利申请权。为了降低企业的负担并推进职务发明成果的市场化和产业化发展，美国法院通过对职务发明预先转让协议的肯定，促进了职务发明归属的多元性。这也对美国3D打印的研发和企业发明成果的高效转化运用起到了促进作用。

表5.2　美国3D打印前10位专利权人❷

机构名称	专利数量/件	专利占比/%
Stratasys 公司	286	26.2
3D Systems 公司	246	22.6
美国麻省理工学院	136	12.5
美国联合技术公司	104	9.5
Tredegar 公司	90	8.3
美国通用电气公司	62	5.7
霍尼韦尔公司	44	4.0
3M 公司	42	3.9
Exone 公司	40	3.7
惠普公司	40	3.7

注：数据检索日期为2015年1月25日。

早在19世纪，在美国法院判例中，法院认定，"若仅为满足一种哲学尝试或好奇心，或仅为娱乐目的实施专利，不属侵权行为"。❸ 但目前情况不同了，美国专利法第271条❹（a）款规定，即使不以生产经营为目的的个人使用专利技术的行为也会被认

---

❶ 王重远. 美国职务发明制度演进及其对中国的启示［J］. 安徽大学学报（哲学社会科学版），2012（1）：135–137.

❷ 刘鑫，余翔，张奔. 中美3D打印技术专利比较与产业发展对策研究［J］. 情报杂志，2015，34（5）：43.

❸ ADELMAN M J, RADEK R R, KLANCNIK G P. 美国专利法［M］. 郑胜利，刘江彬. 北京：知识产权出版社，2011：177.

❹ 美国专利法第271条：对专利权的侵害　（a）除本编另有规定外，任何人在美国境内，在专利期限内，未经许可而制造、使用或出售取得专利权的发明时，即为侵害专利权。（b）任何人积极引起对专利权的侵害时，应负侵害的责任。（c）任何人出售已取得专利权的机器的组件、制造品、物品的组合或合成物，或者出售用在实施一项已取得专利权的制法（该项发明的重要部分）中的材料或设备，而且明知上述物品是为用于侵害专利权而特别制造或特别改造，也明知上述物品并不是为用于基本不构成侵害用途的生活必需物品或商品的，应负同谋侵害的责任。（d）专利权所有者在其他情况下有权解除专利权侵害者或同谋侵害者的责任，不能因其有下列一项或一项以上的行为而被剥夺解除责任的权利，或者被认为有滥用或不法扩大其专利权的罪责：（1）从某些行为中得到收入，而该项行为如由他人不经其同意而施行即构成对专利权的同谋侵害；（2）签发许可证授权他人施行某些行为，而该项行为如由他人不经其同意施行即构成对专利权的同谋侵害；（3）企图实施其专利权以对抗侵害或同谋侵害。

定为专利侵权。为此，对于3D打印来说要特别注意以下两点。一是有关专利直接侵权的规定。假如CAD数据文件提供者提供某方法专利部分步骤操作文件，行为人就会利用法律"以直接侵权行为为前提"的漏洞，因此提供者和终端用户的侵权性质不好认定，专利权人的合法权利将受到损害。针对这种情况，美国法院的Akamai Technologies Inc. v. Limelight Networks Inc. 案确立了可借鉴的规定：只要行为人实施了专利法所保护专利的部分步骤，继而引导其他人继续余下步骤，虽然过程中任何人未实施全部步骤，但之后其他人的行为基本上是基于行为人的行为产生，对此，行为人也要承担相应的责任。二是关于专利间接侵权制度的规定。自从1871年Wallace v. Holmes案首次提到间接侵权以来，专利间接侵权认定标准被不断赋予新的解释。现行美国专利法将专利间接侵权分为引诱侵权和帮助侵权两种类型。引诱侵权的构成要件包括：①引诱者主观上存在故意，且知道相关专利的存在；②引诱者客观上引诱被引诱者从事相关侵权行为；③被引诱者实际已有直接侵权的行为发生。间接侵权的规定对3D打印中网络服务提供者的专利侵权的认定、处理有一定的指导作用，有利于规范3D打印网络服务者的行为。

美国专利法中有关"修复"与"重造"的规定对3D打印发展也是极其重要的。对受专利保护的物品进行修理而自行配备零部件的行为，是否构成专利侵权行为中的"制造"，这一难以界定的问题在3D打印的影响下将逐渐扩大。关于"修复"与"重造"，美国专利制度存在着扩大适用"修复"规定的趋势，严重挤压了辅助侵权制度的适用空间。美国的立法者和法院一直以来都在试图平衡两者，但存在的冲突似乎永远无法消解。❶ 如今，美国学者开始相信，随着3D打印的应用和发展，法院在"修复"和"重造"之间的界定会逐渐清晰。❷

专利权人权利滥用的问题对于3D打印也是很值得关注的。专利权人权利滥用，主要是指专利权人利用其在专利领域的合法垄断地位，支配非专利技术领域而造成对非专利技术领域的垄断。美国的Henry v. D. Dick Co. 案❸是对该问题最好的说明。在该案之后，美国法院针对大量专利间接侵权的诉讼请求均以专利权人权利滥用为由而予以驳回。但是，我们认为，权利滥用抗辩的目的是规避专利权人扩大专利权保护范围，防止其影响到非专利产品市场。在3D打印领域，绝大多数CAD文件可以通过3D打印制造出比原专利产品成本更低的产品，导致先前购买者不再购买价格相对较高的原专利产品，这会造成原专利产品的专利权人利益受到损害，很大程度上会打击专利权人再次研发的积极性，不利于社会创新。因此，CAD数据文件提供者提出的权利滥用抗

---

❶ 宁立志. 专利辅助侵权制度中的法度边界之争［J］. 法学评论，2010（5）：35，43.

❷ DOHERTY D. Downloading infringement: patent law as a roadblock to the 3D printing revolution［J］. Harvard Journal of Law and Technology，2012，26（1）：353，361.

❸ Henry v. A. D. Dick Co. 案中，原告通过司法途径，成功将打印墨水认定为实施其打印技术的"非常用品"，进而控制了打印墨水市场，引发了当时社会的热议。

辩不应被法院支持。

在3D打印领域，美国也有采取技术措施规避专利侵权风险的做法。例如，美国专利商标局专门研发了3D打印专利保护"生产控制系统"。在该系统监控下，任何即将被3D打印的CAD数据文件都会与系统数据库存有的专利数据进行对比，按照重合的比例进行筛选，重复比例较大的CAD数据文件将会被剔除，进而相应的3D打印任务也将会被终止。这样就大大降低了3D打印产品专利侵权的可能性，维护了3D打印市场的稳定秩序。❶

（三）与3D打印相关的商标权保护

为了应对发展迅速的3D打印给现行商标法带来的挑战，美国法院在判例中确立了"商标个人使用合理性判断标准"，包括个人使用的目的和性质、个人使用的数量和价值、个人使用对商品潜在市场的影响三方面❷。此外，美国数字千年版权法中关于网络服务提供者侵权行为的规定也可借鉴：相关网站应负有对上传的数字模型文件中包含侵权商标的信息进行公告并撤除的义务，个人也应作出所上传文件不含侵权信息的承诺。❸与此同时，美国商标法第45条规定，商标使用须符合两个要件：商标与商品或服务在一起结合使用，以达到相关社会公众能够对商标进行辨识的程度；商标使用人主观上须以商业使用或营销为目的。❹

与3D打印相关的商标权保护不仅包括商标个人使用的问题，还包括商标侵权，主要是商标侵权的引诱侵权情形。在3D打印领域，引诱侵犯商标权的关键在于对行为人主观心态的认定。对此，美国商标判例曾采用过"漠不关心"（deliberate indifference to a known risk）和"故意无视"等规则。"漠不关心"规则是指行为人在知道侵权风险存在的情况下，采取消极的态度无视风险而继续实施商标侵权的行为。美国联邦最高法院在Global Tech Appliances Inc. v. SEB案❺中确立了"故意无视"规则。"故意无视"规则是指行为人虽然主观上能意识到使用商标的行为可能存在较高侵权风险，但是未采取积极的措施以规避侵权事实。"故意"的主要判断标准可以借鉴美国"In-wood"测试法，对侵权行为人的主观侵权意愿从两方面进行判定：有意引诱第三人侵犯商标权；已知或应当知道第三人正在侵犯他人商标权，而继续向第三人提供帮助。❻在这两种判定规则中，行为人的主观心态是认定侵犯商标权的关键。

---

❶ 姚强，王丽平."万能制造机"背后的思考：知识产权法视野下3D打印技术的风险分析与对策［J］. 科技与法律，2013（2）：19-20.

❷ 黄亮. 3D打印著作权问题探讨［J］. 现代出版，2015（2）：27.

❸ MENDIS D. "The clone wars" episode 1: the rise of 3D printing and its implications for intellectual property law - learning lessons from the past? ［J］. European Intellectual Property Review，2013，35（3）：155-169.

❹ 李薇薇. 3D打印中商标不当使用的法律规制［J］. 华中科技大学学报，2014（5）：81.

❺ Global Tech Appliances v. SEB, 131S. Ct. 2060, U.S（2011）.

❻ 杨建锋. 美国网络服务商商标协助侵权责任的认定［J］. 重庆理工大学学报（社会科学版），2011（12）：17-22.

此外，也可以考虑将"避风港"原则引入到商标侵权领域，以减轻和限制网络经营者需要承担的间接侵权责任。这也是基于网络经营者难以事前对3D打印设计图一类的图纸进行侵权审查考虑的。❶

美国与3D打印相关的著作权、专利权、商标权保护，都离不开合理使用制度。关于合理使用制度，美国国会1992年修订了版权法第107条，明确规定了作品尚未发表的事实本身不妨碍对合理使用的认定。随着3D打印迅速发展，3D打印涉及的领域愈来愈广泛，现有法律不能有效解决3D打印出现的合理使用争议。美国法中的"合理性判断标准"因素包括❷：第一，3D打印使用的主要目的是否为商业性使用，使用行为是否会直接涉及商业目的；第二，利用3D打印是否纯粹是为个人学习、研究、欣赏之用，若存在利用3D打印"复制"产品设计图等的功能性价值，则不属于合理使用；第三，3D打印使用的数量及其在作品整体中的比例，将会影响合理使用的认定；第四，3D打印的普及将会促使人们选择直接打印，使用结果对作品的潜在市场价值造成影响，这就很难被认定为合理使用。3D打印面临合理使用行为界定时，除了需要深入分析行为的性质、目的及对公共利益的关联性因素外，美国法院还会对权利人是否因合理使用行为受到经济损害予以考虑。这就是说权利人需举证证明3D打印的复制行为对其遭受的损害以及具体损害程度，然而证据的获取又是难以完成的。❸

此外，美国法院禁止政府资助任何与干细胞研究相关的科研项目，在肯定3D打印在医疗领域应用的同时，对3D打印应用作出正确的引导，对一些3D打印干细胞可能破坏社会伦理的行为进行有效规制。

第二节 欧盟与3D打印相关的知识产权制度

在经济全球化迅速发展的背景下，各国越来越重视技术创新产生的影响。欧盟在助推3D打印产业发展和技术创新等方面的知识产权制度完善经验值得借鉴。鉴于德国和英国在3D打印发展方面比较成熟，我们主要以德国和英国为研究对象。

一、欧盟助推制造业创新中心发展的知识产权政策经验考察

与前述美国制造业创新中心所涉及的项目有所不同的是，"Horizon 2020"涉及的是使用了欧盟资金支持的项目，其知识产权规则是在第七框架计划的知识产权政策基

---

❶ 刘强，李红旭. 3D打印视野下的商标侵权认定［J］. 知识产权，2015（5）：60.

❷ DOLINSKY K. CAD's cradle: untangling copyright ability, derivative works, and fair use in 3D printing［J］. Washington and Lee Law Review，2014，71（1）：619.

❸ 戈斯汀. 著作权之道：从谷登堡到数字点播机［M］. 金海军，译. 北京：北京大学出版社，2008：120.

础上进行的修订和完善。2014年2月，欧盟知识产权帮助平台（European IPR Helpdesk）针对"Horizon 2020"项目的知识产权问题也提出了建议指南，涉及项目开始前期阶段、项目实施阶段和项目完成之后三个阶段。该项目具体有以下几点特点：

第一，项目中知识产权相关内容以联盟协议（consortium agreement，CA）为主，但必须符合欧盟的强制性规范。"Horizon 2020"中的知识产权管理规范通过两个层面的文件确定。首先是《参与规则》，即欧盟291/2013号条例中的知识产权管理规定，涉及的知识产权内容较少，主要体现在以下五点：①第2条定义部分，界定了"已有成果"（background）、"项目成果"（result）中以知识产权形式存在的成果类型；②第18条授权协议第5点，要求授权协议内容反映和符合欧盟委员会关于知识产权管理的建议意见；③第41条项目成果所有权部分，提到了知识产权的共有；④第43条项目成果运用和公开部分，提及知识产权要求可以限制转播；⑤第51条政府采购项目部分，规定了项目承担者应当拥有项目成果的知识产权。[1] 其次是特定项目授权合同中的具体内容。事实上，欧盟是通过对联盟协议和拨款协议（grant agreement，GA）中相关的知识产权内容进行指引来完成的。鉴于拨款协议的双方为欧盟和项目的申请人，而且该协议中涉及知识产权相关的权利和义务的规定，所以联盟协议作为拨款协议的补充，在拨款协议签订前必须由项目的参与方之间就知识产权的相关问题先达成联盟协议，之后才能够签订拨款协议。因此，虽然欧盟没有直接对联盟协议中的知识产权权利义务进行干预，但其中关于知识产权方面的内容必须遵守拨款协议中的相关规定。"Horizon 2020"提供了两套关于拨款协议的模板（包括单一受益人或多方受益人），另外还包括一些特殊的拨款协议模板。其中联盟协议中知识产权相关条款应当包括以下内容：知识管理、保密协议、已有成果、项目成果的所有权归属和所有权转移、项目成果的保护和开发、使用权限和争端的解决。

第二，明确已有成果的范围界定与使用权限的规定，以促进成果在创新中心成员间共享。已有成果的范围包括先前已存在的知识产权、技术秘密（know – how）或任何执行该项目不可或缺的数据。在项目研究的实施过程中还有可能随着研究课题的深入产生与之相关，但却不属于研究成果的伴随（sideground）知识产权。使用权限涉及对研发成果和背景知识产权的授权许可和使用权限，并区分了背景知识产权的使用权限与成果的使用权限（参见表5.3）。

---

[1] 韩缨. 欧盟"地平线2020计划"相关知识产权规则与开放获取政策研究［J］. 知识产权，2015（3）：92 – 96.

表 5.3　"Horizon 2020"中背景知识产权与成果使用权权限对比[1]

目的	背景知识产权使用权限	成果的使用权限
履行项目	免费使用，除非双方在拨款协议之前达成协议	免费
推广/开发项目成果	遵守协议规定，使用权限应当在公平、合理的条件下（也可以是免费）授予	

"Horizon 2020"的一大新特点是，不仅对于欧盟国家，在特殊情况下还包括其他国家，授予对项目研发成果使用权限。

第三，强化项目成果后期转化的规定。研究成果的所有权归属和所有权转移方面，原则上拨款协议规定研发成果归研发成员，但如果研发成员是两个以上，就归其"共有"或在其联盟协议或独立签订的协议中自行规定其成果归属。所有权转移方面，除联盟协议或共有协议另有规定外，项目参与者都可以向第三方授予非排他性许可。但对于向其他共有人或第三人转让，必须与拨款协议保持一致。

研究成果的保护和开发方面，虽然知识产权保护是非常重要的途径之一，但究竟应该如何选择保护形式，还是要根据项目本身的情况来决定。当然也可以不进行保护，但一定注意在项目完成后4年内通知欧盟，并在通知之前一定不能进行任何的公开行为，或者将该项目保护和开发的权利转让给另一联盟的成员。

研究成果的公开/传播方面，开始传播研究成果时要考虑保密协议。根据研究成果自身的特点来选择公开的方式，尤其对于有商业和产业开发前景的项目还要注意尊重作为共同开发者的成员方利益，并且应当不断审视公开和开发协议的运行情况，根据需要升级协议。"Horizon 2020"的一大亮点在于项目的受益人有义务对于纯粹以研究为目的的科学刊物开源其研发成果（all peer-reviewed scientific publications）。

综上所述，欧盟"Horizon 2020"相关知识产权规则不仅兼顾了各个项目的自身需要，通过联盟协议由项目的参与方之间进行具体的协商处理，更是通过拨款协议与《参与规则》对已有成果和项目成果的范围、所有权归属、使用权限、传播和公开等作了要求，以达到推动科技成果的透明化、公开化，促进欧盟科技创新水平和竞争力整体提升的目的，尤其是还关注了对于中小企业的转化和应用问题。

二、欧盟应对3D打印产业发展对知识产权制度影响的对策分析

（一）德国应对3D打印产业发展对知识产权制度影响的对策分析

3D打印包含技术、组织和经济上的创造，实现了实体物理世界和虚拟网络世界的

---

[1] European IPR Helpdesk. Fact sheet how to manage IP in Horizon 2020：grant preparation stage ［R/OL］. (2014-04-02) ［2018-04-12］. https：//www.iprhelpdesk.eu/Fact-sheet-IP-Management-H2020-Grant-Preparation-Stag.

融合。而生产方式的转变带来相应制度的革新是值得关注的。立法因为滞后性很难对技术的进展程度和影响作出详细且准确的评价，因此，既可以促进创新的实现，也可能阻碍创新的发展。3D 打印在迅速发展进步的同时，也对专利法、商标法、著作权法等带来了一定的挑战。为此，就需要及时完善相应法律体系，为 3D 打印产业的健康发展保驾护航。

2012 年《经济学人》杂志所发表的文章，引发了全球对 3D 打印未来的思考，也引起了德国议会的关注。国会议员雷内·罗斯佩尔、安德烈·维克莱恩、恩斯特·迪特尔·罗斯曼博士，以及其他国会议员向德国政府提出了问询，德国联邦议会在 2013 年 6 月 5 日发布的《3D 打印的现实分析与发展纲要》对其进行了回答。该报告共包含 30 个问题，主要涉及三个方面的内容。一是德国 3D 打印研发的状况，包括之前 10 年政府向 3D 打印研发投入资金的情况、研究机构获得资助的汇总、德国在 3D 打印研发方面的潜力和优势等问题；二是德国 3D 打印产业化发展的状况和优势，包括德国公司在 3D 打印产业化发展过程中所处地位的分析、3D 打印应用对本国经济的影响、3D 打印在原料和能源方面的优势、3D 打印对于生产流程所带来的改变等问题；三是德国 3D 打印产业发展是否需要对现行法律进行修订，其中包括消费者权益保护、武器法和知识产权问题。分析该报告可以发现，针对 3D 打印产业发展对知识产权法的影响，德国政府认为，3D 打印可以通过较低的成本复制受到知识产权保护的物品，在使用 3D 打印的个别情况下可能出现侵害权益的问题，但当时的法律条款完全可以解决相关问题，并且还没有出现新的法律问题，在该领域尚不需要进行立法。❶

1. 与 3D 打印相关的著作权保护

3D 打印的实质就是复制，包括但不限于对美术作品、模型作品等进行的从二维到三维、三维到三维、三维到二维的复制。在 3D 打印中避免不了对作品的复制，这也常常导致侵权现象的发生。

对于客观上实施的复制行为，德国著作权法第 16 条对复制的方式未进行任何形式的限制。❷

对复制方式规定得不具体，但对行为人复制作品的主观目的是明文规定的。德国著作权法第 53 条第 1 款规定，个人不可直接或间接地基于营利性目的❸复制作品，私人使用的除外。复制手段不存在限制。❹ 对此，3D 打印的应用若是受到不可直接或间接地以营利为目的复制作品的限制，那么在个人使用方面也应当允许合理复制行为的

---

❶ Deutscher Bundestag. Stand und perspecktiven der erforschung und des einsatzes von 3D – druckern［R］，2013：1 – 21.

❷ BGHZ，144，232，235 – Parfumflakon.

❸ 直接服务于营利，因当前工作需要或者生产经营为目的的复制不属于豁免的范围；间接服务于营利，学习某种技能，为了日后能够在工作中使用。具体情形在个案中考察复制行为与生产经营行为的关联性。参见 Dreier/Schulze，Urheberrechtsgesetz，3. Aufl. 2008，§53，Rn. 10。

❹ Dreier/Schulze，Urheberrechtsgesetz，3. Aufl. 2008，§53，Rn. 2.

存在。❶ 基于生产经营目的获利、基于扰乱市场经济秩序、基于垄断的 3D 打印复制行为都是不允许的，但个人为了纯粹个人教学使用、欣赏等不具备主观恶意的 3D 打印复制行为，在没有法律法规明文规定限制的前提下都是可以接受的。

德国著作权法对权利用尽原则还作出了规定。德国著作权法第 17 条第 2 款规定，当权利人同意将作品原件或复制件在欧盟内或者在欧洲经济区的某个其他国家内以出售的方式予以发行时，该法允许将这些原件或者复制件予以进一步发行；但出租行为不在此限。❷ 该规定是关于著作权权利用尽原则的规定，表明对于已经发行的作品原件或复制件，任何人都可以再行销售。著作权权利用尽原则对作品所有权人不算是有利的规定：这样一来，权利人已上市的作品可以被任何人 3D 打印复制并再行销售，3D 打印市场将会混乱，所有权人的利益难以保障。对此，为了弥补 3D 打印对著作权人造成的损失，德国著作权法规定了私人复制补偿金（copyright levy）制度，对录制设备和媒介收取补偿金。

2. 与 3D 打印相关的专利权保护

3D 打印的实质是复制，复制过程侵犯知识产权并不仅仅体现在著作权方面，也体现在专利权方面。3D 打印专利权保护与著作权保护有相似之处，均不允许行为人以生产经营为目的进行 3D 打印，认可私人"非生产经营"目的的 3D 打印行为。德国专利法第 11 条规定以生产经营为目的作为专利侵权行为的构成要件之一，德国实用新型法第 12 条以及德国设计法第 40 条对"私人领域"内的"不以商业使用为目的"的侵权行为进行了豁免。私人领域的认定要用客观标准，以家庭起居需求或学习为目的的复制行为可以成为豁免的理由。德国专利法规定了"私人方式进行"和"非商业目的"作为不侵犯专利权的两个要件，对于 3D 打印用户利用网上非法传播的 3D 参数和图形制作 3D 打印产品的行为，在德国专利法看来，也属于"非为生产经营目的"。考虑到 3D 打印的特点及发展趋势，如此认定，将会给现实中带来许多不合理，导致专利权人的利益保障出现漏洞。

在职务发明的归属以及利益分配方面，德国的规定也具有鲜明的特色。德国在 2009 年修订的《雇员发明法》中规定，如果雇主在 4 个月内没有明确告诉该雇员发明归雇员所有，则默认雇主宣布对发明拥有所有权。这样的规定有利于企业能够尽快利用发明。❸ 同时为了保持雇主与雇员之间对于职务发明的利益平衡，在《雇员发明法》附则中提供了三种奖励方法，即许可类比法、雇主获益法和发明价值评估法。其中运用最为广泛的是许可类比法，该方法中奖励的多少由科技成果价值和贡献率决定。该规定对于 3D 打印创新成果的快速产业化发展也具有一定的推动效果。

---

❶ Grosskopf, CR2012, 618, 621.
❷ 十二国著作权法 [M].《十二国著作权法》翻译组，译. 北京：清华大学出版社，2011：150.
❸ 贾佳，赵兰香，万劲波. 职务发明制度促进科技成果转化中外比较研究 [J]. 科学学与科学技术管理，2015（7）：6.

通过专利间接侵权行为获利且损害专利权人权益的行为，在3D打印时代将较为普遍，并且有可能成为整个商业环节的重要部分。直接侵权与间接侵权的独立判断，有利于更好地平衡专利权人与社会公众之间的法律和利益关系。❶ 对于3D打印行为人客观上直接或间接侵犯专利权的认定，德国专利法有明确规定。德国专利法第9条规定，直接侵权是以完整地实施全部专利特征与权利要求为构成要件的。❷ 德国专利法第10条规定，间接侵权是指第三人知道或应当知道提供的产品为专利的本质部分，而他人直接将此产品运用于侵权行为。此时，在未经专利权人同意的情况下，其无权向他人提供或者许诺销售该发明的本质部分。❸ 德国专利法第9条规定，间接侵权"手段"应当是具有物理形态的实物产品，不包括对制造专利产品的指南。❹ 在具体专利侵权案例方面，德国联邦最高法院审理判决的 Pipettensystem 案涉及"间接侵权"。在该案中，被告乙生产了甲的注射器专利中包含的针筒，而丙在购买乙生产的针筒后，再结合市场上常见的注射针进行组装整个注射器专利产品，法院判决乙的这种规避行为构成了间接侵权。❺

在修理与再制造标准的认定上，德国法院对此的区分就是看是否涉及专利产品的"重要部分"。德国法院在 Flü–gelradzähler 案❻和 Palettenbehälter Ⅱ 案❼等案件的判决中，围绕零部件替换后产品的特性、发明专利的技术效果是否归于被替换的零部件以及替换行为是否构成专利法意义上的"制造"等进行分析。❽

（二）英国应对3D打印产业发展对知识产权制度影响的对策分析

英国知识产权局在2015年委托伯恩茅斯大学、知识产权政策及管理中心和Econolyst公司的3位专家，从实证的角度就英国3D打印对知识产权制度的影响进行研究，并发布了3份报告，针对3D打印对于在线平台❾、可替代物品、个人定制物品和高价值小批量物品的制造，从法律层面以及实证层面进行了分析。上述报告认为3D打

---

❶ 刘鑫，余翔. 3D打印技术对专利实施的潜在挑战与对策思考 [J]. 科技进步与对策，2015（10）：105.
❷ 尹新天. 中国专利法详解 [M]. 北京：知识产权出版社，2011：134–135.
❸ 李陶. 工业4.0背景下德国应对3D打印技术的法政策学分析：兼论中国对3D打印技术的法政策路径选择 [J]. 科技与法律，2015（2）：336.
❹ BGH GRUR 2001, 228, 231 – Luftheizgerät.
❺ 范长军，郭志旭. 3D打印对专利产品修理与重作规则的挑战 [J]. 华中科技大学学报，2014（5）：86–87.
❻ Bundesgerichtshof［BGH］［Federal Court of Justice］May 4, 2004, Case No. X ZR 48/03（Ger.）— Flügelradzähler.
❼ Bundesgerichtshof［BGH］［Federal Court of Justice］July 17, 2012, Case No. X ZR 97/11（Ger.）- Palettenbehälter II（Pallet Container Ⅱ）.
❽ 伍春艳. 3D打印技术发展与专利法回应 [J]. 科技与法律，2014（4）：588.
❾ MENDIS D, SECCHI D. A legal and empirical study of 3D printing online platforms and an analysis of user behaviour [M]. London：The UK Intellectual Property Office, 2015：23.

印对上述产业仅产生了很小的影响，传统知识产权法还能够满足产业发展的需要。❶ 2017 年 9 月颁布的《英国增材制造国家发展战略（2018—2025）》，对 3D 打印所带来的挑战从成本、投资和财政，设计，知识产权保护和安全，材料和生产过程，技术、教育，标准和认证，检验和批准等七个方面进行总结，并从技术研发和产业的拓展方面提出了有针对性的建议。❷ 下面我们就对英国 3D 打印知识产权保护的现状进行一个简单分析。

（1）从平面到立体的复制。其中涉及的是 3D 打印产品的著作权侵权问题。除了美国、德国、日本的法律外，英国版权法认为 3D 打印从平面到立体的复制应纳入著作权法保护的范围，但范围局限在艺术作品。《伯尔尼公约》第 9 条没有对 3D 打印从平面到立体的复制作出限制。这种从平面到立体的复制，在英国现实司法实践中能得到支持。例如，在英国"大力水手"案中，英国法院认定将二维大力水手波派卡通形象制作成三维的小塑像侵犯了复制权。

（2）以生产经营为目的的复制。3D 打印作品受到著作权法保护在各国基本达成了共识。各国对于以生产经营为目的的 3D 打印复制行为，除了合理使用之外，基本上都视为侵权行为。英国 1988 年《版权、设计和专利法》（Copyright, Designs and Patents Act, CDPA）第 226 条（1）（b）款规定以商业为目的的复制行为属于侵犯著作权。英国法院在 2011 年审理的 Lucasfilm v. Ainsworth 案中，认为 3D 打印作品与英国《版权、设计和专利法》规定的艺术作品不同，安斯沃思用计算机辅助设计软件绘制 3D 数字模型并进行出售的行为不是侵权，并重申 3D 打印作品只有满足《版权、设计和专利法》所规定的要求才属于该法保护的范围。英国版权法保护的范围局限在艺术作品，对于现实生活中的 3D 打印作品是认定为雕塑作品还是艺术作品对法院的判决有直接影响，对著作权所有人的权益维护也至关重要。这也为其他国家著作权法对 3D 打印作品如何认定提出了更严格的要求。若是将"实用艺术作品"纳入被保护范围，具有实际用途和艺术效果的 3D 打印作品将很可能获得著作权法的保护。这为保护 3D 打印行为的诸多对象提供了更为直接的法律依据，也有助于防止 3D 打印设备使用者对实用艺术作品可能造成的大规模侵权。相信这样的修改会对 3D 打印行业的健康有序发展产生积极的影响。

英国对于职务发明所有权的归属坚持雇主优先原则，即雇员正常工作或在正常工作之外接受雇主特别分派的工作中取得的发明属于雇主所有，除职责之外的发明创造则一律归属于雇员所有。为了平衡雇主与雇员之间的利益，在职务发明成果利益分配上，英国规定只有符合以下两种情况雇员才可以获得职务发明的奖励：发明有"突出的收益"和奖励对于双方来说是"公平合理的"。但是对于英国的高校和科研机构中的

---

❶ REFVES P, MENDIS D. The current status and impact of 3D printing within the industrial sector: an analysis of six case studies [M]. London: The UK Intellectual Property Office, 2015: 31.

❷ SMITH P, MAIER J. Additive manufacturing UK national strategy 2018–2025 [R], 2017: 4.

研究人员却有一个例外，通常会将获得的技术发明收益的 1/3 作为奖励。❶ 英国的职务发明归属规则中将专利申请的权利赋予了发明人，但在利益分配时考虑到双方的利益平衡，对高校和科研机构中研究人员的利益分配作出了例外的规定。这些规定非常有利于激励高校和科研机构创新的积极性，值得我们学习。

第三节 日本与 3D 打印相关的知识产权制度

一、日本 3D 打印产业化发展的政策考察

为了提升国家信息化水平，缩小与其他国家和地区的差距，全面建设泛信息社会，2004 年 5 月，日本总务省正式向日本经济财政咨询会议提出"U–Japan 战略"。"U–Japan 战略"的目标是在 2010 年建成一个"无所不在、无时不有的网络社会"，紧贴用户需求，连接所有人和事物，实现交流的广泛性，让个人和社会充满活力。❷ 通过"U–Japan 战略"，建立无所不在的物联网，在信息化社会快速发展的同时，进一步实现制造业与网络化的结合，推动制造业创新化发展。

日本政府在贯彻执行"U–Japan 战略"的同时，特别重视高端制造业的发展，并编制大规模技术战略图。第一，日本政府加大对 3D 打印的财政投入。日本政府在 2014 年投入 40 亿日元，实施"以 3D 打印为核心的产品制造革命计划"，打造以金属材料 3D 打印机为对象的新一代工业级 3D 打印机和以砂模材料 3D 打印机为对象的超精密 3D 成型系统。"新一代工业级 3D 打印机技术开发"项目将对电子束和激光束两种能量源工艺进行研究，最终的目的是开发快速高精度金属 3D 打印机，即到 2018 年末实现打印速度提高 10 倍，精度提高 5 倍，力争在 2020 年投入实用（参见表 5.4）。"超精密 3D 成型系统技术开发"则是实现快速低成本砂模 3D 打印，通过提高成型速度和最大成型尺寸来提升生产效率，同时降低装置的价格，降低铸模制造成本，最终提升砂模 3D 打印竞争力（参见表 5.5）。❸ 第二，加快制造技术更新速度，提高产品制造竞争力。近年来，日本制造业快速发展，更新速度较快。首先，企业采取新技术提高生产效率，如本田公司通过采取新技术减少喷漆次数、减少热处理工序等措施把生产线缩短了 40%，并通过改变车身结构设计把焊接生产线由 18 道工序减少为 9 道工序，建成了世界最短的高端车型生产线；其次，企业进行工艺、设备的改革，降低成本，如日本电装公司对铝压铸件的生产设备、工艺进行改革，使得铸造线生产成本降低 30%，能源消费量降低 50%；最后，利用高科技提高竞争力，如佳能公司从"细胞生产方式"

---

❶ 窦珍珍，顾新，王涛. 国外职务发明成果转化经验及启示 [J]. 中国科技论坛，2017 (7)：178–179.
❷ 刘兹恒，周佳贵. 日本"U–Japan"计划和发展现状 [J]. 大学图书馆学报，2013 (3)：41.
❸ 于灏. 欧盟及亚洲 3D 打印发展战略概览 [J]. 新材料产业，2015 (5)：29.

到"机械细胞方式",再到世界首个数码照相机无人工厂,大幅度提高了成本竞争力。[1]

表5.4 日本"新一代工业级3D打印机技术开发"项目目标

时间	能量源	成型速度/(mL/h)	成型精度/μm	最大成型尺寸/mm	机器售价/万日元
2015年	电子束	>250	±100以内	>500×500×600	—
	激光束	>250	±50以内	>500×500×400	—
2018年	电子束	>500	±50以内	>1000×1000×600	<5000
	激光束	>500	±20以内	>1000×1000×600	<5000

表5.5 日本"超精密3D成型系统技术开发"项目目标

时间	成型速度/(mL/h)	最大成型尺寸/mm	机器售价/万日元	铸模制造成本/(日元/kg)
2015年	>5万	—	—	<1200
2017年	>10万	>1000×1000×600	<2000	<1000

二、日本应对3D打印对制造业影响的知识产权策略分析

在3D打印中必然会涉及复制,不管是从二维到三维,还是从三维到三维,在未经著作权所有人同意的情况下进行的复制行为基本上会被认定为侵权。这里可能因复制目的、复制方式、复制作品类型的不同而不同。日本在重视3D打印产业快速发展的同时,对在3D打印发展中存在的不规范行为、侵权问题也尤为重视。日本政府积极通过完善相关法律法规,对3D打印中不规范行为进行惩处、引导,促进了3D打印产业发展,也促进了国家整体制造业水平的提高。

(一) 与3D打印相关的著作权保护

第一,日本著作权法第2条第1款第15项明确了"复制"的含义。该项规定:"复制,指使用印刷、照相、复印、录音、录像或其他方法进行有形的再制作。以下列举的事项包括下列行为:(1)脚本及其他同类的戏剧著作物:对著作物的演出、广播或有线广播进行录音或录像;(2)建筑著作物:根据与建筑有关的图纸建成建筑物。"[2] 日本著作权法将"复制"解释为"有形的再制作",并将这种再制作的使用方法规定为印刷、复印等。事实上,这样的规定也是在规范3D打印。如果根据建筑图纸

---

[1] 德国工业4.0及其影响 [EB/OL]. (2014-10-15) [2017-07-20]. http://www.360doc.com/content/14/1015/12/471722_417126859.shtml.

[2] 李明德,许超. 著作权法 [M]. 北京:法律出版社,2003:107.

建成建筑物属于"复制",而 3D 打印建筑时会事先将建筑图纸的数据转为特定 3D 打印机识别的格式,再通过 3D 打印进行 3D 建筑物的打印,这实际也属于侵权。第二,关于定义中"或者其他方法"的认识。日本著作权法中的复制是指使用印刷、照相、复印、录音、录像或者其他方法进行有形的再制作。这里"或者其他方法"的表述具有更大的开放性。这就说明异体复制也在"或者其他方法"的包含之中,属于有形的再制作。由此可见,将日本著作权法中的复制理解为包含异体复制有充足的法律基础,3D 打印行为也是在日本著作权法保护的范畴之内。

(二) 与 3D 打印相关的专利权保护

第一,专利产品修理与重作。3D 打印中存在打印零部件的情形,打印的零部件可能再被组装成完整的产品销售。这其中对于零部件的认定尤为重要。对于专利产品修理与重作的区分标准,日本学者主张从产品更换的程度来判断:只要产品更换部分没有超过专利部分的一半,原则上应该解释为修理;超过一半的,应解释为重作。❶ 这与德国法院区分是否涉及专利产品的"重要部分"标准相似。应坚持以专利产品权利要求的保护范围为标准,落入保护范围的构成重作,否则只构成修理。❷ 在 2007 年的"再生墨盒案"中,日本法院的一审法院认为"灌墨"行为不属于新的生产,专利权用尽,权利人不能主张权利。二审高等法院另立了新的标准,认为再灌墨是对专利产品本质部分的更换,被告构成专利产品的重作。❸

第二,职务发明的归属。日本也经历了从雇主主义原则向发明人主义原则的转变过程。即雇主可以和雇员事先约定职务发明所有权的归属,除约定外,职务发明归属于发明人所有。但是考虑到雇主也为此付出了相应的财力和物力,因此为了平衡雇主与雇员之间的利益,当雇员拥有发明的所有权时,雇主享有法定无偿的普通实施权。另外,在职务发明成果转化的利益分配方面,日本也有自己的特点。日本专利法中明确规定,当雇员将发明的所有权转让给雇主时,发明者就享有了相应对价请求权。这些规定不仅能够促进 3D 打印在企业层面的创新和研发,更有利于加速 3D 打印的商业化运用。❹

第三,专利间接侵权。日本专利法第 101 条对于专利间接侵权行为的规定较为具体。在侵权客体认定方面,日本专利法将其限制在"仅仅只能用于实施专利技术的物品"范围之内❺,如果侵权行为人的使用物品存在任何其他用途,则不构成侵权行为。在侵权行为人主观方面,规定为"以生产经营为目的或以出口为目的"。在具体侵权行

---

❶ 吉藤幸朔. 专利法概论 [M]. 宋永林,魏启学,译. 北京:专利文献出版社,1990:411.
❷ 李扬. 修理、更换、回收利用是否构成专利权侵害 [J]. 法律科学(西北政法大学学报),2008,26(6):78-88.
❸ 韩赤风,冷罗生,田琳,等. 中外专利法经典案例 [M]. 北京:知识产权出版社,2010:110-135.
❹ 窦珍珍,顾新,王涛. 国外职务发明成果转化经验及启示 [J]. 中国科技论坛,2017(7):177-178.
❺ 张成龙. 专利间接侵权国际立法比较 [J]. 江西社会科学,2000(6):135.

为方面，规定为"制造、销售、出租、进口、许诺销售或许诺出租"。

第四，3D打印软件专利法保护问题。对于3D打印软件的认定，根据日本特许厅《计算机软件审查基准》，除了已经安装在计算机或其他电子装置中的软件之外，其他软件都可授予专利权。

(三) 其他与3D打印相关的知识产权问题

对于3D打印中可能存在的不正当竞争行为，日本的不正当竞争防止法列举了一系列不正当竞争行为，其中包含与周知商品标识的混同行为和任意模仿他人产品形态的行为。❶ 根据该法的解释，"商品标识"包括商品的容器、包装等；而"产品形态"指的是"消费者或其他购买者在正常使用中能观察到的产品外部及内部的形状、格局、色彩、光泽、质感或其组合"，但不包括实现产品机能所必需的形态。❷ 这对于3D打印中涉及不正当竞争行为的认定有一定的指导作用。

此外，在3D打印侵权中，还可能存在侵犯域外知识产权的情形。这就涉及著作权、专利权、商标权等方面的诉讼管辖权问题。对此，日本的"透明提案"❸ 以及日韩"共同提案"，都是各个方面最固守知识产权地域性原则的可参考的文本。

总之，3D打印为制造业转型带来新的机遇，它可以使传统制造业的产品通过计算机辅助技术软件方便快捷地生产，在提高生产效率、降低生产成本的同时，给知识产权保护带来的问题也需要关注。从其他国家和地区对与3D打印有关的知识产权问题的处理来看，对于3D打印侵犯著作权、商标权、专利权行为，各国或地区都会依据传统著作权法、专利法等知识产权法进行处理，但难免会出现一些不能依据现有法律法规处理的情形。与此同时，美国与欧盟对于增材制造创新中心的知识产权指引，相较于税收和财政资金的相关政策，允许增材制造创新中心在尊重本国知识产权相关法律规定的前提下，在协议层面给予各方在知识产权的归属、创新成果的内部与外部交流的权限、研发成果转化与商业化发展和知识产权纠纷解决机制的选择等方面更大的灵活性，以此来吸引更多的本国或国外企业、高校和科研机构来参与增材制造的创新。

---

❶ 日本不正当竞争防止法第2条第1款之第（1）项、第（3）项。
❷ 日本不正当竞争防止法第2条第1款之第（3）项、第2条第4款。
❸ "透明提案"，指的是日本早稻田大学的项目小组（Global–COE Project）于2009年10月公布的专门针对知识产权冲突法规则的建议——《知识产权中的管辖权、法律选择及外国判决的承认与执行之透明提案》。有关"透明提案"的内容和相关分析，可参见：BASEDOW J, KONO T, METZGER A. Intellectual property in the global arena: jurisdiction, applicable law, and the recognition of judgments in Europe, Japan and the US [M]. Tübingen: Mohr Siebeck, 2010: 105.

第六章　3D打印知识产权问题整体应对思路

时代变，规则演。科技革命呈现出螺旋式上升的趋势，呼唤知识产权制度与时俱进，作出相应的安排。3D打印创新及产业发展的现状以及对知识产权制度的需求是我国知识产权制度变革的直接推动力，知识产权制度的完善不仅有利于扫清知识产权法律领域的障碍，积极回应3D打印可能对知识产权的法律体系带来的冲击，更有利于促进3D打印领域的协同创新和产业发展。为此，下面我们结合之前对我国3D打印创新及产业化发展规律的分析，以及域外的经验借鉴，对我国知识产权制度在法律和政策两个层面提出有针对性的建议，力图促进我国3D打印产业的健康快速发展。

需要注意的是，3D打印创新及其产业发展本身就是一个复杂的动态发展过程，对于知识产权法所产生的需求和影响也是不断发展变化的。因此，抱着毕其功于一役的想法——希望通过法律一次性的修改或完善来解决3D打印发展对知识产权法所产生的所有问题，无论是在理论上，还是现实中，都是不科学的。唯有循序渐进、与时俱进地调整和完善，才是科学可行的路径。

第一节　3D打印知识产权法律体系的整体应对思路

3D打印及相关产业的发展，实际是将现阶段著作权领域存在的以数字化为形式、以互联网为媒介的作品传播行为延展到传统上不受影响的立体作品范畴，以及专利与商标领域。

一、3D打印中知识产权问题的整体应对思路

自20世纪80年代初，我国启动3D打印的研究并研制出系列增材制造设备后，经过近30年的发展，3D打印在技术创新以及在整个产业化中的步伐都呈现出快速发展的态势。通过我国增材制造产业联盟发布的《中国增材制造产业发展报告（2017年）》可

以发现：第一，3D 打印产业规模实现快速扩张；❶ 第二，产业发展格局初步形成；❷ 第三，产业研发能力加速提升；❸ 第四，行业应用领域持续拓展深化；❹ 第五，服务支撑体系逐步完善；❺ 第六，政策保障体系初步建立。❻ 但从我国 3D 打印产业化发展的整体来看，相对于欧美等发达国家仍处于跟随者的地位，与当前我国知识产权制度在政策层面的助推作用和在法律层面上的规范作用还未形成合力。

与 3D 打印相关的知识产权问题多数可依现行法通过解释予以调整，但能够为相关争议找到法律依据并不代表问题可得到有效解决。❼ 由于知识产权领域中法律解释的适用尚待进一步推进，而且考虑到要慎重对待法律体系背后的价值体系，不能以法律解释扭曲知识产权领域的特殊价值衡量，或生硬地援引传统民法价值判断结论。在创新再激励和利益再平衡的价值取向下，以专利法为例提出如下整体应对思路。

（一）疏通逻辑进路

专利法激励创新的逻辑进路可以概括为：确立专利权—激励研发活动和信息公开—获得超额利润收回投资—涌现更多发明创造促进技术进步—增进全社会福利。❽ 在这个进路中，创新者取得市场优势地位、得到有效专利保护是关键的两个节点，缺一不可。刘强认为，在传统生产模式下，技术门槛和规模效应是激励创新者从事创新活动并取得市场优势地位的重要保证，而专利保护在一定程度上依赖获得制造工具的高成本来保持专利权的有效性。3D 打印的出现和发展对此提出了新的挑战。首先，3D 打印缩小了比特与原子之间的鸿沟，物理空间的实物可以随时转化成可编程修改的数据图像，又可以精确地复制还原，极大地降低了技术门槛。❾ 其次，3D 打印有力地推动

---

❶ 中国 3D 打印市场规模 2017 年已经达到了 100 亿元，有机构曾预期在 2020 年会达到 400 亿元。与同期全球 3D 打印市场规模相比远远高于全球 3D 打印产业复合增长率 30% 的增速；预期在 2020 年全球 3D 打印市场规模将会达到 1400 亿元，而中国 3D 打印市场规模将会占据全球的 28.57%。

❷ 中国 3D 打印产业已初步形成了以环渤海地区、长三角地区、珠三角地区为核心，中西部地区为纽带的产业发展格局。环渤海地区 3D 打印产业发展处于国内领先地位，形成了以北京为核心、多地协同发展、各具特色的产业发展格局。

❸ 中国 3D 打印产业的研发能力加速提升，一批工艺设备、关键零部件、软件系统实现突破，在金属 3D 打印、非金属 3D 打印、生物 3D 打印和部分专用材料方面获得突破。3D 打印是一个创新和研发密集型领域，中国 3D 打印专利申请量，从 2012 年的 39 项飙升到 2016 年的 3842 项，每年都以成倍的数量增长。

❹ 3D 打印已经成为航空航天等高端设备制造及修复领域的重要技术手段，初步成为产品研发设计、创新创意及个性化产品的实现手段以及新药研发、临床诊断与治疗的工具，并且应用范围不断向医疗、建筑、服务、食品等行业领域扩展。

❺ 为促进产业健康有序发展，全国增材制造标准化委员会、中国增材制造产业联盟、国家增材制造创新中心、国家增材制造产品质量监督检验中心等行业组织相继成立，中国服务支撑体系正逐步完善。

❻ 中国高度重视增材制造产业发展，指出要加快增材制造技术和装备的研发、应用，建设增材制造创新中心。在"1+X"规划体系中，有 8 个规划提及增材制造，将其列为研发、产业化和应用重点。国家相关部委出台了系列规划政策，推动增材制造产业的创新发展。

❼ 王玉凯. 3D 打印的知识产法应对：基于解释论与立法论相区分的讨论 [J]. 西部法学评论, 2016 (3)：92.

❽ 胡波. 专利法的伦理基础 [M]. 武汉：华中科技大学出版社, 2011：67.

❾ 胡凌. 3D 打印的法律挑战 [J]. 文化纵横, 2013 (8)：94.

以国家或企业为中心的规模化、产业化生产向以家庭为单位的产品个性化、定制化转变，抵消了传统的规模效应。这使得专利权人原先保持的时间优势、先占优势、市场优势受到威胁，其市场优势地位受到严峻挑战。最后，3D 打印降低了制造成本，缩短了产品周期，摆脱了高成本工具制造的制约，导致依靠高成本制造工具保持的专利权也形同虚设。在这种情况下，疏通激励创新的逻辑进路，将成为专利法应对 3D 打印的重要任务。

（二）理顺市场关系

创新者之所以能够受到鼓励而投资于研发，原因在于其发明能够获得专利保护并能够在有限的时间内排除他人的实施。专利权人或以高于边际成本的价格销售专利产品，或通过交换专利取得可观的对价，从而获得高额的回报。专利保护的本质不是保护创新者的想法，也不是保护产品本身，而是保护创新者排他性地占有创新产品的市场，[1] 即为专利权人提供独占的市场地位。随着 3D 打印的迅速发展和广泛运用，它正在以颠覆性技术的面貌逐步融入和改变人们的生产经营和日常生活，特别是改变现有的市场地位。基于 3D 打印，消费者有能力制造同样的产品供自己使用，而无须从专利权人处获得许可及支付费用，甚至有能力大量地打印专利产品并投入市场，成为事实上的新生产者和竞争者，侵蚀专利权人的市场利益。当初，互联网技术的兴起只用了 10 年时间，就彻底改变了传统出版业和其他文化产业的市场地位。[2] 3D 打印的蓬勃兴起也将改变专利权人与消费者在市场中的地位关系。新的市场关系格局需要知识产权制度作出回应，达到前文所述的平衡点，使得各方的市场地位和关系回到合理的状态。

（三）落实权利救济

对创新者权利受到侵害时给予及时有效的救济是知识产权法激励理论发挥效用的重要保障。由于 3D 技术的普及化和简便化，每个社会成员均能充分参与，并通过网络随时加入到产品的发明和生产流程之中，其制造行为具有分散化、隐蔽化和个人化的特点。如果得不到有效的规制，很可能演变为"全民侵权"。[3] 作为一种"潜在破坏性技术"，随着 3D 打印的日趋成熟和完善以及 3D 打印机逐步走进千家万户，自我打印行为将会逐渐普及（尤其是打印专利产品），昭示一个技术实施不受限的"人人时代"的到来。[4] 从著作权发展历程可以看出，当面对重大技术进步（如互联网）带来的大面积侵权时，传统知识产权侵权制度往往无所作为。因为正如尼尔·格尔圣菲尔德教授

---

[1] 寇宗来. 专利制度的功能与绩效 [M]. 上海：上海人民出版社，2005：5.
[2] 费舍尔. 说话算数：技术、法律以及娱乐的未来 [M]. 李旭，译. 上海：上海三联书店，2013：28 - 32.
[3] 刘强，罗凯中. 3D 打印背景下的专利制度变革研究 [J]. 中南大学学报（社会科学版），2015 (5)：51.
[4] 巩珊珊. 3D 打印技术对专利合理使用的影响 [J]. 知识产权，2015 (9)：55.

在谈到专利大面积侵权时所言:"你不可能起诉全人类。"❶ 可见,3D 打印下,知识产权法必须落实好对创新者的权利救济,如此才能发挥其创新激励功能。

(四) 实现利益平衡

应重点处理好 3D 打印环境中的下面几对利益关系。

1. 知识产权人和社会公众之间的利益平衡

"垄断换取公开"机制实质上是利益平衡理念的制度安排。专利法一方面从知识产权权利人的利益角度出发,赋予了知识产权权利人对发明创造的垄断权,另一方面从社会公众利益角度出发,确立了社会公众对专利技术的必要接近。在这个机制下,知识产权虽然是垄断权,但其授予和行使必须体现专利法的宗旨,即不能构成对技术发展的障碍,而是必须促进技术的发展和进步。首先,社会公共利益的判定标准要实现由身份向行为的转变。以往社会普通公众的整体利益被视为公共利益,其中主要是普通消费者和潜在消费者。而 3D 打印赋予了普通社会公众以制造能力,以及在此基础上的销售、传播等能力。普通社会公众往往能够叠加多重身份和角色,并随时或经常变换。这种情况下,就需要依据其行为来判定究竟是公益还是私益,即由身份判定向行为判定转变。其次,3D 打印背景下的个人侵权不能成为知识产权权利人拒绝"充分公开"专利技术的抗辩理由。"披露发明正是专利制度的目的。"❷ 知识产权权利人不能因为保持市场优势地位或防范个人消费者侵权,而故意隐瞒专利技术方案中的"know-how"。专利法可以强制要求专利申请人描述发明的细节,充分公开发明的要点,使包括知识产权权利人的竞争者在内的社会公众都得以"站在巨人的肩膀上",学习专利知识,获取技术信息,从而使社会公众对创新知识的日益增长需求与创新知识不断扩大供给之间达到平衡。最后,对合理使用予以保障。奥罗克教授提出,专利法包含合理使用的限制,该限制"明显地平衡了知识产权权利人的专有权利与社会福利"。❸

2. 实际发明人和知识产权人之间的利益平衡

以往,这两者之间的利益平衡主要是针对职务发明而言的。自 19 世纪中叶开始,随着公司制企业的兴起和发明活动的职业化,越来越多的发明体现为由国家、企业投资进行或者由受雇于企事业单位的雇员完成。由于国家经济、科技、社会制度、立法价值取向等方面的差异,在平衡职务发明知识产权的问题上存在不同模式。总体来说,通常采用专利法的规定辅之以劳动合同的方式加以调整。在 3D 打印背景下,创客群体和众包模式的兴起,使得雇员不再是公司发明创造的唯一主体。对于一些公司来说,把一些小发明、改进型发明、临时性发明任务发包给创客等群体,可以节约更多的成

---

❶ 利普森, 库曼. 3D 打印:从想象到现实 [M]. 赛迪研究院专家组, 译. 北京:中信出版社, 2013:245.
❷ 张乃根. 美国专利法判例选析 [M]. 北京:中国政法大学出版社, 1995:151-205.
❸ O'ROURKE M A. Toward a doctrine of fair use in patent law [J]. Columbia Law Review, 2000, 100 (5): 1177-1205.

本。因为公司不必购买用于实验的仪器设备，也不必支付高额薪酬，只需要支付事先约定的价款，即可取得发明成果和专利。这种情形通常由合同法加以调整。实际发明者往往无法控制其所获得的发明，也不能从其发明中分享商业利润，仅能从其雇主处领取约定的酬金。更有甚者，有的公司或平台将DIY爱好者创客或3D共享社区的创新成果拿去申请专利，获得可观经济价值，实际发明人却一无所有。令人担忧的是，在3D打印背景下，以回报并激励发明人为目标的专利法却可能使实际发明人的利益降为零，构成专利法的悖论。这种情况的出现需要通过专利法对实际发明人与雇主的利益关系进行调整，特别是要明确这类发明申请专利的权利和知识产权归属，以兼顾两者之间的利益。

3. 最初发明人与改进人之间的利益平衡

知识产权基于激励创新而生，不仅仅是财产利益的分配器，更是各种激励的平衡器。[1] 从某种程度上讲，熊彼特的垄断激励理论以及阿罗的竞争理论都是针对单一发明而作出的类型化创新模型，主张将宽泛的知识产权全部分配给最初发明人。3D打印让更多普通公民能参与到创新活动中，使发明创新的累积性特点得到更好的体现，即在最初的发明上进行一项或者多项改进。Lemley指出，如果改进者之间的竞争比集中控制效果更好，或者知识产权人以及潜在的改进者之间不一定会达成协议，那么把权利完全授予最初发明人就不够明智。[2] 有些情况下最初发明人的权利要求覆盖了在后的改进人，而后者也同样需要创新激励。Merges等设计出一种在最初发明人和之后的改进者之间分配权利的模型，并提供了很多支持其模型可行性的产业证据。[3] 在3D打印背景下，一方面，要对最初发明人和众多改进人的利益予以充分考虑，在这些利益之中找到平衡点，以保证对最初发明与后继改进的同等激励；另一方面，要保障改进人在一些情形下应当依据反等同原则获得保护，以避免权利受到侵犯。

4. 知识产权人与在先使用人的利益平衡

3D打印开创了大众创新的时代，使广泛的主体参与创新活动成为可能。对于创新成果，不同主体会有不同的考量。过去可能存在这样的情况：有人会公开，有人会保密；有人会使用，有人不使用；有人申请专利，有人不申请专利。在3D打印背景下，这种情形将更容易发生，也会更加普遍。当同一发明创造存在不同的发明者而其中只有一个人能够获得专利的情况下，就需要对先申请专利的人和先使用发明创造的人即没有申请专利的创造者的利益进行调整。这时可以考虑以下两种情况。一是先使用者在专利申请人申请专利前已经公开了发明。这一事实将使得专利申请人丧失获得知识

---

[1] LANDES W M, POSNER R A. An economic analysis of copyright law [J]. Journal of Legal Studies, 1989, 18 (2): 325–326.

[2] LEMLEY M A. The economics of improvement in intellectual property law [J]. Texas Law Review, 1997, 75 (5): 1003–1005.

[3] MERGES R P, NELSON R R. On the complex economics of patent scope [J]. Columbia Law Review, 1990, 90 (4): 884–908.

产权的机会，因为发明创造丧失了新颖性。二是在先使用是秘密的。在这种情况下，作为在先秘密使用者和在申请专利后获得垄断权的知识产权权利人之间存在冲突。包括我国在内的很多国家的专利法，一般采用授予专利但允许在先的秘密使用者继续使用先前的发明创造的方式，从而限制知识产权权利人的权利。这一选择旨在允许将来可能被指控侵权的人在专利优先权日之前使用发明创造的，可以继续使用而不构成侵权。在3D打印背景下，一方面，这可能涉及的主体数量极其庞大；另一方面，在先使用人的"使用"是否包括制作、传播、销售CAD文件等行为必须加以考量。对在先使用者的保护来说，一个国家最后采用的形式代表了国家利益、各个发明者的利益和公众利益的平衡，必须仔细权衡。❶

(五) 完善权利的扩张与限制

权利具有天生的扩张冲动，知识产权尤其如此。相较于著作权和商标权，专利权的扩张性更胜一筹。而3D打印的出现和迅猛发展，不仅无助于消除专利权的内部扩张性，而且还有助推其扩张的可能。目前，有些学者和产业界已经在为未来的权利扩张吹风造势，而一些组织也在呼吁警惕专利权可能的扩张态势。因此，需要审时度势，在权利的扩张与限制之间寻找适当的平衡点。

知识产权限制是实现知识产权法中利益平衡原则的基本制度，其功能在于通过对知识产权的适当限制，保障社会公众对智力成果的必要接近与合理分享，从而平衡专利权人利益与社会公共利益。也就是说，知识产权限制要求以利益平衡为原则不断制约知识产权制度，与知识产权保护制度实质上是相互补充，殊途同归，都是为了促进科技的进步。在世界各国的知识产权法中，知识产权的客体界定、内容安排、保护期限、行使等静态与动态的各环节和各层面都存在权利限制的问题。❷

二、3D打印中的知识产权权利的限制

对知识产权进行限制的原因，当前学界主要从两个层面展开分析：知识产权限制的必要性（必然性）与知识产权限制的正当性。知识产权限制的必要性阐释了限制知识产权独占性以防止权利滥用的理由，这是消极方面的理由，重在规制和惩治。而知识产权限制的正当性则强调权利限制制度在特定历史时期更好地发挥作用，有利于促进各方面的发展，体现的是制度合理性和合法性中积极的一面，重在维护和提升。

---

❶ MONOTTI A. Balancing the rights of the patentee and prior user of an invention: the Australia experience [J]. Cheminform, 1997, 36 (32): 132–134.

❷ 徐棣枫. 专利权的扩张与限制 [M]. 北京：知识产权出版社，2007：85.

（一）3D 打印中知识产权限制的必要性

1. 知识产权扩张的可能性

3D 打印作为一项颠覆性技术，不仅打破了原子和比特的鸿沟，而且打破了发明和发现、生物和非生物的界限。仅就专利法领域而言，原有的界定可专利性主题的标准将变得模糊不清。

一是 3D 打印无法消除专利权内在的扩张性。从发明到专利权的建构过程，可以分为四个步骤：①通过"新颖性""创造性""实用性"把发明人抽象的知识概括为"技术方案"的抽象物，实现抽象的创新知识向具体的技术方案转化，主要体现在申请说明书中；②采用"物化技术"将抽象的权利主张转化为可书写、可存储、可传播的权利要求书，作为权利的界碑，如同古代划分田地所有权的界石一样，实现无形的权利主张向有形的程序语言转化；③运用注册登记制度赋予发明人以国家权力保障的独占权利，实现程序语言向权利证书转化；④根据行使形式对专利权的权利内容进一步细分，以便使抽象概括的权利具体化。❶ 正如谢尔曼所说，现代知识产权法是理性化运动的产物，旨在通过法律的组织技巧，把知识财产置于一种可计算的形式中。❷ 在第一个转化步骤中，发明申请说明书的技术方案会用附图补充说明文字部分的描述，体现每个技术特征和整体技术方案。❸ 传统上，技术方案基本采用二维图形展现。3D 打印的应用则可以实现三维形式的展现（如三维模型），能够更加直观和形象地展现发明物的整体外观和内在结构，更加清楚地说明技术方案，提高这一转化过程的准确性。但是，由于发明（或信息）的抽象性，以及缺乏更多可供客观测定的手段，3D 打印只能提高第一个转化步骤的精度，却无法有效提高全部四个转化步骤的精度，从而使专利权变得像有形财产那样能够清晰、稳定地勘定其权利边界。专利权固有的不确定性，是其在 3D 打印时代可能继续扩张的内在原因。

二是 3D 打印突破了权利的传统界限。首先，3D 打印及其相关技术带来了打印计算机文件对象的能力。获得了 CAD 文件的对象，基本上等同于拥有物理对象，它只差一个点击。例如，假设一项专利覆盖了一个改进的捕鼠器并且包含捕鼠器本身的说明，以及制作捕鼠器的方法。如果有人制作捕鼠器的 CAD 文件并卖给其他人，但还没有"制造"或"出售"实际产品，这会侵犯专利权吗？依据现有专利法，专利权人有权禁止任何其他人以各种方式对专利产品制造、许诺销售、销售、进口等，这些权能指向的是专利产品本身，并不涵盖说明书、蓝图、模具、零部件等。只要 CAD 文件事实上没有打印出实物，并不能认为专利权受到侵犯。但是，CAD 文件虽然是数据，离实物产品却只有"一步之遥"。专利权人可能会主张适用等同原则，将 CAD 文件视为实

---

❶ 泰雷. 法国财产法 [M]. 罗结珍, 译. 北京：中国法制出版社, 2008: 14–16.
❷ 谢尔曼. 现代知识产权法的演进：英国的历程（1760—1911）[M]. 北京：北京大学出版社, 2006: 214.
❸ 国家知识产权局. 专利审查指南 2010 [M]. 北京：知识产权出版社, 2010: 139.

体物本身，以控制CAD文件的发布与传播。正如方法专利一样，虽然方法专利的保护范围仅是专利中描述的生产方法，专利权人权利的效力范围也应仅限于此，但是各国专利法一般都规定，方法专利权人专利权的排他效力可及于依照该专利方法生产制造的产品。这实质上是为保护方法专利权人的利益而对其排他效力进行的延伸。❶ 目前，将CAD文件作为专利实物产品同等对待，对CAD文件的销售、许诺销售、使用、进口等行为行使禁止权的诉求已经有人提出，3D打印可能使专利权控制的标的从实物形态扩展至数字形态。

其次，3D生物打印技术突破了发明与发现的界限。相较于其他国家，美国的判断标准常常混同发明和发现，而且也更加模糊。在 Diamond v. Chakrabarty 一案中，美国联邦最高法院认为"相比之下，在这里，专利所有人生产了一种新的细菌，与自然界中任何发现的细菌有显著不同特征"。但是，联邦最高法院并没有对"显著不同特征"进行定义。在 Molecular Pathology v. U. S. Patent & Trademark Office 案❷中，法官们对这一标准进行了探讨：Lourie法官认为"显著不同"是指一种独特的化学特性；Moore法官则主张，"显著不同"是一种新的效用，而不仅仅是字面的化学差异；而Bryson法官则要求将其结构和效用与自然界中发现的进行比较。基于这些观点，联邦最高法院处理了"从自然产物中分离出来的物质是否构成可专利主题"这一问题。联邦最高法院认为，仅经提取的天然DNA片段是自然产物而非可专利主题，而互补DNA是科学家合成的产物，是可专利的主题。虽然联邦最高法院认定合成产品是非自然的，但其推理既没有讨论"显著不同特征"，也没有给出用以确定可专利主题的明确标准。❸ 因此，自然产物——其专利声明包含不同于在自然界发现的结构、功能或性质——似乎被认为是可获得专利的主题。因此，如果在3D生物打印机内部模拟自然，由此生成的产品可能不会有显著的不同特征，因为自然在指导创造。❹ 但是，如果3D生物打印材料的制造与输入到3D生物打印机中的材料明显不同，产生一种具有新的形式、结构、功能或属性的材料，则就是发明。目前的3D生物打印技术——将细胞应用到支架上，并发展细胞的培养——为细胞提供了一种新的形式、质量和特性。由此产生的3D生物打印细胞，将与被引入3D生物打印机作为输入的材料的自然状态显著不同。此外，在熔融时产生的3D生物打印细胞的物质组成将会有新的质量——无论是否基于支架的打印——它通过打印中的聚合和灌注而产生。❺ 这样的生物有机体不再是自然界的产物。此外，

---

❶ 张健. 专利权滥用及其法律规制研究[D]. 长春：吉林大学，2011：54-55.

❷ 653 F. 3d 1334 (Fed. Cir. 2011).

❸ EBRAHIM T Y. 3D bioprinting patentable subject matter boundaries [J]. Seattle University Law Review, 2017, 41 (1)：24-25.

❹ JAKAB K, MARGA F, NOROTTE C, et al. Tissue engineering by self-assembly and bio-printing of living cells [J]. Biofabrication, 2010, 2 (2)：1, 9-10.

❺ OZBOLAT I T, YU Y. Bioprinting toward organ fabrication：challenges and future trends [J]. IEEE Transactions on Biomedical Engineering, 2013, 60 (3)：691, 696.

3D生物打印细胞的组装与人造材料结合，就可以轻松实现由发现到发明的转变。例如凯夫拉纤维等人造材料，可以被引入到天然材料的产物中，在活体皮肤修复中进行3D生物打印。其结果可能被认为是具有显著不同特征的，因为人造材料的注入在结构上和可见性上被认为是明显不同的。❶

最后，3D生物打印突破了生物与非生物的界限。3D生物打印材料的后期处理中可以注入活的人体元素，成为生物和非生物元素的混合材料，这将与自然界中发现的存在显著不同。❷ 在3D生物打印材料的最终成熟过程中，人工材料的引入将使该产品成为一种生物和非生物混合的材料。例如，3D生物打印的肾脏或心脏可以通过人造材料进行血管化。相反，在3D生物打印过程中也可以将非生物元素引入人体。例如，3D生物打印可以在原位和活体的沉积操作中治疗皮肤损伤并使伤口愈合。另外，3D生物打印喷墨技术可以很容易地快速打印任何细胞类型或生物材料的皮肤结构，在原位治疗烧伤患者或提供人造皮肤替代品。此外，3D生物打印的发展已经展示了具有3D生物打印单元的机器人手臂的使用，这些单元进入身体并在外科医生的控制下自动重建新的组织和器官，利用体内生物反应来促进3D生物打印建设的成熟。❸

三是3D打印扩大了专利权的攻击对象。专利法通过规定他人对专利权人的义务来间接规定专利权内容，即"虚拟占有"下的禁止性权利和法律规范。为使"虚拟占有"得以实现，法律授予专利权人对他人利用其专利的行为进行控制的权利——禁止权。禁止性权利和极高的排他效力，使得"虚拟占有"的专利权从消极状态得以转为积极状态，呈现出很强的攻击性。除法律所规定的一些限制外，专利权人可以完全自由行使自己的权利。❹ 基于"守门人"理论，传统专利权禁止的对象往往是未经授权的规模生产者和销售者，普通的消费者事实上很少在被攻击之列。3D打印赋予了普通消费者以生产者的能力。理论上讲，只要有一个专利产品的CAD文件、一台打印机和打印材料，就能将一个专利产品制造出来。专利权人会宣称，如果人人都自己制造产品，将不会有人向专利权人购买，从而提出取消"非经营目的使用"、扩大"重造"的范围等主张。可见，专利权的攻击对象已经从传统的规模生产者和销售者，扩大到普通的消费者。

四是3D打印模糊了语言的原有含义。专利权的客体——发明创造，本质上是一种信息的集合，存在于人们形而上的思维领域，通过语言文字、图表、图案等体现在纸面上的指代信息符号表达出来。可以说，权利的逻辑边界是由语言的含义决定的，专利权的界定与分类也是基于语言的含义。而这些语言产生于传统工业时代，适用于传

---

❶ Phillips v. AWH Corp., 415 F. 3d 1303, 1315 (Fed. Cir. 2005).
❷ EBRAHIM T Y. 3D bioprinting patentable subject matter boundaries [J]. Seattle University Law Review, 2017, 41 (1): 44–45.
❸ WANG M Y, HE J K, LIU X Y, et al. The trend towards in vivo bioprinting [J]. International Journal of Bioprinting, 2015, 1 (1): 15, 16–22.
❹ 徐海燕. 中国近现代专利制度研究 [M]. 北京：知识产权出版社，2010：25.

统工业时代。3D 打印时代的到来，使得原先含义清楚的语言变得不清楚，原先不清楚的语言变得更加"扑朔迷离"。例如，"组件"在美国法中一般是指实体形态，从语言角度而言，CAD 文件肯定谈不上是"组件"，但由于 CAD 文件是 3D 打印最重要的要素，纯粹从功能上而言，3D 打印中的 CAD 文件用途和传统制造中的"组件"用途基本一致。可见，任何语言都不是精确的表意工具，一个字、一个词组、一个短语，甚至是一个标点符号，在不同的语句中可能会有不同的含义指示，这在 3D 打印背景下表现得更为明显。在对这些语言进行法律解释时，专利权人往往主张有利于其立场的解释。如果其解释被法院采纳，将使语言突破原义，形成专利权事实上的扩张。

2. 知识产权的限制需求

仅在专利法方面，3D 打印的发展使得专利权从撰写权利要求开始，到审查授权后的权利行使，再到救济时权利要求的解释整个过程中，都存在扩张的可能。为此，专利法限制体系应当摒弃狭义解释，转而进行广义的解读，从专利制度的整体出发，发掘权利限制的方式和措施，整合成新的专利权限制制度，充分发挥其应有的功能和作用。

第一，专利权是相对的。专利权虽然是一种财产所有权，是绝对权和对世权，但权利都是相对的。权利与义务、自由与限制，一直是相生相伴、相互关联的。从财产制度的发展历史来看，对私人所有权的限制在所有权制度诞生时就已存在，从未存在不受限制的所有权。正如梁慧星所说，所有权不是毫无限制的绝对权利，其行使必须顾及各个财产的性质和目的。[1] 3D 打印时代，新技术赋予包括专利权人在内的各类主体更大的行为能力和活动空间，扩大了权利和自由行使的边际。但是，专利权人权利的过度扩张将会阻碍其他主体权利的行使。例如，如果专利权人产品制造权扩张到零部件制造权，将会影响消费者更换零部件、维持产品性能的权利。由于专利权是无形、抽象的财产，如果不进行有效限制，其扩张将会没有边际。

第二，专利制度具有公共政策性。专利法作为激励创新的法律制度，通过对创新成果提供财产激励，促进创新活动，从而推动技术进步和产业发展，其终极目标是追求人类的共同利益。如果赋予的专利权太弱，不容易发挥其激励功能，创新活动动力不足，技术发展会受到制约。如果赋予的专利权太强，专利权人获得大大超过创新成本的超额利润，更多的革新可能会受到抑制。3D 打印给专利权在可专利性主题、专利权能和权利解释规则等全方位的扩张以可能和巨大空间，不加控制的结果必然是赋予专利权人过度的权利，从而使后续的创新受到阻碍。在 3D 打印背景下，专利法如果不加以限制，专利制度就有可能背离初衷，走向立法目的的反面。

第三，专利权扩张将提高社会成本。专利制度的设计目的是以公众的部分自由为代价，换取专利权人创新知识的公开和传播，促进社会技术和产业的进步，增进全社

---

[1] 梁慧星. 民商法论丛：第 4 卷 [M]. 北京：法律出版社，1996：7.

会福祉。虽然对于专利制度的成本与效益比的评估一直没有定论，但社会成本毋庸置疑是存在的。3D打印的产生，使得创新的成本和风险大为降低，知识共享和传播的能力大幅提升，从而有效降低了社会成本。然而，如果专利权借此得以扩张，专利权人将会获得超额收益，相较而言反而增加了社会成本。社会成本是由公众承担的，其增加的部分也会由公众来承担，整个社会的净损失增加，专利制度的成本与效益比也将下降。

（二）3D打印中知识产权限制的正当性

知识产权限制是知识产权的影子，凡有知识产权之处，必然伴随着知识产权的限制。❶ 在价值层面，知识产权限制维护的是社会公共利益，还包括其他权利人的合法利益和国家利益等。在规范层面，知识产权限制制度的规范表达比较分散，在立法上并没有形成一个完整的、相对独立的制度整体，体系化程度较低。单就专利法而言，专利权确权、效力与行使的反向性规范，均有可能成为专利权限制制度的组成部分。

1. 价值层面的正当性

（1）专利权限制正当性的法哲学分析

利益平衡，即利益均衡，是指通过法律的强制力协调各方面的冲突因素，使各方的利益在共存和相容的基础上达到合理的优化状态。❷ 利益平衡原则是专利权限制的法理基础之一。吴汉东就将"新技术革命"视为影响知识产权限制制度变革的一个客观条件，认为新技术革命导致了原有利益平衡格局的变化。❸

《联合国人权宣言》第27条规定："（1）人人有权自由参加社会的文化生活，享受艺术，并分享科学进步及其产生的福利；（2）人人对由于他所创作的任何科学、文学或美术作品而产生的精神的和物质的利益，有享受保护的权利。"其中的"权利"指的是一种自然权利，知识产权作为该"权利"之一，亦属于自然权利。虽然专利权在商业大潮的冲击下不断被工具化和功利化，但知识产权的正当性应该是自然主义和功利主义的有机融合，而不可偏颇。❹ 专利权"拟制占有"的法律存在状态，加上科学技术发展的日新月异与不可预测性，导致权利极易扩张而跨越权利界限。这种知识产品分配不均的情况就会引起利益的失衡。只有自然权利和工具手段之间的融合，才能使利益的失衡变为平衡。

具体而言，利益失衡是需要进行专利权限制的主要原因，主要表现在三个方面：专利权人与社会公众之间、专利权人与其他个人利益之间、专利权人与其他知识产权权利人之间。作为一个试图促进全社会创新发展的法律制度，专利制度必然需要一个

---

❶ 罗军. 专利权限制研究 [M]. 北京：知识产权出版社，2015：17-20.
❷ 冯晓青. 知识产权法利益平衡理论 [M]. 北京：中国政法大学出版社，2006：10.
❸ 吴汉东. 知识产权多维度学理解读 [M]. 北京：中国人民大学出版社，2015：56-60.
❹ 韦稼霖. 自然权利还是功利性选择：对知识产权合理性的反思 [J]. 党政研究，2017（3）：121-128.

机制来解决这样的失衡，从而重新回归平衡。❶ 这个机制就是专利权限制制度。此处，利益并不能同权利画上等号。因为利益包括合法利益和非法利益，而权利是法律承认并需要承担相应义务的合法利益。利益平衡是所有社会研究共同关注的一个话题，在法律中除了知识产权法外其他所有法律也都在试图寻求各方利益平衡的方法。所以，利益平衡在本体论中不应占据主体位置，但在方法论中必须作为研究的指引。因此，我们在对具体专利权限制制度的分析中，会以法律关系（包括主体、客体和内容等）的调整为明线，以利益平衡为暗线。当然，在司法实践中，当专利使用者的正当利益难以在立法上被体现，又在期待立法更正无望的情况下，应该以利益平衡为原则，依靠裁判确保利益。❷ 当公私利益失衡，产生冲突时，当前立法和司法优先的倾向是保护公共利益。❸

在 3D 打印大潮下，专利权限制制度将何去何从？2014 年德国马普创新与竞争研究所 Hilty 教授主持发布的《专利保护宣言》或许可以给出一定指引。《专利保护宣言》序言写道："……为了确保专利制度作为一项发明政策工具能够发挥其有效的功能，专利权应该在参考社会经济成本与收益的前提下，加以界定、证成以及不断反思……新技术和商业实践正在挑战于工业革命时期形成的传统专利保护的平衡……"❹《专利保护宣言》的发布是目前世界许多知识产权学者对于专利权滥用和扩张的一种审慎抗议，从某个角度看，更有对以美国为主的在新科技革命中占得绝对优势地位的专利大国的批判的含义。《专利保护宣言》中强调的"平衡"，其意义既是一个经济体内部公私利益的平衡，也是国与国之间发展利益的协调。而在一个制造数字化、去中心化和个性定制化的 3D 打印时代，这种"平衡"将较之以往更难达成。3D 打印的发展加剧了利益失衡，这就需要专利权限制制度寻找利益平衡的新路径。

专利权限制制度的历史发展过程表明，该制度是利益各方不断妥协的结果。随着科技发展和社会进步，原本只有原则性规定的专利权限制（如公开性），逐渐走向具体立法的完善之路。随着 3D 打印的发展，在专利体系中具体的个人利益会不断被放大和提升。权利人的个人利益在个性化定制和共享经济的风潮下，很难复制前几次科技革命时期由于大规模集中生产而带来的高额垄断利润。因此，在 3D 打印环境中，如何既

---

❶ 彭礼堂. 公共利益论域中的知识产权限制 [M]. 北京：知识产权出版社，2008. 该书的观点是，平衡是一种均衡状态，只是一种暂时和相对的平衡，它总是与不平衡相伴，而不平衡是永恒的。

❷ 田村善之. 田村善之论知识产权 [M]. 李扬，等译. 北京：中国人民大学出版社，2013：20-25.

❸ 吴汉东. 后 TRIPs 时代知识产权制度的变革与中国的应对方略 [J]. 法商研究，2005（5）：3-7. 根据《专利法》第 5 条、第 49 条、第 54 条等规定，公共利益被放置在了优先考量地位。吴汉东认为："公共利益原则是知识产权国际保护制度不可或缺的重要原则，体现了知识产权制度的最高价值目标；这一原则的实现也是推动当代知识产权国际保护制度改革的直接动因。"当然，当前知识产权学界对"利益平衡"存在的滥用现象颇有微词。另见：王玉凯. 利益平衡问题的冷思考：反思知识产权领域"利益平衡"[J]. 中国版权，2011（3）：57-60.

❹ HILTY R, LAMPING M, BURK D L, et al. 专利保护宣言：TRIPS 协议下的规制主权 [R/OL]. 张文韬，肖冰，译. 马普创新与竞争研究所，2014：1 [2020-11-14]. https://www.ip.mpg.de/fileadmin/ipmpg/content/forschung_aktuell/04_declaration_on_patent/chinese_translation_patent_declaration.pdf.

坚守专利制度对专利权人的利益保护，又促进时代特有的开放式科技创新，是摆在每个知识产权学者面前的难题。

极有可能的是，在3D打印背景下，前述利益失衡的三方面表现形式将融合在一起，即社会公众利益、其他个人利益和其他知识产权权利人利益三者间会产生重合。其他人的利益诉求很可能代表着大多数社会公众的利益诉求。这是因为3D打印给社会带来了去中心化和个人制造的无限可能。其结果是：一方面，除权利人外的其他人利益诉求取代了原本由集中化规模化生产才能带来的多数人利益（公共利益）诉求；另一方面，即使在不同专利权人之间，也可能因为开放式创新与协同创新的需要，对他人成果与自身成果的耦合性创新（coupled innovation）更加热心。所以，从某种意义上说，其他知识产权权利人的利益也成了社会公众利益。从专利权限制的角度看，这些公共利益内涵的变化，就需要重新去审视公私利益平衡的价值，从而对整个制度的立法和司法产生影响。另外，值得注意的是，对待商业市场，切勿用商业逻辑去取代法律思考。例如，特斯拉公司对自身享有专利的开放，是出于自身市场开拓和商业利益的考量，而对公共利益的考虑较少。

公共利益和私人利益之间在任何历史时期都一定会存在矛盾，所以不能用逻辑自然地推导出在所有私人利益被满足的同时公共利益也被满足的结论。换言之，公共利益与所有人私人利益的总和不能画上等号，因为私人利益千差万别，特别是在3D打印中。公私利益画等号的错误推论，是在没有考虑到专利制度给予特定人"拟制占有"的情况下作出的，将特定专利权人利益和其他人的私人利益混同在了一起。如果要让这样的推论成立，那么社会就不再有专利制度存在的必要。即使3D打印开创的是一个泛个性化的"民主制造"时代，作为维护公私利益平衡的专利制度（包含专利权限制制度）仍有其存在的正当性。毕竟，"民主"离"专制"只有一步之遥。因此，如何因时制宜地完善利益平衡机制就成为当前专利法重要的命题之一。

（2）专利权限制正当性的经济学分析

许多学者喜欢用法教义学的方式分析专利权具体问题，其缺点在于将专利权绝对化或者天然权利化，而无法解释专利制度背后的缘由和不断变化的动态属性。[1] 我们认为，应该坚持将自然主义和功利主义相融合的方式，既要看到专利权"拟制占有"的属性，也要看到商业社会中专利的工具属性。从经济学角度来看，专利权的出发点是救济公共财产的特性所导致的市场失灵，专利权限制是在保障权利人回收投资之合法利益基础上，经由公共领域与私有部门之间不断交换，最终达成增益公共领域的目标。

正当性是一个具有时代性的变量。在每个时代，专利权限制的正当性是由技术发展、政府政策与国际化三个变量所决定的，而该三个变量背后都有深厚的经济动因。首先，从技术因素看，技术的发展导致产业和工业革命，导致市场固有资源的重新再

---

[1] 刘孔中. 解构知识产权法及其与竞争法的冲突与调和 [M]. 北京：中国法制出版社，2015：23.

分配，经济模式和分配制度将重新洗牌。其次，对于政府而言，此时就需要努力在经济形势的变化中制定相应的政策法规，从而规制市场，或利用政策工具调控市场主体的行为。最后，国际化更是全球化经济发展推动下制度变迁的因素。美国法官波斯纳指出，"在交易成本高的领域内，对有效率规则追求的压力更大"，而在交易成本较低的领域内，当事人一般"不会对低效率规则提出挑战"。❶

随着新科技革命的到来，在单个产品上可专利技术数量的增加，加剧了单个产品上不同专利权属关系的增长，从而导致矛盾重重。这种现象将阻碍信息通信技术企业对产品的更新换代，进而影响市场和科技的良性发展。在这种"零散化权属"（atomized ownership）的背景下，各个专利技术之间纷繁复杂的许可、转移等，将加大产品制造和研发的成本，从而产生"专利使用费堆叠"（royalty-stacking）和"反公地悲剧"等问题。❷ 随后，伴随着3D打印的发展，旧的专利制度建立的经济基础产生了变化，制度亦会对社会发展产生阻碍：许多情况下，专利法给予专利权人独占的制造、使用、许诺销售和销售等权利，可能会将原本可以在市场中产生的完美议价被不合理地提升，从而使得该价值变得过高。所以，好的专利制度就是，一方面，使每个发明创造从专利中较好地回收研发投入，并将这个过程的成本降到最低；另一方面，要不断促进社会科技的发展，而不是产生阻碍。❸

在新一轮科技革命中信息技术不断发展的背景下，共享经济模式正不断走上历史舞台。而作为新一轮科技革命中颠覆性技术的代表之一的3D打印，对共享经济贡献巨大。一般而言，科技创新的整个流程可以被称为创新链。其基本步骤为：基础研究—发明和建模—产品开发—获取投资—市场营销和销售—回馈。在基础研究环节，3D打印降低了科研硬件的成本，也降低了高技术员工的培训成本；在发明和建模环节，CAD设计文件和相关软件降低了原本实验和设计的成本和操作难度，甚至实现了一些以前不能达到的技术高度，提升了制造的精密度和效率；在产品开发环节，3D打印降低了研发成本和产品首发风险，并降低了大规模生产模式下产品修改的高昂成本；在获取投资环节，颠覆性技术的发展带动了众筹（crowdfunding）等新兴融资方式，对个人或者小型企业的发展有较好的推动作用；❹ 在市场营销和销售环节，3D打印产品的生产者可以将CAD文件直接通过互联网传递给消费者，再通过3D打印机制造成品。❺

---

❶ 兰德斯，波斯纳. 知识产权法的经济结构：法与经济学译丛 [M]. 2版. 金海军，译. 北京：北京大学出版社，2016：376-377. 根据科斯定理（Coase Theorem），如果交易成本为零，那么是否建立产权制度并不重要。

❷ OHLHAUSEN H M K. Patent rights in a climate of intellectual property rights skepticism [J]. Harvard Journal of Law & Technology, 2016, 30 (1): 103-151.

❸ OSBORN L S, PEARCE J M, HASELHUHN A. A case for weakening patent rights [J]. ST. John's Law Review, 2015, 89 (4): 1185.

❹ Crowdsourcing [EB/OL]. [2017-09-23]. http://www.crowdsourcing.org/directory.

❺ OSBORN L S, PEARCE J M, HASELHUHN A. A case for weakening patent rights [J]. ST. John's Law Review, 2015, 89 (4): 1185. 关于3D打印环境下产销一体变革是否会实现，决定因素主要有两个：一是消费级3D打印机被广泛使用；二是3D打印相关材料不断被推出与广泛使用，并且成本越来越低。

诚然，3D打印等颠覆性技术的创新成本在现阶段仍然很大，但从整个创新链来看，3D打印背景下创新的成本还是在不断降低的，推动着开放式创新和共享经济的发展。

虽然开放式创新与专利权保护一直被视为是相互冲突的概念，但是，如果专利权使用得当，将对于开放式创新产生积极、正面的影响。开放式创新的核心概念是"分享"，但分享并不代表放弃权利，而是在一定范围内合理分享权利。❶ Hilty 亦认可通过专利权的法定限制来促进开放的可能性。❷ 但要实现这个目标，必须处理好两个问题：一是处理好专利权的独占性与3D打印等颠覆性技术带来的开放式创新公共性之间的矛盾；二是基于专利权与著作权的区别，在开放式创新中，专利权人是否愿意在继续承担专利申请与维持成本（年费）的情况下，给予所有后续使用者一个较为开放的许可使用。

Lemley 曾指出："知识产权法不像物权法那样，是对短缺导致的资源配置扭曲的反映。相反，它限制了人人皆可接触的公共物品，知识产权法人为地制造了原本并不稀缺的稀缺。"❸ 除非严格控制和限制3D打印机的制造和销售，否则专利权人将发现，他们无法阻止未经授权的专利设计投入生产。一个分布式数字化制造的世界也许不适合通过法律来人为地制造稀缺。❹ 从某种程度看，Lemley 是在颠覆性技术创新下质疑整个专利制度的正当性。事实上，知识产权原本保护的应该是"稀有"（rarity），而非"稀缺"（scarcity）。我们知道，正因为技术、工业的发展，社会与信息流动性加剧。任何时代的可用资源都是动态守恒的，只是科技的发展，使更多的资源为时代所利用。单从专利角度看，专利制度是在保护这种改变资源可利用性的手段和方式，而不是资源本身的供给和获得。专利制度的初始目的并不是人为地造成稀缺，而是保护在世界科技发展和信息、物资流动速度较慢的条件下，获取知识手段的缺乏和不平等所导致的社会发明创造出来的技术成果的稀有。作为客观存在的知识本身并不稀缺，只是人类在特定阶段获取知识的手段存在局限性，使得知识变得稀有。而以3D打印为代表的颠覆性技术提供了新型的、更为迅速地获取知识信息的手段和工具，使原本的"稀有"变成了"都有"或者"共有（共享）"。因此，3D打印发展需要专利权限制制度，以合理有效地保障这种"共有"，同时又能维护专利制度的尊严。

总而言之，在3D打印环境下，个性化生产成为可能，甚至是主流。在这种极端情况下，传统专利制度似乎并没有给予宽裕的调适空间。科技革命发展过程的大量实例告诉我们，专利成果也需要分类：一类是公布后就可以被其他人（包括竞争者）直接

---

❶ MENTION A L, AL – SHARIEH S. Open innovation and intellectual property: the relationship and its challenges [M] //RAN B. The dark side of technological innovation. Charlotte: Information Age Publishing, 2013: 131.

❷ HILTY R M, KÖKLÜ K, Access and use: open vs. proprietary worlds [R]. Max Planck Institute for Innovation & Competition Research Paper: No. 14 – 07, 2013.

❸ LEMLEY M A. IP in a world without scarcity [J]. New York University Law Review, 2015, 90 (2): 460.

❹ 莱姆利. 非稀缺世界的知识产权 [EB/OL]. (2015 – 06 – 11) [2017 – 11 – 30]. https: //www. zhihedongfang. com/2015/06/11142.

利用的"自我披露的发明"（self-disclosing invention），另一类是即使反向工程也难以获取的"非自我披露的发明"（non-self-disclosing invention）。❶ 在个性化的数字制造中，知识信息的获取不再是一件困难的事，任何信息都可能由原本的隐性变为显性。原本一些"非自我披露的发明"亦可能变成容易被反向工程获取或制造的发明信息，例如通过3D打印方式。技术的迅猛发展会降低隐性知识外化（即显性化）的成本，并加速外化的过程，知识"溢出"加快。从这个角度看，应该加强专利的保护。但从另一角度看，加大保护会就会阻碍社会开放式的创新局面，这就又凸显了专利权限制的价值。

2. 规范层面的正当性

诚如有学者所言，整部专利法的所有条款都是权利保护和限制的双重体现。❷ 分析专利权限制规范的正当性，就是分析在特定时期与专利权限制相关的法律规范存在的合理性。

（1）专利权限制规范的正当性——以TRIPS为例

TRIPS确立了专利权限制的原则以及相关的具体规范，为缔约方在专利权限制的立法上提供了指引和范例。因此，对于规范层面的正当性分析，TRIPS有较强的代表性。TRIPS第7条与第8条强调，成员在制定国内或地区内知识产权制度时拥有自由裁量权来调整创新市场。❸ 特别是在具体的制度设计方面（如可专利性、权利用尽、合理使用等），WTO成员都有立法的自由选择空间。TRIPS第30条确立了专利权限制的"三步检验法"，但要注意的是，这个三步检验并不是递进的，它需要在综合的整体评估下加以理解（重叠适用），而非对每条标准分开或独立评估，不符合其中一条，并不必然导致例外被禁止。为了达到有限度的要求，例外在效果上并不必须是狭窄的。例外必须符合合法的目的，足以达到该目的，并且没有超出必要和充分的限度。尽管TRIPS有明文规定，但在实施协议的过程中，成员都似乎忘记了这些政策空间。《专利保护宣言》提醒那些对专利权保护过度的成员回归到TRIPS的国际规则上来，为本国或地区创新和竞争留有充分的空间。

具体而言，《专利保护宣言》提倡使用适当的可专利性门槛，❹ 并合理地将保护范

---

❶ 赵勇. 专利正当性：阿罗悖论的困境及其重释［J］. 吉首大学学报（社会科学版），2016（1）：73-75.
❷ 张玉敏，张平，张今. 知识产权法［M］. 北京：中国人民大学出版社，2009：170-179.
❸ TRIPS第7条规定：保护和实施知识产权，促进技术的革新以及技术的转让和传播，以有利于社会和经济福祉的方式促进技术知识创造者和使用者的双赢，以及达到权利与义务的平衡。第8条规定：一、各成员在制定或修订其法律法规时，可采纳必要的措施，以保障公众的健康和营养，并提高对其社会经济发展和技术发展至关重要领域的公共利益，只要这些措施符合本协议中的规定；二、只要符合本协议中的规定，可采取适当的措施，防止知识产权权利持有人滥用知识产权和不合理地限制贸易或对技术的国际转让造成不利影响的行为。
❹ HILTY R, LAMPING M, BURK D L, et al. 专利保护宣言：TRIPS协议下的规制主权［R/OL］. 张文韬，肖冰，译. 马普创新与竞争研究所，2014：5［2020-11-14］. https://www.ip.mpg.de/fileadmin/ipmpg/content/forschung_aktuell/04_declaration_on_patent/chinese_translation_patent_declaration.pdf.

围与发明价值相关联[1]，成员可以以此降低不合理限制接触技术知识的风险。此外，成员可以使特定目的和形式的专利成果使用免受排他权的覆盖，例如基于实验目的、个人或非营利性实施等。[2]《专利保护宣言》认为，一项专利权限制规则如果符合利益平衡原则，就不会不合理地损害合法利益。而此处必须考虑所有涉及的利益，包括：专利权人和其实际与潜在的被许可人；后续发明人；需要在有效竞争条件下从事经营活动的竞争者与其他市场参与者；需要接触基础研究成果的科学与学术研究者；受益于技术进步的消费者；可能在社会、文化与经济福利方面获得改善的广大公众等。[3] 上述各项利益可以通过专利权限制条款具体表现出来。事实上，《专利保护宣言》想传达给各成员的理念是，TRIPS 的条款是可以根据利益的不同而进行灵活解释的，但大部分成员并不知晓。例如，对于 TRIPS 第 30 条的原则性规定就可以灵活性适用。接下来的问题是选择何种立法规范才能达到最好的效果。而《专利保护宣言》并没有对规则的选择进行很清晰的阐释。另外，《专利保护宣言》只是关注了 TRIPS 中如何保护成员主权的条款，并没有关注协调全球性的创新企业。[4]

(2) 3D 打印对专利权限制规范的整体影响——法律不确定性加剧

受新科技革命的影响，在 3D 打印背景下，广义的专利法内部限制规范中法律不确定性不断加剧的机制主要有三种。一是可专利性（可专利主题）的限制：在制造数字化的影响下面对随之而来的大量新兴权利客体或旧有客体的新数字化，呼唤立法的完善乃至变革；二是权利用尽：在全球化和去中心化的跨境数字化制造以及工业互联网平台大力发展之下，专利技术可以轻易实现原本不可能的数字化跨境传输与制造，而传统专利法中基于高度集中的地域限制和与地域性息息相关的权利用尽规则，将在一定程度上遭到重新解构；三是非营利性实施专利：由于 3D 打印个性化定制的大趋势，原本单一的工厂集中标准化生产模式逐渐散入家庭级的产销一体化，由此，一方面，对传统的非生产经营目的的侵权例外规则产生了较大冲击，另一方面，在数据密集型科学新范式的影响下，原本出于科研目的利用专利成果的规范也将发生一定的变化。

(3) 专利权限制规范正当性的新检验标准——法律确定性

如上所述，专利权维持成本过高，导致当前许多技术成果持有人开始采用商业秘密保护、私下技术使用、转让合同等方式（统称为"private ordering"），试图取代或侵蚀专利制度的正当性。[5] 技术成果的私人保护虽然可以克服立法差异性、保护成本

---

[1] HILTY R，LAMPING M，BURK D L，et al. 专利保护宣言：TRIPS 协议下的规制主权 [R/OL]. 张文韬，肖冰，译. 马普创新与竞争研究所，2014：6 [2020 - 11 - 14]. https：//www. ip. mpg. de/fileadmin/ipmpg/content/forschung_aktuell/04_declaration_on_patent/chinese_translation_patent_declaration. pdf.

[2] 同上，第 7 页。

[3] 同上，第 8 页。

[4] DREYFUSS R，DONOSO E. On aiding technological development：the max planck declaration on patent protection [J]. UC Irvine Law Review，2016，6 (3)：321 - 342.

[5] HILTY R M. Intellectual property and private ordering [M] //DREYFUSS R，PILA J. The Oxford handbook of intellectual property law. [S. l.]：Oxford University Press，2018.

高、公开风险大等缺点，但是就法律确定性（legal certainty）而言，专利制度仍然是现阶段的最佳选择。此外，一个专利权限制规范的好坏与否，也可以用法律确定性来检验。

法律的不确定性往往来源于技术、产业、社会、政治和经济等因素的综合影响。从技术发展角度看，技术创新具有较大的不确定性，而专利法的诞生正是为了降低发明人在技术创新方面的不确定性，从而稳步推动技术发展。从经济学角度看，经济意义上的机会往往来自不确定性。从法学角度看，世界秩序的维护必然要求确定性，并以立法为圆心逐渐扩大其确定的范围。法律作为社会公平公正的最后防线，其本身就是对上述各种不确定性进行预防和管制的国家核心治理手段。需要说明的是，这里所说的法律确定性主要是指立法规范的确定性。立法规范的确定性主要是指法律关系的明晰、可适用和权威性，具体表现为法律主体的确定性、法律客体的确定性和权利义务的确定性等。

法律确定性是对专利权限制规范正当性最重要的检验标准。专利权限制是为了更好地划分权利界限，而非否定或模糊专利权。当然，法律规范永远是确定性与不确定性的辩证统一，随着时间的流逝与实践的深入，任何问题都会在这两者之间不断跳转。专利权限制规范的正当性，就建立在不断明确专利权利界限的确定性之上。

与TRIPS第30条维护专利权人的立场不同，提升法律确定性站在了公共利益的位置，对专利技术成果的公开和利用提出了积极正面的要求，并对TRIPS第30条进行了完整的利益平衡诠释（balanced interpretation）。TRIPS的"三步检验法"，主要针对的是专利权限制规范与权利人之间负相关性的限制与规避，而提升法律的确定性是对专利权限制规范与权利人和其他使用人之间的正相关性的鼓励与推动。

在一个开放式且去中心化的时代，我们认为还要将确定性概念拆开来，从两个层面去细化理解。

第一是透明度（transparency）。专利成果的透明度是专利权限制规范的应然需求，以及提升规范确定性的目标。透明度的要求是由专利的公开性所决定的，这是专利权制度确立以来的历史使命。[1] 透明度一方面是针对技术成果面向公众，另一方面是面对与专利权人有利益联结的主体，如被许可人、共同发明人、转让人、受转让人以及使用者等。而对于透明度应该有三个层面的解释：一是对于技术成果的技术性层面，应达到专利法规中公开性的基本要求；二是对于权属及其流转和许可等方面，应该清晰明了，方便后续使用人；三是要求不可有任何恶意的技术保留，对于用商业秘密还是用专利保护的选择应当适度。在数字化向数据化融合并向智能化演进的过程中，社会

---

[1] 崔国斌. 专利法：原理与案例 [M]. 北京：北京大学出版社，2016：25-26. 该书作者认为，对于发明人的保密行为有三大社会危害：一是保密状态下会导致不同发明人的重复研发，造成浪费；二是保密会导致发明人无法获得技术相关最新资讯，从而阻碍科技进步；三是保密会导致技术转让与许可的交易成本增加，甚至阻隔技术交易。

的知识将极大丰富，人人获取知识的能力也愈发平等。如要适应开放式创新的要求，目前还存在专利权属信息获取难度较大以及说明书内容越来越不易被该技术领域的一般技术人员认知和解读等问题。❶ 这些都可能成为专利成果在3D打印时代顺利应用的阻碍，进而侵蚀专利制度。这些问题存在，当然有实践操作失当的原因，但更重要的是专利法规范本身没有作出确定的要求。

第二是使他人接触到成果（access to knowledge）。使他人接触到成果是专利权限制规范的实然需求，以及提升规范确定性后的具体体现。实践中对于专利诸多的独占性、壁垒性的运用，导致能真正被他人接触到的专利成果相当稀少，或者说需要付出较高的成本与代价。能够接触成果的前提要求是，权利人认真履行专利实施的义务。如果专利成果不应用于商业领域，专利制度就失去了必要性。❷ 因此，使他人接触成果的要求是，一方面，要加强使用人接触到专利成果的可能性，这既包括在保护期限内的专利技术成果，又包含保护期限已届满进入公共领域的技术；另一方面，防止立法不合理地扩大可专利主题和权利行使范围。❸ 在3D打印时代，由于个性化制造、使用的逐渐增多，非营利性实施他人专利成果并不一定需要承担侵权责任。在权利限制规范中强调提升他人接触成果的能力（ability of access）会促进信息的传播和交流，提高社会创新的效率。

总而言之，法律确定性是专利权限制规范正当性的新检验标准。这是我们的基本观点。专利权限制规范要适应3D打印的发展，就必须在立法和司法判例上重点关注这些标准。换言之，立法者和法官都应该在处理专利权限制相关议案或案件时，将法律确定性作为重要的考量。这是因为，要想使专利权限制的规范、司法解释或判例等在技术创新中获得一定程度的正当性，法律确定性是必要的检验标准。另外，在法律确定性的标准中特别强调透明度和使他人接触到成果，是想重新唤醒人们对公共利益的关注，为专利权限制规范的进一步完善提供指引。

三、3D打印知识产权具体规则变迁

以上从专利法的角度探讨了3D打印知识产权问题的法律层面整体应对思路。著作权法、商标法等其他知识产权法律制度的整体应对思路与此类似，此不赘述。

综上所述，第一次科技革命以来，在传统的减材制造或等材制造工艺下，生产制造采用大批量、流水线、标准化的生产方式，采用集中式管理的工厂模式组织生产，

---

❶ DIME. Working Papers series on intellectual property rights [R/OL]. [2020-11-14]. http://www.bbk.ac.uk/innovation/news-events/dime-working-papers-series-on-intellectual-property-rights/.

❷ 如《专利法》第53条规定："有下列情形之一的，国务院专利行政部门根据具备实施条件的单位或者个人的申请，可以给予实施发明专利或者实用新型专利的强制许可：（一）专利权人自专利权被授予之日起满三年，且自提出专利申请之日起满四年，无正当理由未实施或者未充分实施其专利的；……"

❸ 刘强. 3D打印与知识产权法[M]. 北京：知识产权出版社，2017：78.

通过货物贸易和运输服务将商品分销各地。现行知识产权法和激励理论紧紧围绕这一客观状况展开了一系列制度设计,以确保创新者通过改进技术能够获取市场竞争优势,并为其排他性地占有市场提供有力保护。然而3D打印作为机械、材料、信息等发展到一定阶段、相互融合的产物,是一种"数字模型直接驱动的成型制造",逐步推动形成小批量、个性化、数字化的生产方式,制造业分布格局、制造过程和管理模式将发生深刻变革,乃至人们的消费习惯和生活方式也会发生巨大变化。在这种情形下,以传统制造模式为基础确立的法律和相关解释(如"修理-再造""组件"区分标准),无法适应3D打印的发展。因此,3D打印领域知识产权制度具体规则需要在前述整体应对思路的指引下进行适应性的变迁。本书下篇将从专利法、著作权法、商标法及竞争法等角度分别展开论述。

第二节 3D打印知识产权政策体系的应对思路

一、对《制造业创新中心知识产权指南》的建议

供给侧大力发展3D打印产业,不可忽视创新政策层面的作用。前文我们讨论了我国制造业创新中心在面对创新模式转变、创新能力提升和创新目的转移的新形势下的特点,在总结和借鉴美国、欧盟等的制造业创新中心知识产权政策的经验基础之上,结合我国《制造业创新中心知识产权指南》(以下简称《指南》)所存在的问题,对其进一步修订提出以下几个方面的建议。

(一)平衡协同创新各方利益,强化制造业创新中心知识产权政策社会性

我国制造业创新中心实行的是"企业+联盟"的形式,其中企业的本性就在于追逐利益,私权的属性非常明确,但是联盟则具有一定的公益性质,尤其是联盟中的高校、科研机构以及国家级的实验室和设备等。因此,首先,可借鉴美国《国家制造创新网络知识产权指南》的经验,在概念部分明确"中心发展知识产权"和"非中心发展知识产权"两个概念。由于非中心发展知识产权仅仅是使用了中心设备而不是由中心资助的项目发展出的知识产权,其私权属性明显,因此指南不宜对该类知识产权的归属、管理和转化等给予过多的干涉。中心发展知识产权由于接受了来自国家和各级财政资助,具有一定的公益性,因此指南应对该类知识产权的管理和转化提出一定的要求。其次,即便对于中心发展知识产权,如果国家通过指南直接对其产生的知识产权归属、管理和转化等进行直接的干涉,与我国社会主义市场经济制度不相符合。因此,还是应当交由项目各方通过协议的方式对产生的知识产权进行约定,而指南可明

确规定协议中应包含的关键性问题,例如创新成果的共享、公开和转化等方面的内容,并给出指导性意见,以便国家对于该领域的共性或突破性创新成果实现其社会性的目的。

(二)充分发挥政策的灵活性,完善制造业创新中心协同创新生态环境

政策的灵活性表现为在充分尊重现有知识产权法律制度的原则下,灵活运用各类协议达到对政策目的的实现。我国制造业创新中心所要构建的协同创新生态环境主要包括两方面的内容,我们的建议也包含两个方面。首先,应当赋予创新中心成员对于中心发展知识产权非排他性使用权。该项权利应当属于非商业使用,并不是对于产品或方法的制造和销售(许诺销售)行为,而仅仅是为了满足其进行产品或方法的科研开发的使用行为,而且创新中心应当在邀请企业、高校和科研机构加入创新中心的协议中将该条款明确表示出来,以此来促进创新成果在创新中心各成员之间的共享。其次,将知识产权的范围界定为开放性的概念。除了《指南》中所涉及的内容外,允许创新中心依据其自身发展的需要,通过协议的方式明确其认为对技术创新具有关键作用的信息或数据的保护和管理,并通过协议的方式将这些信息或者数据限定在创新中心各创新主体的范围之内。

(三)依据产业发展需求,提升制造业创新中心层面的成果转化

区分创新成果的来源,对于非中心发展知识产权,应当交由项目方根据实际需要来决定成果转移转化的时间和方式,不施加干预。而对于中心发展知识产权,尤其是获得了国家和省级政府资金支持的项目,首先,应当明确转移与转化的方式,包括被其他项目用来进行二次开发、进一步开发成为一种商品或服务、推广为一项标准等;其次,要求各创新中心根据各自的实际情况,制定项目成果转化的期限要求,督促项目的成员方不仅仅要按时完成创新成果,更要积极地进行下一步的市场开发,将研究成果尽快转化。

二、充分调动创新主体积极性的知识产权政策建议

(一)引导职务发明制度向"发明人优先"转变

依据前述对我国3D打印产业发展的实证调研得知,我国目前已经形成了以中国科学院、西安交通大学、华中科技大学、上海交通大学和浙江大学等为主的在该领域掌握核心技术的"技术高地"和"实验室工厂"。如何平衡发明人作为隐性技术的持有者和高校作为专利技术显性持有者之间的利益,推动高校科技成果快速高效地转化,是推动3D打印产业化发展的关键因素之一。《专利法》第6条将职务发明限定在"执

行本单位任务或主要利用本单位的物质技术条件所完成的发明创造"之内,明显呈现出"单位强势"。虽然该条第 3 款规定"利用本单位的物质技术条件所完成的发明创造,单位与发明人或者设计人订有合同,对申请专利的权利和专利权的归属作出约定的,从其约定",但是鉴于高校和科研机构的特殊性,在 3D 打印领域的研发主要是完成本单位的任务,建议在对职务发明创造明确"所有权"的规定之外,应该进一步对职务发明创造的"处分权"和"收益权"作出更为明确的界定,让"发明人优先"具有对其科研成果的处置权,并从中获得较大的利益。因此,有必要探索高校职务发明创造的"混合所有制",即以专利技术转化为导向,通过变更专利权人或单位与发明人联合申请的形式,将职务发明成果所取得的知识产权作为奖励转移给发明人,以此来推进职务发明创新成果的产业转化,突破高校和科研机构职务发明转化的瓶颈。❶

(二)集体管理:一种新的尝试

历史证明,新技术的发展对原有的市场利益格局会产生显著影响。随着 3D 打印的深入发展和普遍化应用,专利权人与其他开发者、使用者之间的原有利益格局将发生变化,新的利益态势需要考虑新的平衡。基于 3D 打印累积型创新的特点,3D 打印产品发明专利权可能呈现碎片化的特征。如果多个权利人都对产品制造及收益分配提出独占性的权利要求,那么 3D 打印产品制造者就不得不花费更多的精力,才能在越来越复杂的专利权利要求中搜寻并获得许可。❷ 为了提高 3D 打印产品的实施效率和创新速度,有必要通过顶层设计,创新专利权人的权益分配体系,以达到经济权益在各专利权人之间合理分配的目的。

本书尝试设计了这样一种体系:赋予专利审查机关 3D 打印集体管理的职能,建立 3D 打印基础服务平台,通过行政和技术手段实现全社会其他 3D 打印服务平台与之对接。3D 打印产品发明人在完成技术创新之后向专利审查机关申请专利,专利审查机关经审查通过后,授予专利权,并为专利产品电子文件分配独一无二的文件名,纳入 3D 打印基础服务平台。社会公众在基础服务平台实名注册认证后,可以基于合理使用的原则,免费打印该专利产品。如果要重复打印,则必须支付相应的专利费后方可打印。同时,社会公众也可以基于平台上披露的 3D 打印专利产品的全部信息,经过修改或再创新后,向专利审查机关申请后续的专利。获批之后,在初始专利的文件名后增加后缀予以区分。专利审查机关可参照电视节目内容分级的做法,履行 3D 打印集体管理组织的职能,计算出专利产品的使用率。然后,按登记专利的使用率将基础服务平台收益分配给相应的初始专利权人和后续专利权人,形成完整的权利网络,

---

❶ 刘鑫. 中国 3D 打印专利技术产业化的机会与障碍[M]. 北京:科学出版社,2017:97-98.

❷ MERGES R P. A transactional view of property rights[J]. Berkeley Technology Law Review,2005,20(4):1477-1480.

提高社会公众投身创新的积极性，最大限度地提升激励创新功能。当然，这一体系要投入运作，就必须修改《专利法》，取消对专利未经授权复制和使用的诸多限制。这种体系的社会效果将会非常显著：社会公众将获得便利，创新主体可得到最大程度的扩张，专利可以直接面向大众，知识传播迅速高效，降低社会交易成本和附加成本，等等。

|下 篇|

分 论

第七章　3D 打印涉及的专利法问题

上篇已经论及，3D 打印的发展要求对现有专利制度进行革新，以求解决这项技术引发的专利法问题。例如，可专利主题的界定、侵权行为的判定和侵权责任的追究等专利侵权问题、专利权的限制等。而这些问题都是专利法架构中的重要问题，无法做到视而不见。本章将针对专利法问题的具体应对展开论述。

第一节　3D 打印涉及的专利客体适格性

基于信息技术升级而发展起来的 3D 打印中，专利客体适格规范有可能随着数据、数字化制造相关文件等可专利主题的扩张而产生新的波动。

一、3D 打印发展与专利客体适格规范完善的思路

数据是 3D 打印的核心与基础，而制造数字化是 3D 打印的核心特征。制造数字化为 3D 打印的发展提供了基础，是 3D 打印的首要特征，也是"制造民主化"的奠基石。3D 打印的演变过程是以数据化管理为基础的数字化制造升级，而最终的目标是实现全面智能化，这也是数字经济的终极目标。[1]

近年来，制造数字化带来的可专利主题的扩张与专利客体适格规范不足之间的矛盾逐渐变大，最终迫使法律界必须作出回应。随着近代以来科学技术的迅猛发展，当前专利制度所保护的技术成果早已是整个不受限制的人类知识体系。在 3D 打印的催生下，当前可能被授予专利的技术领域早已超出了传统的工业技术范畴，可专利主题不断扩张，极可能导致专利权的滥用。因此，应该以现时专利立法为基础，利用利益平衡这个准绳，对制造数字化影响下的可专利主题的扩张进行判断，进而通过对专利客体适格规范的完善，达到对可专利主题的范围限制，最终为可专利主题提供清晰、确定的范围。总之，对可专利主题的限制，要着眼于保证产业政策与公共利益的实现。[2]

---

[1] 刘迪，单晓光. 向德国学创新（2）工业 4.0：知识产权与信息化再碰撞 [EB/OL]. (2015 – 03 – 14) [2018 – 07 – 20]. https://www.thepaper.cn/newsDetail_forward_1311026.

[2] 徐棣枫. 专利权的扩张与限制 [M]. 北京：知识产权出版社，2007：78.

如前所述，3D打印的发展能够大幅度降低原型设计、产品开发、成品销售等各个阶段的创新成本和风险。3D打印使创新的成本已经下降并将继续下降，与以前相比，意味着创新耗费更少的时间、金钱、资源，降低了研发、产业化和商业方面的风险。那么以给予创新者创新成本以合理补偿为立法初衷的专利制度，理应受到"弱化"，从而避免超额补偿的发生。当然，鉴于目前专利制度的重要性，"如果我们完全废除专利，将会减少社会激励追求技术的发现"。[1] 但是，如果以相反的方向增加专利的强度，只会强化"自利的贪婪，而不是值得称道的发明"，而减少专利法的激励作用。因此，专利制度的客体需要针对3D打印发展中出现的新的智力成果类型进行重新考量，进行相应的改革。改革不仅要关注经济主体，也要关注发明规范，使得专利授权机制能够平衡3D打印所带来的成本和收益变化，最终达到合理的创新激励程度。

（一）技术进步引起专利客体适格性变革的历史经验

从历史上看，在20世纪50年代往前的300多年时间里，专利制度内部的专利客体适格规范变动比较缓慢，仅在诸如实用性、实物或方法等较为宏观的问题上进行了调整。具体而言，17世纪的英国《垄断法规》只给予产品以专利权，而到了19世纪中期，英国专利法将授权领域扩展到了方法。美国在1790年的专利法中用"有用的技术"限定可专利的主题，而1952年美国专利法则将可专利主题扩张到"任何新颖的有用的且非显而易见的方法、机器、产品或者物质组合"。[2]

但随着始于20世纪七八十年代的信息技术的迅猛发展，传统的专利制度下的专利客体适格规范不断受到新技术主题的挑战，学界和实务界对专利客体适格性的关注甚至成为专利研究领域的核心。与此同时，随着信息技术的高速发展，专利愈来愈有被滥用的趋势，故对专利客体适格规范的修缮也被视为对抗专利权扩张的一种有效手段。在1981年的Diamond v. Diehr案中，美国联邦最高法院宣称"阳光下的任何人造之物都能获得专利"。[3] 1998年的State Street Bank and Trust Co. v. Signature Financial Group Inc.案的判决更为商业方法专利大开方便之门。[4] 然而，宽泛的专利客体在给美国经济带来巨大利益的同时，也给美国社会带来了许多问题。大量问题专利的产生不仅增加了专利审查工作的难度，而且成为许多诉讼产生的根源，并且最终导致了社会资源的巨大浪费。近年来，Association for Molecular Pathology v. Myriad Genetics, Inc.案[5]、

---

[1] HUBBARD W. Inventing norms [J]. Connecticut Law Review, 2011, 44 (2): 408.
[2] ADELMAN M J, RADER R R, CLANCNIK C P. 美国专利法 [M]. 郑胜利，刘江彬，译. 北京：知识产权出版社，2011：134.
[3] Diamond v. Diehr, 450 U. S. 175 (1981).
[4] State Street Bank and Trust Company v. Signature Financial Group, Inc., 149 F. 3d 1368 (Fed. Cir. 1998).
[5] No. 12-398 (569 U. S. June 13, 2013).

Bilski v. Kappos 案❶（以下简称 "Bilski 案"）和 Alice 案❷等，都在美国专利法界掀起了对可专利主题及范围的讨论热潮。在 Bilski 案中，美国司法机关开始对过于泛滥的专利客体进行反思。由此可见，美国对 "可授予专利的对象" 的规定历经了一个 "严格—宽泛—较严格" 的过程。作为当今世界的科技领跑者，美国专利法律上的专利客体适格规则与标准的历史变迁，在世界范围内有一定的代表性。

尽管最近 20 年来美国专利制度处于对专利权人有利的宽松期，但是美国联邦最高法院在 2014 年 6 月对 Nautilus, Inc. v. Biosig Instruments, Inc. 案❸的判决中指出，专利权人在权利要求书中不能对权利内容作过于宽泛的解释，在申请专利的权利要求书中明确界定专利权的边界至关重要。因此，在 3D 打印时代可专利主题不断扩张的情况下，立法和司法对于专利权人的限制可能会随时回归。❹

具体到 3D 打印，虽然至今没有法庭尝试去将数字文件定义成可专利主题，但是有学者已经发表了相关意见。❺ 可以理解的是，为了更好地保护自己的技术创新，权利人通常希望最好可以在其权利要求书中直接声明保护其数字文件。但是，对于具备新颖性和创造性的产品发明而言，其相关的 3D 打印制造文件是否也可以作为客体而授予专利权，仍然是一个问题。5 年前，答案也许是 "可以"，但对于现在的美国而言，从 Alice 案可以看出，美国联邦最高法院对于与计算机相关的专利客体进行了限制。

Alice 案争议焦点在于，一项结合传统结算交割方法与计算机的专利是否有效。❻地方法院根据 Bilski 案的见解，判决 Alice 公司的方法专利与系统专利无效，理由是申请抽象的观念（abstract idea）均无效。经 Alice 公司上诉至美国联邦巡回上诉法院后，美国联邦巡回上诉法院认为并无明显证据证明该专利属抽象观念，改判 Alice 公司胜诉。再经 CLS 银行上诉后，美国联邦巡回上诉法院法官联席会议以 7：3 判决 Alice 公司的方法专利请求项不符合美国专利法第 101 条的要求，但是对于系统专利，却以 5：5 的比数打平，仍认为具有专利适格性，故其系统专利有效。在此混乱的情况下，美国

---

❶ 130 S. Ct. 3218, 3225 - 31 (2010).

❷ 134 S. Ct. 2347 (2014). 从 2010 年 Bilski v. Kappos 案之后，美国联邦最高法院连续在 2012 年的 Mayo v. Prometheus（以下简称 "Mayo 案"）、2013 年的 Association for Molecular Pathology v. Myriad Genetics 以及 2014 年的 Alice v. CLS Bank 等案件中，将重心重新聚焦在美国专利法第 101 条的专利适格性问题之上。美国联邦最高法院于 2014 年 6 月在 Alice v. CLS Bank 案中，对软件的专利适格性（patent eligibility）作出重要判决。虽然在判决之初各界并未给予高度的重视，但是想不到 3 个月过去，不但该判决让美国新增专利侵害诉讼案件大幅减少，半年减幅超过 50%，更在 15 件软件与商业方法专利侵权案件中，有 13 件争议专利被下级法院根据 Alice 案判决无效，其中不乏多件各方关切的案件，骤然敲醒还在怀疑的美国产业界与专利业界。若此种发展趋势持续下去，Alice 案可能会彻底改变未来软件专利的游戏规则与诉讼结果。

❸ 134 S. Ct. 2120, 2124 (2014).

❹ 刘云. 美国专利法简史：1787 年到 2017 年 [EB/OL]. [2017 - 11 - 01]. https://mp.weixin.qq.com/s/GlojCtR87YD4G62kytgHqg.

❺ BREAN D H. Patenting physibles: a fresh perspective for claiming 3D - printable products [J]. Santa Clara Law Review, 2015, 55 (4): 837.

❻ 涉案美国专利编号为 US5970479、US6912510、US7149720、US7725375。

联邦最高法院介入该案，最后判决 Alice 公司所主张的所有专利（不论是方法还是系统专利）均无效。美国联邦最高法院在判决中提出了两阶段判断方法：就申请专利权利要求（claims）是否属于可受专利保护的发明概念加以判断，若属于，则审查其申请是否具备专利三要件；若不属于，则检视申请专利的权利要求的所有组件（包括个别或整体请求项）是否能将其请求的性质转化（transform）为可受专利保护的发明。然而，美国联邦最高法院对该判断方法并未作出进一步释明，也拒绝对抽象观念的内涵加以界定。Alice 案的意义在于进一步明确了"抽象观念"不属于可获得专利主题范畴，[1]并认定 Bilski 案中提出的"机械或转化"标准非唯一审查标准，为之后其他标准的适用留有余地。另外，Alice 案中再次确认了 Mayo 案中提出的"两步法"：第一步，判断权利要求是否指向法定排除（如自然规律、自然现象与抽象概念）；第二步，寻找一个元素或元素组合，从而使权利要求明显超出法定排除（Step 2A）或者其记载了超出法定例外的其他元素（Step 2B）。而美国专利商标局在 2014 年 12 月发布了临时的专利审查指南，根据 Alice 案的精神，主动提出了专利客体适格性的判定步骤以及原则，指引审查员与公众对相关专利的专利客体适格性作出判断。[2]

随后，在 2016 年的 Enfish LLC v. Microsoft 案（以下简称"Enfish 案"）中，美国联邦巡回上诉法院将下级法院的专利无效判定驳回，认为涉案专利不属于抽象概念，使 Alice 案之后的软件专利申请出现一些曙光。在 Enfish 案中，美国联邦巡回上诉法院认为美国联邦最高法院在 Alice 案中并没有排除所有软件专利的专利客体适格性，下级法院应该从整体上判断权利要求请求保护的方案本质上是否属于抽象概念（Alice 案中没有深入释明）。而美国联邦巡回上诉法院亦认为，软件技术也可以创造出不属于抽象概念的技术创新和改良，而并非只有硬件可以。美国专利商标局在之后的审查中立即采用了 Enfish 案中的意见，驳回了 Apple 公司针对 Mirror World 的 US6006227 号专利的 CBM 无效宣告请求。[3]

在我国，《专利法》第 2 条和第 25 条规定了可专利主题的范围，而在《专利审查指南 2010》中规定了专利客体判断采用的三要素，即技术手段、技术问题与技术效果。其中，是否采取利用了自然规律的技术手段是核心要素。而在 2017 年修改后的《专利审查指南 2010》中，第二部分第一章第 4.2 节第（2）项之后新增了一段"涉及商业模式的权利要求：如果既包含商业规则和方法的内容，又包含技术特征，则不应当依

---

[1] 实践中，美国下级法院在 Alice 案后纷纷根据联邦最高法院的见解，判决指控他人侵权的软件或商业方法专利无效。这对不太具有创造性的软件专利权人而言，Alice 案其实具有较大的威慑力量，对专利权人滥用诉讼权利产生了实质的阻碍作用。

[2] USPTO. 2014 Interim Guidance on Patent Subject Matter Eligibility [EB/OL]. （2014－12－16）[2020－11－14]. https：//www.federalregister.gov/documents/2014/12/16/2014－29414/2014－interim－guidance－on－patent－subject－matter－eligibility.

[3] 林委之. 从 Enfish 案和 TLI 案简析美国软件专利适格客体的判断标准 [EB/OL]. [2018－09－06]. http：//www.chinaipmagazine.com/journal－show.asp？2505.

据专利法第 25 条排除其获得专利权的可能性"，为商业模式的专利保护留出了空间。同时，修改后的《专利审查指南 2010》表明，仅"计算机程序本身"不属于专利保护的客体，"涉及计算机程序的发明"可以获得专利保护，进而也明确允许采用"介质＋计算机程序流程"的方式撰写权利要求。❶

最后，值得注意的是，Hilty 教授的《专利保护宣言》表明：TRIPS 成员对于那些它们认为不具有"技术性"（technical nature）的发明也可以不予以专利保护，例如有争议的商业方法或计算机程序。❷ 但与美国的 Alice 案相同的是，《专利保护宣言》条款只停留在单纯的拥护和辩解上，没有深入解释。尤其是对于"技术性"这个概念并没有明确的解释。

（二）3D 打印发展所带来的专利权与著作权重叠问题

从历史角度去考察，知识产权法在 19 世纪中叶以前并不存在固定的保护客体划分体系，至少在 18 世纪和 19 世纪，知识产权法体系是开放和不确定的。在定义上，专利、著作权和商标权以及外观设计都存在较大的交叉重叠（overlapping）现象。当前泾渭分明的知识产权分类体系，是在第三次工业革命后社会分工和商业利益日益明晰和固化的基础上逐渐固定下来的。但随着 3D 打印的发展，特别是在 3D 打印等数字化制造相关的颠覆性技术面前，专利法与其他知识产权法（尤其是著作权法）之间又产生了新的交叉。❸ 这种趋势将带来专利客体适格性和可著作权性的现实重叠问题向更深和更广的领域延伸。这也为当前专利客体适格规范的完善带来了困难。

为此，首先要回到专利与著作权区别的原点上去分析。美国法官波斯纳认为，相比于著作权保护赋予权利人的价值，专利保护趋向于给专利权人带来更大的价值。专利保护的是潜在的具有巨大商业应用性的思想，而不是对公共领域思想的表达形式。❹ 换言之，波斯纳认为抽象的思想更具有价值。在 3D 打印时代，以 3D 打印为代表的颠覆性技术正在慢慢将原本抽象的思想具象化，专利法所保护的"制造"可能被著作权法所保护的"复制"慢慢取代。

事实上，在 3D 打印、大数据等颠覆性技术创新背景下，专利权与著作权重叠的现象逐渐显现。3D 打印可以"无差别"地完成从"平面"到"立体"的制造，在外观设计与实用艺术作品领域的交叉空间内制造了"混乱"。❺ 3D 打印可使得专利产品能够

---

❶ 国家知识产权局. 专利审查指南 2010 [M]. 北京：知识产权出版社，2010：260－269，271－274.

❷ HILTY R, LAMPING M, BURK D L, et al. 专利保护宣言：TRIPS 协议下的规制主权 [R/OL]. 张文韬，肖冰，译. 马普创新与竞争研究所，2014：4 [2020－11－14]. https://www.ip.mpg.de/fileadmin/ipmpy/content/forschung.aktuell/04_declaration_on_patent/Chinese_patent.declarate.pdf.

❸ 蔡元臻. 3D 打印冲击下专利间接侵权制度研究 [J]. 科技与法律，2014（1）：142－159.

❹ 兰德斯，波斯纳. 知识产权法的经济结构：法与经济学译丛 [M]. 2 版. 金海军，译. 北京：北京大学出版社，2016：356－364.

❺ 李永明，郑金晶. 3D 打印中 CAD 文件的定性与复制问题研究 [J]. 浙江大学学报（人文社会科学版），2016（2）：147－159.

转化为数据和图形在网络中传播，由用户下载后迅速实现实体化。❶ 由此可见，在一定程度上，专利法的"制造"可能与著作权法上的"复制"产生混同。在创造性要求越低的专利类型领域（如外观设计）内，这种混淆会越严重。数字化制造相关文件原本仅适用著作权保护，但现今确实具有专利客体适格性的可能。权利人亦可在将其3D打印成型且获得专利保护后，再寻求著作权保护。当然，著作权法中的实用艺术品构成要件，也可能会引起对一些数字化制造相关文件可著作权性的质疑。

（三）完善专利客体适格规范的思路

自专利成文法出现以来，专利制度始终规制的是法定的技术主题。但是，技术进步的永续性导致可专利主题始终在扩张之中。因此，专利制度在面对人类为获得专利而过度追求客体扩张时，可以利用专利权限制的理念，将对可专利主题范围限制（界定）的规范纳入整个专利权限制制度之中，从而为可专利主题提供清晰的、动态的界限与范围。

具体而言，在数字化制造环境下，可专利主题的日益扩张，首先会降低法律的确定性。数字化制造会导致含有知识信息（智力成果）的数字化文件以几何级数倍增，这对专利授权审查是一个较大的冲击。如果专利之门大开，那么必然导致整个专利链的震动，对权利人解释权利、使用人维护权利、司法人审理权利等都会产生较大的影响。数字化制造相关文件自身的不确定性（包含技术和标准等多个层面），会导致原本就具有滞后性的专利法律的适用产生困难。因此，从维护法律确定性这点上看，对数字化制造相关文件作为主题的专利客体适格性限制势在必行。此外，就技术成果的透明度而言，对数字化制造相关文件专利客体适格性的限制，就是划定其专利权利保护的确切界限。专利权的保护以及清晰的权限划分，确实比合同等自力保护方式要使技术成果更透明得多。❷ 最后，就技术成果的可接触能力而言，对专利客体适格性有效控制，实质是为了防止专利权的垄断和泛滥，有效地促成一部分不能受到专利权保护的数字化制造相关文件流入公共领域，从而使得更多的人在共享平台和开放创新中受益。

针对3D打印带来的专利制度的完善需求，国内外学者给出了两种解决方法。第一种方法是维持现有专利客体适格性标准并强化专利保护。对此，本书认为，在3D打印时代，加强专利权的保护固然重要，但是如果静态维持当前的专利授权门槛，就等同于"刻舟求剑"。第二种方法是降低专利客体适格性标准并强化专利权人的法律义务。该观点主要由美国学者胡迪·利普森等提出，认为有必要使知识产权体系更加向中小

---

❶ 蔡元臻. 3D打印冲击下专利间接侵权制度研究 [J]. 科技与法律，2014（1）：142-159.

❷ YANISKY-RAVID S, KWAN K S. 3D printing the road ahead: the digitization of products when public safety meets intellectual property rights: a new model [J]. Cardozo Law Review, 2017, 38 (3): 101-138. 该文认为，可以对3D打印采取一定的技术保护措施，如水印与3D打印机注册登记等。

微企业、个人创业者和发明者倾斜。[1] 对此，本书认为，虽然专利制度更应该偏向占市场多数的中小微企业，但是鉴于中小微企业本身研发能力的不足，一味降低门槛，放任专利申请授权，一方面会降低专利质量，加重申请负担，另一方面还会形成新的恶性竞争和市场垄断，因此，现阶段对于3D打印相关专利授权问题，应该坚持在实践中不断完善规范的温和折中路线。在合理的范围内限制3D打印相关可专利的主题，为广大潜在的专利技术使用者和创新者提供明确与合理的预期。

二、仅表达信息的 CAD 文件的可专利性问题

（一）再论专利权与著作权保护客体的重叠

一个数字化制造相关文件（大部分是设计文件），可能会被作为一种内容的表达形式而受到著作权的保护，同时又可能获得专利权（主要是外观设计）的保护。也就是说，在数字化制造模式下，数字化制造相关文件可以直接自动无差别完成产品的制造（复制），模糊了原本就不够清晰的著作权与专利权之间的保护界限。举例而言，如果将可数字化呈现的 CAD 文件视为一个完整的外观设计专利说明书（事实上也是如此），那么其作为说明书的可著作权性就值得讨论。有学者认为专利文献属于政府公文，专利文献不存在著作权所包含的各项权利内容；还有学者认为专利文献的实体部分可以被排除在官方文件之外，专利说明书只要具备独创性就可以得到相应保护。[2] 本书认为，对该问题不能一刀切处理，应该在司法实践中具体问题具体分析。例如，可将 CAD 文件中可著作权性部分和无独创性的说明文字部分区分开来，法院则应当对二者的认定予以严格把握。[3]

在学理方面，有学者建议建立一个专门的3D打印工业设计制度，这对数字化制造相关文件的可知识产权性都有一定的借鉴意义。[4] 由于产品设计图保护客体在著作权中仅限于图形，不能针对该设计图的"异形复制"，即3D打印的从虚拟到实体的制造（这是专利法范畴），因此，他们建议为3D打印产品设计提供一个专门的工业设计权，凡是为了实现产品或其零部件的特定功能，对其外在形状、内在结构或二者结合所作的新设计均可以受到保护。[5] 这也许是一个解决 CAD 文件可专利性问题的方式，但是存在立法成本过高的障碍。事实上，对一切新兴技术权利客体都进行保护，会阻碍公众接触新技术权利的实现，是对技术创新的一种羁绊。

---

[1] 利普森，库曼. 3D打印：从想象到现实 [M]. 赛迪研究院专家组，译. 北京：中信出版社，2013：34.
[2] 郭鹏鹏. 专利说明书著作权问题研究 [J]. 中国版权，2016 (5)：47-51.
[3] 参见国内相关案例：福建侨龙汽车公司诉陈某著作权侵权纠纷案 [（2015）闽民终字第990号]；赵呈利诉张武、山东省口腔医院侵害著作权纠纷案 [（2016）鲁01民终2416号]。
[4] 刘强，张文. 我国工业设计权制度的构建：以3D打印为视角 [J]. 武陵学刊，2015 (3)：66.
[5] 刘强. 3D打印与知识产权法 [M]. 北京：知识产权出版社，2017：163.

（二）CAD 文件外观设计专利权保护的考量

世界上将外观设计归入专利法体系的主要国家为中美两国。一般而言，专利法保护中的发明和实用新型是一种技术方案，而外观设计是设计方案。根据美国专利法第 171 条规定，外观设计专利保护"原创的、装饰性的工业制品的外观"。❶ 由此可见，数字化文件通过外观设计专利进行保护的一大障碍就是其是否是工业制品（article of manufacture）。以美国专利法上"印刷物规则"（Printed - Matter Doctrine）为例，由此足可见当前美国在 3D 数字化外观模型可专利性上的纠结。所谓"印刷物规则"，一般是指基于美国专利法第 101 条，❷ 作为专利授权的排除条件，含义为单纯的文字、线条、图案的编排结果并非专利法意义上的客体。该规则在美国学界以及实务界一直都颇具争议，原本想规制的是简单图绘或图案，但最终却可能限制人类思想实质表现（mental representations in the human mind）的专利化。进一步分析来看，该规则实际是在划分著作权与专利权的界限，即"表达性"与"功能性"的界限。在 3D 打印方面，美国学者一直都在纠结该规则下的 3D 数字模型文件的可专利性问题。大部分学者根据美国专利法第 101 条的"印刷物规则"否定 3D 数字模型文件的可专利性，认为 3D 数字模型文件仅是"一种电脑可读取的制造物品的 3D 数字模型文件"，❸ 将其作为一种产品的设计蓝图或者一系列打印某种特定产品的指令，仅仅是被记录的信息，而没有与实体结构必要功能相关联❹，只是一种对信息的抽象收集，所以不能被授予专利权。❺ 但对于"印刷物规则"有一个重要的例外，就是由软件实施的过程（software - implemented processes），❻ 而 3D 数字模型文件作为一种与实体产生交互的软件执行程序，也许可以被授予专利权。

自著名的 Bilski 案之后，抽象性在专利法中就是一个相当热门的话题。虽然该案重申了美国专利法第 101 条禁止对抽象概念程序给予专利保护，但是并没有对如何甄别程序是否是抽象性概念提供必要的指导。值得关注的是，2015 年 12 月美国联邦巡回上

---

❶ 35 U. S. C. §171. 原文是 "new, original, and ornamental design for an article of manufacture".

❷ 35 U. S. C. §§ 101, 2006. 我国《专利法》第 25 条第（6）项将"对平面印刷品的图案、色彩或者二者的结合作出的主要起标识作用的设计"排除保护，似乎也体现了这一规则。

❸ HORNICK J. 3D printing and IP rights: the elephant in the room [J]. Santa Clara Law Review, 2015, 55（4）: 801.

❹ 美国联邦巡回上诉法院在 In re Lowry, 32 F. 3d 1579, 1583（Fed. Cir. 1994）案中，认为简单的数据形式（结构）如果仅仅只在内存中发生物理交互，其不能构成所谓的印刷物（information regarding physical interrelationships within a memory）。

❺ BREAN D H. Asserting patents to combat infringement via 3D printing: it's no "use" [J]. Fordham Intellectual Property, Media & Entertainment Law Journal, 2013, 23（3）: 771 - 814.

❻ 美国联邦巡回上诉法院在 In re Beauregard 53 F. 3d 1583（Fed. Cir. 1995）案中确立，其主要针对一些包含能指示计算机完成一定进程的指令的计算机可读取介质（如磁盘、硬盘或其他数据存储设备）。CAD 文件可借由 In re Beauregard 案中所制定的规范，作为由计算机执行进行 3D 打印产品的软件指令被授予专利权。

诉法院在涉及"印刷物规则"的案件——In Re：Thomas L. Distefano, III 案❶的判决中，具体阐释了适用"印刷物规则"时应该使用的"两步测试"：①要确认此客体是否是印刷物；②这个印刷物是否可以达到授予专利的程度。但该案的大前提是讨论的主题必须是印刷物。这个测试把问题又拉回了原点，即如果证明 CAD 文件不是印刷物，那么"印刷物规则"的限制并不能适用。

为此，对于仅表达客观事实的数字化制造相关文件、产品的设计图或外观设计等，可以考虑在我国建立类似欧盟或英国的非注册外观设计制度，或者创立专门的 3D 打印数字化设计模型的立法，参照美国的船壳设计保护法（VHDPA），对其保护标准、登记公示条件以及程序、权利内容进行专门的规制。❷ 当然，这样的做法会对整个知识产权体系造成烦冗的负担，并导致立法成本过高。但国外相对灵活的制度设计，对条件成熟时我国专利法等知识产权法律的修改，仍不失为一种有价值的参考。

三、属于技术方案的 CAD 文件的可专利性

（一）3D 打印影响下"技术方案"的诠释

根据我国《专利法》第 2 条的规定，发明和实用新型皆为技术方案。发明或实用新型能够成为可专利主题，必须是利用了自然规律，解决了特定的技术问题，并产生了技术效果的技术方案。❸ 因此，除"新颖性""创造性"和"实用性"等标准外，可专利主题还必须具备"技术性"。对于可专利主题"技术性"的讨论，从 21 世纪初至今，主要围绕计算机程序和商业方法等领域的可专利性问题展开。纵观欧美各国近年来对于该问题的立法和司法意见，相同点在于，计算机程序、商业方法等主题如果要被授予专利权，必须能够解决"客观的技术问题"。在欧洲和日本的立法对于发明的定义中，都加入了与 TRIPS 相一致的"工业应用"标准。❹ 而《欧洲专利公约》第 52 条规定了最为严格的"工业应用"标准，特别是其中 d 款明确规定"信息的表达"不属于可授予专利权的发明。与其相对应的是我国《专利法》第 25 条第 1 款第（6）项的规定——"对平面印刷品的图案、色彩或者二者的结合作出的主要起标识作用的设计"，不属于可专利的主题。

---

❶ Appeal from the United States Patent and Trademark Office, Patent Trial and Appeal Board in No. 10/868, 312.
❷ 美国《船壳设计保护法》[EB/OL]. [2020-11-14]. https：//www. google. com. hk/url? sa = t&rct = j&q = &esrc = s&source = web&cd = 1&cad = rja&uact = 8&ved = 0ahUKEwiroe2un9rYAhWJHJQKHc0jDLoQFggnMAA&url = https%3A%2F%2Fwww. copyright. gov%2Freports%2Fvhdpa – report. pdf&usg = AOvVaw3wzzJRhEwkWiPW9L4WsMH6. 对于该法值得关注的是，该法从体例上看是属于美国版权法第 13 章，但是其使用的是登记生效主义，即必须进行网上的登记和公示。其公开性的要求与外观设计专利相吻合，但又属于著作权范畴。
❸ 徐棣枫. 专利权的扩张与限制[M]. 北京：知识产权出版社，2007：129.
❹ 根据 TRIPS 第 27 条第 1 款："在遵守第 2 款和第 3 款规定的前提下，专利可授予所有技术领域的任何发明，无论是产品还是方法，只要它们具有新颖性、包含发明性步骤，并可供工业应用。"

结合3D打印的背景，与美国专利法第101条所规定的"印刷物规则"一样，内容仅为信息表达的数字化文件，虽可能与数字化制造有一定关联，但是作为主题本身，因不具备"技术性"而不被视为"技术方案"。在这种情况下，要在专利立法中始终坚持技术性要件，并结合技术发展的实际，灵活应用解释空间，从而处理制造数字化所带来可专利主题的扩张与适度限制的问题。总之，应在实践中坚持"技术性"原则，防止以技术进步为由，任由申请人超越专利法应有的适用范围，垄断非技术性（非技术方案）的创新。在未来数字经济和工业互联网大平台模式的推动下，数字化文件及其相关数据信息将飞速增长，如何协调好科技创新的专利保护与数据信息在公共领域的开放共享，将可能成为可专利的"技术性"原则的重点研究方向。

（二）涉及产品设计图的3D打印文件的可专利门槛

总而言之，鉴于CAD文件的特征，我们认为应当将CAD文件中内容的可知识产权性（包括可著作权性与可专利性）与CAD文件本身的可知识产权性进行严格的区分。在不否定同一个CAD文件上存在多类知识产权的前提下，应该根据具体案例进行具体分析，但可以预见的是，数字化的产品设计图将成为该领域的讨论焦点。特别是对于不符合著作权的"独创性"与外观设计专利的"美感"的设计图，如果想寻求知识产权的保护，就应该根据"技术方案"的标准审视被授予发明专利或实用新型专利的可能性。

在具体案件中，设计图上记录的专利信息和设计图纸本身的可专利性应该被明确区分。如在美国Transocean Offshore Deepwater Drilling, Inc. v. Maersk Contractors USA, Inc.案❶（以下简称"Transocean案"）中，法院认为即使专利的权利要求中只是针对有体物，对于记载有专利信息的设计图纸的销售或许诺销售也都可能构成直接侵权。❷在Transocean案中，被告方做广告宣传出售一个海上钻机，在纸面广告资料上公布了被侵权专利的设计图纸，不过最终交货的钻机并没有完全模仿原本许诺销售的专利产品。但是，该案法院认为被告方在其许诺销售中侵害了原告方在许诺销售自身合法专利产品时的潜在商业利益（commercial interests）。❸由此可见，可以将Transocean案中对许诺销售影响商业利益的判断，适用在设计图纸内容的专利侵权纠纷中。另外，在美国Pfaff v. Wells Electronics, Inc.案❹（以下简称"Pfaff案"）中，法院根据美国专利法第

---

❶ 617 F.3d 1296 (Fed. Cir. 2010).

❷ HOLBROOK T R, OSBORN L S. Digital patent infringement in an era of 3D printing [J]. University of California, Davis Law Review, 2015, 48 (4): 1319.

❸ 在美国联邦巡回上诉法院作出的第一件"许诺销售"侵犯专利权的案件3D Systems Inc. v. Aarotech Laboratories Inc. 160F.3d 1373 (1998) 案中，法院认为，基于被告发出的含有报价单的信函所传达的实质内容，即有对被控侵权商品的描述和可以购买到该产品的价格，被告的报价单信函可以被认定为美国专利法第271条所述的"许诺销售"。

❹ 525 U.S. 55, 57 (1998). 该案主要是一个还未付诸实践的计算机芯片插槽设计图纸，在1年零1个月后进行了专利申请，申请之前已经开始进行交易，但没有制造出来，也没有制造模型进行测试。

102 条（b）款❶，对于发明是否可以在其被付诸实践（被真正制造出来/实体化）前进行销售（on sale）进行了分析。在该案的判决中，法院对于"发明"的定义是：是一个发明者的创意概念而非具象的体现（physical embodiment of that idea）。美国专利法中的"发明"毫无疑问指的是发明人抽象的概念，而不是具象化的实物。该法条很明确地指出，在申请专利的时候任何发明不需要被具象化——美国专利法第100条的定义和第101条的授权条件都没有要求必须付诸实践，而只有在第102条（g）款中规定了"先发明原则"才会有影响。❷ 该法院随后又强调，任何发明要被授予专利权必须符合以下两种条件之一：一是已经被付诸实践；二是根据这个发明的图纸或者说明，足可以使一个相关技术领域普通技术人员进行制造。从字面意思上看，美国联邦最高法院的判决大意可以看成3D打印相关数字文件找到了获得专利保护的理由。根据法院的看法，发明在美国专利法中指的就是抽象的概念或者想法——而只需要字面的解释说明或者图示就足矣——只对于这些字面说明或图纸的销售就构成了对于发明的销售。因此，依据该案，一个即使尚未被付诸实践的技术创新发明概念，仍有可能被授予专利权。

四、完善数字化制造相关文件的可专利性规范

如上所述，现行专利法所规定的权利客体并不能满足3D打印的发展需求，特别是对于3D打印时代的核心生产要素——数字化制造相关文件（如CAD文件）。我们的观点是，按照立法成本由低到高的顺序，未来我国对于数字化制造相关文件的可专利性问题，可以采取如下三种途径处理。

第一，作为计算机程序进行专利权与著作权的交叉保护和限制。数字化制造相关文件具有的功能性和表达性特征使其更接近计算机程序。两者的相同点表现在：同属于智力成果，技术效果既可以与相应的硬件结合产生，也可能是该文件本身所具有的，并能够与任何硬件结合。因此，对计算机程序的著作权与专利权双重保护模式值得适用于数字化制造相关文件。具体而言，可以根据数字化制造相关文件与硬件的结合情况，从整体上判断可专利性。❸ 这种方式能在不改动传统知识产权立法的基础上，最大限度地降低立法修改的成本，但是对于3D打印发展的针对性不强且灵活性不足，容易将大部分具备一定新颖性的数字化制造相关文件挡在知识产权保护体系之外。

第二，作为产品发明进行保护和限制，从而解决数字化制造相关文件在跨境流通

---

❶ 35 U.S.C. § 102（b）. 美国专利法第102条（b）款规定："在美国申请专利一年前，该发明已在国内外获准专利或在印刷刊物上公开发表，或在国内为公开使用或销售者，则不能获得专利。"

❷ 美国专利法第102条（g）款规定："在专利申请人发明之前，该项发明已在本国由他人完成且其未在本国放弃、禁止发行或隐藏者，在决定发明的优先性时，不仅需要考虑该发明的构想及实施日期的关联，并且需要顾及先于他人构想而晚于付诸实施者，在该他人构想前的合适努力。"

❸ 梅术文. 基于3D打印技术的网络知识产权制度变革 [J]. 科技进步与对策, 2017（7）: 105-108.

中的尴尬地位。在不改变原有专利框架体系的前提下,可以参考日本专利法对待计算机程序的做法,❶ 将大部分具有可专利性的数字化制造相关文件归类为产品发明专利,并设置专利申请与审查专项,以保护新兴数字化制造环境下的数字化制造相关文件上的专利权,并对其进行限制,防止申请和适用中的混乱。这种做法可以解决美国 ClearCorrect 案对于 CAD 文件定位的困境,但可能导致的风险是传统立法体系内部的不协调,同时会造成新的专利权滥用,导致各国间专利壁垒的范围扩大,从而将贸易战从线下打到线上。这时就需要各国司法和相关行政机关配合立法的修改,做好对数字化制造相关文件作为产品发明标准的再审视,结合案件实际,对其进行相应的保护和限制。

第三,针对数字化制造相关文件专门设置新型的知识产权类别(可称为"数字化制造相关文件"专项),并辅以相对比较灵活的审查标准和保护期。事实上,数字化制造相关文件并不能完全等同于计算机程序。两者区别在于:计算机程序是指导机器进行相关操作的代码;而数字化制造相关文件是对现实物体结构在网络环境下的虚拟再现,必须经过 STL 等软件进行转化识别,才可以由 3D 打印机执行打印。就实际操作层面而言,一是可以借鉴美国船壳设计保护法的模式,直接创制一个新型的知识产权保护类型来保护数字化制造相关文件;二是借鉴欧洲的非注册外观设计模式,直接在现有的知识产权体系内进行划分和细化,在原有框架不变的情况下对数字化制造相关文件进行特殊保护;❷ 三是参照日本不正当竞争防止法的要求❸,从反不正当竞争法的"兜底"作用衍生出对新型的数字化制造相关文件的保护和限制。❹

对于上述三种做法,我们认为,在实践中应该根据我国自身 3D 打印的水平进行选择,具体有两种实现途径:第一,不改变现有立法,视具体情况而定,交由司法定夺,给予司法机关对于可专利性标准一定的解释权;第二,在专利立法中建立新型的数字化制造相关文件的可专利性标准,并加以限制,防止在 3D 打印时代可专利主题的无序扩张。

五、完善 3D 打印相关专利客体的审查授权机制

首先,修改《专利审查指南 2010》中关于审查用检索资料的范围,以实现同现有技术范围的无缝对接。3D 打印具有的数字化特点使得对于现有技术的检索突破了文献形式,因此应将检索资料来源的范围修改为开放式,顺应未来技术发展的趋势。删除

---

❶ 徐健. 日本计算机程序专利保护制度的变迁及启示:浅议"产品"与"方法"的分类 [EB/OL]. [2018 - 02 - 01]. http://zhichanli.com/article/5740.html.
❷ Council Regulaton (EC) No 6/2002 of 12 Dec 2001 on Community Designs.
❸ 详见日本不正当竞争防止法第 2 条第 1 款第(2)项、第(3)项。
❹ 刘强. 3D 打印与知识产权法 [M]. 北京:知识产权出版社,2017:17 - 21.

《专利审查指南 2010》第二部分第三章第 2.3 节第 2 段,以保持现有技术、审查用检索资料和对比文件三者之间的无缝对接。

其次,引入新的检索技术,逐步建立多元化的现有技术的检索渠道。鉴于我国发达的互联网搜索引擎技术,可以借鉴美国的模式,委托我国的公司进行类似工具的开发,以应对 3D 打印将会给现有技术检索带来的多元化检索渠道的要求。面对 3D 打印所带来的创新 2.0 模式,即创新的去中心化趋势,建立起多元化的现有技术检索手段,覆盖使用公开和其他方式的公开。

再次,完善数字化制造相关文件的专利审查与授权规范,创立新的专利类别或修订传统可专利性规定,以适应 3D 打印发展所需要的数字化制造大潮与专利申请新趋势。

最后,进一步扩充专利审查员队伍,探索专利审查检索的公私合作模式。虽然我国在这方面的工作发展很快,但仍无法与 3D 打印带来的指数级技术增长相比。建议成立一个去中心化的发明共享社区,并以 PPP 的形式与国家知识产权局合作成立非营利组织。该组织不仅对"众创"给予帮助,同时也可以搜集信息给专利申请检索提供帮助。[1]

第二节 3D 打印涉及的专利侵权

目前,学者们针对专利侵权制度的建议多集中在间接侵权、著作权法的移植等方面,却少有从整体侵权制度的视角来进行体系化的分析。我们拟从这个视角对 3D 打印相关的直接侵权、间接侵权进行重新功能定位,完善其构成要件。通过现有专利侵权制度的适当调整,来实现对 3D 打印背景下专利侵权行为的规制,达成"以最小的法律改变达到最好的规制效果"的目的。

一、完善专利直接侵权制度

(一)明确直接侵权制度的定位

在上篇第二章讨论 3D 打印带来的知识产权问题时,曾经依据客体的形式将直接侵权分为实物直接侵权和数字直接侵权两种,对数字直接侵权又根据行为的种类分为四种情形。在此基础上结合对数字化制造相关文件(如 CAD 文件)可专利性的分析,可以得出结论:在法律尚未明确数字化制造相关文件专利客体地位之时,在具体案例中

---

[1] DOHERT Y D. Downloading infringement: patent law as a roadblock to the 3D printing revolution [J]. Harvard Journal of Law & Technology, 2012, 26 (1): 353 – 373.

不能武断地将对数字化制造相关文件的制造、使用、许诺销售或销售以及进口等行为认定为直接侵权（即数字直接侵权）。3D 打印行为是否构成直接侵权，仍需考察其行为的结果是否打印出了实体物。换言之，当前对于 3D 打印行为直接侵权的判断，仍然依赖行为结果而非行为模式进行判断。但并不否认，在将来的法律实践中，立法上可能会形成对数字化制造相关文件（CAD 文件）可专利性的共识，或者在司法中法官根据 3D 打印"低门槛、高还原"的特征，在无实物打印成品的情况下，判定直接侵权的可能性。

（二）优化构成要件

第一是主体要件。构成直接侵权的主体主要包括两个种类：一是生产经营主体，如 3D 打印服务店（网站、公司）；二是部分非生产经营主体，如个人用户，这是一个非常重要的变动。以往，个人用户无论制造能力还是市场力量，基本可以忽略不计，通常被排除在专利权人的视野之外。由于 3D 打印，个人用户摆脱了先前的桎梏，制造能力空前增强，已经成为制造主体中不可或缺的力量，同时也是专利侵权的重要潜在力量。专利法如果继续采用一刀切的方式将非生产经营目的的个人用户排除，则会给专利保护留下巨大漏洞。应根据案件具体情形，将侵权情节严重的个人用户纳入规制范围。

第二是客观要件。未经授权的制造、许诺销售、销售、使用或进口专利发明等行为，都是直接侵权的典型表现。无论利用 CAD 文件打印出专利产品实物，还是对该实物进行使用、销售等行为，都是侵犯专利权的表现形式。这与传统制造背景下的客观要件并无不同，只是涉及 CAD 文件的制造、销售等行为时会变得复杂。这将在下文的间接侵权部分予以详细讨论。

第三是结果要件。3D 打印背景下直接侵权的结果主要是两个方面：一是所制造、销售、进口的该实体物落入了专利权保护范围，二是专利权人的市场利益受损。在判定 3D 打印直接侵权时，首先是全面覆盖测试。在确定被控侵权的技术方案是否落入权利要求的保护范围时，专利法采用全面覆盖原则，即只有被控侵权的技术方案包含权利要求所描述的全部技术特征时，才能够认定专利侵权。例如，在柏绿山等诉北京丹侬霍兰德日用化工有限公司案[1]中，原告的发明涉及"浓缩型高效无磷杀菌洗衣粉及其制造方法"，其独立权利要求共含有 6 项技术特征。而被告的产品中缺少原告的第 4 项、第 5 项技术特征。法院因此认定被告的产品缺少部分技术特征，没有落入保护范围。[2] 在 3D 打印实体物的情况下，判断是否侵权很重要的一环是进行技术对比，测试专利技术方案是否全部由打印出的实体物体现。其次是等同原则测试。在实践中，CAD 文件具有很好的修改性和可塑性，侵权人基于不同的原因，可能将 CAD 文件进行

---

[1] 参见北京市第一中级人民法院（2000）一中知初字第 77 号行政判决书。
[2] 孙建，罗东川. 知识产权名案评析：2 [M]. 北京：中国法制出版社，1998：395.

部分修改之后再将实物打印出来。在进行全面覆盖测试时，有可能面临有些专利技术方案不能够与被打印出的实体物完全匹配的情形。此时，就有必要进行等同原则测试，以防止侵权人通过稍微修改达到规避专利法的目的。最后是利益受损测试。美国联邦最高法院在 Transocean 案中强调："许诺销售被认定为侵权行为的根本目的是防止对潜在的侵权产品产生兴趣，从而损害专利权人合法的商业利益。"只要对专利权人的商业利益构成实质损害（例如，打印的产品市场价格很高，或者多次打印，或者打印数量很多等），即使是个人用户基于非生产经营目的，也应当认定为侵权。例如，某一个用户用家用打印机打印了数量众多的专利产品，免费赠送给亲戚朋友。这种情况下，虽然其并非基于生产经营目的，但其行为对专利权人的商业利益造成了实质性影响，对专利的市场价值造成了贬损，因而认定为侵权是合适的。

二、构建专利间接侵权制度

我国目前尚未确立专利间接侵权制度，在判定侵权行为时只能借鉴帮助侵权或代位侵权理论，但在司法实践中却遇到了种种适用上的阻碍。现阶段在立法上对于间接侵权的适用范围进行限制是必要的，如果不限制专利间接侵权范围，很容易导致其他人只要销售与该专利有关的产品就可能构成侵权。关于 3D 打印中存在的专利间接侵权行为，亦可采取技术措施规避专利侵权风险。

我国《专利法》已于 2020 年 10 月完成第四次修改，其中并未增加网络环境下专利间接侵权制度的条款。根据《民法典》第 1195 条和第 1197 条的规定，网络服务提供者在知道或应当知道网络用户利用其网站实施专利侵权行为，或者在专利权人及专利行政部门通知其制止侵权行为时，如果不采取有效措施加以避免，则需要对专利权人所受损害或者扩大部分的损害承担连带侵权责任。在 3D 打印中，网络环境往往是非常重要的一环，个人、3D 打印店（网站）等都有可能通过网络为他人提供 CAD 文件，从而引诱或帮助其打印专利产品。《民法典》第 1195 条和第 1197 条的规定为构建 3D 打印背景下的间接侵权制度提供了有益借鉴。

（一）明确间接侵权制度的定位——主要规制数字侵权

正如前文所述，为弥补直接侵权制度的不足，很多国家建立了间接侵权制度。我国的立法学者们也对这一制度多有论述，提出了诸多的见解，为完善 3D 打印背景下的间接侵权制度提供了参考。3D 打印背景下，间接侵权制度有两大功能。一是规制数字间接侵权。CAD 文件对于专利权人利益的重要性不言而喻，如果不对基于 CAD 文件的侵权加以控制，专利权人的利益可能很难得到保障。即便 CAD 文件的上传、共享、传播没有转化为实体物，也可能会对专利权人的市场利益造成损害。基于 CAD 文件主要依赖网络，间接侵权制度所要解决的问题主要在于加强对 CAD 数字侵权的规制，以减少数字间接侵权。二是规制实物间接侵权，这与传统的间接侵权基本相同。下文的论述将以数字间接侵权为主，辅以实物间接侵权。

（二）积极引诱侵权

引诱侵权是将专利责任延伸到设计者、3D 打印机制造商和家庭模式下的 CAD 文件分销商的理论。❶ 当"积极引诱侵权"时，一个人应当承担间接侵权责任。为证明积极引诱，专利权人必须证明以下要件：①主观上明知或应知；②存在积极的引诱侵权行为；③可能侵权的结果。数字侵权通过积极引诱侵权的方式为专利权人在实施其专利的能力上带来了独特的问题。由于专利侵权不同于著作权侵权，为了防止 3D 打印背景下的积极引诱侵权制度流于形式，避免"只有极具挑衅的托管网站才能被认定为引诱侵权"的尴尬境地，因此有必要降低积极引诱侵权的主观要件要求。

1. 主观要件——被控积极引诱人必须明知或应知具有侵权可能

我国《民法典》第 1197 条规定要求网络服务提供者"知道或者应当知道"侵权事实的存在。英国专利法和德国专利法对于间接侵权主观方面的表述也是"知道或应当知道"。美国专利法第 271 条（b）款中没有直接规定"知道"，但在一系列的司法判例中予以明确，并发展出"实际意图""具体意图""故意视而不见"等标准。"知道"包含两项内容：一是知道专利权存在的较高可能，二是知道被引诱的行为落入该专利权的范围。从各国的立法和司法实践来看，判定引诱侵权都需要证明被控引诱人的主观意图。这两项内容需要同时满足，缺一不可。

（1）被控积极引诱人应当知道专利权存在的较高可能

在 3D 打印环境下的专利知悉是指 CAD 文件的供应商、传播者对专利权存在这一事实是否知道，或者是否显而易见。这样 CAD 文件通过个人下载将被以侵权的方式有意图地使用。这可能是间接侵权测试中最主观的因素，并且取决于案件的具体情况。在 3D 打印出现之前，典型的积极引诱人是资金雄厚的公司。❷ 现在，被控引诱人将包括托管 CAD 文件的网站和许多传播 CAD 文件的人，这将引起重大的法律问题和政策问题。著作权制度在面对数字下载方面的侵权时已经遇到一些困境。美国联邦最高法院甚至在 Metro Goldwin Mayer Studios Inc. v. Grokster. Ltd. 案中将专利法中的积极诱因引入了著作权制度中。但是，在 Grokster 案中，其侵权的意图是显而易见的。正如美国联邦最高法院指出的那样，被告的存在都是为了促进著作权作品的点对点转移。事实上，法院的结论是"非法目标是明白无误的"。❸ 因为每个人都知道音乐受著作权保护，所

---

❶ DILLON S. Infringement by blueprint: protecting patent Rights in a world of low-cost 3D printing [J]. AIPLA Quarterly Journal, 2014, 42 (3): 444.

❷ RANTANEN J A. An objective view of fault in patent infringement [J]. American University Law Review, 2011, 60 (6): 1580.

❸ Metro Goldwin Mayer Studios Inc. v. Grokster. Ltd., 545 U. S. 913, 940 (2005).

以这样的判决结果并不令人惊讶。在专利领域就有很大不同，因为往往只有很少的人知道该物品存在专利权。如果被控积极引诱人独立创造了侵权的物体而不知道该物体上存在专利权，那么被引诱者在主观上是没有过错的。有些情况下，积极引诱人是否知道专利权存在的事实很容易判断。例如，积极引诱人假冒专利权人将 CAD 文件发送给第三方，"许可"其打印出专利实物。而在一些情况下，则可能会存在争议。例如，积极引诱人自行设计了一个 CAD 文件提供给第三方，引诱第三方进行打印。这时，引诱人是否知道专利权的存在则并不能一望而知。在 3D 打印中，只要网络服务商、传播者意识到所上传、提供、传播的 CAD 文件具有较高的侵权可能性，并且没有采取合理措施排除这种风险，就可以认定具有侵权的故意。比如，网络服务提供商只要采取网页浏览或常识判断等形式审查措施，就可以发现某些 CAD 文件具有较大的侵权风险，却不进行审查，并声称确实不知道 CAD 文件构成侵权，可以认定为"应当知道"。

（2）对"善意"排除规则的考量

在积极引诱人实际注意到专利的情况下，如果其主观上存在该专利可能是无效的或者打印实体物不侵犯该专利的"善意"信念，是否可以认定：即使其知道存在专利权的事实，但是由于其不知道被引诱的行为落入专利权的范围，从而因之免除其侵权责任？本书认为：对"故意"进行判定应当采用客观说，只要积极引诱人注意到或应该注意到专利权的存在，就不能用"善意"来排除其主观过错。如果采用主观说，很多非专业人士由于不具有专业知识和专利甄别能力，会有"充分的理由"相信专利权利要求是无效的或者专利权没有被侵犯，"善意"就可能会被极大地滥用。首先，积极引诱人是否具有专利知识以及其专利知识的专业度都是难以判断的。例如，即使积极引诱人复制了一个标有专利标记的物体，仅仅因为积极引诱人未注意到产品标记这一事实也不足以推断其是否具有专利知识。[1] 其次，纯粹对"善意"的主观判定会使调查变得异常困难。因为专利法是非常深奥和专业化的，而且法律有无数种解释方式，以至于一个善意的非专业人员可能会误解或者确实误解了该专利。[2] 再次，即使侵权判定时有一个客观因素能够与非专业人士可以合理理解的东西联系在一起，使得侵权判定得以实现，但由于专利法的复杂性，依旧无法有效地判断非专业人士主观上是否进行了引诱。[3] 最后，美国联邦巡回法院在类似的情况下，认为非专业人士的主观意见不会否定其实际意图。当某人知道某项专利权受到侵犯时，可能被视为故意侵犯专利权。为证明故意侵权，专利权人必须证明"被控侵权人明知或者应知这种客观定义的风险（由侵权程序中的记录确定）"。[4] 因此，对于故意的侵权行为，仅仅主张不侵权的善意

---

[1] HOLBROOK T R, OSBORN L S. Digital patent infringement in an era of 3D printing [J]. University of California, Davis Law Review, 2015, 48 (4): 1339.

[2] JANIS M D, HOLBROOK T R. Patent law's audience [J]. Minnesota Law Review, 2012, 97 (1): 119.

[3] RANTANEN J A. An objective view of fault in patent infringement [J]. American University Law Review, 2011, 60 (6): 1615.

[4] Octane Fitness, LLC v. ICON Health & Fitness, Inc., 134 S. Ct. 1749, 1756 – 58 (2014).

不会否定其意图。

(3) 具有引起第三人侵权的意图

美国法院在 Broadcom Corp. v. Qualcomm Inc. 案❶中指出,在证明引诱侵权时,需要证明引诱人有"鼓励他人侵权的具体意图"。要证明这一点,通常比证明其知道专利权的存在更加困难。只能基于具体案件,由法院考虑熟练积极引诱人对于该领域的技术认知、CAD 文件的来源、CAD 文件的设计方法、CAD 文件上的专利标识、相关的专利许可等因素进行裁量。如果积极引诱人基于上述因素有合理理由相信被引诱的行为存在现实的专利侵权风险,而其没有采取合理措施排除这一风险,则可以认定行为人应当知道被引诱的行为落入专利权保护范围,具有引起他人侵权的意图。例如,Thingiverse 有一个由用户 Mattheus 创建的用于连接到 12V 直流电压的涡轮机零件的 CAD 文件。该设计师明确鼓励其他用户打印该文件使设计实现,并提供了进一步完成产品结构所需的汇编操作指南。假设该用户是非专业人士,虽然事先知道该涡轮机的零件享有专利保护,但确实不知道引诱他人打印该零件的行为将会落入专利保护范围。在这种情况下,应当认定为他对此是"应知"的。有时候,积极引诱人可能不确定知道自己所引诱的行为构成专利侵权,而是对被引诱者是否构成专利侵权持"故意视而不见"的态度。尽管美国法院对"故意视而不见"的解释不尽相同,但都要求积极引诱人主观上必须认为事实的存在具有很高的概率。正如美国联邦最高法院最近指出,"故意视而不见"的判定需要一个阈值加以认定,即被控引诱人首先需要主观上认为其行为存在很高的侵权可能性。❷ 而与此同时,积极引诱人故意避免知道这一事实。由于 3D 打印中,上传者、网络服务商、传播者等主体实施引诱行为时,往往针对的是网络环境中的不特定人,是否会产生很高的侵权可能性,往往连引诱人自己都不知道。在这种情况下,专利权人要证明积极引诱人主观上有很高的侵权可能性难度很大,举证责任存在过高的嫌疑。因此,在 3D 打印背景下这个阈值可以予以降低,建议只要证明主观上存在侵权可能性即可。

2. 客观要件——被控引诱导人实施了积极的引诱侵权行为

美国联邦最高法院曾经表示:"积极引诱"是指"引导、影响、说服、以类似说服或影响的方式行事",副词"积极"的加入,表明积极引诱必须包括采取积极的步骤才能达到预期的结果。❸ "积极的步骤"主要包括上传或传播侵权 CAD 文件、敦促打印实体物等。具体而言,一是按照专利权利要求书、附图所记载的技术方案,以及采用扫描专利产品的方式创建 CAD 文件并上传到网络。例如将一个 CAD 文件上传至一个 BT 网站(如海盗湾)或者 3D 打印网站(如 Shapeways 或 Thingiverse)。Thingiverse 作为一个运营的 3D 打印社区,下载者可以在其中免费访问 CAD 文件,并自行打印这些文件。而 Shapeways 是一个运营的市场,在这里用户需要付费购买文件,并让 Shapeways 为他

---

❶ Broadcom Corp. v. Qualcomm Inc. 543 F. 3d 683, 699 (2008).

❷❸ Global – Tech Appliances, Inc. v. SEB S. A., 131 S. Ct. 2060, 2070 (2011).

们将其打印。在上传一个 CAD 文件到这些站点时，尽管创建者通过不由他们直接控制的方式提供文件，但他们打算让其他人下载这个文件来打印侵权物品。二是将专利权人所制作的 CAD 文件或模型参数上传，并故意修改或删除专利权人原本附加在 CAD 文件上的专利标识。针对专利产品 CAD 文件的上传和修改，是故意造成该 CAD 文件对应的实体物可能不具有专利权的假象，引诱不知情的用户下载并打印出实物。三是破坏专利权人限制 CAD 文件下载和打印的保护措施，并积极告知他人。破坏专利权人的保护措施，就为下载 CAD 文件和打印专利产品提供了有利条件，而积极告知就明显是引诱他人从事这一行为。即便在告知的时候声明"不要在任何会侵犯专利的国家进行下载和打印！"，这样的声明是否会保护被控引诱人免于责任？可以说，这种禁令实际上是向直接侵权者暗示他们应该打印出来。换言之，"不要按下开关"的声明实际上会导致人们按下开关。四是销售专用于打印专利产品的 3D 打印机。这种行为可能会与帮助间接侵权行为重叠，其区分主要看是否有引诱他人侵犯专利权的主观意图。五是越权许可他人利用 3D 打印制造专利产品。授权侵权的责任也可以延伸到网站的经营者，因其在某些有限的情况下发布的内容，特别是在专利背景下对授权的广泛解读仍在继续的情况下。相比之下，经销商有一些直接的权力来防止侵权，因为他们可以把这些违规的材料下架。许多人将会关注这家网站运营商是否正在从事一项业务，在其中侵权行为是主要或者次要的决定因素。在澳大利亚 Cooper 案[1]中，托管 Cooper 网站的网络服务提供商被发现对授权负有责任，因为他们提供的服务是免费的，用以换取在 Cooper 网站上的广告宣传，而法院也不承认他们对网站内容一无所知。虽然像 Shapeways 和 Thingiverse 这样的大型网站不太可能被这些考虑因素所吸引，但较小的提供商可能更容易被发现对授权负有责任。这取决于他们提供的内容的性质以及他们如何推销自己的服务。

3. 结果要件——存在侵权的可能性

根据目前对专利法的理解，一般认为，间接侵权的成立首先得有直接侵权的产生，即"从属说"。美国和德国遵循这一原则。[2] 而 3D 打印的直接侵权行为主要是指对专利产品的打印，这构成对专利侵权中的"制造"行为。有学者据此认为，专利权人必须证明所称的被控积极引诱人的行为导致了直接侵权，即专利权人必须证明下载者实际上打印了该实体物。[3] 例如，在 3D 打印的情况下，专利权人必须通过直接或间接的证据证明被控积极引诱人提供了供他人下载和打印的 CAD 文件。由于互联网环境中的相对匿名性，证明这种直接侵权可能是困难的。正如数字音乐诉讼所显示的那样，发现谁下载了文件往往需要一个困难而漫长的过程。而且，在著作权法中，仅仅下载歌

---

[1] Cooper v. Universal Music Australia Pty Ltd., 156 FCR 380 (2006).

[2] 程永顺, 罗李华. 专利侵权判定：中美法条与案例比较研究 [M]. 北京：专利文献出版社, 1993：89.

[3] KARUNARATNE S B. The case against combating BitTorrent piracy through mass John Doe copyright infringement lawsuits [J]. Michigan Law Review, 2012, 111 (2)：286-288.

149

曲的行为就是侵权行为。3D 打印下虽然获得这样的证据并非不可能，可以通过间接证据证明直接侵权，但是操作起来确实可能是困难且高成本的，而且容易把问题转变成一系列直接侵权认定中该 CAD 文件到底有没有被打印，何时何地何人打印。由于 CAD 文件的数字属性，因此分布和传播极其广泛和高效。要证明某一 CAD 文件是否被打印将是很没把握的一件事，而且容易使间接侵权制度流于形式。因此，我们建议，结果要件并不需要有实际的打印结果发生，只要根据现有证据可以判断出侵权的可能性即可。

（三）帮助侵权

一般认为，满足以下条件的人员应当承担帮助侵权责任：①知道该"与实施专利的基本要素相关的工具"特别适用于侵权产品，而没有实质性的非侵权用途；②许诺销售、销售或将该"工具"进口到本国；③该工具是"与实施专利的基本要素相关的工具"；④可能导致直接侵权行为。

1. 主观要件——侵权人知道专利知识，并且知道该"与实施专利的基本要素相关的工具"是专门适用于某专利产品的

被控的帮助侵权人知道该专利，而且知道该组成部分没有实质性的非侵权用途，由此推定其具有侵权意图。与积极引诱侵权不同，对侵权人并不要求"有意引起侵权"。因此，帮助侵权和积极引诱侵权是不同的，因为有些非侵权行为也可能被认定为积极引诱行为，例如著作权领域类似 Grokster 的情况就是如此。[1]

2. 客观要件——存在许诺销售、销售或进口该"工具"的行为

其中一个最重要的问题是侵权者"许诺销售"或"销售"组成部分的行为是否包含免费赠送。美国联邦巡回法院根据美国专利法第 271 条（a）款中"根据传统契约分析的规范"解释了"许诺销售"，这意味着要约必须构成"进入交易意愿的表现"，而另一方理解并接受其讨价还价后的价款，才会得出"许诺销售"结论。美国联邦巡回法院对"要约"的合同法定义遭到了批评。[2] 其中部分批评中认为要约定义中的"许诺销售"排除了大部分广告和宣传标语，这可能以价格侵蚀的方式对专利权人造成损害。法院认为，"销售"一词至少不包括免费赠送侵权物品或其他的免费交易方式。[3] 虽然在作为一个明确的含义时这样的解释可能是正确的，但在 CAD 文件商业转让的语境下，这样的解释可能是不可行的，因为"销售"会造成基于帮助侵权的诉讼障碍。由于生成 CAD 文件的成本低廉，因此 CAD 文件创建者可能愿意将其免费转让。同样，网站也愿意免费存储 CAD 文件。最终，会以损失 CAD 文件的销售量和其价格侵蚀的形

---

[1] Metro Goldwin Mayer Studios Inc. v. Grokster Ltd., 545 U. S. 913, 940 (2005).

[2] OSBORN L S. The leaky common law: an "offer to sell" as a policy tool in patent law and beyond [J]. Santa Clara Law Review, 2013, 53 (1): 169–196.

[3] HOLBROOK T R. Liability for the threat of a sale: assessing patent infringement for offering to sell an invention and implications for the on-sale patentability bar and other forms of infringement [J]. Santa Clara Law Review, 2003, 43 (3): 766.

式侵害专利权人的利益。因此，应当对"销售"作扩大解释，将免费赠送作为营销手段以便获得商业利益的行为也应当纳入"销售"的范畴。另外，帮助侵权与引诱侵权在客观方面有重叠之处，后者除了提供 CAD 文件之外，还会有其他的附加行为以对他人产生明确的引诱。

在欧洲，"与实施专利的基本要素相关的工具"通常被解释为物理对象，软件和计算机程序则是例外。在 Menashe Business Mercantile v. William Hill Organization Ltd. 案❶中，英国上诉法院认为拷贝有游戏软件的 CD 或网站上供下载的游戏程序可被认为属于该类"工具"。据此推理，3D 打印中的 CAD 文件只要储存在某种形式的介质中，即可被认为是"与实施专利的基本要素相关的工具"。德国判例法普遍认为相关的"工具"应该具有物理或有形的性质，例如受专利保护的某个要素，也可以是可用于实施专利程序的装配组件，或是有助于实施这类过程的物品。然而，"工具"的一般定义并不一定意味着相关的"工具"只能包含物理物质，也可能包含非有形的物品，诸如使用说明、计算机程序以及数据文件。在间接侵权背景下，即使是不受专利保护的要素，也可以因为被用于实施专利程序，而被视为相关的"工具"。

3. 客体要件——销售或许诺销售或进口的必须是专利的"与实施专利的基本要素相关的工具"

那么，CAD 文件能不能作为实体物的"组成部分"？在早期大多数的侵权案件中，涉案的所谓"组成部分"针对的是较大的整体的专利实物。例如，对于包括电机驱动基座和容器的专利搅拌机，容器将代表专利搅拌机的组成部分。即使在这个无形的发明时代，许多与软件相关的发明被认为是方法发明，法院认为软件的功能（如 XML 编辑器）是编辑 XML 文档方法的组成部分。❷ 但是，如果认为一个 CAD 文件是专利实体物的"组成部分"，那么它肯定与以前的情况有所不同。与实际上是搅拌机发明的一部分的容器不同，CAD 文件不是实体物的一部分。实际上，它是整个实体物的数字化表示，而不仅仅是其一部分。此外，根据 CAD 文件打印出实体物后，文件将继续与实体物分开存在，且实体物的存在不再需要 CAD 文件。例如，我们并没有把制造设备的装配线称为设备的"组成部分"，而可以将 CAD 文件称为实体物的前体。然而，与传统制造业时代的制造商往往是拥有雄厚资金的大公司相比，这在数字制造时代并不是完全适用的。帮助侵权原则就是在专利权人的技术实现商品化时，保护专利权人免受他人的损害。过去，法律并没有将模具或装配线视为专利的"组成部分"，是因为这样做并不是保护专利权人的利益所必要的。使用模具或装配线的公司可能是一个大规模的集中式的企业，大规模的侵权行为往往可能会支付大量的侵权赔偿。❸ 相比之下，使用

---

❶ Menashe Business Mercantile v. William Hill Organization Ltd., R. P. C. 31. (2003).

❷ i4i Ltd. P'ship. v. Microsoft Corp., 598 F. 3d 831, 848 – 49 (Fed. Cir. 2010).

❸ RANTANEN J A. An objective view of fault in patent infringement [J]. American University Law Review, 2011, 60 (6): 1575 – 1580.

CAD 文件的主体可能是分散的,个人在打印实体物时的单一行为就可能构成了侵权。因此,权利人针对每一个侵权人都去起诉是不切实际而且成本巨大的。

在美国,在确定帮助侵权是否成立时,通常会判断行为人所提供的物件是否是专利产品的重要组成部分,以及是否有其他用途。在 Microsoft v. AT&T 案❶中,有争议的"组成部分"是运往海外的计算机软件。AT&T 的专利包括一个计算机和软件的组合,用于对记录的语音进行数字编码和压缩。由于权利要求书中声明将计算机和软件结合起来,因此该发明既不是独立的计算机,也不是独立的软件,只有当软件被加载到计算机上时才会发生直接侵权行为。微软公司将该软件从美国运出到外国,然后进行复制,并将该复制件与计算机结合使用。法院在对美国专利法第 271 条(f)款中的"组合"进行解释时认为,"组合"要求"组成部分"一词具有有形的含义。因此,"抽象的"软件不是第 271 条(f)款所述的组成部分,必须与硬件结合,才能作为"组成部分"。就现有法律而言,单纯的 CAD 文件并不能作为"组成部分",但可能构成欧洲的"与实施专利的基本要素相关的工具"。

4. 结果要件——可能导致直接侵权行为

帮助侵权不需要直接侵权的实际发生,这与引诱侵权相似,但是提供的手段必须使第三方能够实施某项专利。"使该项发明生效"在德国术语中指的是一个被提供或提出的手段促使发明物使用的事实。如果第三方使用这一手段,根据德国专利法第 60 段第 9 章第 1 条、第 3 条的规定,将构成直接侵权。但是,实际上第三方在接受后并不需要那样去做。换句话说,帮助侵权并不要求直接侵权的实际发生,但存在发生的可能性。在这一点上,英国也持同样的态度。特别是在 3D 打印中,CAD 文件主要在网络上传播,如果要专利权人证明某一个 CAD 文件事实上被打印出来,这是极其困难的事,并且成本相当高昂。

三、搭建专利网络侵权保护体系

(一) 3D 打印引发的网络侵权

2011 年之后,3D 打印引发的争端开始出现,很多纠纷涉及网络服务提供商和提供 CAD 文件或打印服务的平台。Mendis 和 Secchi 发现,在这些"在线平台"上存在知识产权侵权的证据虽然规模很小,但"突出了未来知识产权问题的潜力"。❷ 2011 年初,Thingiverse 的设计源文件中上传了著名的彭罗斯三角形,❸ 这是一种受 3D 打印爱好者

---

❶ Microsoft v. AT&T, 550 U.S. 437, 441-442 (2007).

❷ MENDIS D, SECCHI D. A legal and empirical study of 3D printing online platforms and an analysis of user behaviour [M]. London: The UK Intellectual Property Office, 2015: 38-39.

❸ WONG J. Penrose triangle illusion [EB/OL]. (2011-02-11). http://www.thingiverse.com/thing: 6474.

所喜欢的"不可能的物体"。据称是因为复制了已经上传到竞争对手 Shapeways 上 3D 打印的彭罗斯三角形设计源文件，Thingiverse 收到第一个涉及 3D 打印的 DMCA 删除通知。因为该 3D 设计可以抽象为对已经落入公共领域的 2D 图案的原创独立解释，而不是对第一个 3D 设计的复制，所以假设著作权实际上存在于原始 3D 设计中，则之后对原图案的 3D 设计可能不是侵权行为。❶ 但是，Thingiverse 还是删除了这个有争议的设计，最终由于公众的强烈反应，Schwanitz 把他的设计奉献给公共领域，并撤回移除请求。❷

彭罗斯三角形事件之后，Games Workshop（Warhammer 的所有者）发布了一个关于由 Thingiverse 用户设计的战锤风格的小雕像的删除通知。❸ Thingiverse 遵守通知，并删除了雕像的设计。这些文件并不是官方的战锤数字的直接副本，很可能被更好地定性为"受战锤作品启发的非侵权原创作品"，而不是"战锤"作品的侵权复制品或衍生作品。❹ 在法律责任方面，最多可能是外观设计侵权，或盗用（假冒），或商标侵权，但这不包括在美国数字千年版权法覆盖的范围之中。

2013 年 1 月，Tintin 的一个火箭设计文件也是在收到 DMCA 删除通知后从 Thingiverse 删除的。这个设计是根据 Tintin 的创作者 Hergé 的两本已出版作品"目的月球"和"月球探险家"完成的。以这种设计的形式进行 3D 复制，可能侵犯著作权，也可能是因与原创者错误关联而造成商业外观设计侵权或盗用的案件。

2015 年"左鲨"案件的争议显示出一些人对给予 3D 打印设计源文件过分宽泛保护的抵制。这个案件的起源是著名流行歌手 Katy Perry 在 2015 年美国超级碗上的表演。在这期间，她有两个穿着鲨鱼服装的舞者，其中一个用尴尬的舞蹈动作捕捉社交媒体用户的笑点。一位名叫 Fernando Sosa 的设计师创作了"左鲨鱼"的 3D 打印设计源文件，并将文件上传到了 Thingiverse 和 Shapeways。不久之后 Sosa 就收到 Perry 的律师的信件，要求他从两个平台上删除文件以及删除通知到达 Shapeway 时从销售中删除该项目（虽然在撰写时 Shapeways 已经扭转了它的决定，该项目当时正在销售）。Perry 的律师声称，设计源文件和打印出的鲨鱼雕塑侵犯了她的版权。然而，Sosa 决定不遵从这个要求，并且请求纽约大学法学院教授的帮助。该教授代表 Sosa 作出回应，质疑 Perry 的律师声称著作权的存在，即使著作权存在，当然也不清楚 Perry 是否是它的权利人。对此，Perry 的律师似乎试图注册左鲨鱼的名字和外表（讽刺地使用 Sosa 的鲨鱼图案）

---

❶ RIDEOUT B. Printing the impossible triangle: the copyright implications of three-dimensional printing [J]. The Journal of Business, Entrepreneurship and the Law, 2011, 5 (1): 160-177.

❷ WEIBERG M. What's the deal with copyright and 3D printing? [EB/OL]. Institute For Emerging Innovation, 2013: Page6 (2013-01-29). https://www.publicknowledge.org/files/What's%20the%20Deal%20with%20Copyright_%20Final%20version2.pdf.

❸ THOMPSON C. 3D printing's forthcoming legal morass [R/OL]. (2012-05-31) [2018-04-05]. http://www.wired.co.uk/news/archive/2012-05/31/3d-printing-copyright.

❹ BREAN D H. Asserting patents to combat infringement via 3D printing: it's no "use" [J]. Fordham Intelctual Property Media and Ent reainment Law Journal, 2013, 23 (3): 812.

的商标，Sosa 宣称这是"恶意商标"。❶

虽然这些年来关于 3D 打印的争端暂时还没有涉及发明专利和实用新型专利的 CAD 文件，但是随着平台内容的丰富和参与 3D 打印人群数量的增多，这类 CAD 文件争端的出现可能只是时间问题。从以上例子可以预测，此类争端将主要存在两个方面的问题。一方面，越来越多的涉嫌侵权 CAD 文件出现在网络上，其中不乏"名头"响亮的文件，说明网络服务提供商可能并没有尽到事前审查的职责。而在接到通知后，并没有对通知是否"合格"进行审查，而是"一删了之"。另一方面，无论实际上是否存在明确的侵权行为，权利人越来越多地转向"通知—删除"规则，即使此类通知的法律基础值得怀疑，但它仍是其保护手段中的关键武器。目前，删除过程是"内容提供商管理在线侵权的主要手段，因为它速度快，价格便宜，效率高"，还有部分原因是它"绕过了对著作权纠纷的司法监督"。最终的结果是一个"令人不寒而栗的效果"，甚至导致在可能不侵犯著作权的材料尚处于离线状态时仍然收到这样的删除通知。❷

（二）专利立法的缺憾

虽然消费者层面的 3D 打印是一个新的发展，但在 20 世纪 90 年代中期使用互联网的人应该熟悉它所呈现出的法律问题。这一时期给著作权所有者，主要是电影和音乐产业带来了一种不同寻常的威胁。文件格式的技术发展以及广泛可用的宽带接入，将高成本模拟过程的非法拷贝（随着多重拷贝的质量下降）变成了几乎没有代价的、完全无损并可轻松分发的数字流程。由于担心新数字媒体的潜力，世界知识产权组织成员国于 1996 年签署了新的版权条约，美国国会于 1998 年通过了数字千年版权法。该法的核心是通知和删除条款以及结合内容主机的安全港条款。这为像 YouTube 这样的网站发展铺平了道路。我国在 2009 年通过的《侵权责任法》第 36 条中，建立了针对网络侵权行为的"通知—删除"规则。2021 年 1 月 1 日《侵权责任法》被废止，这一规则被引入《民法典》第 1194 条、第 1195 条和第 1197 条中。在 2013 年修订的《信息网络传播权保护条例》中，第 14～17 条规定了该规则在网络著作权保护中的具体适用。美国在数字千年版权法的"通知—删除"和安全港条款提出了一个基本的法律框架，既可以帮助专利权人更容易地维护自己的权利，又可以保护在开放社区内发展的新生"创造性共享"。

随着 3D 打印的快速发展和 CAD 文件网络服务提供商的出现，在为技术传播和应用带来巨大便利的同时，也产生了大规模侵权的隐忧。由于专利权与著作权的差异，

---

❶ SOSA F. Prior art claim [N/OL]. (2015 - 02 - 01) [2018 - 04 - 10]. http：//politicalsculptor. blogspot. com. au/2015/02/prior - art - claim. html; SOSA F. Katy Perry Law Firm responds and so does political sculptor [N/OL]. (2015 - 02 - 01) [2018 - 04 - 10]. http：//politicalsculptor. blogspot. com. au/2015/02/katy - perry - law - firm - responds - and - so. html.

❷ SOSA F. Left shark [N/OL]. [2018 - 04 - 10]. http：//www. thingiverse. com/thing：667127.

如果直接将著作权规则运用到专利产品的 CAD 文件上，就会产生权利人不适格、通知不规范、网络服务提供商的义务过轻、社会公众利益受损等问题。到目前为止，美国和欧洲主要国家没有针对专利法进行这方面的改革。《民法典》虽然从适用范围上覆盖了专利侵权领域，但是上述条文是原则性的规定，不含有具体适用的操作性安排。针对这个问题，有的学者提出将美国数字千年版权法移植到专利法上，但并未对怎么移植提供更多的指引。下文拟对这一部分进行建构，其基本思想有两个：一是加大网络服务提供商的义务和责任，主要包括事前、事中和事后三个方面。如果网络服务提供商未尽应负义务，就应当根据过错程度承担间接侵权责任。只有这些网络服务提供商没有侵权的实际知悉，并在其实施标准化的通知和删除程序后，其才能免责。二是限制非竞争对手的侵权责任，建立一个有限的"善意制造者"的例外[1]，保护 DIY 爱好者，促进大众创新，增进全社会福祉。

（三）完善网络服务提供商的责任

随着 3D 打印的发展，越来越多的 CAD 文件将会通过网络共享平台进行上传、传播和下载，网络服务提供商将成为 3D 打印时代下的"守门人"。守住网络这扇门，对于保护专利权人的利益来说，是至关重要的。

可以引入"通知—删除"规则。首先，在网络服务提供商不知道或不应当知道侵权事实存在且没有能力对侵权信息进行删除的情况下，可以考虑免除网络服务提供商侵犯专利权的损害赔偿责任；其次，在网络服务提供商不知道或不应当知道侵权事实存在的情况下，若有能力处理侵权信息，在接到专利权人通知后仍不及时删除侵权信息的，可考虑令其承担侵犯专利权的损害赔偿责任。在此基础上，针对 3D 打印对该规则进行适应性完善，具体包括以下方面。

一是一般注意义务。首先，要对上传者进行实名认证。由于上传是侵权 CAD 文件在网络泛滥的第一步，因此有必要对上传者进行特别规制。建议对这类用户进行实名认证。在认证中，平台应当对上传者的姓名、证件号、住址、联系方式等信息予以登记和保存。一般平台用户只有进行实名认证之后，才能享有上传 CAD 文件的权限。而在实名认证之后，网络服务提供商应当保障用户在平台上的匿名需求。其次，要制定平台章程，要求平台用户遵守法律法规，禁止任何平台用户上传、传播、下载和打印侵权 CAD 文件，引导平台用户合法地进行 CAD 文件的创作与共享。对于违反平台章程的平台用户，平台将给予负面评价并记录在案；多次违反或情节严重者，平台应当将其列入黑名单，取消运作 CAD 文件的相关权限。再次，要完善专利侵权预防措施。例如，建立 CAD 文件信息筛查监管系统，对于"专利""仿造""假冒""侵权"等敏感词汇进行自动化筛查，并发送给平台工作人员进行进一步审查。最后，要完善平台的

---

[1] 伍春艳. 试论 3D 打印技术背景下专利间接侵权的认定 [J]. 华中科技大学学报，2014（5）：79.

侵权救济机制。平台应当设立必要的专利侵权投诉、举报机制,以便使平台中的CAD文件接受大众监督。当投诉、举报程序启动后,必须坚持"有案必查"的原则,并将审查结果反馈给投诉人、举报人。

二是侵权审查义务。当举报人、投诉人、平台自身监管系统告知网络服务提供商其平台上的特定CAD文件存在侵权可能性时,其应当采取必要的审查手段。首先,进行CAD文件的直接审查,及时认真查看CAD文件的文字说明、相关标识。如果在CAD文件的文字说明中有关于专利的描述或具有专利标识,应当认定该CAD文件存在较高侵权风险。其次,进行相关信息的间接审查。网络服务提供商应当查看上传CAD文件者的相关身份信息、以往上传记录、平台聊天记录、下载者评论等信息。如果在这些信息中,发现该CAD文件上传者存在侵权史,或者聊天记录、评论中有该CAD文件指向某专利的描述,则也可以认定存在较高侵权可能。最后,进行沟通联系审查。在投诉人或平台自身监管系统告知某CAD文件侵权的情形下,网络服务提供商经过直接审查和间接审查后,应当及时与上传者进行沟通联系。可以采用程序化的邮件或平台弹出窗口等方式,告知其上传的CAD文件存在侵权可能。上传者需要在一定期限内给予书面解释并进行不侵权承诺。

当专利权人通知网络服务提供商其平台上的特定CAD文件侵权时,网络服务提供商应当对通知的合格性进行审查。《信息网络传播权保护条例》要求提供权利人的姓名(名称)、联系方式和地址,要求删除或者断开链接的侵权作品、表演、录音录像制品的名称和网络地址,构成侵权的初步证明材料。鉴于专利权相比著作权的复杂性,建议还要再提供被侵权专利号,涉嫌侵权的索赔,关于主张侵权的简短、非法律解释,专利持有人提供的标准信息包,以及有关专利权性质的基本信息。简短的非法律解释是有必要的,因为专利声明的规范语言对于普通人来说通常是艰深晦涩的。当面对专利权人的侵权指责和一系列权利主张时,上传者可能很难确定他的设计如何侵犯了专利权。而专利权人简短地作出善意的解释,将有助于上传者了解专利涵盖的范围,也有助于上传者认可其删除要求。一个极端情况是,专利权人如果对权利要求作冗长而专业的解释并提出众多的索赔主张,则可能存在不正当动机,比如用将提起诉讼威胁、恐吓上传者,逼迫其妥协退让。因此,在通知中,专利权人不允许提出"建设性意见"。但是,为了防止专利权人提出远远超出专利权利说明书上的要求,通知应当包含上传者涉嫌侵权的证据,从而防范专利权的滥用。另外,由于人们普遍存在专利侵权是"抄袭"或"窃取"的误解,因此许多上传者可能会对侵权指控采取不合法的手段或违法行为进行对抗。而对上传者进行专利权性质方面的教育是一种减少对抗的低成本方法。

三是删除和恢复义务。经过侵权审查之后,如果网络服务提供商认为专利权人的通知是"合格"的,或者上传者不能提供书面解释和不侵权承诺,该CAD文件存在的侵权可能性较高,网络服务提供商则应当立即在平台上删除该CAD文件或断开相关链接。网站将删除已识别的 CAD 文件并将通知的副本和专利权人提供的标准信息包以及有关专利权性质的基本信息发送给上传者。如果上传者认为删除通知有误,他可以向平台发送"反通知"。网络服务提供商应当遵守这些程序,在对"反通知"进行类似于"通知"的审查之后,应当立即恢复该 CAD 文件。

四是间接侵权责任。如果网络服务提供商知道或应当知道其平台上特定的 CAD 文件存在较高侵权风险,而不及时采取合理措施,则应当承担间接侵权责任。在主观过错判断时,"知道"属于事实,"应当知道"属于推定。网络服务提供商负有了解 CAD 文件是否涉嫌侵权的义务,应当以审慎的态度进行审查。只要适当地履行了审查的义务,就能发现特定 CAD 文件是否存在较高的侵权可能;如果其没有履行审查义务或没有采取合理措施,就应当推定为"应知"。此外,如果网络服务提供商为平台 CAD 文件提供责任担保、发布澄清公告或者提供非侵权证明,以减轻网络用户的侵权顾虑,则构成"应当知道"的情形。在认定责任大小时,需要具体考量其所提供的网络服务类型。在其他情节相同的情况下,如果网络服务提供商仅仅提供存储服务,则承担的责任较轻;如果不仅提供简单的存储服务,还对 CAD 文件进行整理,或者提供深度的链接服务,则要承担的责任较重;如果平台自身提供的 CAD 文件侵权,则要承担更重的责任。

五是举证责任分配。在网络专利侵权诉讼中,专利权人只要提出"优势证据"即可,而网络服务提供商则需要提出足够、清晰的证据,证明其忠实地履行了各项应尽的注意义务和审查责任,并在争端发生后及时采取了有力措施。如果网络服务提供商的证据不足以令人信服地证明这一点,则可能承担间接侵权责任。这种举证责任的分配主要是为了更好地促使网络服务提供商尽职尽责,而不是对可疑 CAD 文件"故意视而不见",或者机械地"接到通知才删除",或者呆板地"一接通知就删除"。

六是免责的要件。首先,CAD 文件网络服务提供商主观上不知道网站上的 CAD 文件资料所指向的是专利产品或不知道使用该资料的活动是一种侵权行为;其次,缺乏实际知悉,不知晓侵权活动的事实或情节;最后,在获得这些知识或接到通知之后,迅速采取行动,删除或禁用该材料的访问权。如果符合上述要件,那么网络服务提供商将不承担侵权责任。同样,当网站接到反通知并经合格性审查后,应该立即恢复 CAD 文件,也不用承担责任。

强化网络服务提供商的责任,有助于网络服务提供商秉持审慎的态度对平台上的 CAD 文件进行审查和删除,防止专利产品 CAD 文件的失控,避免大规模网络侵权的发生,从而构建3D打印时代新的专利"守门"格局。

(四)限制个人用户的侵权责任

虽然强化网络服务提供商的责任,把守专利侵权 CAD 文件的网络传播通道,能够大概率地使个人用户接触不到侵权 CAD 文件,但这并不是绝对的。即使在新的"守门"格局下，个人用户或多或少有机会接触到侵权 CAD 文件，也有可能把 CAD 文件打印成实物，导致专利直接侵权或间接侵权。对于个人用户的侵权责任，学者们分为两派：一派认为为了防止出现"大众侵权""人人侵权"的失序状态，应当限制"合理使用"制度，强化个人用户的责任；另一派则认为为了保障社会公众的权利和自由，享受技术进步的成果，应当限制个人用户的责任。刘强等认为，不应使 3D 打印产品设计实施者承担过高的侵权风险，专利权人只能禁止直接竞争对手生产、使用、许诺销售、销售专利产品，而不能对抗其他任何人。❶ 我们比较赞同后者的观点，具体分析将在下文中展开。

（五）跨国网络传输中的专利侵权

2017 年 8 月，美国知识产权公司 Sagacious Research 发布了一项 3D 打印专利分析报告。报告比较了 3D 打印在牙科和航空航天产业的专利发展趋势。牙科产业已经成为 3D 打印发展的主要目标产业。牙科技术人员早就开始使用 3D 打印来制造矫正设备，如牙种植体、牙支架、手术器材和牙托等。牙科行业首件 3D 打印专利于 1984 年提交申请，之后申请量稳步攀升。当前，牙科行业 3D 打印发展，不断加剧牙科行业数字化制造模式的深入。而在一个无国界的工业互联平台之下，原本只基于地域性而设立的专利法，在互联网平台中流动的数字化制造相关文件的定位就成了问题。随之，尤其是数字化制造相关文件在传统知识产权国际贸易制度之中的定位问题更值得关注。

在欧盟与美国，当地的法律都允许有授权的机构参与处理知识产权侵权、涉嫌侵权或者进口进入本地市场的行为，进行执法干涉等。在美国，根据 1930 年关税法第 337 条，美国国际贸易委员会（ITC）就有这样的权力。❷ 欧盟根据其第 608/2013 号条例，给予被授权的机构在欧盟成员内部，可以扣押（或采取其他措施）被怀疑是或已构成知识产权侵权的物品（该机构自有判定侵权的权力）。❸ 从传统意义上看，欧盟和美国的法律中，在进出海关的时候货物都是指有体物（physical goods）。但是，2015 年美国联邦巡回上诉法院在 ClearCorrect 案❹中，对于美国关税法第 337 条中的"物品"范围进行了阐释。在该案之前，美国国际贸易委员会利用其法律授予的行政权力，将

---

❶ 刘强，罗凯中. 3D 打印背景下的专利制度变革研究［J］. 中南大学学报，2015（5）：55.

❷ 在美国 1930 年关税法第 337 条中，赋予了美国国际贸易委员会权力决定下述这些行为是否构成违法：所有人、进口商或者承销商进口到美国、为进口进行买卖，或进口后在美国国内销售以下"物品"（article）：(i) 侵犯了有效的美国专利或者已注册的美国版权；或者 (ii) 是通过仍然有效的美国专利进行制造、生产、加工或者开采等而得到的"物品"。

❸ 根据欧盟第 608/2013 号条例，以及欧盟理事会关于海关实施知识产权条例（第 1383/2003 号）的解释（2014 年实施），这些条例给予了欧盟边境海关在没有正式授权的情况下，可以扣押与销毁这些被寄送的有知识产权侵权的货品的权利。欧盟法院至今还有对于数字化货品在互联网中传输到欧盟内部是否可以适用上述法律进行解释的传统。

❹ 819 F. 3d 1334 (Fed. Cir. Mar. 31, 2016).

"物品"的定义延伸到了从第三方国家输出到美国的数字化货品,而美国联邦巡回上诉法院随后驳回了美国国际贸易委员会的决定。❶

美国联邦最高法院已故大法官斯卡利亚有一句至理名言:"经典案件之所以经典,不是因为它们的结果正确,而是因为案件确立的法律规则是明智的。"❷ ClearCorrect案的焦点是阐释美国1930年关税法第337条中的"物品"(article)是否可以为数字化货品?案中涉及的数字化牙齿模具,是一种专门针对每一个病人的个性化牙齿矫正器。其在巴基斯坦进行数字化加工与设计,然后通过互联网传输到美国,再由美国的ClearCorrect公司将其数字化模型进行3D打印成品。而涉案的牙齿矫正器含有Align公司拥有的美国专利。

这一案件的焦点问题集中在"数字化数据"(CAD文件)是否是美国关税法第337条(a)(1)(B)中所述的"物品",而可以由美国国际贸易委员会进行管辖?该案行政法官认为,可以直接参考美国国际贸易委员会之前审理的Certain Hardware Logic案❸。该案中,美国国际贸易委员会否决了计算机程序不是美国关税法第337条中的物品的抗辩,并认为赔偿可以对无体物作出。该案中行政法官认为,在Certain Hardware Logic案中,法官作出了"cease and desist"禁止令——被告人软件贸易的行为构成了共同侵权/协助侵权。故最终,法官建议美国国际贸易委员会对ClearCorrect公司作出同样的"cease and desist"禁止令,要求其停止分公司对于该侵权数字化产品的进口。在2013年5月20日,争议双方都向美国国际贸易委员会发出了释义申请,美国国际贸易委员会在5月23日作出了回复。最后,美国国际贸易委员会选择复议上述该行政法官的决定,并在2014年4月10日作出了最终裁决。对于该案中的数字化产品是否就是美国关税法第337条(a)(1)(B)中的"物品"的问题,美国国际贸易委员会支持行政法官的意见。另外,美国国际贸易委员会根据美国联邦最高法院在MGM Studios, Inc. v. Grokster, Ltd. 案❹中关于数字化音乐、电影文件的传播也属于侵权的判决,认为该"物品"的概念足可以包含任何形式的进口物(不论有形或无形)。最终,美国国际贸易委员会作出判决,支持了之前行政法官的决定,认为该案中的牙齿模具数字化文件是美国关税法第337条中的"物品",因此将该模具带到美国也属于美国关税法第337条中所谓的"进口"。美国国际贸易委员会在最终的判决中下了一个"修改一部分,推翻一部分"的判决,对个别专利进行了细致判决。但不论如何,美国国际贸易委员会都认为ClearCorrect公司的巴基斯坦分公司的进口行为,构成了美国关税法第

---

❶ SIMÕES B G. Cross-border intellectual property rights in digital data: the legal framework in Europe and the United States in the light of ClearCorrect v. US International Trade Commission [J]. Global Trade and Customs Journal, 2016, 11 (2): 46-56.

❷ SCALIA A. A matter of interpretation: federal courts and the law [M]. Princeion: Princeton University Press, 1998: 200.

❸ ITC investigation No 337-TA-383.

❹ 545 US 913 (2015).

337条所指的侵权行为，而美国分公司没有构成侵权。但是，在2015年11月10日，美国联邦巡回上诉法院在该争议中根据ClearCorrect公司的美国分公司和巴基斯坦分公司的抗辩发布了自身的观点。在一个由3个法官组成的合议庭中，最终以2∶1的结果，驳回了美国国际贸易委员会最终的决定，其裁决认为美国国际贸易委员会的职能只限于有体物的管理，而不能及于对数字化数据文件的电子传输（electronic transmission of digital data）。

总之，在该案中可以看到当前美国专利制度在处理数字化制造相关文件在国际贸易中定位的态度。该案的处理方式和分析思路，都对于制造全球化下数字化专利技术（产品）的流通、使用，以及建立包容和灵活的国际专利权限制规则（如权利用尽），具有一定的奠基作用和借鉴价值。

第三节　3D打印涉及的专利权限制

一、专利权限制制度的理论分析

3D打印时代的技术井喷和科技创新方式的转变，导致外界对封闭传统专利制度的冲击不断增强。对于专利制度自身而言，需要一个可以和外界形成有效互动的"沟通"渠道，用以解决3D打印发展所需要的技术开放性与专利权独占性之间的基本矛盾。而专利权限制制度正可以作为这样的渠道，在专利制度内部与外部间建立一个"缓冲区"。

首先，该"缓冲区"将在专利权限制的一般性条款指引下，通过对相关具体规范的不断完善和修改，从而动态地实时维护利益平衡和法律确定性，并使专利制度本身在此"缓冲区"中实现"奥伏赫变"❶。其次，由于专利立法的滞后性和不灵活性，越来越多的人选择专利权的意定限制或者外部限制，但这样的选择与利益平衡原则、法律确定性原则相矛盾，因此专利法所规定的专利权限制仍将在3D打印时代占据整个权利限制体系中的核心地位。最后，应该根据当前我国发展自身3D打印的需求，在国内不断完善专利权限制相关立法和司法，同时在国际上（或区域内）积极主动谋求专利权限制规范的协调统一。

专利权限制的整体定位包括两个方面：一是在专利权限制体系内部的定位，二是在专利权制度内部的定位。

---

❶ "奥伏赫变"是德语词"aufheben"的中文音译，即扬弃的意思，其是发扬与抛弃的统一。参见王璞. 从"奥伏赫变"到"莱茵的葡萄"："顿挫"中的革命与修辞 [J]. 现代中文学刊，2012（5）：25-36.

（一）在专利权限制体系内部：明确核心地位

拉伦茨认为，发现法律原则、法律制度、法律规范之间的意义联系，并"以体系的形式将之表现出来，乃是法学最重要的任务之一"。❶ 此处的专利权限制体系是指，广义上的专利权法定限制（包括内部限制和外部限制）与意定限制的结合。该体系贯穿从权利获取到权利行使的整个过程，将专利制度中的主体和结构都算入专利权限制之中，并将专利法以外的其他法律（如反垄断法、反不正当竞争法、民法和合同法等）以及专利意定协议中对权利限制的部分都融合进来，从而形成一个当前对专利权限制的综合制度体系。同时，如上所述，我们所谓的专利权限制制度仅指专利法内部规定的广义权利限制。

现阶段，专利法表现的主要方式是授予权利人专属、排他使用的权利的无形财产权规则，但是以财产权规则来保护具有创造性的技术成果，一直不是唯一的选项。❷ 专利制度存在的目的是要使社会大众得以享用知识产权的成果，并使权利人取得合理的回报。如果权利人通过拒绝授权的方式来抑制市场竞争，则将侵蚀专利制度的正当性，违背其"二元价值"。此时，专利法自身的权利限制机制就可以被用来纠正和协调这样的错误。但是实践中这些限制措施并不如预期的那样有效。例如，强制许可条款在世界许多国家的专利法中都有规定，但并不是在所有的国家都实现了其立法目标。就如在我国，强制许可条款一直是"睡美人"条款，看上去很美，但截至目前尚未被实践过。❸ 特别是在3D打印时代，其所具有的开放性特质与旧有专利制度的封闭性、滞后性和不灵活性形成了鲜明的反差。因此，即使申请专利仍是保护技术成果的主流，但是越来越多的人开始抛弃适用性较差的专利权内部限制规则，而选择专利权的意定限制或外部限制。

下文将以利益平衡和法律确定性为标准，重点分析以协议为主的意定限制与以反不正当竞争法为主的外部限制在3D打印时代对专利权进行限制的优劣势，最后得出结论：在专利权限制体系内部，应以专利权限制制度（广义的内部限制）为核心，以其他法律（如垄断法等）和专利协议（意定限制）为辅助，并以反不正当竞争法（外部限制）作为兜底。

---

❶ 拉伦茨. 法学方法论 [M]. 陈爱娥，译. 北京：商务印书馆，2003：172-174.
❷ 刘孔中. 解构知识产权法及其与竞争法的冲突与调和 [M]. 北京：中国法制出版社，2015：78-91.
❸ 2018年4月3日国务院办公厅印发的《关于改革完善仿制药供应保障及使用政策的意见》中明确规定：要明确药品专利实施强制许可路径，依法分类实施药品专利强制许可，鼓励专利权人自愿许可，必要时国家实施强制许可。因此，未来强制许可在中国的适用是可期的。参见：国务院. "紧急状态"仿制药可提出专利强制许可 [EB/OL]. [2018-04-01]. http：//www.sohu.com/a/227484577_115479?_f=index_news_1.

1. 专利权意定限制——以专利协议为主

专利权的意定限制是指，区别于专利权的法定限制，而在私法体系内寻找对专利权限制的私力方式。其本身没有否定专利权的权威，但出于对专利独占权被滥用的防范，而在较小范围内形成的双方或多方之间意思表示自由的权利限制共识。实践中，专利权人以单方同意或者与他人订立协议的方式，承受他人在自身权利上设置的负担。❶ 此处的意定权利限制以协议或单方行为等形式，对自身拥有专利权的行使与效力进行划定（限定）。❷ 起源于美国的向公众免费提供的专利开源许可和共享协议就是典型的意定限制实例。

（1）专利开源许可

在传统的教科书中并没有把开源许可放入专利权限制制度中，因为很多人认为开源是对专利权的一种否定，而不是限制。但开源本身就是一个很复杂且多元的体系，其中有对专利权的全盘否定，也有对专利权的认可，只是在后面加了"许可"二字，通过各个使用人之间的许可传递，达到专利信息的免费共享，但前提是必须尊重前人的人身权利（moral rights）。❸ WIPO 在其 2015 年报告中指出：由于 3D 打印、大数据与智能制造的挑战，开源社区已经衍生出许多对于知识财产管理的方式。❹ 在一个强调去中心化的 3D 打印时代，原本由"中心（政府）"去强推的强制许可制度也许就要让位于成本较低且易行的开源许可制度。这对于社会的扁平化治理以及中小微企业的发展都有益处。例如，在 2016 年的欧洲专利申请中，有 66% 的申请来自大型企业，28% 的申请来自中小企业和个体发明人，6% 的申请来自大学以及科研机构。❺ 相应地，在欧洲专利立法方面，其对权利限制或例外的重视也源于欧洲中小企业创新的活跃以及与对社会利益平衡的重视。

未来的 3D 打印市场将聚焦于 CAD 及同类文件，因此需要对其接触和使用进行更为明晰的规则与指引。其中一个建议就是让制造商更加广泛地发放使用许可。❻ 但普通许可耗时且成本高，因此有学者通过调查统计的方式发现了当前欧美主流 3D 打印平台（如 Thingivers）对 CAD 文件开源许可（协议）的大力推动和商业利用，而这也是整个

---

❶ 彭礼堂. 公共利益论域中的知识产权限制 [M]. 北京：知识产权出版社，2008：47-51.
❷ 我们仅讨论技术专利授权下的意定限制，而对于新兴的未授权的技术众筹利用方式与产业创新联盟间的技术利用限制不作重点讨论。但新兴创新（商业）模式的出现，确实有可能在不远的将来对传统的专利制度产生颠覆性的挑战。
❸ 张韬略. 开源软件的知识产权问题研究：制度诱因、规则架构及理论反思 [G] //张平. 网络法律评论：第 5 卷. 北京：法律出版社，2004：37-39.
❹ WIPO. 2015 年世界知识产权报告：突破性创新与经济增长 [R/OL]. http：//www. wipo. int/edocs/pub-docs/zh/wipo_pub_944_2015. pdf.
❺ EPO. Annual report 2016 [R/OL]. (2017-03-02) [2018-04-01]. https：//www. epo. org/about-us/annual-reports-statistics/annual-report/2016/statistics/applicants. html#tab3.
❻ MENDIS D, SECCHI D, REEVES P. A legal and empirical study into the intellectual property implications of 3D printing [R]. London：The UK Intellectual Property Office, 2015：1-8.

3D打印社群所形成的共识。❶ 这里涉及的不仅是软件的开源，更重要的是硬件开源。一般而言，开源硬件可以著作权为基础，但由于著作权与外观设计专利权等其他权利的冲突，可能阻碍其有效实施。由于对外观设计专利的创造性要求不高，且在"修理与重作"规则下，"根本性的修理"即再造（此专指 3D 打印的原物复建）仍然会构成对专利权的侵权，❷ 因此，可以在以著作权为基础的硬件开源许可中适度加入专利许可部分，从而调节权利之间的冲突。

（2）专利共享协议

随着共享经济的突飞猛进，专利将处于一种持续变化的状态。因此，技术、平台以及法律框架会不断演变，在继续保有专利价值的同时，以期能够更好地帮助企业进行创新共享。例如，在 2017 年 4 月，谷歌与其他 8 家企业（三星、LG 以及 HTC 等）就涉及安卓与谷歌应用程序的专利达成了共享协议。同时，其他有意者也可以随时加入这份名为 PAX 的协议。该协议旨在打击专利流氓，并确保"创新与消费者的选择仍然是安卓生态系统的驱动力"。❸ 另一个实例是通用电气，其在一个名为 Quirky 的创新平台上共享了其专利，因此创新者们可以免费使用通用电气的专利来开发各自的设备。而 Quirky 与通用电气则可根据双方合资计划从最终成功上市的产品中抽取分成。在上述两种情况下，专利权所有人均能够通过共享方式从联名产品的开发中获利，并利用现有的知识产权来提高营业收入。而且，向发明人开放专利还会有助于产生新的创意，促进创新并且能让消费者更快地得到新产品。❹

另外，2017 年 8 月，美国专利咨询和交易公司 Aqua Licensing 公司发起了针对初创企业（start-up）的专利池计划。具体做法是允许初创企业以股权而非现金的方式交换专利权，帮助初创企业获取防御性专利权保护。AT&T、联想集团、Entegris、Rambus 等公司已同意将超过 6 万项专利放入该专利池，其涉及汽车技术、计算机硬件、半导体、社交网络等技术领域。该计划对交易双方来说均有利：对初创企业来说，获得防御性的专利组合可以防止侵权诉讼，提升初创企业的风险投资价值；而大公司则可以通过交易摆脱多余、非必要的专利资产。❺ 这种专利开放共享使用的方式，在新技术革

---

❶ MOILANEN J, DALY A, LOBATO R, et al. Cultures of sharing in 3D printing: what can we learn from the licence choices of thingiverse users？[J]. Journal of Peer Production, 2015（6）：1-13.

❷ 范长军，郭志旭. 3D 打印对专利产品修理与重作规则的挑战[J]. 华中科技大学学报（社会科学版），2014（5）：84-86.

❸ 谷歌与安卓设备顶级制造商达成软件专利共享协议[EB/OL]. [2018-03-24]. http://www.sohu.com/a/131977389_239527.

❹ 新西兰专家谈知识产权与共享经济[EB/OL]. [2018-03-24]. http://www.sohu.com/a/192803347_99941697.

❺ 美专利公司推出初创企业防御性专利池计划[EB/OL]. [2018-03-25]. http://mini.eastday.com/a/170815114030829.html.

命时代具有一定的合理性与可行性。❶ 但其背后的商业逻辑有时与专利法律逻辑相悖,值得警惕。

2. 专利权外部限制——以反不正当竞争法为主

专利权的外部限制是指除专利法之外的法律规范对专利权的限制,包括民法、合同法、反垄断法和反不正当竞争法等法律中与专利权限制相关的规定,且仅仅只针对专利的行使。❷ 事实上,当专利权意定限制模式也失灵时,专利权外部限制(特别是反不正当竞争法)就可以开始发挥兜底作用。

专利法与反不正当竞争法皆能在专利技术和产品的保护中发挥作用,但就技术领域的保护而言,专利法与反不正当竞争法有着不同的功能,前者对技术成果授予专利权,后者则对技术成果采取商业秘密保护。当技术成果权益纠纷遇到法律竞合时,一般应先适用专利法,在专利法未作规定时才考虑适用反不正当竞争法。❸ 需要警惕的是,反不正当竞争法主要通过其一般性条款实现对专利法的兜底功能,但由于一般性条款的抽象性、不确定性和反不正当竞争法较高的启动条件,该种方式的外部限制难以满足法律确定性的需求。当然,如果将反不正当竞争法的兜底作用分层次的话,其中有对专利法不能及时触及的新技术和社会发展所带来的"空白地带"进行统一适用的空间。故 Kur 认为,反不正当竞争法在知识产品保护中充当了知识产权的"孵化器";但对于社会成本而言,在"孵化器"中形成法律保护的时间成本与机会成本,将大大超过直接在专利法中的明确规定。❹

3. 专利权限制制度——不可替代的核心地位

如上所述,我们的主旨不是通过专利权限制来否定整个专利制度,而是借由专利法内部权利限制机制的完善,来维护专利制度在 3D 打印时代保护技术创新、激励创新体系中的核心地位。换言之,专利权限制制度(广义的内部限制)作为专利制度中不可或缺的重要部分,相较于上述两个选项,其仍有不可取代的地位。具体原因如下:

第一,意定限制、外部限制对利益平衡和法律确定性不利,有用商业逻辑取代法律逻辑之嫌。对专利权的法律限制原则上属于法定限制,即权利限制的广度、深度或者方式都有明确的法律依据,或者能够根据实证法律规范进行确切的推断。一方面,因为专利权限制关乎专利权本身的完整性,如果对专利权可以任意作出限制性的解释,专利权的内容和范围都将处于不确定的状态。❺ 这与 3D 打印发展所要求的法律确定性

---

❶ 在中国,中国科学院也推出了普惠计划共享专利池,其面向中小企业推出普惠计划,以中国科学院共享专利池为抓手,选取相关企业成为共享专利池有限共享人。详见:中国科学院普惠计划共享专利池 [EB/OL]. [2017-12-08]. http://mp.weixin.qq.com/s/Q8jMqbgAhjsa4U5zMP37WA.

❷ 罗军. 专利权限制研究 [M]. 北京:知识产权出版社,2015:78-81.

❸ 吴汉东. 论反不正当竞争中的知识产权问题 [J]. 现代法学,2013 (1):37-43.

❹ KUR A. What to protect, and how? unfair competition, intellectual property, or protection sui generis [M] // LEE N, WESTKAMP G, KUR A, et al. Intellectual property, unfair competition and publicity: convergences and development. Cheltenham: Edward Elgar Publishing Limitd, 2014: 11-32.

❺ 罗军. 专利权限制研究 [M]. 北京:知识产权出版社,2015:231-233.

要求相去较远。另一方面，当前司法通过反不正当竞争打开了专利权的"后门"，实际上为技术成果创设了一种比专利权更为强大的"权利"。如果对该"权利"没有实质性的限制，那么将对利益平衡和立法确定性产生损害。❶ 建立在"拟制占有"基础上的专利权，其权利的完整性基本是通过法律进行保护的。如果任由他人或者公共利益对其进行任意修改或限制，将导致权利的不确定与法律的不稳定，甚至导致以公共利益为由吞噬个人合法利益的恶果。另外，就反垄断法而言，其制定、修改都与国家经济产业的政策相关，而其执法和司法亦带有较强的政策性，因此灵活性有余，但确定性不足。

第二，意定限制、外部限制的社会成本未必比法定内部限制低。专利权限制的重要目的之一就是要提高专利的质量，而专利质量的经济学概念不同于法学和技术概念，法学强调"确定性"。好的专利在面对诉讼时，在法庭上有更多胜算。经济学概念不否定法律确定性和技术质量的重要性，这些甚至是经济学质量的必要条件，因为法律的不确定性会对竞争和投资造成负面影响。但是，经济学会进一步讨论专利的系统使命，不仅考察法律的执行，也考察法律的本身。实质上，一个合法且具备法律确定性和技术质量高的专利，单从经济学的角度看却可能是低质量的。因为，该专利可能不鼓励创新，甚至会限制知识的传播，究其原因或许是该专利创新水平较低或者从市场条件来看其保护范围太宽。有学者建议用民法中债权模式去填补专利权所不能保护或弥补过分保护的部分。但协议的劣势在于，现实中专利权关系的交易成本不大可能趋近于零，有时甚至相当高，更何况还有诸多立法漏洞的存在。❷ 首先，协议会导致共有人之间长时间的讨论，而且在一方不满意的时候容易导致协商的失败。其次，第三方的利益和参与方的协议没有重视协议对于第三方的潜在影响，导致该合作及其成果透明度降低，从而增加第三方参与开放式创新的风险。故在协议也失灵的状态下，就留给了反不正当竞争法兜底适用的空间。换言之，协议应该只是对专利法的补充，而反不正当竞争法是最后的兜底，由此就构成了更具包容性的专利保护模式。❸

第三，意定限制、外部限制的准入门槛较高，有较强的环境依赖性，不具备普适性。专利不仅是用来保护发明与创新的合法权利，同时也代表着所付出的大量时间、心血以及费用（专利申请和维持的费用）。如上所述，意定限制试图用商业逻辑取代法律逻辑，但这些商业逻辑的准入门槛较高，不是一般的中小企业可以普遍使用的。值得关注的是，为了提升知识产权限制的法律确定性，欧盟在当前构建内部单一数字化市场（digital single market，DSM）时，对于妨碍权利限制适用的意定方式（如协议等）

---

❶ 卢纯昕. 反不正当竞争法一般条款在知识产权保护中的适用定位[J]. 知识产权，2017（1）：54-62.

❷ CALABRESI G, MELAMED A D. Property rules, liability rules, and inalienability: one view of the cathedral [J]. Harvard Law Review, 1972, 95 (6): 1089-1127. 科斯定理提出，必须在明确的财产权（如专利权）和少数当事人能够达成协议的情况下，科斯的当事人私人协商模式才能够发挥自动配置资源的作用。

❸ VAN OVERWALLG G. Inventing inclusive patents. from old to new open innovation [M] // DRAHOS P, GHIDINI G, ULLRICH H. Kritika: essays an intellectual property. Cheltenham: Edward Elgar Publish, 2015.

进行了排除。❶

总之，从利益平衡和法律确定性两个层面上讲，这两个选项都存在或多或少的问题。故在3D打印背景下，仍然应该维护专利权限制立法的权威，在一些具体情况下辅以意定或外部的专利权限制方式，并通过司法或行政执法实践，去矫正意定或外部的不足。这里最为重要的就是树立专利法在处理专利权滥用时的权威地位。虽然近年来反不正当竞争法的修改比较及时，但是对于专利问题，应该遵循同位阶的法律，有一般从特殊的原则，让专利法在调节利益平衡上真正发挥作用。同时，也促进专利法进行及时完善和修正，以适应时代技术进步的需求。无论在世界各主要代表国家或地区的内部还是在国际层面，专利制度均处于改革的时代。尽管目前专利制度还远没有到穷途末路的地步，但就专利制度的未来面貌亦尚难给出一个完全准确的描述，专利制度当前面临的问题是必须面对的。总的来说，面对当前的技术创新环境，无论是我国还是外国，专利制度的完善途径无非两种：一是在现有专利制度框架内逐渐完善各项具体制度的现实主义路径，二是在某些领域运用比专利制度社会效果更优的技术创新激励制度的理想主义途径。鉴于技术创新的多样性以及创新激励与授予独占权不存在必然的关联性，未来技术创新的激励制度必然是多元化的。但是，专利制度仍将是这种多元化的技术创新激励制度中最重要的核心制度。❷

（二）在专利权制度内部：成为"缓冲区"

1. 背景：创新方式由"单向排他"向"双向互动"转变

当前以3D打印为代表的颠覆性技术创新带动了3D打印的发展，随之而来的商业模式变化（平台模式和开放式创新等），导致了与之相匹配的创新模式的转变。原本由制造商统治的产品研发和技术创新流程，逐渐在以数字信息交互为核心的工业制造模式的转变中，实现了过往工业革命时代无法达到的制造商与用户之间的供需信息交互，从而实现了制造的个性化、数字化和去中心化等。在3D打印背景下，原有的生产者创造产品（创新）模式慢慢变成了由用户（消费者）创造产品，该转变由原本的单向转成双向互动方式。因此，相较于传统专利权基于禁止性规范而形成的"单向排他"权利模式，我们更倾向于在3D打印时代实现专利权的"双向互动"，即在权利人和他人（包括社会公众、使用人与其他知识产权权利人等）之间实现一种立法意义上的"和解"。从而，以专利权限制的改革为切入口，在专利制度内部树立能够适应3D打印时代且更加利于向公众传播信息（communication to/with public）的专利权适用模式。当

---

❶ 欧盟单一数字化市场版权指令的建议稿第3条（文本与数据挖掘）第2款规定"任何与例外规定相违背的协议都无效"（Any contractual provision contrary to the exception provided for in paragraph 1 shall be unenforceable）。详见：Proposal for a directive of the European Parliament and of the Council on copyright in the Digital Single Market［EB/OL］.［2018－04－05］. https://ec.europa.eu/transparency/regdoc/rep/1/2016/EN/1－2016－593－EN－F1－1.PDF.

❷ 王太平. 知识经济时代专利制度变革研究［M］. 北京：法律出版社，2016：201－203.

前，根据3D打印的要求，在制造业中的知识量不断向其他领域外溢，而制造业本身的知识储量不断流失到外部空间，造成了知识溢出效应（spillover effect）。这种溢出效应的不断发展，将为实现专利权的"双向互动"提供强大的现实基础。

2. 现实需求：解决开放性与独占性之间的基本矛盾

将专利权限制制度建成专利制度内部的"缓冲区"，其目的是满足3D打印时代信息/数据在权利人和他人间"双向互动"的需求。此处的"缓冲区"既是法制空间上的预留地带，又是在一定时间内的适应期限，其最终目的是解决3D打印发展所需要的技术开放性与专利权独占性之间的基本矛盾。

"缓冲区"的概念主要是针对新技术发展对专利制度的冲击而设置出来的缓冲地带，其目的是不让专利制度在技术不断的迅猛发展中，每次都要及时作出反应。实现上也不能及时修改立法，因为立法是需要经过法定程序和较高的立法成本的。因此要将专利权限制制度做好，将篱笆扎好，"以不变应万变"。专利制度如同"加速器"，可以加速科技成果的保护与再创新，而专利权限制制度就是"加速器"中重要的缓冲区。

允许在"缓冲区"中出现一定的混乱（chaos），而该混乱的背后往往蕴含着新的突破。把处理新技术发展和专利制度的问题留给司法，留给技术本身。将其控制在一定的范围内自由发展，这不仅是对立法成本的节约，对司法空间的提升，更是对社会的负责，对技术发展规律的负责。因为当现实的立法跟不上科技进步的脚步的时候，权利限制的一般性规定可以作为一个防止权利扩张并保护新型权利的"缓冲区"。这基于双面的考虑：一方面是要防止权利扩张，另一方面是用权利限制划定的明晰界限去保护一些可以保护的新型权利内容。例如，Ullrich 曾指出："专利权所表现的独占性，主要是为了刺激发明在市场中的利用和开发，如给予权利人更多的回报等。"[1] 然而21世纪以来，反倒是众多相关技术专利的保护期过期，刺激了新的技术创新（特别是在3D打印领域）。[2]

专利法永远站在技术发展和社会创新的"第一线"。对于层出不穷的新技术而言，我们不认同每次新颠覆性技术的出现就必须对专利制度进行立法变革，因为这样做成本较大。应该让新技术在专利权限制制度的"庇护"下先发展一段时间，并结合司法的能动性，在一般性条款的指挥下，既保护技术发明人的利益，又维护公众对技术创新的需求。在颠覆性创新背景下，专利法相较于著作权、商标等其他知识产权制度，应该首先站出来，在较为宽松的缓冲空间之下开拓一种新的理论范式，并为后续著作权与商标的更深层次理论发展，提供更多的指引与实践经验。就规范层面而言，应当

---

[1] ULLRICH H. The importance of industrial property law and other legal measures in the promotion of technological innovation [J]. Industrial Property，1989：102－112.

[2] BECHTOLD S. 3D printing, intellectual property and innovation policy [J]. International Review of Intellectual Property and Competition Law，2016，47（5）：517－536. Bechtold 教授考虑到3D打印等新兴数字化产品市场生命周期（market lifecycle）较短，要在专利保护期限方面适当加以限制，并且压缩审查授权时间。

在申请、赋权、行使、许可、保护等环节中,始终以权利限制的一般性条款为指引,形成一个开放且包容的动态权利限制制度。

对于当前我国的知识产权保护问题,特别是专利,不是需要强保护,而是倡导开放与分享的弱保护。❶ 主要原因是当前的专利申请质量不高、基层专利执法能力较弱、法院知识产权专业审判人才缺乏等。特别是广大的二、三线城市及以下地区,知识产权保护意识薄弱,不可能在短时间内将这种局面扭转。因此,不论是根据新范式与新科技革命,还是我国的现实需求,我们更倾向于在3D打印时代适用较为开放的专利弱保护,即为专利保护在遇到新技术创新时提供一定的缓冲区,而不是直接纳入保护范围,构成创新的阻力。

把专利权限制制度在整个专利制度中的地位定为"缓冲区",其初衷是想将颠覆性技术创新对专利保护制度带来的冲击先慢慢在限制制度中化解。缓冲区理论主要是结合专利权限制的一般性规则与具体规则,形成一个与保护新形势下技术发展和科技创新需求相符的法律讨论区。其功能为:①筛选和孵化具有专利保护可能性的技术;②在保障专利产品流通自由的基础上,不断调适地域性对流通自由的束缚;③在更多的个性化需要下,寻找到既保护权利又促进创新的专利合理使用途径。而"缓冲区"的具体运作流程为:首先,结合实际判断该技术创新所能带来的"颠覆性"程度;其次,判断其涉及的公私利益是否可以实现平衡;再次,根据判断筛选该技术创新是否可以进入保护范围以及对其进行保护的合适时机,对于现阶段不适合保护的技术创新行为给予一定时间的"考察期"(可长可短);最后,对于权利限制的限制,对限制在"缓冲区"的技术创新及其成果,要不断检视,对利益平衡有益的则加入保护范围,对利益平衡不利的则继续加强限制。

3. 实现方式:建立由一般性条款指引下的开放的、动态的专利权限制制度

从 WIPO 2014 年对专利权限制的研究报告中得知,各国对专利权限制的需求以及立法状况和实践状况是千差万别的,而对于立法修改的要求也是多种多样的。❷ 在3D打印时代,为了使各国专利权限制法律规范获得足够的适应性和统一的标准,应该在TRIPS 第 30 条基础上,在立法中确立专利权限制的一般性条款,进而建立适应3D打印发展需求的,由一般性条款指引下的开放的、动态的专利权限制制度。

(1) 对"开放"的理解

我们认为,可以将专利法视为一个开放模式(open-ended model),而不是专门进行体系性的专利权限制立法或在专利法中给出一个章节制定专利权限制的条款。这对于面对3D打印冲击的专利权制度十分重要。其实质是承袭了开放式创新的思维,让制

---

❶ 值得注意的是,"弱保护"其所谓的"弱",并不是向侵权者妥协,而是对一些专利权利的非法垄断和滥用进行宣战,从而保护中国广大的中小微企业的利益,并在中国社会各个层面推动自主性的创新热潮。

❷ WIPO. Questionnaire on exceptions and limitations to patent rights [R/OL]. [2020-11-14]. http://www.wipo.int/scp/en/exceptions.

度本身也变得更加开放。这里就需要在制定有一定总概性的专利权限制条款的指引下，再慢慢随着3D打印发展的推进，对个别已经制定的与专利权限制相关的条款进行修改，或加入（制定）一些新的专利权限制相关条款。

对于开放的权利限制而言，专利权内容是封闭式的。与其相反的是，在有限的专利权之外，给予一般大众极大的自由空间，使其可以利用新技术（如3D打印）带来的以新方式（开放式创新等）使用人类智能的产物，一直到被专利权的立法体系排除在外。不应该过分解释专利权限制立法，应该从专利权的目的与功能（由一般性条款所确定）的角度出发，确定权利限制的范围。但当前，各国（如美、德、英、法等）以及国际专利法律都缺乏开放的权利限制条款（一般性条款）。在2008年德国马普创新与竞争研究所提出的《平衡解释著作权法三步检验原则宣言》（Declaration on a Balanced Interpretation of the "three-step test" in Copyright Law）中对著作权的三步检验法提出了六点建议，其对专利权限制的标准同样适用。其中第二点建议指出三步检验原则不要求对权利限制进行缩小解释，应该根据其目的和目标解释权利限制；而第三点建议表示对于某些"特定情形"的立法，并不阻碍立法者规定开放的、可合理预见的（reasonably foreseeable）权利限制条款，同时不能阻碍法院在其法律体系内，将现有的权利限制类推到其他情况，创设其他的权利限制。而该宣言中的第一点建议要求将TRIPS的"三步检验法"当作一个统一整体，进行全面考量。而关键的是2014年的《专利保护宣言》明确指出，根据TRIPS第30条的规定，只要专利权例外的范围是可以合理预见的，其并不阻止成员立法机关引入开放的一般例外（open-ended general exceptions，即一般性限制条款）。

（2）对"动态"的理解

专利权限制的目的是明晰专利权的权利界限，既是静态的界定，又是动态的界定。专利权的界限总是随着科技、社会和经济的变化而变化的，因此权利界限总是会存在一定程度上的临界或者模棱两可的情形。专利法不仅提供对技术方法归属的静态保护，还要在确认知识产品创造者对技术方法占有与支配的同时保障知识财富的最佳动态利用。[1] 所谓的"动态"，应该分成以下几个层次去理解：第一，由于专利权保护的是无体物，因此专利权无论是客体还是内容的边界都是模糊的。如果在立法上用刚性的静态规范去框死专利权的客体和内容范围，将会导致无法适应当前颠覆性技术创新的节奏。第二，公共利益的定义在不同时代都有不同的诠释，一个过于固化的权利限制制度，会导致以公共利益为导向的法律思考过于死板，从而阻碍技术创新。第三，对于当前专利法的困境，许多学者呼唤一种"软法"的治理方式，对技术的保护和权利的限制采取一种指导性的立法，如权利限制的一般性条款，从而使得专利法在新技术发

---

[1] 李文江. 国外专利权限制及我国适用研究[M]. 北京：知识产权出版社，2017：251-259.

展下更具灵活性。❶ 第四，对于此种"动态"的维持，我们更倾向于将对立法的解释和适用交给司法机关。

（3）对于"一般性条款指引"的理解

过于动态、开放的专利权限制制度，将有可能导致如下问题：一是过于灵活和动态的权利界限，反而会导致权利适用的障碍；二是专利制度的不确定性一定会在动态化中加剧，从而对权利人或者对社会公众（使用人）都产生影响；三是对于立法本身的权威性也是一种侵蚀。因此，在动态化的制度确立和完善过程中，需要通过一般性条款的指引，对于权利限制制度本身进行实时检测，依据利益平衡原则并兼顾其他人的利益。同时，根据司法实践中不断出现的问题进行一定的扬弃，从而不断拓宽专利权限制制度的深度和广度。

当前，专利权限制规范都是零星散落于各国的专利法条文中，并没有形成一定的体系或者文本形式上的独立章节。因此，当前专利权限制顺利适用的障碍主要来源于以下几点：一是没有专门的立法章节，条文较为分散，且立法缺乏纲领性的一般性条款；二是即使有一般性条款，其内容过于空泛，可能在实践中缺乏确定性，具体适用较难；三是各国的专利权限制具体条款还存在一定的差异，司法实践中亦有所不同；四是新技术发展会带来法律空白和适用困难，故专利权限制的具体条款可能不能适应新形势的发展。因此，当前对专利法内权利限制的一般性条款的研究刻不容缓。

尽管一般性条款不如具体规则那么明确具体，但仍可发挥具体法律规则难以完成的功能。一般性条款最重要的功能在于为司法"开口子"、为法律"补漏洞"。立法认识的有限性与社会关系的无限性、成文法的相对稳定性与社会生活的易变性的矛盾，使一般性条款的适用成为必然。❷ 一般性条款有助于弥补专利权限制行为的列举式规定所带来的封闭性和不周延性，其被视为专利权限制制度的核心。一般性条款是法律原则的一种表现形式，以抽象的规则表达了专利权限制的价值追求和规范标准。而保障专利权限制一般性条款的确定性取决于以下两点：一是利益平衡原则能得到全社会的公认，能从不同语境下的规范内容中体现出来；二是司法具有吸纳并转化利益平衡原则的落实机制，有能实际推动他人接触成果的能力。简言之，一般性条款的确定性与社会认知标准和司法体制密切相关，故随着利益平衡原则在社会中逐渐形成共识并通过司法的不断积淀，一般性条款的确定性会愈发增强。❸

然而，一般性条款也有可能在实践中被滥用，从而使权利边界越来越模糊，导致权利人对自身合法专利权产生怀疑，从而削弱专利法的"二元价值"。王泽鉴在谈及民

---

❶ ROISAH K. Understanding Trade-Related Aspects of Intellectual Property Rights Agreement: from hard and soft law perspective [J]. Hasanuddin Law Review, 2017, 3 (3): 277-289.

❷ 卢纯昕. 反不正当竞争法一般条款在知识产权保护中的适用定位 [J]. 知识产权, 2017 (1): 54-62.

❸ 谢晓尧, 吴思礼. 论一般条款的确定性 [J]. 法学评论, 2004 (3): 21-28.

法一般性条款可能带来的三个"遁入"时,提到了立法的"遁入",即"立法者不作必要的利益衡量及探究判断标准,径采概括条款的立法方式"。其指出在适用一般性条款时要克制这种"遁入"。❶ 但事实上,其全文的分析都坚持将利益平衡原则带入整个专利权限制的适用之中。因此,对于这种简单而粗略的"遁入"应当进行防范,具体的做法是:立法者应该根据现实需求在制度中对可预见的专利权实施行为进行利益衡量和价值判断,并在法律规范中进行具体而明确的规制,从而减少对一般性条款的依赖。❷ 换言之,专利权利边界的外在规范表述与权利的内在价值目的越一致,专利法适用时对一般性条款的依赖性就越低。借助专利权限制一般性条款的原则性指引,不断完善专利权适用范围的法律规范,就可以减轻一般性条款的"兜底"压力,进而防止其被滥用。实质上,专利权限制的一般性条款不仅具有补充功能,还具有过渡作用。❸其最终的目的就是在立法和实践的不断试错和纠正中,完成专利法自身的进化。

4. 最终目标:使专利制度在"缓冲区"中实现"奥伏赫变"

专利权限制作为专利制度的"缓冲区",并不是在有了一般性条款的指引后就一劳永逸了,其最终的目的应该是帮助专利制度在3D打印时代实现"奥伏赫变"。这里的"奥伏赫变"可以分成"剔除""修缮"与"升华"三个步骤去理解。

具体而言,第一步是"剔除":应该对一些不合时宜且损害权利人利益较大的保护或限制行为进行批判和抛弃。例如,针对外观设计专利的问题,我们认为应该考虑到3D打印时代数字化制造的发展特征,对外观设计的"使用"问题进行探讨。在CAD文件中的外观设计内容,很难在3D打印环境中寻找到专利法依据。根据我国《专利法》第11条的规定,外观设计专利权中没有使用权。但是根据3D打印的发展,外观设计很可能会与实用艺术品一道涉及实用性的问题。因此,建议学习欧洲经验,将外观设计从专利法体系中剥离开,独立建立注册外观设计和非注册外观设计制度。从而可以在专门的外观设计立法中对合理使用进行规制,实现有的放矢。

第二步是"修缮":随着技术发展与权利的扩张,专利权限制制度的适用范围不应该是封闭的,而应当将符合专利权限制精神的其他新型行为加入进来。因此,在"缓冲区"当中,应当对传统的专利权限制做法进行增补与修缮,以适应新的技术/工业革命的发展。例如,专利法中的专利保护期,应该根据不同新技术领域的发展需求,实行较为灵活的保护期限制度,不应该"一刀切"(one size fits all)。特别是针对与数字化制造及其文件相关的专利,应该考虑到3D打印时代较之以往更便捷、更快速的产品和技术流动性,而对其保护期进行相应的缩减。

第三步是"升华":面对新技术、经济与社会的发展等,作为专利制度"缓冲区"的专利权限制制度的动态性应该更好地发挥出来,可以将一些现实有效的权利保护或

---

❶ 王泽鉴. 法律思维与民法实例 [M]. 北京:中国政法大学出版社,2009:327-331.
❷ 张吉豫. 禁止专利权滥用原则的制度化构建 [J]. 现代法学,2013 (4):93-103.
❸ 李文江. 国外专利权限制及中国适用研究 [M]. 北京:知识产权出版社,2017:23-36.

限制的新方式引入专利制度内。而权利限制一般性条款是不可取代的催生剂。例如，将对在上文讨论的数字化制造相关文件的专门保护、专利权限制一般性条款的确立以及将"个人非营利性实施他人专利"条款加入我国《专利法》。而这样的"升华"模式主要是通过专利权限制制度来实现，其发挥作用的核心就是权利限制的一般性条款。此处可以借鉴反不正当竞争法中一般性条款的设置及其功能。❶

总而言之，在全世界范围内，各国发展技术和专利制度都有两者相辅相成或此消彼长的。历史上对于专利权行使的各种限制，目的是让专利对社会更加有用（或者危害更少）。许多对专利权进行限制的条款，一开始被写入专利法中，但在国家或社会的压力下，渐渐被弱化。1850~2000年，在60个国家对专利采用的271项法律措施中，有2/3加强了专利权（如增加有效期、扩大标的物、取消强制许可等限制条款等），而这些措施确实在一定程度上增强了对技术发明人和持有者的保护，进而促进了科技发展。❷ 但从一些特定历史阶段和特定国家、地区个案来看，专利保护的强度并不总是与科技创新活跃度成正比，相反的是，一些国家或地区往往放宽或限制专利保护，利用专利地域性的制度缺陷，加大对国外技术的模仿，从而带动本国或本地区科技创新的"原始积累"，走上自主创新之路。因此，专利制度在历史中的动态发展，离不开专利权保护与限制之间的此消彼长。应根据技术、国内政策和国际化三个因素，在利益平衡的原则指引下，维护专利制度的权威，从而实现专利制度的"奥伏赫变"。

二、3D打印影响下的专利权利用尽

对于3D打印的去中心化发展而言，一个以数字化制造相关文件为生产要素，进行全球化、跨地域流通的分布式数字化制造网络，将逐渐侵蚀一切以地域性建立起来的传统专利制度。换言之，去中心化所带来的对专利产品控制力下降与传统的专利权地域性集中保护要求之间将产生一定矛盾。要解决这对矛盾，首先要明确并引起高度重视的是，基于3D打印的去中心化特性，产品国际流通的自由程度将决定3D打印技术和产业发展的成败。

而商品的自由流通和各地域间专利权人权益之间存在微妙的平衡，权利用尽原则就是为调节这种平衡而引入专利制度中的。

---

❶ 卢纯昕. 反不正当竞争法一般条款在知识产权保护中的适用定位 [J]. 知识产权, 2017 (1): 54-62. 当新的知识财产法益有了保护的必要性而现有知识产权法未将其纳入保护范围之时，反不正当竞争法正是通过灵活的一般条款对这部分知识财产法益实现一种过渡保护。可以说，在反不正当竞争法这个"实验室"孕育新的知识产权的过程中，一般条款是不可取代的催生剂。正因有一般条款在知识产权保护的适用，新型知识产权的立法才如此顺理成章。

❷ 格莱克, 波特斯伯格. 欧洲专利制度经济学：创新与竞争的知识产权政策 [M]. 张南, 译. 北京：知识产权出版社, 2016: 24-38.

(一) 3D 打印去中心化发展与专利权利用尽原则的地域适用

权利用尽是对专利权的一种限制，目的是防止专利产品在市场上的流通和使用受到限制，以维护正常的经济秩序。❶ 当然，这里的市场既指国内市场，也包括国际市场。当前，各国政府和立法机构可以通过完善针对权利国内或国际用尽的公共政策和立法，在一定程度上实现 3D 打印时代专利产品的流通自由。换言之，权利用尽一直是各国政府在面对专利产品国际贸易时的一种政策选择的立法化。不同国家对于专利权利用尽的认定和具体立法都不同，所以权利用尽规则适用的时候会涉及专利权的地域性之间的调和。

1. 专利地域性对去中心化发展的阻碍

对应 3D 打印的去中心化导致的分布式制造模式，在专利权限制制度中，首要的是专利的地域限制。因为传统的专利制度，在地域性问题上明显已经不适应现时对于专利产品及其相关技术流通的需求（如转移、交易、沟通等）。而去中心化的 3D 打印的愿景，对于跨地域的数据/信息交流和传输等要求更高。例如，通过 3D 打印的方式，可以直接产生 P2P（端到端）的制造模式。这对于现有专利制度的地域性是一种挑战。因为，专利权是一项排他性专有权利，权利人可以控制智力成果的应用，但这种控制范围的大小、控制能力的强弱等，将直接影响专利产品流通的广度与宽度。如果只是简单地将权利人对其所享有的专利技术的控制范围和能力提升，归结到增加专利侵权追查范围和处罚力度等措施上，最终会导致专利制度的倒行逆施和科技创新的停滞不前。因此，在去中心化影响下，专利权的地域限制以及能在一定地域内影响专利产品流通和使用自由的权利用尽规则，如何把握好权利人对专利控制力下降的既定现实和促进专利产品流通自由之间的微妙关系，将是下文研究的重要突破口。

（1）地域性作为对专利权的限制：主权性限制

地域性（territoriality）作为专利权基本的特征之一，在传统专利法中基本是一个不可动摇且不受过多学理讨论的范畴。即使在贸易高度全球化的今天，欧盟统一专利制度的努力不会即日可成，但专利法出于各国主权利益的需要，并没有随着国际化因素而在地域性立法上有所改变。《专利保护宣言》中提到，专利法的地域性原则不能被 TRIPS 所消除。❷

专利权的地域限制是指一国或一地区专利法的准据力和专利权排他力延及范围的限制，其主要是基于国家或地区法域背景之下的一种权利限制。根据三种引发地域限制的原因，将专利权的地域限制分为以下三种。一是主权性限制：各国或地区享有的法治主权"法域"，在某种程度上，其也是权利用尽与平行进口的缘由；二是公序性限

---

❶ 何敏. 知识产权法总论 [M]. 上海：上海人民出版社，2011：225.

❷ 另参见 2003 年 8 月 30 日 WTO《关于 TRIPS 协议和公共健康的多哈宣言第六段的执行决议》中的第 6（i）段关于强制许可下所生产或进口的医药产品出口的规定。

制：各国或地区不同的公序良俗与公共利益等；❶ 三是专有性限制：各国或地区的立法关于专利确权的规定不同，导致同一发明创造在不同国家或地区不一定都受到专利权的保护，而可能属于公共领域。❷ 我们更倾向于上述第一种对地域限制的定义，即针对专利保护与管辖等的主权性限制。因此，从某种意义上说，专利地域限制就是各国或地区专利权利保护和管辖方面的差异性，而导致的权利适用在地域层面上的限定，其实质上反映了各国、各地区政府在国际贸易上的政策选择。而受到去中心化的影响，各国或地区之间应该通过法律的协调和政策的调整，从而减少差异，促进贸易与制造全球化的发展。

（2）主权性限制与去中心化之间的冲突

因为数字世界没有边界，而物理边境在分布式数字化制造的背景下，根本不值一提，且数字边境更难控制，不易形成贸易壁垒。2017年7月，美国Sagacious Research公司公布了一份报告，表明3D打印产业正处于走向主流的转折点。该报告提出，3D打印作为一个动态且灵活的制造过程可以在任何国家采用，因此有必要对其实施跨多个司法辖区的知识产权同步保护策略。另外，由于CAD文件可以通过互联网传输，减少了跨越国际边境的实体产品的数量，因此需要对此进行有效监控。在去中心化的影响下，跨越地域性的专利保护问题应该受到法律界的足够重视。对地域性问题处理的失当，将直接阻碍专利产品在全球或区域范围内的流通自由。

专利的地域性针对的是发自同一行为人的侵权活动。但现代商业活动（特别是在3D打印等技术的推动下），交易范围往往是跨国界的，行为的完成也常常是分工合作。去中心化的发展，最终将导致跨越国境的数字化侵权呈上升趋势。在2016年，日本特许厅已经关注到了这个问题。鉴于专利制度中地域性的问题，在专利跨境侵权的考量中，关于法院应该如何适用管辖权的问题（例如实施行为地（venue of implementation）原则的适用，如何在网络环境下，对其进行灵活的解释），日本特许厅专家组认为，其中一个原则是主要行为地原则（main place of the act），其针对该专利主要部分实施的发生地进行管辖；另一个原则是主要市场原则（market venue），其针对该专利主要收益的市场进行管辖。值得注意的是，当前侵权行为地原则如果被过度灵活解释，会导致侵权诉讼的泛滥。但如果主要行为地原则作为法院管辖判断的唯一标准，那么跨境专利侵权诉讼可能会大幅减少且被轻易规避。所以，日本特许厅专家组认为，结合了主要收益市场原则的侵权行为地原则，才是当前最佳的管辖标准。❸ 此处值得关注的是，日本专利法中的规定为"当该产品为程序等的，包括通过电信线路提供程序等的

---

❶ 该分类我们可以理解为TRIPS对于各成员针对自身利益的不同，可根据一定的条件（如公共利益）而进行的法条调适，详见TRIPS第8条第1款。

❷ 何敏. 知识产权法总论 [M]. 上海：上海人民出版社，2011：380.

❸ JPO. The intellectual property system study group for the fourth industrial revolution [R], 2017.

行为"，❶ 这为"地域性"与"权利用尽"提供了深入研究的基础。

在未来实践中，3D 打印带来的去中心化发展与专利地域性之间的主要冲突之一就是司法管辖问题。在此方面，美国有着较为丰富的案例，可供借鉴。如 NTP Inc. v. Research in Motion, Ltd. 案❷（以下简称"NTP 案"），被告 RIM 公司将服务器放置在加拿大，以规避侵犯美国专利的指控。这些美国诉讼大多源自计算机网络领域，往往牵涉需要跨国界进行的商业活动，或需借助多方合作，某些行为由客户完成，某些行为则由服务器完成。针对这种特殊的活动态势，专利法有其局限性。如果不是由单一行为个体完成专利请求方法中每一步骤或程序，甚至连起诉都很困难。在跨国界的活动中，如果某些步骤是在国外完成的，由于各国法律规定不同，也会造成追诉效果不一。经过多年的发展，美国专利法及各级法院针对侵权发生地问题，在不断寻求破解之道。由于地域性，某些发生在域外的侵权行为，美国专利法鞭长莫及。❸ 对此，美国国会通过美国专利法第 271 条（f）款对海外生产、组装的行为作出惩罚，而该法第 271 条（g）款禁止进口利用美国专利制成的产品。❹ 但是，这两条规定对数字化产业似乎有些无力。法院认为，不管是（f）款还是（g）款，所针对的都必须是固态的物品，因为若将"设计"或"书面指示"这类数据涵盖在专利法中，将背离法条原意。相对于（f）款或（g）款时而无效，法院偶尔会以第 271 条（a）款判定行为者虽然有部分海外行为，但主要侵权行为发生在美国，此时可依几种理论将其绳之以法。例如在 Rosen v. NASA 案❺中，法院认为以"综合效用"说分析，案中四个观测卫星的无线电波传输站中，两个虽位于美国之外，但是它们的设立是依美国政府要求，使用美国器械，所以使用目的地最终在美国。另一派理论是"侵权行为地"（locus - of - infringement）说。在 NTP 案中，虽然 RIM 公司将主服务器放在加拿大，但是法院认定用户主要通信地点发生在美国，因此关注焦点是"全体系统"发挥实用的所在地，即控制中心所在以及应用系统取得效益之处。但是，不管是追踪"行为人"还是"发生地"，专利法

---

❶ 青山纮一. 日本专利法概论 [M]. 聂宁乐，译. 北京：知识产权出版社，2014. 关于"物品"发明的注释中，"电信信线路"是指可双方向通信的有线或无线的电通信手段，不包括只能单向进行通信的广播等手段。我们可以理解这里主要指的是互联网。

❷ No. 03 - 1615（December 14, 2004）.

❸ Deepsouth Packing Co. v. Laitram Corp., 406 U. S. 518 (1972). 该案中美国联邦最高法院判定专利法有其地域性，海外的行为并不构成在美国的侵权。

❹ 美国专利法第 271 条（f）款规定："(1) 未经许可提供或使人提供在美国境内或由美国境内所生产专利产品的全部或主要部分，该全部或主要部分是指将未组装之状态下，若在美国境外将该主要部分加以组合，恰如其在美国境内将该专利加以组合，应视为侵权者而负其责任。(2) 任何人在未经许可下，提供或使人提供在美国境内或由美国境内许可的专利部分产品，而该产品是特别制造或特别适用于该发明，但非作为主要或属不具实质侵害作用的商业上物品时，将该类产品在美国境外组合，恰如其在美国境内组合，均为侵害该专利权，应视为侵权者而负其责任。"第 271 条（g）款规定："在方法专利之有效期限内，未经许可而擅自进口该项方法专利产品，或于美国境内擅自要约销售或使用该方法，视为侵权者而负其责任。方法专利之侵权诉讼，不因属非商业性使用或零售该项产品而不得请求损害赔偿，但无适当之进口、其他用途、要约销售或销售该产品者，不在此限。但下列情形所制造的产品不视为依方法专利所制造者：(1) 方法是经显著改变者；或 (2) 该产品仅为其他产品的非重要组件者。"

❺ 152 USPQ 757, 768 (1966).

在触及此类侵权时，显得处处捉襟见肘。

虽然在分布式数字化制造中跨国境的专利产品流通是难以避免的现象，但是以NTP案观之，如果网络行为仍以美国为控制中心，或者美国是受益最多的地点，则现行美国法律已经有"长臂管辖"（long‐arm statute）。❶ 同时，Lemley 等建议修改美国专利法第 271 条（g）款，将侵权行为目标从单纯的进口国外"物品"，扩充为进口国外"物品"和"数据"。如此一来，既可以管控入口源头（任何侵权行为的"果实"无法在美国享受），也可以兼顾3D打印等技术发展的现实需求（现实世界中，科技成果很难区分哪些是体现在硬件对象中，哪些是体现在软件对象中）。❷ 另外，在美国Global‐Tech v. SEB 案❸中，被告 Pentalpha 公司的引诱行为发生在美国国外，即属于境外的侵权。但是美国的引诱侵权，并没有局限必须在"美国境内"，所以对海外的代工厂，只要在美国境内有资产，一样可以在美国法院控告其在海外的引诱行为构成引诱侵权。该做法对于谨守专利属地主义的我国也许值得借鉴。

最后，值得关注的是，2017 年美国国会的 STRONGER 专利立法提案❹第 108 条第 3 款（A）项规定，未经授权提供或导致他人从美国向海外提供发明专利产品的设计图（如 CAD 文件），积极促使该产品在美国境外制造，以规避在美国制造该产品构成侵权的行为人应承担侵权责任。这与现行的美国专利法第 271 条（f）款相悖，该条款要求实际提供来自美国的组件，而不仅仅是在海外制造的组件的设计图（如 CAD 文件）。如果该法案最终通过实施，则可能导致 CAD 文件的跨境流通在专利权地域性层面上产生新的问题，从而导致出现分布式数字化制造模式的专利侵权困扰，最后对全球化贸易产生负面影响。

2. 去中心化影响下专利权利用尽原则的适用

（1）权利用尽制度的初衷

权利用尽是世界各国或地区知识产权法律均承认的一项基本原则，也为相关知识产权国际条约所承认。该原则的确立大大削弱了知识产权权利人对知识产品再次流通的控制，有利于贸易的自由往来。❺ 至于权利是国内用尽还是国际用尽的问题，TRIPS

---

❶ 郭玉军，向在胜. 网络案件中美国法院的长臂管辖权［J］. 中国法学，2002（6）：155‐168.
❷ LEMLEY M A, O'BRIN D W, KENT R M, et. al. Divided infringement claims［J］. American Intellectual Property Law Association Quarterly Journal, 2005, 33（3）：255‐283.
❸ 563 U. S. 754（2011）.
❹ 其中 STRONGER 为 "Support Technology & Research for Our Nation's Growth and Economic Resilience" 的首字母缩写，详见：［2018‐01‐23］. http：//www.ipwatchdog.com/wp‐content/uploads/2017/06/STRONGER‐Patents‐2017.pdf.
❺ 吴汉东. 试论知识产权限制的法理基础［J］. 法学杂志，2012（6）：1‐7.

对此持中立态度,留给成员自由决定。❶ 当今,全球化技术、商品贸易日益频繁、紧密,有学者提倡"专利权国际用尽",因为专利产品一旦进入国际贸易就会散布到全世界,如果其知识产权权利人已经就此行为获得报酬,就不可以继续援引其权利而影响甚至妨碍后续的产品流通交易,以免阻碍国际贸易甚至侵犯合法的商品物权。❷ 我国目前采取的就是专利权国际用尽原则。例如,北京市高级人民法院《专利侵权判定指南(2017)》第 131 条规定,专利权人或者其被许可人在中国境外售出其专利产品或者依照专利方法直接获得的产品后,购买者将该产品进口到中国境内以及随后在中国境内使用、许诺销售、销售该产品的,不视为侵犯专利权。❸

但是,权利用尽原则的适用也是有严格限制的,主要包括:专利权利用尽必须是经权利人同意,产品通过合法销售、赠与、分发等方式进入市场流通领域;产品不合法地进入流通领域都不会产生权利用尽;一般只有使用权和销售权用尽,但制造权并不用尽,而对于修理和重作则另作分析。在美国 Jazz Photo v. ITC 案❹中,美国联邦巡回上诉法院认为专利产品的使用权不包括以该产品作为模型实质上建造新的产品。因此,尽管专利权人对其所销售的专利产品耗尽了专利权,但是若将该产品用于制造新的专利产品,则不能认为对该新产品而言也耗尽了专利权。❺ 另外,我国《专利法》第 75 条并未提及专利销售后是否可以附加售后限制条件,既然没有明确立法,那么第 75 条的权利用尽应指没有附加售后限制的权利用尽。

(2) 分布式数字化制造环境中的专利权利用尽

在分布式数字化制造环境中,数字化制造相关文件在国际上的流转与传输,对基于地域性的专利权利用尽规则产生了新的挑战。当前,这些新挑战尤以新近的美国司法实践为代表。在 2017 年 5 月尘埃落定的美国 Lexmark International, Inc. v. Impression Products, Inc. 案❻(以下简称"Lexmark 案")中,美国联邦最高法院认为企业的专利产品一经销售,专利权人不能主张该产品的所有专利权利。美国联邦最高法院在裁决

---

❶ TRIPS 第 6 条规定:"就本协定项下的争端解决而言,在遵守第 3 条和第 4 条规定的前提下,本协定的任何规定不得用于处理知识产权的权利用尽问题。"可见 TRIPS 强调不允许成员在解决知识产权争端时,援用其任何条款去支持或否定知识产权利用尽问题,以免使本来差距就很大的各成员立法在有关争端中产生更多的矛盾。另外,成员同意各自保留不同的看法:一些国家采取国际用尽原则,另一些国家则选择国家或区域性用尽原则。TRIPS 第 28 条也不应被曲解为打破了这种不一致的协定,将进口的专有权解释为国际用尽原则的一个障碍。

❷ 刘孔中. 解构知识产权法及其与竞争法的冲突与调和 [M]. 北京:中国法制出版社,2015:44.

❸ 根据《专利法》第 75 条第(1)项的规定,"专利产品或者依照专利方法直接获得的产品,由专利权人或者经其许可的单位、个人售出后,使用、许诺销售、销售、进口该产品的"不视为侵犯专利权,其中由"进口该产品"可得出中国支持专利权的国际用尽。"进口"二字,在 1992 年修正的《专利法》第 62 条第(1)项中并未出现,最早出现在 2000 年修正为《专利法》第 63 条第(1)项之中,而这与当时中国积极加入 WTO、融入国际贸易制度的需求有关。

❹ 264 F. 3d 1094 (Fed. Cir. 2001).

❺ 刘强. 自我复制专利侵权问题研究:以 3D 打印等自我复制技术为视角 [J]. 法商研究,2015 (5):184-192.

❻ No. 15-1189. (Argued March 21, 2017—Decided May 30, 2017).

中要求专利持有企业不能限制其他企业以折旧的方式转售其产品。案件是由美国 Lexmark 公司提起的，该公司以影响美国销售为由试图阻止其他公司翻新其在美国销售的打印机墨盒。此项限制对于类似惠普和佳能等利用回收可替换墨盒以相对较低的成本销售其打印机的公司来说是一种打击。在 Lexmark 公司起诉 Impression 公司返销喷墨墨盒案中，首席大法官 Roberts 在法院裁决中表示：无论是在美国销售还是国外销售，即使产品不再转售，卖家也放弃了专利权。他认为，扩大首次销售之外的专利权主张将阻碍商业发展。这项裁决对于 Lexmark 公司而言是不小的打击。❶ 该案的最大影响是，在新全球化的影响下，立法者或者司法者是选择专利权的国际用尽还是国内用尽的问题。在 Lexmark 案中，美国联邦最高法院明确了专利权的国际用尽问题。❷ 这对于全球互联的制造平台有重要的意义——可以免除在互联平台上跨地域传播制造相关数字化文件中的专利权地域壁垒问题，即只要首次销售以后原本数字文件上的专利权就用尽，不能限制其流通（制造除外）。另外，美国联邦最高法院认为，专利权人在决定将其产品出售之后，无论是否存在合同上的限制，该产品上的专利权均已用尽。❸ 因此，专利产品的售后限制协议也一并被美国联邦最高法院否决。值得注意的是，美国政府就该案向美国联邦最高法院提交的法庭之友意见书（amicus curiae）中，主张除非专利权人明确保留这些权利，否则在国外的销售导致专利权利用尽。❹ 对此，美国联邦最高法院认为，美国政府在意见书中论据不足，且将焦点集中于专利权人与购买人在产品出售时的期待上是错误的。对于权利用尽判断真正起核心作用的是，专利权人已作出了产品销售的决定。如果对已离开交易市场的售后产品继续保留专利权，将破坏自由贸易原则。

在专利权利仅适用国内用尽的条件下，对跨境的数字化制造是极其不利的。从理论上看，专利权利的国际用尽对数字化制造相关文件的跨境传输，有大开方便之门的积极利好面。当前商业需要表明，即使产品制作方法的创新发生在美国，但该产品可能实际在海外制造，之后运输到美国出售（如 ClearCorrect 案）。实践中，产品开发商非常清楚制作方法的创新会让制作费用大幅度降低。产品一旦制作出来，该产品可能与使用更旧、更昂贵的制作方法的竞争产品并无两样。

（二）3D 打印对"修理与重作"原则的冲击与对策

1. 3D 打印对"修理与重作"原则的冲击

所谓的修理与重作原则（repair-reconstruction doctrine）是专利权利用尽原则在一

---

❶ 美国最高法院限制专利权人销售后权利 [EB/OL]. [2017-12-12]. http://mp.weixin.qq.com/s/yR-TAE2bHPuiohikY4z3PaQ.

❷ 在美国专利法体系中，最早确立权利用尽原则的是 Adams v. Burke 案 [84 U.S. 453 (1873)]，且自该案开始美国一贯实行权利国内用尽规则，但 Lexmark 案的出现可能会带来改变。

❸ 金海军. 美国最高法院 2016 年度知识产权判例解析 [J]. 知识产权, 2017 (9): 67-88.

❹ 详见：http://www.scotusblog.com/wp-content/uploads/2016/10/15-1189-US-Amicus.pdf.

定特殊情况下的适用。❶ 具体而言，如果修理涉及专利部分，若只是以买来的合法零件更换其中损坏的零部件，则不产生侵权。因为对于买来的零部件专利产品，专利权一般已经用尽。如果修理其中有专利的零部件，修复了不起重要作用的零件，应该不存在问题；但是如果修理了起关键作用的部件，使之恢复原有的功能，达到了"重作"的程度，可能就存在侵权的问题。因为这接近制造专利产品，损害了专利权人的利益。❷

在 3D 打印时代，产品零配件的更换可以由 3D 打印方式完成，从而在一定程度上替代原本专门厂家的维修。这对生产商、售后服务商和零配件制造商等的商业利益都将造成巨大的损害。如果消费者使用家用 3D 打印机，在长时间内仅对该产品进行小修小补，这个是否构成专利侵权？虽然美国现行的法律对于"修理与重作"原则有着较为完整的论述，但对于 3D 打印是否适用未有定论。因此，我们将先从美国历史上各个关于"修理与重作"原则的判例中，厘清来龙去脉，找到针对 3D 打印的规制新办法。❸

第一个针对"修理与重作"的案例是一个多世纪之前的 Wilson v. Simpson 案❹（以下简称"Wilson 案"）。Wilson 作为该案被告，其修理了合法购得的伐木机器的刀片，被控侵犯了该机器专利权人的权利。作为回应，法院认为该刀片自身本是暂时的且对于该机器本身是一个易消耗部件，所以即使未被授权替换该刀片，其行为仍然是合理的。法院认为仅仅替换刀片的行为，并不是替换该机器全部，且不是重大意义上的取代。与此同时，法院亦认为，对于该刀片的替换不能脱离该机器本身的用途，否则亦可能构成侵权。该案中，法院建议在未来法院审理其他类似案件之时，应该具体问题具体分析，不可机械照搬。随后，在 1964 年的美国联邦最高法院 Aro Manufacturing Co. v. Convertible Top Replacement Co. 案❺（以下简称"Aro 案"）中，法院最终为长达一个世纪的原则判断标准划出了一个较为清晰的指标。在该案中，被告面临着一项对于原告拥有专利的敞篷车的织物顶棚（该顶棚是一个组合专利的一部分）修理并替换的专利侵权指控。法院认为，该替换织物汽车顶棚的行为是合法的维修，而仅对某单个部件的替换或者顶替修补，是该产品合法所有人后续使用权利（维修的权利）的体现。根据法院的观点，非法的重作只有发生在重新制造整个专利产品，且其专利权仍没有过期的情况下。但在 Aro 案判决中美国联邦最高法院法官意见并不一致，导致了随后在下级法院对于该原则判决中的差异化适用。如在 Monroe Auto Equipment Co. v. Precision Rebuilders, Inc. 案❻（以下简称"Monroe 案"）中，低层法院继承 Aro 案

---

❶ 比如英国注册外观设计法第 7A（5）条规定了"复杂产品修理"例外（"complex product repair" exemption），即如果该零配件的制造，其目的只是修复复杂产品的原始外观，则其行为并不能构成侵权。

❷ 汤宗舜. 专利法解说 [M]. 北京：法律出版社，2003：75.

❸ WILBANKS K B. The challenges of 3D printing to the repair – reconstruction doctrine in patent law [J]. George Mason Law Review, 2013, 20 (4): 1147–1181.

❹ 50 U.S. (9 How.) 109, 123–24 (1850).

❺ 377 U.S. 476 (1964).

❻ 229 F. Supp. 347, 347 (D. Kan. 1964).

的指导意见，认为被告所重制的汽车避震器零件，已经不再仅仅是临时配件，且对于该专利产品功能的发挥起到了至关重要的作用，所以被告构成侵权。在 Monroe 案之后长达半个世纪的时间里，美国立法与司法对于"修理与重作"原则再也没有试图去清晰划分"修理"与"重作"的界限。而在当前 3D 打印的冲击下，利用该技术进行的产品修理将不断给非法重作的认定门槛施压。

2. 3D 打印时代"修理与重作"原则的再检视

我国专利立法中与"修理与重作"原则相关的规定较少。北京市高级人民法院《专利侵权判定指南（2017）》第 131 条第（3）项对修理重作原则进行了具体规定。❶该项认为，专利权人或者其被许可人售出其专利产品的专用部件后，使用、许诺销售、销售该部件或将其组装制造专利产品的行为不被视为侵权。

修理是一种专利法上广义的"使用"，其与"重作"所体现的"制造"有一定区别。但在 3D 打印背景下，其所带来的"制造性使用"正在模糊这两个概念。这为当前现实中"修理与重作"原则的适用造成了困难。

现阶段最有名的 3D 打印修理专利产品案件发生在一个婴儿推车上。网络创客"dscott4"在网上公布了一个如何一步步替换修理名叫"Bugaboo Chameleon Push-chair"的婴儿推车的金属链条的方法，同时添上一个存放在 Shapeways 网站上的相关设计 CAD 文件的链接。对于该童车的链条替换而言，如果要到原厂去更换，就需要支付 250 美元，而在网上按照创客指明的步骤去更换，只需要 25 美元的成本。这里的问题是，该童车厂是否可以对创客或用户的行为提起诉讼？我们认为，根据上述的案例分析，无法作出一个准确的预测。如果受理法院适用在 Wilson 案中提及的通用标准，那么该链条更换行为很可能被视为一种可以被接受的细微修理，因为其并没有改变该童车专利的原初用途。但是，如果法院根据 Aro 案判决，那么必须考量该童车所有人、专利权人等的意图以及被替代产品的生命周期，还有与整体产品的关联等。根据这两个不同的在先案例，法院可能得出完全不同的判决。也许，法院会根据 Aro 案中的分析，考虑到组合专利对于一个复杂产品中非专利配件的保护会导致负面的垄断，从而赦免对该行为的法律追诉。当前在一些相关的创客教学网站上，还有对于该款童车其他部件（如车轮子等）的替代制造的教学文章。当然，如果同一个创客将多个该童车的部件制造文件同时上传到网站上，其极有可能打破在修理中限定的数量上的平衡，从而导致侵权成立。❷

Samuelson 认为，要让公众认识到应该给予知识产权保护物品一定私人修补或修改

---

❶ 《专利侵权判定指南（2017）》第 131 条规定："专利产品或者依照专利方法直接获得的产品，由专利权人或者经其许可的单位、个人售出后，使用、许诺销售、销售、进口该产品的，不视为侵犯专利权，包括：……（3）专利权人或者其被许可人售出其专利产品的专用部件后，使用、许诺销售、销售该部件或将其组装制造专利产品；……"

❷ RIMMER M. The maker movement: Copyright law, remix culture and 3D printing [J]. University of Western Australia Law Review, 2017, 41 (2): 51.

的权利（当然是在不影响其他人权利行使的基础之上）。其在"Freedom to tinker"一文中提及了反向工程与商业秘密法之间关于自由修补的问题，虽然对于技术成果进行商业秘密保护，不符合增强法律确定性的要求，❶ 但是对于技术的创新而言，对有条件能进行商业秘密反向工程的行为，只要符合 TRIPS 第 30 条的规定，则无须科以重罚。

  总体而言，就简单的修理行为，对于合法获得的产品并没有一定的法律判断界限。例如，如果只是简单地重新拼接破损的电子设备，那么这不会构成侵权；但是如果使用者使用 3D 打印设备重新打印出一个新的设备外壳，去置换破损的外壳，那就需要慎重地考虑专利侵权的问题。❷ 因此，在 3D 打印视域下，"重作"比"修理"更加容易出现专利侵权问题。"修理"与"重作"严重威胁着当前传统制造商的利益，但不幸的是在合法"修理"与非法"重作"之间的界限十分模糊。相较于传统的修理或维修，3D 打印具有成本低、方便快捷等优势。因此，在不久的将来，消费者很有可能会去寻求 3D 打印的帮助，以修理破损的产品，从而彻底改变产品售后维修的价值链条。从当前美国的实际来看，"修理与重作"原则没有较为清晰的侵权判断标准，急需来自更高层次法院的清晰释法。

  至于受到 3D 打印冲击最大的外观设计专利，就应该将问题拆开具体分析。一般而言，有三个涉及外观设计专利的产品零配件种类：一是影响产品整体外观的零配件；二是不受外观设计保护的仅具有功能性的设计部件；❸ 三是属于"必须附和例外"（must fit exception）❹ 的零配件，其外观设计主要是为了附和（适应）其他产品设备的组成或安装，其独特的设计外观并不完全是自身美观的考量，而大部分是为了配合其主要产品的制造与装备。在具体案例中，对上述第一类零配件的"重作"，极有可能构成外观设计专利侵权。而其他两类则因无关外观设计的实质性部分（关键要素）而不构成侵权。当然，即使 3D 打印成品是上述第一类受保护的外观设计配件，但也可能由于私人或者非商业目的（非生产经营目的）而导致侵权不成立（前提条件是必须合法购买了该配件）。范长军等不同意对专利法中的"为生产经营目的"进行扩大化解释，以免阻碍技术的传播与再利用。❺ 这本身和修理与重作规则的制定初衷相违背。3D 打印的出现要求知识信息被更广泛地个性化利用和使用。对于个人性质的生产与修复，不应该仅以"生产经营目的"这个单一因素去判断侵权与否，否则过于片面，并会阻碍技术的创新与发展。

---

 ❶ SAMUELSON P. Freedom to tinker [J]. Theoretical Inquiries in Law, 2016, 17（2）: 562-600.
 ❷ MENDOZA A J. Legal and social implications of the 3D printing revolution [D]. Claremont: Claremont McKenna Colleges, 2015: 22-29.
 ❸ 参考欧洲法院（以下简称 ECJ）案例：Philips Electronics NV v. Remington Consumer Products Ltd. [2001] RPC 38.
 ❹ 参见英国 1949 年注册外观设计法第 1C（2）条 "Privately and for purposes which are not commercial".
 ❺ 范长军，郭志旭. 3D 打印对专利产品修理与重作规则的挑战 [J]. 华中科技大学学报（社会科学版），2014（5）: 84-87.

三、3D 打印影响下的个人非营利性实施专利

个人非营利性实施他人专利所提供的权利限制，一直是专利制度中重要的利益平衡机制。但是 3D 打印背景下以 3D 打印为代表的颠覆性技术发展，掀起了个性化定制（或称客制化）的浪潮，而个性化影响下的侵权泛滥，会导致各权利主体间的利益失衡。换言之，个性化所带来的专利合理使用新需求，将与不完善的非营利性实施他人专利条款产生矛盾，进而对旧有专利制度产生冲击。

（一）个性化发展对专利合理使用的新需求

根据现有的国内外专利立法，专利合理使用不是一个确定的立法章节或理论体系，而只是一些散落于专利立法部分条款中的一个松散的概念体系。专利合理使用是指，在一些法定情况下，他人不需要获得专利权人的许可，也不需要向专利权人支付报酬而自由实施专利的一种合法行为（但受到 TRIPS 第 30 条的制约）。[1] 这些法定情况中就包括非营利性实施他人专利（包括非为生产经营目的实施他人专利及为科学研究和实验目的实施他人专利）。

对于专利合理使用，可以从字面上拆解为"合理"和"使用"两个方面去展开分析。从法理上看，"合理"是判断该侵权例外成立的目的性要件，而"使用"是行为性要件。从学术界的观点看，当前对于专利使用"合理"的理解，一般都将焦点集中在个人非营利性的目的之上。而对于"使用"的解释，主流观点将专利法中的使用（use）和制造（manufacture）都融在了"使用"之中。[2] 但这个观点在法律规范上是有矛盾的。首先，根据我国《专利法》第 11 条第 1 款的规定，"制造"和"使用"两词仅并列出现在对"专利产品"的实施之中，而"使用"一词还被放入了针对"专利方法"和"依照该专利方法直接获得的产品"的实施之中。[3] 其次，根据《专利法》第 11 条第 2 款的规定，对外观设计专利并未规定"使用"二字，是因为外观设计注重外表美感，其实用性不强，且制造上技术性要求会低于发明或实用新型，所以一般将外观设计排除在专利合理使用之外。

---

[1] 彭霞. 专利权合理使用制度研究 [M]. 成都：西南交通大学出版社，2016：15.
[2] "使用"不包括"许诺销售"和"销售"。
[3] 《专利法》第 11 条第 1 款规定："发明和实用新型专利权被授予后，除本法另有规定的以外，任何单位或者个人未经专利权人许可，都不得实施其专利，即不得为生产经营目的制造、使用、许诺销售、销售、进口其专利产品，或者使用其专利方法以及使用、许诺销售、销售、进口依照该专利方法直接获得的产品。"此处要特别注意的是，第 1 款前半句中"任何单位或者个人未经专利权人许可"的表述，是对权利实施的一个前置限制条件，但不能视为我们讨论的专利权利限制。原因是该许可条件是一个民法的合同概念，专利法的私法属性，允许民法对于其权利实施干涉，但此项不能视为专利法自身所提出的权利限制要求，只能视为一个上位法的要求。

1. "使用"行为需要被重新检视

专利权利用尽原则的适用主要根据制造与使用的二分法进行甄别。但在讨论专利合理使用时，其"使用"与权利用尽中的"使用"两者的内涵和外延都存在区别。从内涵看，合理使用中的"使用"将"制造"包含在内，而权利用尽是必须作出分割的。❶ 从外延看，合理使用中的"使用"指个人使用或者科研实验的使用等，其中有可能包括重复制作或反向工程等行为；权利用尽中的"使用"仅限于合法购买专利成果后的利用而非重复制造行为，但该"使用"可以有营利性目的，而合理使用中的"使用"则不能。

目前，我国《专利法》对于"制造"和"使用"主要的规定来源于第 11 条和第 75 条。❷ 对此，我们认为从各国的专利立法层面来看，"制造"和"使用"是非常泾渭分明的。从文意上解释，"制造"是指生产新产品，即从无至有的过程；"使用"是指对已有产品的利用，在技术上包括利用现有的专利产品（作为零部件或者技术手段）制造新的产品。❸ 换言之，就结果而言，产生新产品与否划分了"制造"与"使用"的界限，"制造"是产生了新的专利产品（重复制造、仿制出同样的新产品等）；而以行为对象来分，仅对既有专利产品的利用，就属于"使用"。❹

如果产品是未经专利权人许可而制造或者进口到国内，使用这种产品就构成侵权。而这里的"使用"，不包括为使用目的而堆放、囤积、储存、保藏专利产品，而且这些行为可能不仅是为了使用，更可能是为了销售或者许诺销售专利产品。因此，为了周密地保护专利权人的利益，德国、法国、英国等国的专利法都规定了为这些目的而储备、保存专利产品，是需要得到专利权人许可的独立的行为。❺ 而方法专利的保护效力延伸至依照该方法所直接获得的产品。这样，即使产品由于缺乏新颖性或创造性而不能获得专利，如果发明一种制造该产品的有价值的具有可专利性的方法，该产品便可以通过方法专利而获得间接的保护。❻

在专利权能中，制造权和使用权是相互独立的。合理使用虽然字面上用了"使用"一词，但其并没有像权利用尽原则中涉及的"使用"概念那样纯粹。因此，在分析具体案例中的合理使用适用时，需时刻注意该点。如在 Jazz Photo v. ITC 案❼中，美国联

---

❶ 权利用尽原则中制造与使用的二分法，主要含义是指如果合法的购买者仅仅使用了其购买的专利产品或成果，则其行为不属于专利侵权，此使用权已在购买的过程中发生了让渡；而如果购买者对其购买的成果或产品构成了一定的重复制造，则此行为不能受到专利权利用尽原则的保护（不论国内还是国外）。

❷ 《专利法》第 75 条规定："有下列情形之一的，不视为侵犯专利权：（一）专利产品或者依照专利方法直接获得的产品，由专利权人或者经其许可的单位、个人售出后，使用、许诺销售、销售、进口该产品的；……"

❸ 刘强. 自我复制专利侵权问题研究：以 3D 打印等自我复制技术为视角 [J]. 法商研究，2015（5）：184－194.

❹ 刘强. 3D 打印与知识产权法 [M]. 北京：知识产权出版社，2017：29－40.

❺ 德国专利法第 9 条、法国知识产权法典第 L.613－3 条、英国专利法第 60 条。

❻ 汤宗舜. 专利法解说 [M]. 北京：法律出版社，2003：60.

❼ 264 F.3d 1094 (Fed. Cir. 2001).

邦巡回上诉法院认为专利产品的使用权不包括以该产品作为模型实质上建造新的产品。针对数字化制造相关文件（如 3D 打印相关的 CAD 文件），是否会直接将"制造"和"使用"两个概念等同？❶ 事实上，在一系列颠覆性技术的冲击下，现阶段"制造"与"使用"之间的界限已不再那么清晰，3D 打印正在模糊这个界限，甚至在某种程度上加速了"制造"与"使用"的融合。❷ 我们并不认同对于技术进行划分"贴标签"的研究方式。如果部分"数字化制造相关文件"能被授予专利权，则在这个层面上说"制造"与"使用"是两个概念，必须具体问题具体分析：如果该数字化制造相关文件可以被视为专利产品，对其的合理使用则包括我国《专利法》第 11 条中规定的使用权和制造权；若该数字化制造相关文件被视为专利方法或根据该方法直接获得的产品，则对其的合理使用仅指使用权。但由于 3D 打印降低了制造门槛和场地限制，私人利用将数字化制造相关文件打印出成品的过程（由比特到原子、由数字化虚拟到实际存在）都可视为制造（即数字化制造）。而如果仅将 3D 打印的过程视为制造，那么对于受到方法专利保护的数字化制造相关文件，将无从适用《专利法》第 11 条，这可能形成法律的盲区。❸

2. "合理"目的需要被明确定义

当前，从各国立法和国际条约看，专利的合理使用在立法中并没有明确的定义，法律条文仅以列举的方式将几种具有"合理"目的的行为列为合理使用（或侵权的例外）。例如，我国《专利法》第 75 条和德国专利法第 11 条等法条中列举了部分行为。虽然相关立法可以通过司法经验的积累进行补充，但也应该加强对法律条文中文字表述部分的及时完善，特别是借鉴最新的立法先进经验，因地制宜。❹ 例如，在工业互联网上对公开的专利数据的使用，应该根据使用主体的不同，区分其"合理"目的。

在 3D 打印等技术出现以前，由于个人实施制造专利产品的可能性较低，个人非营利使用行为处于可控的范围内。然而，3D 打印与大数据的结合会使个人制造产品的技术和经济门槛降低，这样个人制造将会对权利人的利益造成显著的负面影响。在 3D 打印时代，专利立法和司法是否应继续保留合理使用或是否有必要扩大/缩小合理使用的范围，各界存在不同认识。事实上，合理使用并不意味着免费使用，其运作亦需要花费成本，而这个成本将作为社会公共事业由政府承担。从 20 世纪末起，许多西方学者都认为合理使用的兴起是市场失灵所引起的，但进入 21 世纪后，越来越多的人认为在

---

❶ 对专利产品的"制造"与"使用"进行区分有两项标准：一是在行为对象上是否作用于既有的专利产品，如果是，则通常属于使用；二是在行为结果上是否产生新的专利产品，如果是，则一般属于制造。在这两项标准中，更重要的是后者，因为其对于专利权人利益的影响更为直接。

❷ BREAN D H. Asserting patents to combat infringement via 3D printing: it's no "use" [J]. Fordham Intellectual Property, Media & Entertainment Law Journal, 2013, 23 (3): 771–814.

❸ VAN O G, LEYS R. 3D printing and patent law: a disruptive technology disrupting patent law? [J]. International Review of Intellectual Property and Competition Law, 2017, 48 (5): 504–507.

❹ 宁立志，周围. 非营利性实施专利条款探究 [J]. 法律科学（西北政法大学学报），2015, 33 (4): 52–61.

新技术组合产生的"创造性破坏"作用下，合理使用的存在基础并非市场失灵，而是市场自身"进化"的需要。❶ 当然，学者也指出外部化的市场失灵可以由内部化的技术保护措施（DRM）来弥补。❷ 但这在3D打印视野下会不会产生新的滥用？因为任何基于私权"本性"的"自我保护"行为，必须符合个人利益实现过程的内在逻辑，即不阻碍知识传播与科技创新。

就法律体系角度整体而言，英美法系习惯使用若干要素（factors）去开放式定义合理使用，而以欧洲为代表的大陆法系一直坚守封闭式列举法来排除某些具体行为的侵权可能。但在3D打印的影响下，有欧洲学者发现列举法已经很难支撑不断变化的司法实际，所以开始探讨将美国式的合理使用（fair use）制度引进欧洲，通过四点要素去灵活判断合理使用是否适用：①使用的表征和目的；②被使用的专利权客体的本质；③使用的比例；④对潜在市场的影响。❸ 另外，可以借鉴2017年南非版权改革中新增的对版权进行非表达性使用（non-expressive use）属于合理使用的规定，将"个人非营利性实施"在数字环境中判定为"专利合理使用"，纳入类似于《专利法》第75条的侵权例外列举之中。❹ 立法的脚步永远赶不上技术创新的速度。因此，从某种程度上说，对于未明确定义和未列举的合理使用机制的维护几乎没有任何意义。但现实告诉我们，社会在不断的科技进步中需要的是保护开放例外。因此，在一个个性化不断深化的时代，对于专利合理使用制度，应该站在与以往不同的角度去诠释，在立法中给予一个基本的一般性例外条款，并辅以"例外清单（正面清单）"。

综上所述，在3D打印以及数字化制造环境之下对"合理使用"中的"使用"应该作广义的解释，即将"使用"和"制造"结合在一起分析；而在对于判断是否能作为侵权抗辩理由的思考中，重点关注"合理"条件的成立，辅以对"制造"还是"使用"的具体辨析，方能在3D打印时代把握好专利合理使用的适用。

（二）个人非营利性实施专利规则在个性化发展下的具体适用

非营利性实施专利指的是个人非营利性实施他人专利和专为科学研究、实验目的实施他人专利的两种主要行为，且该行为都没有经过专利权人的事先许可。❺ 非营利性实施专利作为一种限制专利权的制度设计，其目的就是允许其他人利用专利成果中公

---

❶ LUNNEY G S, Jr. Fair use and market failure: Sony revisited [J]. Boston University Law Review, 2002, 82 (4): 975.

❷ 熊琦. 论著作权合理使用制度的适用范围 [J]. 法学家, 2011 (1): 86–98.

❸ VAN OVERWALLE G. Fair use: a workable concept in European Patent Law? [M] //HILTY R M. LIU K - C. Compulsory licensing: practical experiences and ways forward. Berlin: Springer - Verlag, 2015: 421–435.

❹ 向南非学习经验：版权改革中的非表达性使用保护 [EB/OL]. [2017 – 12 – 01]. http://www.sohu.com/a/157871514_99941697. 在数字时代，越来越多的技术依赖中间拷贝，其没有独立的经济影响，也不会把作者的原创性表达传递给公众。非表达性使用，其并没有夺走版权所有人的市场，反而创造了新型作品市场。

❺ 此处"非营利性实施"中的"实施"二字，包括"使用"和"制造"，避免了与上述"合理使用"中的"使用"所产生的歧义。

开的技术细节并对该技术成果进行完善和改进。在多数国家的法律理论和司法实践中，将非营利性实施专利视为一种对侵权的抗辩，是不侵权抗辩且延期性的抗辩，以权利人提起侵权之诉为前提。❶ 如同其他专利权限制规范一样，其对技术创新、传播与稀释垄断都有益处，但也有可能动摇专利权基础，阻碍权利的适用等。就我国立法而言，当前《专利法》第 11 条与第 75 条第（4）项分别对"非生产经营目的实施专利"和"专为科学研究和实验使用专利"进行了规制。❷

1."个人非营利性"与"非为生产经营目的"之间的关系

个人非营利性实施（private and non-commercial use）指的是在私人或非专业领域内，无营利性目的地使用、制造他人专利产品的行为，且该行为都没有经过专利权人的事先许可。个人非营利性实施作为一种合理使用规则，其目的是让社会大众在私人生活中不以营利为目的地自由使用专利成果，分享新技术带来的便利，这也是对公共利益的兼顾。该规则常见于大陆法系国家专利立法以及欧洲相关专利条约之中。❸ 在该规则中，"个人"与"非营利性"是"和"的并列关系，而非"或"的选择关系，二者中不符合一个，就不能豁免专利侵权责任。❹

我国《专利法》第 11 条明确将"为生产经营目的"作为专利侵权构成要件，因此"非为生产经营目的"的专利实施行为可能不构成侵权。"为生产经营目的"中的"生产"是指工农业生产；"经营"是指商业、服务业，也包括一些事业的经营，有以营利为目的的也有不以营利为目的的（如环境保护、气象预报、道路和航道的维护等）。❺ 同时，在 WIPO 2014 年对全世界 90 多个国家在专利权利限制法律的调查中，我国国家知识产权局（以下简称"国知局"）回复道，中国《专利法》及其实施细则没有对"非营利性"以及"个人"作出定义，也没有对《专利法》第 11 条中"为生产经营的目的"作进一步定义。但国知局明确表示，"为生产经营目的"的范围十分广泛，与是否营利无关，也不取决于实施行为主体的性质是否为营利机构。❻ 因此，"非为生产经营目的"不能直接等同于"非为营利目的（非营利性）"。因此，根据《专利法》第 11 条推导出的"非为生产经营目的"与《专利法》第 75 条具体规定的相关"非为生产经营目的"的行为，两个概念间是存在交叉关系的。

---

❶ 宁立志，周围. 非营利性实施专利条款探究［J］. 法律科学（西北政法大学学报），2015，33（4）：52-61.

❷ 我国《专利法》第 75 条规定："有下列情形之一的，不视为侵犯专利权：……（四）专为科学研究和实验而使用有关专利的；……"但一般认为，我国《专利法》第 11 条不是专利权限制条款，而是关于专利权侵权规则的规定。

❸ 如德国专利法（2009）第 11 条第 1 款规定："专利权对下列行为不具有效力：1. 个人非营利目的的行为……"（The effects of a patent shall not extend to: 1. acts done privately for non-commercial purposes）。与之类似的立法还有英国专利法（1977）第 60 条第（5）（a）款、法国知识产权法典第 L613-5 条、俄罗斯民法典 1359（4）条和《欧共体专利公约》第 27 条 a 款等。

❹ 尹新天. 中国专利法详解：缩编版［M］. 北京：知识产权出版社，2012：553.

❺ 汤宗舜. 专利法解说［M］. 北京：法律出版社，2003：383.

❻ 该次调查中"个人非营利实施"是重要一环，参见：Questionnaire on exceptions and limitations to patent rights［EB/OL］.［2018-04-10］. http://www.wipo.int/export/sites/www/scp/en/exceptions/submissions/china.pdf.

值得注意的是，北京市高级人民法院《专利侵权判定指南（2017）》第 130 条规定："为私人利用等非生产经营目的实施他人专利的，不构成侵犯专利权。"该条款可视为对《专利法》第 11 条的补充，而文字中"私人"和"等"的用法，为司法提供了一定释法空间。如上所述，我国当前立法在非为生产经营目的实施专利方面不限定行为主体的性质，而"私人"被作广义的理解，即包括单位和个人。但如果"私人"定义范围过大，可能会造成"合理使用"的泛滥，反过来对权利人合法利益产生损害。因此，对于"私人"的概念应该作缩小解释，仅指个人在私人领域内（自身或家庭、朋友内部），且在文字上用"个人"取代"私人"更为合适。❶ 特别是在推崇个性化定制的时代，这样的立法与解释更能适当地保护权利人的合法利益，并维护利益平衡。

2. 与 3D 打印相关个人非营利性实施专利行为的认定

如上所述，根据行为主体和打印场地，3D 打印可以分为消费级（个人级）打印和工业级打印两种。工业级打印由于其行为主体一般是企业，且场地在成一定规模的工厂或工坊中（非私人领域），故工业级打印中应当不存在个人非营利性实施规则的适用空间。但是，对于消费级打印而言，消费者自身或在家庭、朋友间的个人打印或使用专利的行为，极有可能构成个人非营利性实施行为，而不必承担侵权责任。根据不同的行为实施场地，消费级 3D 打印亦可以细化为三个情境。情境 1：家庭内的 3D 打印（个人、家庭或朋友内部）；情境 2：在 3D 打印服务站等其他公共场所中的打印；情境 3：CAD 文件的互联网传播。这三种情境除了都存在个人非营利性实施规则的适用空间外，还会有第三方间接侵权责任承担的问题。

情境 1：家庭内的 3D 打印

在此情境下，专利实施行为主要发生在用户家庭等私人关系圈之内，该行为会随着家用 3D 打印机的普及以及个性化的深入而逐渐成为消费级 3D 打印的主流。具体而言，家庭用户可以通过对具有专利权的既有 CAD 文件内容的编辑或使用 3D 扫描专利产品形成 CAD 文件的方式，实现对该专利成果的制造和使用等。

一方面，此处的"个人"除了涉及用户自身外，还涉及家庭成员内部或朋友之间等。因此，对于该情境下合理使用行为的判断，不应当仅局限于单个自然人在私人场所的 3D 打印行为。另一方面，不能因为是家庭内的 3D 打印，就武断地认为该行为一定是非营利性的。在具体案件中，还需要考虑到用户对于该打印成品的后续行为（如分享、流转等）是否具有营利性的目的。而有时，该后续行为可能既有非营利性，又有营利性（如利用个人打印成品装饰自营商店等）。对于该情境下"非营利性"的判断，我们倾向于结果论，而非仅针对具体行为（行为论），即通过对于该个人打印成品

---

❶ 俄罗斯民法典第 1359（4）条中详细规定了"私人、家庭、当地或非营利性且无收益"的专利侵权例外，可见俄罗斯立法对于"个人"解释得更为清晰。同时，作为知识产权立法编入民法典的典范，在俄罗斯民法典的完整体系下，其第 2（1）条对于"商业活动"有明确的定义。这对"个人非营利性实施"的解释和适用提供了较为完整的体系参照。

的数量、后续用途或流向等因素分析综合判断是否营利。特别是成品数量，要适用个人非营利性实施规则，亦应当将数量控制在合理的范围之内（以不损害专利权人合法权益与不影响专利产品的潜在市场为标准），超出这个范围就可能构成侵权。❶ 这既符合了TRIPS第30条的规定，又为司法提供了一个可以量化的标准。在英国最高法院2016年的案件Napp pharmaceutical holdings limited v. Dr. Reddy's laboratories❷ 中，Arnod法官在基因制造中就利用最低数量标准（de minimis principle）判定被告侵权不成立。

情境2：在3D打印服务站等其他公共场所中的打印

受消费级3D打印的发展现状和成本制约，3D打印不仅会发生在家庭内部，还可能发生在当地一些专门提供民用3D打印的服务站以及公共图书馆、学校或商业建筑内等。在这些场所内，即使是用户本人实施3D打印，但由于经营管理该场所（包括打印设备）的第三方的存在，法律关系将变得较为复杂，进而导致个人非营利性规则的适用困难。

虽然，个人实施一般发生在家庭等私人领域（不等同于私人场所）内，但不能因为此情境若发生在公共场所，就判断一定不存在个人非营利性实施行为。首先，要明确的是，个人实施也可以发生在公共场所。其次，根据公共场所的性质，可以将其分为营利性场所与非营利性场所两类：①在营利性公共场所（如3D打印服务站）中，因为经营管理者会向用户收取一定设备使用费和耗材费，所以即使用户利用该场所设备进行非营利性3D打印的行为不构成侵权，经营管理者仍可能构成间接侵权；❸ ②在非营利性公共场所（如公立科研机构、学校或图书馆等）中，鉴于将"制造"与"使用"混合的特点——3D打印并非单纯的使用行为，故可能不适用"专为科学研究和实验而使用"[《专利法》第75条第（4）项]和因权利用尽而使用[《专利法》第75条第（1）项]等规则来规避责任，但用户个人非营利性进行3D打印可以被豁免侵权责任。另外，从公共政策角度看，非营利性公共场所承担了社会中大部分信息资源分享与传播功能，故政府会给予在此类场所中发生的知识产权实施行为极大的宽容度。因此，即使立法存在缺陷，但在明确用户是个人非营利性实施行为的前提下，非营利性场所的管理者同样有可能在司法中规避侵权责任。

情境3：CAD文件的互联网传播

3D打印相关CAD文件在互联网中的传播是三种情境中最为复杂的一种。鉴于3D

---

❶ DE JONGE B, MAISTER B. The many national formulations of the "private and non–commercial use" exception in patent law: "which, if any, satisfy TRIPs?" [R] //Wageningen University Law and Governance Group. Wageningen working papers in law and governance, 2016. 以色列和菲律宾的专利立法中对于"个人非营利性"进行了数量规模（scale）的规制，而以色列还对"非营利性"的内涵进行了要求。

❷ [2016] EWHC 1517 (Pat).

❸ 各国立法在关于专利间接侵权成立是否取决于直接侵权存在方面，存在一定的争议。另外，经营管理者可以在服务合同中设立赔偿条款或加强对场所的监控，但这些行为不能规避间接侵权责任，只能给予经营管理者一定的私力救济。

打印低成本、高还原和难追查等特点，终端用户将含有专利保护内容的 CAD 文件在互联网中上传、传输与下载，就可以通过 3D 打印设备打印出成品。专利产品的制造（复制）在 3D 打印发展下变得简单直接，几乎拥有设备和 CAD 文件的普通用户都可以利用其进行制造。这种所谓的用户个性化"泛在制造"正在销蚀大规模集中工厂生产的制造模式，从而对在此模式基础上建立的专利法传统理论（包括合理使用）产生影响。

具体而言，此情景主要会存在三个问题：①CAD 文件是否可以直接被认定为专利产品？在此问题上，美国 Osborn 认为，CAD 文件可以在大众市场环境下定义为"产品"，而在私人使用时定义为"服务"。[1] 换言之，当数字化的 CAD 文件被上传至互联网上时，即可视为进入了大众市场，故当该 CAD 文件的内容确实构成专利的实质性部分时，可将其视为专利产品。而在私人使用的环境下，CAD 文件（无体物）与最终的打印成品（有体物）仍存在区别，CAD 文件应被视为 3D 打印服务的整个生产过程。②单纯在互联网（线上）环境中是否存在个人实施行为？虽然，上述第二种情境允许个人实施发生在公共场所（线下），但公共场所一般都有物理边界，而互联网的数字世界没有既定的边界可言。因此，仅在互联网中是不可能存在个人实施行为的。只有在从线上转到线下的实体 3D 打印场所中，才可以判断该行为是否为个人实施。而当个人实施都不存在时，非营利性也就无从谈起。③作为第三方的 3D 打印互联网平台是否可以豁免侵权责任？根据上述分析，单纯的用户个人在平台中的传播（分享）CAD 文件行为不能适用个人非营利性实施规则，但可被视为对专利产品的销售或许诺销售而适用权利用尽规则。[2] 因此，具体案件中应结合第三方平台的商业模式（纯分享平台或是兼具 3D 打印服务的平台），再根据类似于"通知—删除"规则等规则的要求，从而尝试规避侵权责任。[3]

综上所述，即使在消费级 3D 打印领域内，对于个人非营利性实施行为仍需要根据不同情境，综合实施主体与非营利性等因素进行判断。由于我国《专利法》在个人非营利性实施规则上的空白，接下来将结合 3D 打印，对欧美法律上现存的相关规则及其适用进行评析，以为我国相关法律的完善提供指引。

（三）个性化影响下欧美非营利性实施专利规则的评析

2013 年 2 月，由欧盟 25 个成员国签订的《统一专利法院协议》中第 27 条对于专利权限制进行规定，特别是在其（a）项中也规定了个人非营利性实施的例外。总而言之，现今欧洲虽然没有在专利权限制或例外方面规定的统一，却给欧洲内部跨境的司

---

[1] OSBORN L S. Regulating three-dimensional printing: the converging worlds of bits and atoms [J]. San Diego Law Review, 2014, 51 (2): 553.

[2] HOLBROOK T R, OSBORN L S. Digital patent infringement in an era of 3D printing [J]. University of Califtnia, Davis Law Review, 2015, 48 (4): 1319.

[3] 对于专利法中是否需要设立"通知—删除"规则，学界都一定争议。参见：刘迪. 当议电子商务平台服务提供者专利间接侵权中"通知—删除"规则的完善 [J]. 电子知识产权, 2015 (6): 22-29.

法裁判提供了不断演进的空间。❶ 在解决数字化世界带来的挑战，特别是在超越国境法律规范方面，欧盟就是一个典范。根据德国专利法第 11 条第 1 款❷以及欧洲《统一专利法院协议》第 27 条（a）项❸的规定，一种可行的方法是对德国专利法第 11 条以及欧洲《统一专利法院协议》第 27 条（a）项进行量化限定，就如同德国著作权法第 53 条第 1 款第（1）项一样，其只允许为"科研自用目的复制"。❹ 当然，具体该类条款的适用仍有待司法的裁判，但是易磨损部件的更换，其频率可能是相当快的。虽然根据一般考虑而言，不会改变个人非商业性使用的本质，但是自我制造专利产品配件的行为还是值得去探讨。上述两个法条可以在一定程度上协调权利人和公众之间的利益平衡——这也是立法者的初衷。因此，虽然专利法是商业社会中保护技术成果的政策工具，但是其仍不能过分限制个人或非商业性使用的行为。上述两个法条就是这种意图的典型体现。❺

1. 非营利性实施专利规则的合理性和政策目标

当前在欧洲专利法中对于专利权限制和例外的讨论比较稀少（包括论文和司法）。例如对科学研究和实验（包括对于反向工程），由于当前软件、生物科技、纳米技术和基因相关专利的迅猛发展，其越来越被关注。从一定程度上讲，利用专利工具来进行实验，受到保护无可厚非。而相反地，个人非营利性实施没有受到过多的关注，因为个人非营利性例外极少涉及技术或者经济方面，对于兴趣爱好者和 DIY 爱好者而言，其过往只是一次性使用专利成果，所以常常不被专利权人所关注，同时也不属于价值链中专利权人所关心的范围。事实上，大多数的专利诉讼都是涉及商业、研究机构或者大学，而不是个人或者终端用户。但是，当前消费级的 3D 打印很可能会改变这个局面，而价值链中用户的地位也将发生变革。

对于个人非营利性实施例外的再关注，其主要的合理性在于当前在互联网上已经很难追踪所有终端用户的行为踪迹。从法律和技术两个角度去看，很难追查或监控终端用户在家里或个人场所使用受专利保护发明技术的行为，所以允许这类个人非营利性的行为，也许是专利法在现时环境下的逻辑自洽和"妥协退让"。即便这样的追踪在技术上是可行的，但对于市场影响不大的个人使用行为而言，只要其不与其他用户进

---

❶ LIDDICOAT J E, NIELSEN J L, NICOL D. Three dimensions of patent infringement: liability for creation and distribution of CAD files [J/OL]. Australian Intellectual Property Journal. https://papers.ssrn.com/sol3/papers.cfm? abstract_id = 2792601.

❷ 德国专利法（2009）第 11 条："专利权对下列行为不具有效力：1. 个人非营利目的的行为。……"

❸ 该条款与德国专利法第 11 条第 1 款类似，具体表述为："The rights conferred by a patent shall not extend to any of the following: (a) acts done privately and for non‑commercial purposes"。

❹ 德国著作权法第 53 条："为私人使用或其他自用的复制：(1) 允许为私人使用制作著作的零星复制物。受权复制者也可让他人制作复制物；但是对于将著作转录到音像载体上和复制造型艺术著作只有在不收费情况下才适用本条；(2) 如果（1）并且只要为科研自用目的的复制。"

❺ BLANKE‑ROESER C. 3D‑Druck als herausforderung für das deutsche und europäische patentrecht – rechtlicher rahmen und chancen für rechteinhaber [M] //REDLICH T, MORITZ M, WULFSBERG J P. Interdisziplinäre perspektiven zur zukunft der wertschöpfung. Wiesbaden: Springer Gabler, 2017: 135 – 146.

行分享，亦不能追究其侵权责任。

对于像欧洲《统一专利法院协议》第 27 条（a）项和德国专利法第 11 条第 1 款那样"个人非营利目的"的专利权限制，并不在全世界范围内所有国家的专利立法中存在，同时也不在国际条约规定的最低保护限度之内。例如，在美国的专利立法中就不存在这样的规定。但在一些欧盟成员的立法中存在这样的立法，究其根本其实存在很深的政策目的。

在专利法中，专利权的例外与狭义的专利权限制是有区别的，狭义的专利权限制就是指立法本身对专利权利的限制，如期限、地域等。但我们讨论的是广义的专利权限制，即涵盖了专利权利例外和狭义的限制。专利权的例外被视为一种对公共政策回应的工具。WIPO 在其 2014 年的调查报告指出，大多数设有"个人非营利性目的"条款的国家，其立法的初衷基本都是为了平衡专利法立法利益和专利制度本身的现实合理性。❶ 事实上，上述两者之间是相互关联的。一般而言，创制的专利权利如果不将"个人非营利性实施"包含在内，也不会影响专利制度最终目的的实现。反而，这样可以有助于提升全社会经济和技术的发展以及社会福利。专利制度本身就是由国家权力给予发明人在一定时间内对其发明创造享有排他权利的一种奖励。因此，为了符合专利法的立法目的，像这样的"个人非营利性实施"是不需要被包含在专利权的排他权利范围之内的，❷ 而在一些国家中（如西班牙），个人非营利性实施本身就不被视为对专利权的使用，故其从根本上就不会影响专利法的适用。❸ 事实上，许多欧盟成员（如德国或意大利）在专利体系内根本不会干涉专利在私人领域内的使用。在 WIPO2014 年的调查中，根据葡萄牙和塞浦路斯的作答，"个人非营利性实施"本身就不会对专利权人有利益上的损害，这也被视为专利保护的底线，所以这样的行为不应该被禁止；而在英国政府的作答中，"个人非营利性实施"被视为次要的行为，而不被视为对专利权行使的阻碍。❹

2. 欧洲法律对非营利性实施规则的诠释

（1）德国

在德国专利法第 11 条的指引下，个人非营利目的的行为将不能算作在专利侵权的范围之内，而且其没有数量的限制，其有可能不断地重复制造，而不算作侵权。从文

---

❶ WIPO Standing Committee on the Law of Patents（Twentieth Session）. Exceptions and limitations to patent rights: private and/or non – commercial use [R/OL]. Geneva: WIPO, 2014. http://www.wipo.int/edocs/mdocs/patent_policy/en/scp_20/scp_20_3.pdf.

❷ 2014 年 WIPO 的调查中，荷兰政府的问卷回答中就有这样的阐述。详见 http://www.wipo.int/scp/en/exceptions/replies/netherlands.html，最后访问日期：2018 年 1 月 5 日。

❸ 2014 年 WIPO 的调查中，西班牙政府就给出了这样的回答，详见：http://www.wipo.int/scp/en/exceptions/replies/spain.html，最后访问日期：2018 年 1 月 5 日。

❹ WIPO Standing Committee on the Law of Patents. Exceptions and limitations to patent rights: private and/or non – commercial use [R/OL]. Geneva: WIPO, 2014. [2018 – 03 – 23]. https://www.wipo.int/edocs/mdocs/patent_policy/enscp_20/slp_20_3.pdf.

义上解释德国专利法第 11 条第 1 款,可以得出"个人"与"非营利"是两个并列且需同时符合的免责条件。一方面,从"个人"的角度看,这里必须是本人或周遭的亲朋需要这个 3D 打印成品,如在当地或相对休闲活动中使用。如果说有第三方按照消费者的需求,提供 3D 打印服务或成品,则需要根据其行为的性质和自身组织性质综合起来判断是否仅属于个人行为。❶ 另一方面,就"非营利"而言,从德国专利法第 11 条第 1 款的文字意思来看,所谓的"非营利"就是指没有获利,因此,从原则上讲,所有非营利性的 3D 打印制造及其成品的免费流转,都不能算是侵权。而从另一个角度看,对于收费的产品流转而言,其也要具体问题具体分析,不能光从字面上去理解"非营利"这种字眼。但是,在实践中一般是很难操作的,特别是在一些 3D 打印成品是实用工具的时候。而商业利用目的一般只能在一些附加条件或环境中被挖掘出来。对于第三方仅为了满足自身利益而作出的非法制造,就可以属于直接侵权。❷

在 CAD 文件上可以清楚地显示产品信息以及文件的传输路径等,甚至可能根据文件名进行区分。在任何实例中,文件的适配程度和使用精度一般都根据具体情况而定。而真正可以使用的文件就是能够实际解决问题的文件。但是,对于传输给个人使用的 CAD 文件行为,很有可能构成德国专利法第 11 条第 1 款的"个人非营利目的"的行为;而将 CAD 文件上传到公共网络中,则可能构成侵权,因为其已经不再属于个人领域。下载已完成的 CAD 文件是一切 3D 打印相关数字文件利用和打印制造的先决和预备条件。当然,对于已下载的文件的再传播和对自制的数字文件的传播,是有本质区别的。根据 CAD 文件建立起来的互联网平台,其在德国专利法第 10 条第 1 款之下,可能不能构成间接侵权。根据司法案例进行阐释对比,平台如果仅限于文件流转的框架,那么承担侵权责任的可能性较小。此外,如果传输的文件不涉及专利发明的实质性部分,则其不构成侵权。最后,对于其他侵权构成要件——明知或应知的决定或选择,都需要具体问题具体分析。

(2) 欧盟

虽然没有统一的立法措施存在,但是在欧盟的大部分成员国中都对个人使用例外的问题进行了讨论和研究。当然,这样的"个人非营利性实施"如同其他的专利权限制,都应该符合 TRIPS 第 30 条的规定,既不应该无理由地损害专利权的行使,也不能损害(忽视)专利权人的合法利益,同时要保护第三方的合法权益。

如上所述,欧洲《统一专利法院协议》如果顺利得到实施,其将在欧洲范围内的专利权利限制方面产生巨大的统一和推动效力。根据欧洲《统一专利保护条例》第 3 条第 2 款等的规定,在未来的欧洲统一专利背景之下,对于专利权的限制也将进行统

---

❶ BLANKE - ROESER C. 3D - druck als herausforderung für das deutsche und europäische patentrecht - rechtlicher rahmen und chancen für rechteinhaber [M] //REDLICH T, MORITZ M, WULFSBERG J P. Interdisziplinäre perspektiven zur zukunft der wertschöpfung. Wiesbaden: Springer Gabler, 2017: 135 - 146.

❷ OLG Düsseldorf, InstGE 7, 258 - Loom - Möbel.

一的释明。欧洲《统一专利保护条例》第 5 条第 2 款表示对于专利权利保护范围和限制都将统一适用于全部成员之内。❶ 从中可以看出，当前欧洲统一专利的立法目标也是在专利权限制方面进行统一。但是，欧洲《统一专利保护条例》第 5 条第 3 款中又指出，即使在成员统一适用欧洲专利，对于其权利的限制仍需通过各成员的立法进行规制。

这些条款强调了一个问题：虽然在《统一专利保护条例》中对专利权限制都需要统一效力，但是这些统一的专利权限制条款还需要在随后的签约国国内立法进行二次检验，因此这种"统一效力"在各国的实践中都会产生差异。另外，对于欧盟的成员而言，只有至少 13 个成员（其中必须包括某些指定国家）签订该统一专利法院协议，该协议才会生效，而波兰等国事先就说明不会参加该协议。而即使在上述 13 个国家之间存在统一的专利，但是各国自身专利法仍然存在。从欧洲《统一专利法院协议》建立的两套并行的专利制度（统一制度和国家自身立法）来推测，在未来的司法实践中对于专利权限制立法的释明中，各国立法和对统一专利制度中规定的对权利限制的阐释，仍将占到极为重要的位置。

事实上，在过往的实践中，虽然欧盟成员之间都已经在专利法方面达成一定共识，但是在"个人非营利性实施"方面还是存在一定的差异。例如，在荷兰、丹麦、挪威、瑞典、芬兰、奥地利、捷克、希腊和塞浦路斯等国，在其立法中就将仅为"非营利性实施"行为排除在专利侵权之外；但是，在其他国家，如德国、法国、意大利、西班牙、葡萄牙、比利时、卢森堡、波兰、爱沙尼亚、拉脱维亚、立陶宛等国，就将"个人"和"非营利性"都放在了专利权限制条款中。此外，在一些国家中，关于"个人"和"非营利性"的表述也不同，如在芬兰和希腊的立法中，就将其改成了"非专业目的"（for non-professional purpose），而在荷兰的立法中则表述为"在其生意中或为了其生意使用"（use done in and for his business），在葡萄牙的立法中将"个人"和"非营利性"直接合并在一个新的表述中——"非营利目的个人使用"（private use with no commercial purpose）。另外，在爱沙尼亚的专利法中，附加了一个条款"假如其没有侵犯专利权人的利益"。同样地，在立陶宛和塞浦路斯的专利法中也加入了一条"假如其没有对专利权人的经济利益产生影响重大的妨碍"。拉脱维亚和法国专利立法中，则直接将因为"个人目的"和"非营利性"使用的条款排除在了专利法之外。❷

同时，还需要关注到，在许多国家的司法实践中，"个人目的"本身就是一种个人的优先权和侵权抗辩。因此，这些法律明确规定"个人非商业性使用"不能成为间接

---

❶ Regulation (EU) No 1257/2012 of the of the European Parliament and of the Council of 17 December 2012 implementing enhanced cooperation in the area of the creation of unitary patent protection (OJEU L 361, 31.12.2012) p.1.

❷ VAN OVERWALLE G. Fair use: a workable concept in european patent law? [M] //HILTY R M, LIU K-C. Compulsory licensing: practical experiences and ways forward. Berlin: Springer-Verlag, 2015: 421-435. 法国专利法第 L613-5（1）条就明确了专利权的范围不延伸到个人非营利性目的使用的行为。

侵权的抗辩理由。例如，英国专利法第60（6）条就有这样的规定。因此，这样的行为人可能在英国专利法第60（2）条的规定下构成间接侵权［依据第60（5）（a）条］。这跟《欧共体专利公约》（CPC）第30.3条的规定近似，而欧洲《统一专利法院协议》在第26条中也有这样的规定。虽然个人使用不需要许可证，但是其为第三方提供发明的实质性部分，将构成间接侵权（虽然这里的直接侵权可能不成立）。

当前，在欧洲司法实践中鲜有适用"个人非营利性"的案例。一般而言，"个人"使用不能和"秘密"画上等号，也不能解释成"公共"的对立面。个人使用应该解释成为个人独立完成私人领域内的行为，[1] 而有时候也涉及家庭或朋友之间，但绝不是为了公共的共同利益。而"非营利性目的"就是用户不能从中获利。根据上述分析，荷兰立法中将专利法保护的范围仅限于商业利益的范围内。这个"in and for his business"被讨论得更加广泛，可以包括所有的专业活动，甚至包括大学和政府或者管理等行为。并且荷兰的地方法院认为，公司在破产拆分时使用专利产品亦可能构成侵权。

综上所述，通过欧盟成员不同立法的分析，个人非营利性实施在各国的适用都有区别，而在3D打印相关法律问题上，也必定存在不同的适用和法律释明，因为3D打印的出现必将提升专利权限制和相关法律解释的现实重要性。在欧洲专利法之下，根据欧洲《统一专利法院协议》第27条规定，个人使用在"个人的"（private）和"非商业的"（non-commercial）的情境下，可以规避专利侵权责任。而侵权例外的适用，又必须根据TRIPS第30条规定进行递进分析。个人使用，一般要注意是否在个人使用的场景内进行，如寓所、家务场合、日常运动、私人游戏以及家庭娱乐等。[2] 根据理论解释，非商业目的的使用主要是指，该使用没有从经济上获利，同时使用行为不带有财政收入或者获利的目的。[3] 稍微超越个人使用的行为，都有可能构成侵权。但这里的问题就是个人使用与非个人使用（构成侵权）的界限在哪里？会不会有中间地带（即把决策权交由法院来裁决）？如果个人使用数量特别巨大的时候如何处理？这个时候就需考量两个方面的问题：一是行为性质上的定性因素，如商业目的和经济上的收入；二是数量上的定量因素，如成品的数量与潜在受益人关系的紧密程度（circle of potential beneficiaries，或者称为潜在受益人的范围）。[4] 即使可以依照这两大因素判定专利侵权例外，但还要根据不同的案件事实具体问题具体分析。这里也需要考虑欧洲是否要

---

[1] 参见 Smith, Kline & French Laboratories Ltd. v. Evans Medical Ltd (1989) FSR 513, 518; McDonald v. Graham (1994) RPC 407。

[2] HAEDICKE M, TIMMANN H, Patent law: a handbook on European and German patent law [M]. Baden-Baden: C. H. Beck-Hart, Nomos, 2014.

[3] WIPO Standing Committee on the Law of Patents. Exceptions and limitations to patent rights: private and/or non-commercial use [R/OL]. Geneva: WIPO. 2014: 5. [2018-03-23]. https://www.wipo.int/edocs/mdocs/patent.policy/erscp_20/scp_20_pdf.

[4] SENFTLEBEN M. Towards a horizontal standard for limiting intellectual property rights?: WTO panel reports shed light on the three-step text in copyright law and related tests in patent and trademark law [J]. IIC - International Review of Intellectual Property and Competition Law, 2006, 37 (4): 407-438.

借鉴美国的最低数量标准（de minimis exception）。因为在欧洲没有任何最低限度原则的规定，而只有关于数量巨大的规定。另外，是否需要将普通法中的专利合理使用原则适用在欧洲？可惜的是，当前欧洲的立法和司法中都没有对专利侵权的例外进行分析和讨论，而对于复制数量的问题可能需要进一步去研究。❶

最后，关于个人使用例外的问题不被欧洲各国重视，一部分原因是一般个人用户不能负担制造专利产品所需的成本。但由于3D打印的出现，个人制造专利产品的成本缩减，导致个人制造专利产品的行为将不断增加。由此，家用3D打印制造将打破原有专利法所维持的平衡。在此情势下，需要对个人使用例外进行更多的释明。从实践和实效的角度看，对技术提供者或平台商提起专利诉讼也许更为有效可行，但是考虑到3D打印仍处于发展初始阶段，故不能将其扼杀在萌芽状态。当然，即使家用3D打印可以适用个人使用例外，但是对于在3D打印服务站或网络分享，仍然有部分行为不能规避侵权责任。由于权利用尽原则的存在，我们建议在供给个人使用的情况下，适当减轻3D打印服务站的间接侵权责任，并推出最低侵权标准。同时，建议在3D打印环境下，推出新的例外，如对教育机构、图书馆的使用例外等。同时，立法还是要遵守TRIPS"三步检验法"的底线。

3. 美英法律对于非营利性实施行为的理解

2014年WIPO的调查报告显示，设有个人非营利性实施规则的国家，其立法初衷是维持利益平衡，进而维护专利制度的正当性。❷ 但是，即使在有个人非营利性实施规则或类似原则的欧美国家内，在法律理论和思考逻辑上也存在差异。其主要可以分成两派。一派是以德国、法国等大多数欧洲国家为代表的"外在限制论"，其认为个人非营利性实施规则作为专利权限制的一种，应与权利本身并列存在，即权利本身是没有限制的，限制与权利并不必然联系❸。例如，德国专利法第11条第1款和法国专利法第L613-5（1）条明确规定，专利权的效力或范围不延及个人非营利性目的的实施行为。另一派是以美国为主的"内在限制论"，其认为权利限制是确定权利内容（边界）的方法，故权利本身就含有限制。❹ 美国专利立法上并不存在个人非营利性实施的侵权例外。❺ 在美国，一般由法官结合具体的案情，通过对专利侵权规则和判例的阐释，综合考量个人非营利性实施行为的侵权责任豁免问题。

根据上述分析，欧洲法律对于"个人实施"这个外部规制有着较为详尽的阐述，

---

❶ 以色列和菲律宾立法中对于个人非商业目的的进行了数量规模（scale）的规制，而以色列还对"非商业性目的"的内涵进行了要求。

❷ WIPO Standing Committee on the Law of Patents. Exceptions and limitations to patent rights: private and/or non-commercial use [R/OL]. Geneva: WIPO, 2014. [2018-03-23]. https://www.wipo.int/edocs/.

❸❹ 胡滨斌.《专利法》第11条"除本法另有规定的以外"之辨析 [J]. 交大法学，2017（2）：131-138.

❺ 美国专利立法上只有三种专利侵权例外：（1）Bolar例外；（2）临时过境；（3）对于商业方法专利而言，他人已经善意地将该商业方法在专利申请日一年前投入使用，并在申请日之前已经进行商业使用。参见美国专利法第271（e）（1）条、第272条与第273条。

但对植根于专利排他权利内部收益能力的限制却讨论甚少。换言之，无论是在欧洲立法还是司法中，"非营利性"的讨论一直是个盲点。❶ 从理论上解释，非营利性主要是指该行为没有从经济上获利，且不带有财政收入。❷ 因此，"非营利性"主要从行为的定性和结果的定量两方面因素进行判断：一是商业目的和经济上的收入；二是结果上的定量因素，如成品的数量与潜在受益人的关系紧密程度（或潜在受益人的范围）。对于上述两点因素，当前美英两国相关法律有许多可供借鉴之处。

一方面，从定性因素看，美国专利立法中虽然没有个人非营利性实施的明确规定，但是其司法中有前文所述的"四要素原则"，为法官提供了裁判具体案件是否成立知识产权合理使用行为的标准。在个案中"个人实施"的场所等固定要素是较易举证的，但由于商业活动的复杂性，对于个人实施的行为定性却很难在短时间内得出结论。事实上，在纷繁的社会关系中，非营利性与营利性的界限本身就比较模糊。"四要素原则"可以明确并缩小法官审理案件时的考察范围，提升司法效率。特别是"使用的表征和目的"和"被使用的专利权客体的本质"这两个要素，法官可以针对3D打印的技术特点和制造模式，有的放矢地处理该类合理使用问题。❸ 另一方面，从定量因素看，欧洲各国以及欧盟立法几乎没有对个人非营利性实施结果进行数量上的限制。而美国可以从司法实践中对"四要素原则"中"对潜在市场的影响"要素的判断，推导出对于合理使用数量的控制。❹ 如前所述，英国亦在司法中明确提出了"最低数量标准"。

值得注意的是，英国作为前欧共体成员，曾根据《欧共体专利公约》（1975），在1977年的专利法中加入了个人非营利性实施条款。因此，英国在实践中既有立法依据，又有判例法依据。例如，在 Smith, Kline & French Laboratories Ltd. v. Evans Medical Ltd. 案❺中，Aldous 大法官就对英国专利法第60（5）（a）条中的"个人"（privately）和"非营利目的"（purposes which are not commercial）进行了详细解释，为该规则的适

---

❶ BALLARDINI, ROSE M, NARI L. The private and non-commercial use defence revistied: the case of 3D printing technologies [J]. 3D Printing, Intellectual Property and Innovation, Kluwer Law International, 2017.

❷ WIPO Standing Committee on the Law of Patents. Exceptions and limitations to patent rights: private and/or non-commercial use [R/OL]. Geneva: WIPO, 2014: 5 [2018-03-21]. https://www.wipo.int/edocs/mdos patent_policyen/scp_20/scp20_3.pdf.

❸ LEE N. Revisiting the principle of technological neutrality in patent protection in the age of 3D printing technology and cloud computing [M] //ULLRICH H, HILTY R M, LAMPING M, et al. TRIPS plus 20: from trade rules to market principles. Berlin: Springer, 2016: 201. 此处还可以考虑适用美国法律中业已确立的技术中立原则。在1984年Sony Corp. of Am. v. Universal City Studios, Inc. 案（464 U.S. 417）中，美国联邦最高法院援引美国专利法第271条（c）款规定的"普通商品原则"，其认为如果行为人所销售或者提供的产品同时具有合法和非法用途，即可以被合理地用于非侵权目的时，则该产品处于中立地位，提供者不必承担间接侵权责任。

❹ DESAID R, MAGLIOCCA G N. Patents, meet napster: 3D printing and the digitization of things [J]. Georgetown Law Journal, 2014, 102（6）：1691. 对于立法上是否设置专利侵权量化标准的问题，有美国学者认为如果国会立法成本过高，可以考虑由美国专利商标局代劳，但具体的侵权数量证明仍需个案中的专利权人承担。

❺ [1989] FSR 513, 518.

用提供了判例指导。另外，美国专利法第 271 条（c）款规定了"普通商品原则"（Staple Article of Commerce Doctrine）。❶ 该款定义了帮助侵权的含义和构成要件，其中一个构成要件为：客体是一种物品，这种物品专用于专利产品的制造或改造，无侵权以外其他用途。❶ 其中的"无侵权以外其他用途"，便给个人制造使用他人专利成果留下了免责空间。而 Sony Corp. of Am. v. Universal City Studios，Inc. 案❷（以下简称"Betamax 案"）中，将 Sony 生产的有延时录像播放功能的录像机，视为家庭内部的"私人复制"（private copies），故属于非侵权用途，与美国专利法第 271 条（c）款暗合。而援引专利法上的"普通商品原则"免除被告的著作权间接侵权责任，是 Betamax 案的创举。这与 3D 打印所需的技术中立立场也是极其契合的。❸

总而言之，"外在限制论"在立法中具有较强的法律确定性和公共政策指向性，而"内在限制论"在司法支持下具有较大的灵活性与适应性。但美国的问题是，由于缺乏成文法的规定，即使该行为是个人非营利性的，3D 打印专利成果仍可能构成美国专利法第 271 条规定的直接侵权。❹ 而欧洲的问题是，对于个人非营利性实施行为可能会出现"一刀切"现象，虽然顾及了社会公众利益，但对于专利制度促使权利人受益并激励再创新的初衷是一种极大损害。❺

四、3D 打印影响下专利权限制的具体建议

如果把法律比成一门艺术，那么立法是时空交错间的一门抽象艺术，而司法是时空交错间的一门具象艺术。在 3D 打印时代，我国的专利权限制实践应该坚持"立法微调，司法精进"的原则，将"抽象"与"具象"进行有机结合，从而不断推动我国专利制度的完善和革新。具体而言，尽管在 3D 打印时代受到颠覆性技术创新的冲击，但是对于整体专利权限制制度而言，尚达不到需要彻底颠覆的程度。与颠覆现有的法律相比，更为现实有效的方式是，就现有立法规范结合 3D 打印的特征和发展需求进行解释和完善。❻

---

❶ 张今. 版权法上"技术中立"的反思与评析［J］. 知识产权，2008（1）：73 - 74.

❷ 464 U. S. 417 (1984).

❸ LEE N. Revisiting the principle of technological neutrality in patent protection in the age of 3D printing technology and cloud computing［M］//ULLRICH H，HILTY R M，LAMPING M，et al. TRIPS plus 20：from trade rules to market principles. Berlin：Springer，2016：201.

❹ BREAN D H. Asserting patents to combat infringement via 3D printing：it's no "use"［J］. Fordham Intellectual Property，Media & Entertainment Law Journal，2013，23（3）：771 - 814.

❺ MENDOZA A J. Legal and social implications of the 3D printing revolution［D］. Clarmont：Claremont Mckerna Colleges，2015：22 - 29.

❻ SOLMECKE C，KOCATEPE S. Der 3D - druck - ein neuer juristischer zankapfel? rechtliche aspekte des 3D - drucks mit besonderem blick auf die rechte am geistigen eigentum und das wettbewerbsrecht［J］. K & R，2014，12：778 - 783.

（一） 增加针对个性化定制的个人非营利性实施条款

针对我国《专利法》中未规定非营利性实施他人专利规则，建议对《专利法》进行修改，在第75条中加入"个人非营利性实施他人专利"[1]条款，作为第75条"不视为侵犯专利权"行为中的一项，放置于第（1）项，而后其他各项下移并调整顺序。同时，通过司法解释或地方性司法文件等方式，将大数据推动下的"文本和数据挖掘"纳入"科学研究与实验"例外的考察范围。

对于第75条中增加"个人非营利性实施他人专利"条款，在立法技巧和具体适用中应该注意以下三点。

第一，要将《专利法》第11条与第75条的关系理顺。如上所述，从第11条中的"为生产经营目的"倒推出个人非营利性实施的侵权例外在逻辑上是不通顺的，其既没有考虑到"个人"因素，也忽略了生产经营兼具营利性与非营利性的事实。因此，根据3D打印能促成大规模个人无授权制造专利成果的事实，有学者认为可以将"为生产经营目的"的侵权要件废止或增设新的附加要件。[2]但是，仅因3D打印而修改第11条，这样做不仅不符合立法目的，而且立法成本过高，还有就是没有注意到第11条中"除本法另有规定的以外"的规定与第75条之间的逻辑关联。[3]因此，在第11条不修改的前提下，为第75条中添设个人非营利性实施条款，既维护了专利法体系的逻辑完整性，又顺应了国际立法趋势。

第二，明确该条款是不视为侵权抗辩，而非不侵权抗辩。[4]不侵权抗辩是指直接否认行为主体实施专利的行为构成侵权，无须承担法律责任，其根源于第11条规定。而不视为侵权抗辩是行为已构成了侵权，具备了各个侵权要件，但由于某种特殊原因（如第75条）而导致被告在一定程度上不需要承担法律责任。旧有专利理论将非营利性实施视为不侵权抗辩，是因为没有考虑到"为生产经营目的"的主观侵权要件中包括了非营利性，即非营利性实施亦可以在其他要件具备的情况下构成侵权。因此，个人非营利性实施应被认定为"不视为侵权抗辩"而归入第75条，进而通过这种"外在限制"，体现出立法者规制该行为的公共政策考量——既认定为侵权行为，又基于利益

---

[1] 这里使用"非营利性"（no-commercia）把生产二字拨开，一是与第11条区别开（不视为侵权与不侵权的区别），二是与专利法先进国家立法相一致。

[2] 马忠法.3D打印中的知识产权问题［J］.电子知识产权，2014（5）：30-38. 马忠法认为，基于保护知识产权人合法利益和利益平衡原则，应当将现行立法中关于"用于生产经营之目的"修改为"用于生产经营之目的，或损害权利人合法利益"，以保障3D打印中有关权利人的合法权益。

[3] 胡滨斌.《专利法》第11条"除本法另有规定的以外"之辨析［J］.交大法学，2017（2）：131-138.

[4] 北京市高级人民法院《专利侵权判定指南（2017）》中将"个人非营利性实施"（第130条）划分入第五章第（三）节"不侵权抗辩"中，而将"权利用尽"（第131条）、"在先权"（第132~133条）、"临时过境"（第134条）、"科学研究与实验"（第135条）与"行政审批"（第136条）归类为第五章第（四）节"不视为侵权的抗辩"之中。《专利法》第69条中所有条款都是不视为侵权抗辩，其中"权利用尽"对应第1款，"在先权"对应第2款，"临时过境"对应第3款，"科学研究与实验"对应第4款，"行政审批"对应第5款。

平衡而进行限制。同时，在3D打印等技术的冲击下，该条款的增设有利于提升专利法的法律确定性，为司法实践提供明确指引。

第三，应将该条款放入第75条中进行整体考察，并与其他条款区别适用。在3D打印的影响下，个人非营利性实施条款在未来可能会吞噬第75条其他条款的适用空间。因此，应该在司法中关注如下几点：①该"实施"的概念仅指第11条规定中的"使用"和"制造"，不包括"进口""许诺销售"或"销售"等，这就给予了第75条第（1）项等适用的空间；②要明确"个人非营利性实施"在第75条中仅与"科学研究和实验""临时过境"共属于专利合理使用范畴，有别于现有第75条第（1）项、第（2）项与第（5）项；③利用3D打印CAD文件进行的修理与重作行为，在适用中应放入第75条中进行整体分析，判断其是否可以不视为侵权。

综上所述，我们建议修改的《专利法》第75条范文如下：

"有下列情形之一的，不视为侵犯专利权：

（一）个人非营利性实施他人专利的；

（二）专为科学研究和实验而使用有关专利的；

（三）临时通过中国领陆、领水、领空的外国运输工具，依照其所属国同中国签订的协议或者共同参加的国际条约，或者依照互惠原则，为运输工具自身需要而在其装置和设备中使用有关专利的；❶

（四）专利产品或者依照专利方法直接获得的产品，由专利权人或者经其许可的单位、个人售出后，使用、许诺销售、销售、进口该产品的；

（五）在专利申请日前已经制造相同产品、使用相同方法或者已经作好制造、使用的必要准备，并且仅在原有范围内继续制造、使用的；

（六）为提供行政审批所需要的信息，制造、使用、进口专利药品或者专利医疗器械的，以及专门为其制造、进口专利药品或者专利医疗器械的；

（七）其他符合法律规定的情形。"

值得注意的是，在第75条加入上述第（7）项这样的"兜底"条款，目的是解决3D打印发展所需的技术开放性与专利权独占性之间的基本矛盾，让第75条具有能适应时代发展的一定灵活性和开放性。而第（7）项中的"法律规定"主要是指专利法内部的规范，并为今后专利法内部权利限制的一般性条款的制定和适用提供一定的立法规范基础。

（二）制定符合3D打印发展需求的专利权限制一般性条款

田村善之认为，引入著作权限制一般性条款的意义在于，将著作权限制的具体化

---

❶ 建议调整原有"科学研究和实验"与"临时过境"项的位置，与"个人非营利性"项上下紧密呼应，即前3项总体构成了专利合理使用规范。

任务从立法转移到司法，在专利法中亦如是。[1] 一般性条款（一般为原则性规定）与具体法律规则可以并行不悖：原则性规定给予法官在遇到疑难案件时的自由裁量余地，可以发挥法律的衡平性，实现个案公正；具体规则可以详尽地指导执法者能对案件对号入座，迅速作出结论，以提高办案效率。[2] 在 3D 打印时代一般性条款适用中需要关注两点：①该条款并不主要起到对专利权限制规则的兜底作用，其主要功能是对专利权限制的限制，所有专利权限制行为的判断仍应根据其他法律明文规定，以防止一般性条款被滥用；②该条款的适用需要结合具体案件进行综合判断。

值得注意的是，2020 年 10 月修正后的《专利法》第 20 条规定："申请专利和行使专利权应当遵循诚实信用原则。不得滥用专利权损害公共利益或者他人合法权益。滥用专利权，排除或限制竞争，构成垄断行为的，依照《中华人民共和国反垄断法》处理。"[3] 从该条第 1 款来看，其目的是明晰专利法的私法性质，为今后更好地融入民法体系作准备；而第 2 款更像一个防止专利权滥用的兜底性条款，其意义是在专利法中为反垄断法的适用开一个口。当然，不可否认第 20 条的确具备了权利限制一般性条款的作用，这个可以从国知局对该条款的立法说明中看出。[4] 该条的功能以实现专利权"二元价值"为目的，从而弥补专利权范围外在要件立法表述的不足。但其作为专利法体系内部的一般性条款，在立法层面上并不能维护专利法内部逻辑和框架的完整性。

另外，一般性条款还要突出 TRIPS"三步检验法"的作用，这样就可以防止矫枉过正。但"三步检验法"本身不应该视为一般性条款，而应该视为对《专利法》中具体权利限制规范设置了一定限定条件，这种限制既没有扩大《专利法》权利限制规范的范围，也没有改变这些条款的特性。总而言之，"三步检验法"在实质上达不到"抽象性"立法模式。结合 3D 打印"个性化""去中心化"和"制造数字化"等特点，我们认为应该结合《专利法》第 20 条的内容，加入以下几点必要立法元素：①利益平衡原则的体现；②专利法"二元价值"的体现；③TRIPS 第 30 条中"三步检验法"的体现等。但作为一般性条款，其文字上要尽量做到精到和凝练。同时，为了未来知识产

---

[1] 田村善之. "知识创作物未保护领域"之思维模式的陷阱 [J]. 法学家，2010 (4)：118 – 131.

[2] 谢晓尧，吴思羿. 论一般条款的确定性 [J]. 法学评论，2004 (3)：21 – 28.

[3] 《专利法》第 20 条中的"诚实信用"与《民法典》第 7 条对应，该原则对于司法审判工作具有重要的指导意义。贯彻实质正义精神的诚实信用原则，在客观上为当事人之间利益关系的平衡提供了依据和法理。民法基本原则具有适用范围宽、适用效力强的优点，但也有内涵模糊、可操作性不强的不足，难以为形态复杂多变的专利权滥用行为提供清晰的判断标准和判断方法；因此，其主要对具体规则的建构、适用、解释和完善提供法律理念和法律精神的指引，还难以直接作为专利相关行为的认定与规制的法律依据。

[4] 2015 年 4 月，国家知识产权局关于《中华人民共和国专利法修改草案（征求意见稿）的说明》中对该条的立法解释如下："……滥用专利权损害公共利益、妨碍技术进步的行为应当受到专利法及其他法律法规的规制。现行专利法已经包含了对专利权行使进行限制的制度，例如强制许可、不视为侵权的规定等，但缺乏一项统领上述规定的基本原则，导致人民法院审理某些案件及行政机关制定相关下位规范时缺乏足够的法律依据。著作权法、商标法等相关知识产权法律及世贸组织的 TRIPS 协定均规定了权利行使的基本原则。因此，有必要在专利法中增加原则性条款，体现规制专利权滥用、平衡专利权人利益与社会公共利益的基本立场……"详见：http://www.sipo.gov.cn/ztzl/zlfxg/xylzlfxg/1051930.htm（最后访问日期：2018 年 3 月 15 日）。

权法（专利法）融入民法典，不应该在一般性条款中再重复"民法的诚实信用"原则，从而保持法条的精练。

综上，可以借鉴 2017 年《〈中华人民共和国民法典知识产权编〉学者建议稿》（以下简称《建议稿》）中第二章第三节第 24 条对"知识产权限制的一般原则"的规定，❶ 制定新的一般性条款。具体条文表述如下：

"为公共利益或其他正当目的的需要，可以通过法律规定的方式对专利权的取得和行使进行必要的限制，但该限制不得与专利的正常使用发生不合理抵触，也不得不合理地损害专利权人的合法权益。"❷

（三）通过知识产权司法向社会释放技术进步的红利

在面对飞速发展的技术进步和工业革命的大环境下，立法的确定性（不足或空白）在静态上是不可弥补的。而对于司法而言，其只能通过"一事一议"的方式，在个案中实现一定程度上的法律确定性。因此，从专利权限制的角度来看，当前我国的专利相关司法必须在一定基础原则（不论是成文法还是司法惯例上的）的指引下，对案件涉及的专利权限制相关规范进行具体解读，不可脱离案件的实际孤立地进行裁判。同时，我国作为大陆法系国家，必须坚持成文法的核心地位，司法审判必须维护专利权利法定原则。因为专利权是"拟制权利"，没有严格的立法，就没有明确的权利界限，这对于权利人和社会公众都是不利的。然而，严格的立法主义会使得专利法过分注重权利在文字上的描述，由此造成专利权利体系的僵化。因此，将所有的权利保护均交由立法机关处理并不妥当，应将立法者不可预见的利益在一定条件下交由司法机关依原则性条款裁判，从而实现个案公正。❸ 在 3D 打印背景下，对于一些立法没有及时确认的新型客体形态和新技术对专利实施的新型方式，都应被视为归属于社会公众的"法律上留白的利益"，在司法裁判中兼顾权利人与社会公众之间的利益平衡，从而释放技术进步的红利。❹

随着 3D 打印及其相关颠覆性技术的发展，当前对于专利权限制相关司法实践中应该注意以下几个方面。

第一，总体上要始终坚持技术中立原则和比例原则。这里就是要解决技术在专利司法适用中的两个问题：一是技术本身的性质问题，二是技术对社会进步的贡献程度问题。

---

❶ 《建议稿》第 24 条规定：为公共利益或其他正当目的之所需，可以通过合理使用、法定许可和强制许可等方式对知识产权的内容进行必要的限制。知识产权的限制必须依法律规定作出，且限制程度不得超出该限制的目的范围。

❷ 该条文借鉴了《著作权法实施条例》第 21 条的规定。

❸ 田村善之. 田村善之论知识产权 [M]. 李扬，等译. 北京：中国人民大学出版社，2013：28 - 33.

❹ 林广海. 中国法院知识产权司法保护工作 2017 年取得四大进展 [EB/OL]. [2018 - 02 - 05]. http://www.stdaily.com/sipo/sipo/2018 - 02/10/content_636643.shtml.

针对第一个问题，在美国 Betamax 案中所确立的著作权法中的"技术中立"原则，同样可以在专利法中适用。而专利法中的适用与著作权法有所不同，著作权保护表达，技术只改变了对这种表达的使用、复制和传播等；但在专利法中，该"技术"不能与专利本身保护的技术成果搞混，此处"技术中立"中的"技术"仅指能改变专利产品制造、使用和进口等方式的技术。对于专利司法中"技术中立"原则的判断，主要考虑三个方面：①该技术被创造的初始目的，当事人要证明其不具有侵权目的；②该技术是否具有多用途，某些用途是否达到了发明人意料之外的侵权用途；③技术提供者的行为与目的。[1] 例如，对于上述消费级 3D 打印所列举的几种情况，要具体考察个案中该 3D 技术本身的发明目的，以及利用该技术进行运营的服务站或网络平台商的目的和行为等。

针对第二个问题，比例原则的内涵是，基于专利权保护激励创新的目的，专利权的保护范围和强度要与特定知识产权的创新和贡献程度相适应。[2] 具体而言，他人利用该新技术进行的所谓"侵权"，如果其主观恶意和行为的危害性并不是那么大或极其小，那么可相应地减少其按旧规则所要承担的侵权成本，甚至可以不承担（如 3D 打印所导致的家庭使用等）。另外，法院还可以根据技术发展规律、国情实际和社会公众利益等，以协调原告与被告之间关于权利独占性与创新开放性之间的矛盾。[3] 但比例原则的限制在于，利益平衡是一个动态概念，在现实中很难被量化，尤其是在个案中。因此，如果法院面对新技术纠纷，一味地追求公众利益，也会对权利人造成不利后果，成为"多数人的暴政"。总而言之，3D 打印发展所带来的技术开放性对司法机关在裁判专利法律问题时增加了新难度。

第二，在司法中对于"个人非营利性实施他人专利"规范的适用，应该加入合理使用标准的考察，进行司法上的补充。首先，应该对实施的目的和性质进行考察。其次，要考察被实施专利本身的性质和技术特征。例如，根据 3D 打印制造的特征，其将会造成对外观设计专利的"使用"，这虽与现有《专利法》第 11 条第 2 款不符，但是就如同"合理使用"中的"使用"与第 11 条中的"使用"含义不一样，对于 3D 打印这一特别技术，应该区别对待，将其中外观设计专利的"使用"也纳入该侵权例外中。而这也是我们在此条文中采用"实施"而非"使用"的主要原因。最后，应该在司法适用该条款时加入"最低数量标准"。如果"个人非营利性"行为对于专利权人的合

---

[1] 孔祥俊. 知识产权法律适用的基本问题：司法哲学、司法政策与裁判方法 [M]. 北京：中国法制出版社，2013：131 – 147.

[2] 宋晓明. 新形势下中国的知识产权司法政策 [J]. 知识产权，2015 (5)：3 – 9.

[3] 2017 年 4 月 20 日发布的《中国知识产权司法保护纲要 (2016—2020)》第三部分"基本原则"第 7 条规定："坚持比例协调。统筹兼顾保护权利和激励创新，坚持知识产权保护范围和强度与其创新和贡献程度相协调，侵权人的侵权代价与其主观恶性和行为危害性相适应，知识产权保护与发展规律、国情实际和发展需求相匹配，依法合理平衡权利人利益、他人合法权益和社会公共利益、国家利益，实现保护知识产权与促进技术创新、推动产业发展和谐统一。"详见：最高人民法院. 中国知识产权司法保护纲要 (2016—2020) [EB/OL]. [2018 – 01 – 10]. http：//www. law – lib. com/law/law_view. asp? id = 566119.

法权益和权利的正常行使造成了损害，超越了不视为侵权的最低标准，则该抗辩不成立。根据《专利保护宣言》的要求，对于"个人非营利目的"应该同时考量 TRIPS 第 30 条中"有限"这个词，特别是在去中心化的 3D 打印时代，个人使用 3D 打印会导致专利侵权的泛滥，所以要关注这种实施对于专利潜在市场和社会公共利益所产生的影响。

第三，在个案中进一步完善权利用尽规则体系。如上所述，权利用尽规则是专利法律体系内部众多问题的讨论来源和羁绊，例如平行进口、售后限制协议以及默示许可等。而这些问题大部分没有在现有的专利立法中体现出来，所以现实中司法承担了对这些问题重要的解释作用。一方面，针对售后限制协议，当前《专利法》第 75 条第（1）项并没有写入"除非专利权人另有限制"之类的保留，所以只有首次销售没有为后续使用或出售行为设置明显的限制条款，才会导致权利用尽，即所谓的相对用尽。❶ 但该问题在学理上是有争议的。另外对于售后限制协议条款的效力，其是否可以优于权利用尽，还有待司法去个案分析。我国的司法可以借鉴美国司法判断售后限制合理性的三个标准要件——①权利人未获得全部对价；②受让人明知或应知售后限制条件的存在；③售后限制要合法等——来维持利益的平衡。❷ 另一方面，针对默示许可，我国《专利法》接受了德国专利法的形式，将权利用尽作为专利权的本质限定，所以可以不考虑其是否有售后的条件限制。而英国对于权利用尽的理解建立在默示许可的基础上，默示许可与权利用尽的区别就在于是否承认售后条件的存在。❸ 由于市场经济（特别是数字经济）的多变以及 3D 打印视野下产品流通的加速，面对不作售后限制或没能及时作售后限制的权利人，默示许可仍是有其合理性的。但是，对于默示许可的适用，仍有待于司法的个案判定。❹

综上所述，机械式、形式上的明确性或安定性在专利法中几乎不存在，个案中实现的动态平衡才是常态。在法官造法方面，美国虽然保持了一定的灵活性，但事实上在科技爆炸的时代，对比孕育普通法系过往两三百年的历史环境，当前的法官面对的具体案件更加复杂多变；而如果每件案件都让法官去检视以前浩如烟海的判例，会导致司法成本陡增和效率下降，并将都大大降低司法的公信力。因此，从美国联邦最高

---

❶ 尹新天. 中国专利法详解：缩编版［M］. 北京：知识产权出版社，2012：140 - 142. 值得关注的是，尹新天认为，无论专利权人是否提出限制条件，也不论专利权人以明示或暗示方式提出限制性条件，他人随后使用、许诺销售、销售其购买的产品都不视为侵权行为，仅可依照合同法规定追究违约责任，即权利用尽的成立与售后限制无关。这与崔国斌的看法有所区别。

❷ 刘强，沈伟. 专利权用尽的售后限制研究：以专利权保留规则的构建为视角［J］. 知识产权，2016（2）：56 - 64.

❸ 尹新天. 中国专利法详解：缩编版［M］. 北京：知识产权出版社，2012：143.

❹ 张伟君. 默示许可抑或法定许可：论《专利法》修订草案有关标准必要专利披露制度的完善［J］. 同济大学学报（社会科学版），2016（3）：103 - 116.

法院的专利裁判来看，大部分案件法官的分析起点和归结点都在成文法的文本分析上。❶ 故我国司法系统当前提倡的知识产权案例指导制度之中，对法条内涵和目的的准确把握与发挥主观能动性同样重要。❷

（四）谋求国际性或区域性专利权限制规范的协调统一

专利权限制制度的目的是维护利益平衡。而在全球化视野下，所谓专利法的全球利益平衡有三个方面：①需要确保"国境贸易自由"；②因国际专利法律受益最多国家需要协助或者补贴受益最少的国家；③需要"更为合理收费、付费以及利益分配机制"的国际条约。❸ 在3D打印时代，分布式数字化制造模式可使大型跨国企业通过远程控制、网络经济以及技术标准化等手段，加强对全球经济产业的操控和垄断，把许多发展中国家及其企业全面压制在全球生产价值链的低附加值环节。这对包括我国在内的发展中国家是一个全新的挑战，但在危机背后同样暗藏着无穷的创新发展机遇。2008年修改后的我国《专利法》就已确认了专利权利国际用尽原则，进而允许了平行进口行为，这在世界各国专利法中还是比较少见的。我们认为，应该在国际上或区域内，提倡国际用尽原则，加快全球或区域专利统一保护和限制规则的制定，以满足3D打印制造数字化、去中心化和个性化的需求。

1. 将"事实互惠"转向"法律互惠"

当前，TRIPS真正的问题是成员间缺乏合作，缺乏一个可以让各个成员协同贡献力量促进创新并分享利益的规范体系。TRIPS第6条指出："为了纠纷解决的目的，本协定不适用于解决知识产权权利用尽问题。"换言之，各缔约方有权保留对权利用尽的看法，可以选择国际用尽或国家、区域性用尽。该规定事实上是一种主权换法律的做法，将权利用尽的解释权交于各成员政府的"个案处理"。这虽然可以平衡国内外利益，实现"事实互惠"，但这对于法律确定性不利。同时，TRIPS第6条与3D打印的去中心化要求不符——TRIPS是建立在尊重缔约方主权基础之上，但是去中心化正在解构国家或地区主权。所以，当前各国或地区应该顺应新发展，在法律实践中逐渐尝试减弱主权管控的干扰因素，在专利权限制中寻求将"事实互惠"转向"法律互惠"。例如，在专利权限制规范上，从一定程度上规制成员对于国际权利用尽原则的适用。具体做法就是通过专利权限制机制及其相关条款，在TRIPS框架下寻求专利权限制规范的国

---

❶ 斯卡利亚. 联邦法院如何解释法律［M］. 北京：中国法制出版社，2017：230-231. 如Life Techs v. Promega案（2017年）和Limelight案（2014年）等。

❷ 莱姆利认为当前司法程序针对新技术发展时有四大优势：（1）司法程序有助于法官获得丰富的信息，作出正确的判断；（2）在司法审判中可以对该类新技术发展所涉及的专利纠纷进行大量个案裁判，从而训练和提高法官针对该类问题的分析判断能力；（3）司法功能加强，可以分摊立法成本，并可对立法进行监督和补充；（4）专门的知识产权法院可以使法官接触到第一手的新技术发展信息和相关专利纠纷案例，并通过具有专业技术背景的专利法庭，对一定区域内的特定技术领域同案同判，从而增强法律的确定性和司法的可预见性。

❸ 刘孔中. 解构知识产权法及其与竞争法的冲突与调和［M］. 北京：中国法制出版社，2015：79-82.

际或区域间的协调统一。

2. 当前区域性专利规范协调统一的尝试

从欧洲的实际出发，将跨地域的欧洲专利体系（申请、诉讼和维权等）统一，将提升3D打印时代专利权实施的法律确定性、透明度和接触权。具体而言，根据欧洲《统一专利保护实施细则》第5条、第7条的规定，对于专利权的限制，根据各成员的特殊情况而定。由此，根据欧洲《统一专利法院协议》第25条以及第84条第2款的规定，成员可以将这些条款加入它们的立法当中。将欧洲《统一专利法院协议》的第25条（直接侵权）、第26条（间接侵权）以及第27条与德国专利法第11条第1款的规定进行比较，形成一个较为一致的标准。欧洲《统一专利法院协议》第25条与德国专利法第9条类似，都规定了统一专利在所有成员全境内有效。但是，对于上述德国专利法的问题而言，这些问题都会上升到欧洲统一专利法院的层面，其将对统一专利系统下的专利侵权和专利权限制进行解释。而这样的结果就是，统一专利法院的裁判意见与欧洲法院类似，基本都是建议性的，而非强制性的（其需要得到各国司法系统的承认），所以德国专利法的规则也可能被统一专利法院采用。另外，《跨太平洋伙伴关系协定》（Trans-Pacific Partnership Agreement，TPP）于知识产权协议条款中，规定了授予专利权的范围、将药品市场准入与其专利地位相联系、延长专利保护期、对未披露数据给予特殊保护以及对平行进口的限制等。《跨太平洋伙伴关系协定》中知识产权规定的内容，将对亚太地区的双边、多边知识产权规则产生较大的影响。❶

3. 在"一带一路"沿线国家开展专利权限制规范协同的可行性

如上所述，知识和信息的共享是数字经济的重要内涵，加强国际化战略合作是数字经济必然的要求。随着数字经济的深入发展和全球化的不断加深，专利制度在技术转移、交易与技术密集型产业发展中的地位愈发抬升。❷ 特别是在 WTO 框架下 TRIPS 的缔结以及 WIPO 的大力推动下，各成员（特别是发展中成员）都试图在专利权限制规则中寻求在数字经济中自身科技创新和国际技术转移等方面的机遇。

根据中国裁判文书网中2014～2016年公开裁判文书来看，涉及"一带一路"相关的专利纠纷案件占到了7.4%。"一带一路"区域内专利权限制制度的协调问题，实质上是对该区域内专利成果（产品）运用与流转相关规则的灵活适用。特别是在"一带一路"区域内，大多都是发展中国家，其对于专利权限制的需求更加强烈，故在该区域内研究知识产权制度协调机制，对于专利权的限制是一个极佳的切入点。

从当前"一带一路"65个沿线国家的实际来看，结合 WIPO 在2014年对各国专利权限制立法的调查，可以对各国在"个人非营利性实施""为科学研究和实验目的的实施"和"权利用尽"等三个方面的立法进行比较分析。

---

❶ 郑国辉. 中国知识产权保护与TPP的战略应对［J］. 上海政法学院学报（法治论丛），2015（3）：59-65.
❷ 墨杰斯，迈乃尔，莱姆利，等. 新技术时代的知识产权法［M］. 齐筠，张清，彭霞，等译. 北京：中国政法大学出版社，2003：221-222.

第一，在"个人非营利性实施"方面：①在中东欧16国中，捷克、匈牙利、拉脱维亚、立陶宛、罗马尼亚与斯洛伐克等，由于其为欧盟新的成员，受到欧盟专利相关立法的影响，其在本国立法中都有"个人非营利性实施"的专利权限制条款。而阿尔巴尼亚、塞尔维亚等作为欧洲专利局成员和欧盟候选成员，也在其国内立法中存在"个人非营利性实施"的明确规定。②在东盟10国中，由于东盟本身缺乏知识产权相关的立法统一协议，因此在印度尼西亚和泰国本土专利立法中是不存在"个人非营利性实施"条款的，而马来西亚专利法第37条、越南知识产权法第125条第2款和菲律宾知识产权法典第72条第2款都有对于"个人非营利性实施"的规定，且越南法律中明确表示为"个人需求或非营利性目的"，将"个人"和"非营利性"并列成为权利限制的条件。③在中亚5国中，土库曼斯坦和乌兹别克斯坦不是WTO成员，所以不在TRIPS框架内，而其他诸如吉尔吉斯斯坦立法中没有相关条款，但塔吉克斯坦借鉴了俄罗斯立法经验，在其发明法第30条中加入了"个人非营利性"条款。④在南亚8国中，孟加拉和巴基斯坦并没有相关规定，而印度在其1970年专利法中亦没有明确的规定，但在第47条和第100条中可以找到立法依据；斯里兰卡知识产权法（2003）第86(1)(i)条明确规定了"个人非营利实施"的侵权例外。⑤在独联体7国中，亚美尼亚、白俄罗斯、阿塞拜疆、格鲁吉亚、乌克兰的专利立法中均明确规定了"个人非营利性目的"的例外，而俄罗斯民法典第1359（4）条中规定"私人、家庭、当地或非营利性且无收益"的例外，可见俄罗斯立法对于"个人"的解释更为清晰。同时，作为知识产权立法编入民法典的典范，在俄罗斯民法典的完整体系下，其第2（1）条对于"商业活动"有明确的定义，这对"个人非营利性实施"的解释和适用提供了较为充足的法律依据。⑥在西亚18国中，约旦、卡塔尔等国的专利立法中没有相关规定，而也门、沙特与土耳其等国都有相关立法，特别值得关注的是，以色列除了立法，还在其司法案例中对"非营利性"进行了阐释（如家庭使用等）。

第二，在"为科学研究和实验目的实施"方面：①在中东欧16国内，基本所有国家都有相关条款，而要值得注意的是波兰知识产权法第69（1）（iii）条，将营利性研究与雇佣研究排除在侵权例外之外，而罗马尼亚专利法第34（e）条也有类似的规定，即科研组织必须是非营利性的，其将企业的科研排除在外。②在东盟10国中，所有国家的立法中都有相关规定，且多数国家（如越南、菲律宾、印度尼西亚和马来西亚等）立法都对于科研组织的性质（是否营利）没有要求，但菲律宾对仅将科研和实验行为限于发现专利如何运作和如何改进方面，将专利作为科研工具的行为被排除在了侵权例外之外。③在中亚5国中，吉尔吉斯斯坦和塔吉克斯坦立法中都有相关条款，但塔吉克斯坦发明法第30条明确将科研组织限定为学术科研机构与教学机构（如学校等）。④在南亚8国中，基本上各国都有相关规定。⑤在独联体7国内，除格鲁吉亚和摩尔多瓦两国立法中没有相关规定外，其他国家都有相关规定，且俄罗斯和白俄罗斯明确该行为与组织性质无关。⑥在西亚18国内，基本多数国家立法都有规定，而以色列特别详细地表明其科研和实验行为不需考察组织的性质和行为的目的。

第三，在"权利用尽"方面：①在中东欧16国中，由于捷克、匈牙利、拉脱维亚、立陶宛、罗马尼亚与斯洛伐克等为欧盟的成员国，受到欧盟专利相关立法和欧洲经济区（European Economic Area，EEA）的影响，其都实施欧盟区域内的权利用尽规则；但波兰作为欧盟成员国，其立法仅允许国内权利用尽，且允许专利权人进行售后限制。更值得注意的是，第28个欧盟成员国克罗地亚在其立法中仅允许国内用尽。②在东盟10国内，印度尼西亚和马来西亚这两个国家没有相关立法，而菲律宾知识产权法典第72.1条规定了国内用尽原则，但允许对药品（drugs and medicines）施行国际用尽。而其他诸如越南和泰国等国立法也都支持国际用尽，且越南知识产权法第125.2条规定，可以根据来源商品的价格进行一定的售后限制。③在中亚5国中，仅有塔吉克斯坦发明法第30条规定了"国内用尽"。④在南亚7国内，印度与巴基斯坦都实行"国际用尽"规则，但印度没有售后限制规定，而巴基斯坦专利条例第30（5）（a）条中明确规定对于一些专供政府机构使用的药品可限制其售后的去处和买受方。同时，斯里兰卡立法没有明确国内或国际用尽，但表示该适用需要法院视具体案情而定。⑤在独联体7国中，除了白俄罗斯和乌克兰立法实施国际用尽外，其他国家基本实施国内用尽规则，且俄罗斯民法典第1359条中表示允许售后限制。值得注意的是，格鲁吉亚立法没有明确权利用尽规则，但是允许双边或多边协议下的平行进口协定。例如，格鲁吉亚与欧盟间存在深入和全面自由贸易区协议（Deep and Comprehensive Free Trade Areas，DCFTA），其要求格鲁吉亚实行专利权国内用尽规则。⑥在西亚18国中，各国具体情况比较复杂，例如卡塔尔和沙特没有相关立法；以色列虽然没有立法，但其最高法院在相关案例中表示以色列实行国际用尽规则；❶土耳其专利法第76条明确表明，其实施国内用尽规则。

综上，应根据"一带一路"沿线国家的实际，在TRIPS的原有框架基础上，构建"一带一路"自身的专利合作协议，完成区域内部的协调统一。在"一带一路"沿线国家内部效仿欧盟的做法，采取折中的办法，通过多边协议实现区域内权利用尽规则，而原本就在立法中确认国际权利用尽规则的继续保留。另外，可以根据TRIPS第8条第1款的规定，对一些涉及社会公共利益的公共政策或立法进行保留或修订；同时，根据第8条第2款的规定，允许政府或法院采取一定措施，防止和处理"一带一路"沿线国家贸易间的知识产权滥用和贸易或技术转让限制等问题。❷

---

❶ HCJ 5379/00 Bristol–Myers Squibb Company v. Minister of Health, 55 P. D. (4) 447 [2001].
❷ TRIPS第8条规定：（1）在制定或修改其法律和法规时，各成员可采用对保护公共健康和营养，促进对其社会经济和技术发展至关重要部门的公共利益所必需的措施，只要此类措施与本协定的规定相一致。（2）只要与本协定的规定相一致，可能需要采取适当措施以防止知识产权权利持有人滥用知识产权或采取不合理的限制贸易或对国际技术转让造成不利影响的做法。

第四节　3D 打印涉及的技术保护措施

以前，技术措施主要运用于著作权领域，是为了应对作品数字化给传统著作权保护所带来的挑战。王迁、郭禾、李扬等人都认为，技术措施是著作权人在数字环境中维护自身利益的技术手段。❶ 可以说，网络时代的数字环境促成了著作权数字化技术措施的产生。

当前，随着 3D 打印时代与网络时代的叠加，专利权人的权利受到前所未有的挑战。3D 打印时代打通了原子和比特的鸿沟，专利产品能够被电子化为信息数据，典型体现为 CAD 文件。通过计算机和网络，任何人都可以对 CAD 文件进行低成本、高质量和无限次数的复制、传播甚至打印。专利权人难以通过传统的手段对这些行为进行有效控制。虽然各国专利法明确专利权人具有制造、许诺销售、销售、使用、进口等方面的权利，并规定了侵权责任和相关的救济手段来保护专利权人的合法权利，但是在 3D 打印和网络叠加的时代，这些救济手段却难以有效发挥保护作用。究其原因在于，法律救济都是事后救济，只有在侵权行为和损害后果发生之后，法律的公力救济才能介入。而 CAD 文件一旦在网络环境下被复制和传播，往往只需要很短时间就可以达到数以万计的点击量和下载量，潜在的侵权主体、侵害范围以及损害后果都被无限放大。例如，DEFCAD 是一个托管被禁数据文件的网站，每小时有 3000 多名访问者，而访问的主体遍布全球。尽管专利法规定了专利权人拥有制造权、许诺销售权、销售权、使用权、进口权等权能，但没有像著作权法那样规定网络传播权。按照专利法的规定，这种针对 CAD 文件的上传、传播、下载等行为并不被视为侵犯了专利权，只要事实上的专利实物没有被打印出来，或将实物用于销售、使用、进口等情形没有发生。而这些行为如果事实上被确认已经发生，往往就并不是个案存在，而是大量存在，此时给予法律救济就已经迟了。由于 CAD 文件在网络上的传播，理论上的扩张范围遍布全球，逐一寻找并起诉每一个侵权用户并不现实，而法律针对个别人或者个别网站的制裁并不能使得 CAD 文件回归原本的状态。在美国前总统奥巴马宣布关于高容量弹匣的禁令之后，YouTube 删除了一段 DEFCAD 成功测试一个 3D 打印的 30 发步枪弹匣的视频，但是这段视频在几个小时之后又出现在其他网站上。可见，3D 打印与网络时代的技术耦合、专利法的立法滞后，以及法律的事后救济等共同决定了仅仅依靠专利法并不能充分保障专利权人的利益。

如今，很多专利权人或公司开始采用技术手段对 3D 打印 CAD 文件进行保护，例

---

❶ 王迁. 技术措施保护与合理使用的冲突及法律对策 [J]. 法学，2017（11）：9；郭禾. 规避技术措施行为的法律属性辨析 [M] //沈仁干. 数字技术与著作权：观念、规范与实例. 北京：法律出版社，2004：45-48；李扬. 数据库法律保护研究 [M]. 北京：中国政法大学出版社，2004：98.

如利用数字著作权管理（DRM）技术、条件接收（CA）传输技术、数字水印技术等。这些技术都是对 CAD 文件进行加密处理，通过访问控制、内容控制、传输控制等方法，使一般用户无法采用通常的方法进行下载、传播或者打印。只有授权用户（一般为付费用户）才能依照权限进行阅看、下载或打印，而 CA 传输技术甚至不允许用户阅看 CAD 文件。相较法律的"事后救济"而言，这些技术手段属于"事前防范"，由于能够比较有效地切断非法复制、传播和打印 CAD 文件的途径，因而往往在实践中能更经济、更便捷地保护专利权。

基于技术措施在维护知识产权人合法权益方面的重要作用，知识产权法对技术措施持肯定态度，明确予以保护，禁止规避知识产权权利人所设定的技术措施。由于网络时代首先带来的是作品电子化，技术措施也率先应用到电子作品，因此保护技术措施的法律规定主要集中在著作权法领域。《世界知识产权组织版权条约》（WCT）第 11 条规定，缔约各方应规定适当的法律保护和有效的法律救济方法，制止规避由作者为行使该条约规定的权利而使用的、对其作品进行未经该作者许可或未由法律准许的行为加以约束的有效技术措施。我国的《著作权法》和《信息网络传播权保护条例》对"接触控制措施"和"著作权保护措施"都给予保护，不仅禁止"直接规避行为"，也禁止"提供规避手段"，达到了较高的保护水平。❶ 由于法律的滞后性，专利法尚未对 3D 打印中有关 CAD 文件的技术措施予以明确规定。目前，现有的这些技术措施是套用著作权领域的法律法规加以"保护"的。

一、保护 CAD 文件专利权的现有技术措施

在网络环境下，通过技术手段保护 CAD 文件不被非法复制和传播是专利权人维护其权利的重要手段。目前技术手段主要有 3D 打印 DRM 技术、CA 技术、水印技术和"防火墙"技术等。

（一）3D 打印 DRM 技术

3D 打印 DRM 技术是通过网络与 CAD 文件存储服务器和权限管理服务器的通信耦合，来实现对专利产品 CAD 文件的动态管理。DRM 技术对 CAD 文件的保护和管理主要依靠其内容模块和许可模块的技术规范来进行。内容模块通过加密的方式存储、保护 CAD 文件，而许可模块则通过计算机可读的授权许可语言将内容模块中的加密 CAD 文件进行自动许可授权。3D 打印设备只有在获得许可的情况下，才能提取解密的 CAD 文件，进而执行打印命令。如果没有获得许可，则 CAD 文件将不能被访问、复制或者打印。2012 年，美国的高智公司（Intellectual Venture）将 DRM 技术应用于 3D 打印中

---

❶ 王迁. 技术措施保护与合理使用的冲突及法律对策 [J]. 法学, 2017 (11): 9 - 10.

CAD 文件的技术保护，并取得专利（专利号 US8286236B2）。采用这一技术的 3D 打印机能够评估待打印 CAD 文件是否具有打印授权码。[1] Mohammad Al Faruque 教授开发出一款改进型 DRM 技术，专门对利用"合法"反向工程进行 3D 设计数字模型复制的行为予以规制。DRM 将实施以下措施：如果 3D 打印的 CAD 文件被锁定，它将不能够被复制，而且其部件如果未经专利权人的许可，也不能够被 3D 打印，或者对其进行一些类似的操作。[2]

（二）3D 打印 CA 技术

3D 打印 CA 技术是对包括 CAD 文件在内的信息进行加密传输，为合法用户提供传输、解密的过程。该技术主要由传输加扰解扰和控制解扰两项技术组成。通过在控制端提供一个加密信息，使被授权用户端的解扰器能对加密 CAD 文件信息进行解密，以便提供给 3D 打印机进行打印，从而降低未经授权的 CAD 文件传播和共享的风险。[3] 3D 打印版权保护公司 Fabulonia 开发出了一种针对 3D 打印机的"网络盒子"，它能让专利权人对 CAD 文件进行加密并授权相应的打印机进行打印，因此用户能拿到实物但看不到所谓的"图纸"。而另一家研究版权保护技术的公司 Authentise，则计划推出与 Fabulonia 一样向打印机在线输送加密数据的产品 SendShapes，但是不需要类似的网络盒子。[4]

（三）3D 打印数字水印技术

3D 打印数字水印技术是将一些标识信息（即数字水印）直接嵌入 CAD 文件之中，但不影响 CAD 文件的使用价值，也不容易被人的知觉（如视觉或听觉）系统所感知，主要用于识别未经授权的复制品。[5] 通过标识信息还可以达到确认内容创建者、购买者、使用者、修改者，传送隐秘信息或者判断 CAD 文件是否被篡改等目的。一家韩国数字版权管理和水印设计公司 MarkAny 设计出了一个强大的系统——3D SAFER。该系统采用数字水印设计等技术，可以检测出违反规定的文件，防范 3D 打印中有效信息的泄露，如 CAD 文件、STL 文件、G 代码转化等。此外，它还计划使用一个监控系统，

---

[1] BECHTOLD S. Digital rights management in the United States and Europe [J]. American Journal of Comparative Law, 2004, 52 (2): 323 – 382.

[2] 3D 打印行业惊现"黑客"DRM 方案或成反黑利器 [EB/OL]. (2016 – 08 – 23) [2018 – 05 – 10]. http: //www. keyin. cn/news/gngj/201608/23 – 1097663. shtml.

[3] MENDIS D. "Clone wars" episode II—the next generation: the copyright implications relating to 3D printing and computer – aided design (CAD) Files [J]. Law, Innovation and Technology, 2014, 6 (2): 280 – 281.

[4] DESAI D R. The new steam: on digitization, decentralization and disruption [J]. Hastings Law Journal, 2014, 65 (6): 1469 – 1482.

[5] GHILASSENE F. L'impression 3D: impacts economique et enjeux juridiques [EB/OL]. [2017 – 11 – 17]. http: //www. inpi. fr/sites/default/files/l_impression_3d_sept_2014. pdf.

监视受保护的 3D 打印文件被非法传播的行为。❶

（四）3D 打印"防火墙"技术

3D 打印"防火墙"技术其实是基于一个防盗版 CAD 文件数据库，待打印的 CAD 文件必须通过数据库的对比监测，只有非盗版的 CAD 文件才能够在 3D 打印机上打印出来。一家名为 Create it Real 的丹麦公司推出了这项针对 3D 打印机的"防火墙"技术，它能核查 3D 打印机的待打印 CAD 文件是否与数据库中的备案设计存在重复。如果出现了一模一样的设计，就不会被打印出来。该公司已经将上述"防火墙"整合到了自家的打印机软件套件里，并且计划将其直接用于一些消费级打印机。该公司创始人 Jeremie Gay 表示，他们的"防火墙"系统更像是一种"家长监护"。❷

二、现有技术保护措施的不足

（一）现有技术措施缺乏法律依据

目前针对 3D 打印 CAD 文件的各种技术措施是仿效网络环境中的电子作品而在著作权的框架下建立并受其保护的。虽然《著作权法》和《信息网络传播权保护条例》中的有关条款制止对技术措施的规避，但在本质上是对技术措施背后的电子作品进行保护。CAD 文件虽然具有数字化的表现形式，但却是 3D 打印制造方法下的基本要素，用于 3D 打印的功能性是其基本属性。而著作权法只保护表达，不保护思想，更不保护功能。3D 打印中的 CAD 文件并不能被视为作品，特别是根据现有的专利产品而获得的 CAD 文件不能视为作品，不是著作权保护的对象。这基本上已经取得了学界共识，运用著作权保护 3D 打印 CAD 文件没有法律依据。与此同时，技术措施是通过所编辑或实施的方式来达到 CAD 文件不被非法复制、传播和打印的目的，功能性也是技术措施所追求的唯一目的，运用著作权法关于保护技术措施的规定来建立保护 3D 打印 CAD 文件的技术措施则更是无本之木。❸

（二）现有技术措施容易遭到规避

一方面，技术措施的发明人为了排除其他人利用相同技术措施或出于排除竞争者的目的，往往会将技术措施申请专利。美国高智公司获批的 3D 打印 DRM 专利就是一

---

❶ 3D 虎. 韩国不止有欧巴　还创造出了 3D 打印保护"大法"［EB/OL］.［2018 - 05 - 10］. http：//www.3dhoo.com/news/guowai/23907.html.

❷ 打印虎. 3D 打印如何解决反盗版难题［EB/OL］.［2018 - 05 - 10］. http：//it.sohu.com/20130918/n386859738.shtml.

❸ 李士林. 论技术措施之性质［J］. 福建政法管理干部学院学报，2005（3）：2 - 4.

个典型例子。作为专利权的保护对象，在专利保护期内，其他任何人不得采用相同的技术方案。但是，在专利申请时，必须公开这一技术的所有技术要素，以达到使该领域内一般技术水平的技术人员可以实施的程度。技术措施之所以有效，往往是采用了不为人知的技术要素或技术方法。而申请专利过程中的充分公开将会让这些要素和方法暴露在所有人面前，大大增加了以后被破解或攻击的可能性，从而增加了所管理的 CAD 文件受到非法访问、复制和使用的风险。另一方面，专利产品的 CAD 文件体现的是独特的技术方案，同一技术方案的表达形式可能多种多样，可以针对不同的保护对象采用不同的编辑方式。而现有的技术措施是基于著作权法而建立的，主要是针对相同表达来进行监测、追踪、对比和控制。通过对专利权人的 CAD 文件进行表达的更改，就能够轻易规避 3D 打印电子水印、"防火墙"等技术措施。

（三）现有技术措施缺乏统一体系

技术措施从性质上讲，属于专利权人的一种自力救济，"八仙过海，各显神通"的情况本不足为奇。但是，3D 打印常常是在网络环境下运行的，CAD 文件通常是通过网络进行上传、下载和传输，而技术措施基本上也都是基于网络来执行防范非法复制、传播和打印 CAD 文件的功能。网络是基于标准化协议的虚拟平台，技术措施预期效果的取得，取决于海量 CAD 文件的基础数据和统一的技术标准（如 CAD 文件类型）以及共同技术规则的制定与执行。然而，各家开发不同技术措施的公司推出各自的技术措施，各有一部分用户（主要是专利权人），这种各自为政的状态使得包括 CAD 文件在内的基础数据无法实现共享和兼容，相关技术标准和技术协议不易统一，制约了技术措施的整体功效。另外，技术措施领域"诸侯割据"的情况也不利于技术措施公司整合出强大统一的技术力量来应对黑客等敌对力量的攻击。例如，上文所述的 Create it Real 公司的"防火墙"技术的基础是建立一个巨型的防盗版数据库，这个数据库必须汇集所有的专利产品 CAD 文件数据，才能真正发挥作用，否则其防盗版功能就值得质疑。

（四）现有技术措施挤压社会公益

一方面，作为平衡专利权私益和社会公益的重要机制，专利的授予首先以产品技术信息的公开作为对价。只有将所有技术细节予以公开，才有可能获得授权。随着 3D 打印的发展，3D 打印为"一般水平"的技术人员实施专利提供了另一种途径，这一途径有可能至少在某些领域取代传统途径成为主要途径。CAD 文件则是实施过程中不可或缺的要素，专利权人理应公开，不应故意隐瞒或保密。很多技术措施却恰恰是通过刻意隐藏或对 CAD 文件进行加密来设计或运行的。另一方面，除了美国之外，世界主要国家的专利法都赋予社会公众合理使用的权利。基于 CAD 文件的重要性，社会公众的合理使用需要以能够接触到 CAD 文件为前提条件。3D 打印 CAD 文件的技术措施虽各有特点,但大多是对 CAD 文件采用加密的方式予以保护,甚至采用屏蔽 CAD 文件的方式,让付费用户都无法看到 CAD 文件(如 CA 技术)。这些技术措施将社会公众直接阻挡在大门之外,产生了"信息垄断"的嫌疑。有学者指出,技术措施可以实现权利人的"私人立法",从而推翻了立法者通过合理使用所建立的利益平衡机制。❶

(五)现有技术措施忽视大众创新

现有的技术措施都将注意力集中于保护专利权人的权利,阻止 3D 打印直接或间接侵犯现有专利权的可能性。由于 DIY 爱好者受益于 3D 打印的发展,将成为从事发明创造的重要力量。当这些 DIY 爱好者将记载自己的发明创造的 CAD 文件上传到 Thingiverse 或 Shapeways 等网站共享时,相当于披露了未来"商业化"的所有利益,也代表其放弃了专利这一垄断权,那么应特别注意确保这些发明创造留在公有领域。简而言之,公众不应该为了免费获得同样的好处而"付钱",这也是鼓励大众创新、共享知识的基石。从理论上讲,如果一个 DIY 爱好者在专利申请人之前创建和分享了一个与其基本相似的发明 CAD 文件,那么专利申请就会因为缺乏新颖性或者显著性而失败。但是,不堪重负的专利审查机关不可能通过每个网站挖掘 CAD 文件,以确认所受理的专利申请是否是相似的版本。技术措施需要在这一领域有所作为,但现在并没有进行任何类似的尝试。

三、3D 打印保护措施的构建

要找到一种既能防止个人用户利用 3D 打印大量侵犯专利,同时又能促进 3D 打印行业的持续增长和创新,进而促进社会发展的平衡办法是非常困难的。然而,国际刑警组织的"I-24/7"网络❷结合 3D 面部识别软件,能够把 99% 的国际通缉罪犯识别出来给我们带来了启发。在此,我们提出建立全球 3D 打印控制系统的建议,即在全球范围内构建一个能够及时监测、记录、允许或阻止个人用户 3D 打印的控制系统,类似于国际刑警的政府间网络,从而有助于从源头上解决以上问题。

1. WIPO 作为牵头机构

WIPO 在 148 个已经签署了《专利合作条约》(PCT)的国家促进专利保护,"使得寻求发明专利保护的同时,在每个成员国中,通过提交一份'国际'专利申请——而不是提交几个单独的国家或地区专利申请——成为可能。"鉴于 WIPO 在国际专利保护

---

❶ DREIER T, NOLTE G. The German copyright: yesterday, today, tomorrow [M] // BECKER E. Digital rights management: technological, legal and political aspects. Berlin: Springer - Verlag, 2003: 496.

❷ MACIK T. Global data meets 3 - D printing: the quest for a balanced and globally collaborative solution to prevent patent infringement in the foreseeable 3 - D printing revolution [J]. Indiana Journal of Global Legal Studies, 2015, 22 (1): 157 - 158.

和实施中的重要地位和作用,由 WIPO 来担任全球 3D 打印控制系统牵头机构这一角色是合适的。这就需要修订《专利合作条约》,明确各缔约方应规定适当的法律保护和有效的法律救济方法,制止规避保护专利 CAD 文件的技术措施,并明确该技术措施由 WIPO 牵头、各国共同参与,以及制定具体的运作机制。各国专利法依据《专利合作条约》进行相应修改和细化,将技术措施落实到国内专利法上。在国际合作基础上,统一国际国内专利立法,建立专利 CAD 文件技术措施,避免各自为政。这样不仅可以提高技术措施的权威性和有效性,也有助于克服目前通过著作权法保护专利 CAD 文件的缺陷。

2. 建设全球专利 CAD 文件数据库

WIPO 前总干事高锐说,"就像参与实体经济需要道路、桥梁和交通工具来运输货物一样,在虚拟和知识经济中也需要类似的基础设施。"[1] 全球 3D 打印控制系统的核心之一在于全球专利 CAD 文件数据库的建设。该数据库需要收录或连接 WIPO 和各国专利 CAD 文件,以便作为将来识别某一具体 3D 打印产品是否侵权的参照。首先,在申请专利时,要求专利申请人提供 CAD 文件。WIPO 以及大多数国家的专利审查机关都要求专利申请人提供图解,以便说明其发明物。这些图解都被绘制或印刷成黑白线条的二维插图,使得描绘"发明物的具体、准确和全面的表示"[2] 非常有挑战性。CAD 文件则提供了比二维插图更准确、更详细说明所申请专利的途径,可以从任何想要的角度来旋转和观看一项发明创造的 3D 结构。专利申请人提供二维插图的同时附加提供三维的 CAD 文件,或者用三维的 CAD 文件取代二维插图,将有助于专利审查机关更清晰地了解该发明创造的思路、构造和价值,提高审查的效率和质量。在所申请专利获批之后,则将该 CAD 文件存入专门的专利 CAD 文件数据库(类似于 PATENTSCOPE 数据库)。其次,WIPO 和各国需将现有专利二维插图转化成专利 CAD 文件。针对现有的存量有效专利,可以由第三方机构先根据现有的二维插图转化成 CAD 文件经专利权人确认或共同修改,并由专利审查机关审查后,存入专门的专利 CAD 文件数据库。最后,实现 WIPO 与各国专利审查机关的专利 CAD 文件共享。将各国专门的专利 CAD 文件数据库与 WIPO 的数据库对接,实现数据共享(涉及国家秘密的除外),并加强数据库的维护更新,将到期专利的 CAD 文件及时从数据库中予以删除,以整合成准确、完备、即时更新的全球专利 CAD 文件数据库。全球专利 CAD 文件数据库中的 CAD 文件与专利说明书一样,对全社会公开,以保障公众的知情权,促进知识的传播与共享。另外,在全球专利 CAD 文件数据库中,建立 3D 打印"现有技术"子数据库。其使命

---

[1] An interview with WIPO Director General Francis Gurry [EB/OL]. (2010 - 09 - 13) [2017 - 11 - 17]. http://www.wipo.int/wipo_magazine/en/2010/05/article_0001.html.

[2] MARSHALL B. Better drawings make a better patent [EB/OL]. (2010 - 04 - 01) [2017 - 11 - 17]. http://www.wipo.int/wipo_magazine/en/2010/02/article_0008.html (describing how the USPTO and multiple countries require drawings when filing patents).

类似于著作权领域的知识共享数据库,通过在全球范围内积极收集新颖的和非显而易见的 CAD 文件信息,包括 DIY 爱好者上传到 Thingiverse 或 Shapeways 等网站共享的 CAD 文件,并对其进行分类、标签和索引。该子数据库对各国专利审查机关开放,以弥补各国专利审查机关对非专利"现有技术"数据的不足,确保已失去新颖性和非显而易见性的创新不能被授予专利权,而留在公有领域。

3. 应用专利侵权识别软件

专利侵权识别软件的工作方式类似于国际刑警使用的 3D 面部识别技术。[1] 该软件将对某一具体待打印 CAD 文件进行横向分析——以一种类似于打印 3D 物体的方式,即一层一层依次识别。这个图形的角度和形状可以生成代码,然后可以交叉参考 WIPO 的全球专利 CAD 文件数据库(包含所有的专利 CAD 文件图形和其各自的代码)。之后,再依据结构测算法,对该 CAD 文件进行立体分析。结构测算法对于识别 CAD 文件组件之间的结构关系发挥着重要作用。一家向 3D 打印机制造商销售零部件和软件的公司曾发明过一种枪支组件测算法,该测算法根据对待打印 CAD 文件的组件关系进行计算,从而识别出该 CAD 文件的实物对象是否是枪支。通过结构测算法的应用,能够弥补横向分析的不足,可以将在现有专利 CAD 文件基础上稍加简单修改的 CAD 文件监测出来。如果专利侵权识别软件对某一具体 CAD 文件以及打印操作权限进行识别后,发现其与全球专利 CAD 文件数据库中的某一专利存在高度的匹配性,并且没有来自专利权人的打印操作许可标记,则会将该信息自动反馈给即将执行打印任务的某一具体的 3D 打印机,从而阻止这台 3D 打印机打印该对象。专利侵权识别软件的应用,将提供高效、准确、可信的全球 3D 打印专利侵权的监测手段。

4. 各国对 3D 打印机予以规制

各国通过签署国际条约或直接通过国内立法的形式,要求 3D 打印机制造商安装某种类型的"保护设备",具有自我复制功能的 3D 打印机也应当依法加装该"保护设备"确保 3D 打印机在执行打印任务前,将拟打印的 CAD 文件与 WIPO 的全球专利 CAD 文件数据库进行匹配度和操作权限识别,并严格按照专利侵权识别软件的反馈信息进行后续操作。如果反馈信息指示"允许",则 3D 打印机启动打印任务;如果反馈信息指示"禁止",则 3D 打印机终止打印任务。

为保障"科学研究和实验"的合理使用,各国可以对该用途的 3D 打印机进行登记,给予"合理使用"类别的打印授权,允许这些登记在册的打印机针对每种专利 CAD 文件打印出少量实物用于研究使用。至于个人"非生产经营目的"的合理使用是否给予有限的打印授权,则取决于各国国内的专利立法是否认可这种合理使用。

5. 优缺点分析

随着不断改进的、价格越来越便宜的 3D 打印机和扫描技术预期使用量的增加以及

---

[1] HSU J. How face recognition tech will change everything [EB/OL]. (2013-06-11) [2017-10-23]. http://news.discovery.com/tech/biotechnology/howface-rec-tech-change-everything-130611.htm.

专利CAD文件共享网络的普及，采用专利法的框架构建技术措施以在全球范围内预防专利侵权，将会带来积极的外部效应。全球3D打印控制系统将有益于发明者、各国、专利权人和个人用户。发明者和专利权人可以知道他们的发明将真正地被保护，免受海量个人用户利用3D打印侵犯其权利的困扰。就WIPO和各国来说，全球专利CAD文件数据库有助于提高专利申请的处理能力，侵权识别软件可以防范大面积公然侵犯专利权，维护和稳定现有专利秩序。同时，这种具有协作性和前瞻性系统的实现将为各国的3D打印相关行业——这些行业可能面临着3D打印背景下个人用户的专利侵权风险——带来正外部效应增长。[1] 最重要的是，全球3D打印控制系统可以帮助找到看似不可能的平衡——平息人们对3D打印专利侵权的担忧，同时培育和允许3D打印行业健康发展。

尽管这个控制系统对各方都有好处，但要推进这样一个项目还存在不确定性。一方面，启动成本相当昂贵。例如，现在至少有81种不同的CAD文件类型，且每种类型的大小和格式不同，创建一个依赖于不同行业应用的能接受多种文件格式的全球专利CAD文件数据库是一项艰巨的任务。另一方面，WIPO和各国的资源、信息和网络能力的不对称也是合作的障碍。另外，专利侵权识别软件的有效性也有待检验。[2]

---

[1] MACIK T. Global data meets 3-D printing: the quest for a balanced and globally collaborative solution to prevent patent infringement in the foreseeable 3-D printing revolution [J]. Indiana Journal of Global Legal Studies, 2015, 22 (1): 162-170.

[2] MACIK T. Global data meets 3-D printing: the quest for a balanced and globally collaborative solution to prevent patent Infringement in the foreseeable 3-D printing revolution [J]. Indiana Journal of Global Legal Studies, 2015, 22 (1): 172.

第八章 3D 打印涉及的著作权法问题

作为知识产权体系中对创新进行激励和保护的重要一环，著作权与专利权虽有着明确的边界，但在制度设置层面具有相通性。为了避免重复，我们将本章研究的焦点集中于 3D 打印的关键因素数字模型、与数字模型关联的著作权侵权行为、3D 打印的本质"异形复制"和平衡各方利益的合理使用四个方面并展开详细的研究。

第一节 3D 打印涉及的数字模型

无论何种工艺，3D 打印都开始于数字模型。数字模型以数字模型文件（常见的有 CAD 文件）为载体，在很多领域都有所应用。而 3D 打印是数字模型应用的其中一个领域。3D 打印数字模型在著作权中的定位、对于著作权保护范围的影响以及对于著作权侵权行为的认定、合理使用等方面都还存在需要探讨的问题。

一、3D 数字模型与著作权客体的研究回顾

有两起涉及 3D 数字模型的案例受到广泛关注。一起案例中，3D 数字模型设计者 Schwanitz 将自己原始创作的 PENROSE 数字模型文件上传到 Shapeways 网站，用户 Artur83 随后将同样的数字模型文件上传到 Thingiverse 网站，之后 Schwanitz 根据著作权法中的"通知—删除"规则，通知 Thingiverse 删除了该文件。[1] 另一起案例中，美剧《权力的游戏》风靡全球后，其中铁王座形象深受影迷喜爱，美国电视网发行了该美剧的周边产品铁王座手机底座，之后有某极客将铁王座数字模型上传到数字模型共享网站，使网友可以在免费下载后打印该手机底座，美国电视网发现该现象后通知该共享网站删除了该数字模型。

需要探讨的问题是，上述两起案例中的数字模型是否属于作品？如果属于作品，属于何类作品？

我国《著作权法》对作品并无明确定义，仅仅以列举的方式给出九种作品类型，

---

[1] RIDEOUT B. Printing the impossible triangle: the copyright implications of three-dimensional printing [J]. The Journal of Business, Entrepreneurship & the Law, 2011, 5 (1): 174–176.

根据我国《著作权法实施条例》给出的定义[1]来看，铁王座手机底座是由美国电视网独立开发的《权力的游戏》的周边产品，具有独创性，并且能够以有形形式复制，符合《著作权法实施条例》对作品的规定。但是该极客通过软件将该产品转换为数字模型，付出了辛苦劳动，转换过程中似乎也体现了该极客的创造性，那么该数字模型是否是作品，该极客是否享有该数字模型的著作权？

对此，不同学者的认知有所不同。其中，部分学者认为数字模型不是作品。有学者认为数字模型应该被认定为外观设计，依据是《专利法》的规定——外观设计是"指对产品的整体或者局部的形状、图案或者其结合以及色彩与形状、图案的结合所作出的富有美感并适于工业应用的新设计"，就外观设计的定义而言，数字模型的实质无非色彩、形状的结合，非常符合该定义。美国学者 Matt Simon 也持相同观点，他认为数字模型中包含大量技术信息，应该受专利法保护，而非受著作权法保护。[2] 姚强等认为，在模型获取阶段，如果人们是对原始物体进行3D扫描以获得三维设计图，而这种直接对三维物体扫描得出三维设计图的行为只是机械性劳动，不具备创造性，无法产生作品。[3] 杨延超从作品的类型进行分析，提出3D打印可能造成的著作权问题为"产品的外型与结构"：仅有少数"产品外型与结构"具有美术价值，可以通过作为美术作品来获得保护；不具有美术价值的"产品外型与结构"很难得到著作权法的保护。所以杨延超认为现阶段3D打印作品难以被涵盖在著作权法所规定的作品类型里面。[4] 王桂杰等则认为3D打印应得到更自由的发展。他们认为3D打印只能从专利方面进行保护，除非作者获得了外观设计专利，否则将不能阻止任何人复制、使用3D数字模型蓝图或对其进行销售。[5]

有部分学者认为数字模型是作品。罗娇认为数字模型是否构成作品取决于独创性的有无，其将3D打印数字模型文件称为"3D打印设计文档"，并分类为"直接用3D打印设计软件设计的打印文档、通过其他格式转化得到的STL文档和通过扫描立体物形成的打印文档"。[6] 马忠法将数字模型称为"3D设计的模型"，并指出如果该模型没有进入公有领域，应当属于著作权法保护的"作品"。[7] 此外，有学者认为数字模型是一种由代码组成的计算机程序，或是一种通过扫描手段获得的立体作品的数字化文件，

---

[1] 《著作权法实施条例》中规定："著作权法所称作品，是指文学、艺术和科学领域内具有独创性并能以某种有形形式复制的智力成果。"

[2] SIMON M. When copyright can kill: how 3D printers are breaking the barriers between "intellectual" property and the physical world [J]. Pace Intellectual Property, Sports and Entertainment Law Forum, 2013, 3 (1): 59-61.

[3] 姚强, 王丽平. "万能制造机"背后的思考: 知识产权法视野下3D打印技术的风险分析与对策 [J]. 科技与法律, 2013 (2): 17-21.

[4] 杨延超. 3D打印挑战知识产权 [N]. 经济参考报, 2013-08-27 (8).

[5] 王桂杰, 汤志贤. 3D打印的九大知识产权挑战 [J]. 中国对外贸易, 2013 (6): 64-65.

[6] 罗娇. "3D打印"的著作权法律问题研究 [J]. 知识产权, 2014 (8): 41-47.

[7] 马忠法. 3D打印中的知识产权问题 [J]. 电子知识产权, 2014 (5): 31-32.

归入作品范畴。❶

综上所述，是否将数字模型归类为作品以及何种作品应该分类讨论，而非直接大而化之地给出一个简单的结论。

二、3D 数字模型是否构成作品的判断依据

《著作权法实施条例》第 2 条界定了作品的构成要素："本法所称作品，是指文学、艺术和科学领域内具有独创性并能以某种有形复制的智力成果。"由此可见，作品的法律属性包括客观性、可复制性和独创性三个要件。

第一，客观性是指作品应当具有一定的客观表现形式，即作品的表达应当能够使他人通过感官直接或者通过仪器设备间接地看到、听到或摸到，可以进行阅读、欣赏或利用。❷ 3D 数字模型是以虚拟的数字化电子文档形式进行客观表达和固定，并存在于计算机之中，而载体的形式并不妨碍人们对于表达的感知。因此，3D 数字模型符合客观性要件。

第二，3D 数字模型可以通过计算机软件以数字化形式储存、复制和传播，满足可以进行有形复制的可复制性要件。

第三，独创性是 3D 数字模型构成作品的必备要素。独创性指作品是作者通过自己的劳动独立构思并独立创作完成的智力劳动成果。从国内外立法和司法实践来看，各国对独创性的判断标准存在极大的差异。即使在同一个国家的不同历史时期，独创性的内涵也不完全相同。❸ 我国《著作权法》对于独创性的内涵并无明确规定，但司法实践证明法院在作出裁判时所持的独创性标准既不同于英国"额头上的汗水"原则，也不同于德国严格的"创作高度"要求，更接近于美国的"最低限度的创造性"或法国作品的"个性"要求。❹

因此，具备独创性的 3D 数字模型需是独立创作的且达到最低限度的创造性。该最低限度的创造性是指无须达到一定高度的设计水准，但要反映设计师的个性与特点。在知识产权的形成过程中，创造性劳动起到基础性的作用，知识产权法对此加以确认

---

❶ VISCOUNTY P J, GASS A M, VIRGIEN K A. 3D printing: a new technology challenges the existing intellectual property framework [J]. Orange County Lawyer, 2014 (10): 16-21.

❷ 吴国平. 作品的法律属性及表现形式的法理分析 [J]. 福建政法管理干部学院学报, 2004 (4): 24.

❸ 综观国外主要国家的著作权立法和司法实践，关于独创性主要有四种判断标准。实行普通法系的英国法院早期一直以"额头上的汗水"(sweat of the brow) 原则来判断作品是否享有版权。1916 年 Peterson 法官的注释被公认为是一种经典解释并至今仍被英国法院沿用。Peterson 法官认为，版权法并不要求作品必须是创造的或新颖的，而只是要求作品必须不是从其他作品复制而来，也即作品必须是独立创作的。美国的独创性标准要高于英国，受版权保护的作品不仅必须是作者独立完成，而且须具备"最低限度的创造性"(modicum of creativity)。实行大陆法系的法国，其传统著作权法认为，独创性是指作品必须是作者个性的反映。德国著作权法上的独创性标准不仅包含有反映作者个性和创造性的内容，而且要求作品必须是作者思想感情的体现并达到一定的创作高度，即严格的"创作高度"要求。

❹ 史勤艳. 论作品独创性的判断标准 [J]. 山东审判, 2005 (6): 76.

并在该过程中极大地加强了劳动的要求。这就决定了创造性因素在知识产品中必须有所呈现，并且在一定程度上必须是新的。❶ 因此，判断3D数字模型是否具有独创性，应当看这一模型的生成过程中是否有创造性劳动。

具体地，如果建模者根据打印对象的测量数据绘制精确的线条和形状，或者仅是调用标准库中的模型进行简单组合绘制而成的3D数字模型，是不具有独创性的，而达到最低限度创造性的独立设计、创作的3D数字模型符合独创性要求是毋庸置疑的。

同理，运用高速高精度的3D扫描设备将打印对象扫描后得到的逼真虚拟的3D数字模型，仅是利用现代仪器机械，简单地复制打印物体的整体外观和内部结构，缺乏创造性劳动，因而无法达到独创性的要求。对于扫描后制作的3D数字模型，还需要注意的是，由于著作权法意义上的复制不会改变行为前后对象的作品性，也就是说，如果3D扫描仪扫描的打印对象是受著作权保护的作品，那么扫描得到的该打印对象的3D数字模型也应当是受著作权法保护的作品，该3D数字模型的著作权属于打印对象作品的著作权人。

按照图纸绘制生成3D数字模型时，CAD软件存在"实体建模"与"曲面建模"两种模式。3D数字模型的独创性会因使用建模模式的不同而存在区别：若采用CAD软件进行实体建模，建模者根据对打印对象的测量数据绘制精确的线条和形状，或者仅是调用标准库中的模型建立3D数字模型，该模型则不包含任何创造性；若使用曲面建模或是建模过程中对打印对象的尺寸进行修改，该模型在一定程度上就具有创造性。因此，法院在评估通过CAD软件按照图纸绘制生成的3D数字模型的创造性时需要个案分析。❷

综上所述，通过独立设计、创作的3D数字模型以及通过曲面建模的CAD软件绘制生成的3D数字模型具备可著作权性的可能，可以构成作品而受到著作权的保护。

此外，并非所有打印对象的3D数字模型都能成为著作权法意义上的作品，只有受到著作权保护的打印对象的3D数字模型才具有可著作权性。这是因为若将不受著作权保护的打印对象的3D数字模型视为作品，其著作权应当归属于该打印对象的3D数字模型的制作者或扫描人。著作权人对于3D数字模型的制作、复制和信息网络传播的权利将会限制社会公众对不受著作权保护的打印对象进行打印，从而阻碍3D打印技术的传播与发展。

三、从3D数字模型的生成过程详论独创性

前文阐述了3D数字模型是否构成作品的判断依据，并简单说明了数字模型满足独创

---

❶ 冯晓青. 知识产权法哲学 [M]. 北京：中国人民公安大学出版社，2003：42.
❷ OSBORN L S. Of PhDs, pirates, and the public: three-dimensional printing technology and the arts [J]. Texas A&M Law Review, 2014, 1 (4)：828-830.

性要件的几种情形。鉴于此要件的判断极具重要性，本部分拟对此再次展开详细论述。

数字模型属于智力劳动成果，它通过显示器供他人阅读、研究和欣赏，能通过3D打印设备由二维转换为三维实体。根据《著作权法实施条例》的标准，数字模型是否属于作品，在于独创性的有无，不同来源的数字模型独创性亦有所不同。因此，可以通过独创性分析得出著作权法对何种类型的数字模型进行保护。

第一种，通过3D扫描仪和逆向建模软件将现实存在的物体建模生成数字模型。3D扫描仪可分为自动3D扫描仪和非自动3D扫描仪。对于自动3D扫描仪，用户只需将待扫描的物体放在扫描仪前，扫描仪先采集实物各个面的图片，采集完毕后，软件将采集的图片通过软件合成为3D数字模型。非自动扫描仪，用户使用相机对实物的各个角度进行拍照，然后使用图形处理软件通过图形优化、点数据处理形成3D数字模型。❶

第二种，也是最常见的一种，用户可以通过设计软件（如CAD软件）在 X、Y、Z 轴建模，再通过交互技术、图形变换技术、曲面造型和实体造型等技术进行创作，最终生成模型文件。对数字模型进行修改的情况则略有不同，需要根据修改的目的产物进行区分。

（一）扫描数字模型

该种数字模型一般具有如下特点：①原始物体的存在早于数字模型，原始物体可能是具有独创性的作品，也可能是受专利法保护的发明、实用新型产品；②通过机器的摄制（3D扫描仪或者数码相机）取得原始物体的形状、外观、大小等信息；③无论使用何种调试手段，最终形成的数字模型要与原始物体完全相同，是对原始物体的精准复制。

1. 自动扫描获取的数字模型

使用自动扫描仪类似于使用传统的复印机，把待复印纸张放在机器里，便能复印出一模一样的内容。使用自动扫描仪的过程，就是一个将立体实物数字化的过程，立体实物数字化过程的成果就是数字模型。首先，在整个自动扫描过程中，扫描人只付出少量的体力劳动而基本不用投入任何创造性智力劳动，该数字模型的产生也是来源于计算机软硬件的运行而非人工编写，相关数据亦由特定的扫描设备采集。因此这个过程无法体现独创性。其次，独创性是独立性和创造性的组合，缺一不可。第一，3D扫描时，在存在原始物体的情况下，使用该物体作为模板，对其精准复制，无法体现独立性。第二，虽然在著作权体系下，不同的人独自创作出的相同或相近似作品都可以获得著作权，但其前提在于创作行为本身属于作者创造性智力劳动，而自动扫描仪产生的数字模型与被扫描物完全相同，应属对原物体本身的描述，这个过程无法体现出必要的创造性。因此，自动扫描仪得到的数字模型缺乏独创性，不能认定为独立的

---

❶ DASARI H. Assessing copyright protection and infringement issue involved with 3D printing and scanning [J]. American Intellectual Property Law Association Quarterly Journal, 2013, 41（2）: 279 – 318.

作品；如果被扫描物体仍然在著作权保护期内，该数字模型应受原始物体的权利人控制。❶

2. 非自动扫描获取的数字模型

通过数码相机对原始物体进行拍照，而后使用软件修改照片，再通过复杂的对齐或点云处理获取数字模型。关于该过程获取的数字模型是否具有独创性，有一定的争议。扫描人认为该过程体现自己的独创性：因为自己在拍照过程需要选择好的角度，使拍摄的照片能够真实全面地反映原始物体，而角度的选择体现了扫描人的个性，所以这个过程具有独创性；在后期处理时，要对各种数据进行优化，不同的优化完全可能导致不同结果，因此对数据的优化也具有独创性；此外，就司法实践而言，一些临摹作品也是对原作品的复制，可以获得著作权，因此该过程获取的数字模型具有独创性。

这里存在两个误区。第一个误区在于混淆了可享著作权保护的客体。拍摄的照片确实因角度、光线等拍摄者个性的选择而具有独创性。因此该照片而非数字模型可以获得著作权。第二个误区在于混淆了独创性的概念。虽然后期处理的优化体现了扫描人的智力创造，但优化的最终结果也还是和原始物体精确相同。以 2008 年故宫博物院、一鼎轩公司诉天禄阁公司案为例，该案中，两原告对故宫馆藏古书画进行仿制印刷，制作过程纷繁复杂，完成一幅仿制品要经历选图、拍摄反转片、数据录入计算机、调色、专家审核等步骤，整个过程耗时长达 3 年。而天禄阁公司未经原告许可销售该仿制品，原告认为被告侵犯了自己对该仿制品的著作权。该案的争议焦点在于仿制品是否具有独创性，能否认定为作品。虽然该案最终以原告撤诉终结，但学界认为作品是作者对事物、世界的看法，是作者个性的表达，独创性也体现在此，仿制品从颜色、构图、线条无一不和原作品精准相同，是对原作品的真实再现，未增加创造性的部分，也无法体现仿制者的个性化表达。即使仿制者花费了大量心血，耗费了大量的人力和物力，复制手段十分高明，也不能认定仿制品是具有独创性的作品。

再以一些临摹作品为例，据敦煌研究院美术研究所原所长侯黎明介绍，要复原一件作品，不仅要仔细观察临摹对象，还要对壁画内容、时代背景、艺术形式、风格特征进行深入研究。临摹时要站在历史的角度，通过画面进入原创作者的内心世界，追寻当时艺术家们创作壁画时的所思所想。❷ 有学者认为，由于临摹者艺术修养和能力甚至思维方式、思想感情的不同，不可能与原作完全一致，而必然有某些方面的突破或超越（不论水平的高低），因此，不同的人临摹出的摹本是不一样的，甚至同一个人针对同一幅作品的两次临摹也不会完全一样。❸

---

❶ MALAQUIAS P. The 3D printing revolution：an intellectual property analysis ［D/OL］. London：Queen Mary University of London，2014. https：//papers.ssrn.com/sol3/papers.cfm? abstract_id =2495416.

❷ 云菲. 六十载壁画临摹路. 几代人敦煌守护情［N］. 中国艺术报，2008 - 01 - 09（中国收藏版）.

❸ 周艳敏. 临摹作品著作权保护问题探讨［J］. 知识产权，2008（3）：70 - 71.

由此可以看出，学界认为临摹具有独创性的原因在于，临摹的过程中加入了一些临摹者的理解和创造，这使得临摹作品与原作品有所不同，因此这个不同使临摹作品具有独创性。在扫描过程形成的数字模型与原始物体完全相同，不具有创造性。

因此，对立体实物外观信息的机械重复，无论该物体外观有多复杂，过程多么艰辛，对其著作权问题的考量都应向实现知识共享这一方向倾斜。❶

(二) 创建数字模型

设计创建数字模型包含三方面的内容：首先，其来源于人的创造行为（虽然通过软件程序来实现），而不是机器或软件；其次，创造灵感可能来源于现实生活，也可能来源于文学艺术作品，甚至来自人的空想；最后，最终打印成品的质量是否优异不影响该数字模型是否具有独创性。

1. 来源于已有作品

当创作来源于已有的作品时，是否具有独创性不能给出统一的答案，需要考察创作者在创作的过程中智力付出是否达到一定的高度。例如，腾讯公司对其QQ企鹅图像享有著作权，也曾发布过QQ企鹅的各种造型，用户根据QQ企鹅形象设计了QQ企鹅的数字模型。将QQ企鹅图像转换为立体物需要一定的技巧，也需要创作者的构图思考，但是腾讯公司已经对QQ企鹅形象从各个角度进行了详尽的描述，该设计创建数字模型的行为仅仅是QQ企鹅形象的系列平面图像的富有技巧的组合。组合行为的智力创作高度并不能体现用户的个性选择和艺术品位，这一点在2007年腾讯公司诉康福尔公司案中已有体现。但是如果创作者的创作来源于徐悲鸿的《奔马图》，独创性的认定可能完全不同。因为在该图中，只有对奔马的一个面的描写，也没有过多细节（艺术的选择）。此时，创作者通过设计软件将自己脑中奔马应有的细节（如画中没有的奔马的侧身、鬃毛等）进行补充。将原本只有二维画面的奔马丰富为3D数字模型（不考虑艺术水平的改变），这个数字模型必然具有独创性。因为创作者以原画为基础进行创作，原画对于奔马的侧身、背影等形态给后人留下了很大的想象空间，创作者创作数字模型时必定加入了大量自己的思想和对奔马的理解，因而这个数字模型必然体现了创作者的个性。此时，该数字模型不是对原作品的重复，与原作品有本质的不同，因此该数字模型应认定为著作权法上的作品。

2. 来源于原创想法

当创作者设计数字模型的灵感来源于自己天马行空的想法时，这样的创作过程必然饱含了智力劳动，体现出创作者内心的想法，必然在作品中表达了创作者的个性，这样的数字模型当然具有独创性。

---

❶ 宁立志，王德夫. 论3D打印数字模型的著作权 [J]. 武汉大学学报（哲学社会科学版），2016（1）：69-70.

（三）数字模型的修改

数字模型的修改有两种情况：第一种是将设计软件产生的数字模型转换为 STL 文件；第二种是修改现有的数字模型，生成新的数字模型。

第一种的转换是囿于技术所限，早期 3D 打印设备无法识别设计软件生成的数字模型文件格式，需要转换为机器可识别的 STL 格式文件。这类似于把 DOC 格式的文件转换为 PDF 格式的文件。不同的是，DOC 格式转为 PDF 格式，通过操作软件就可以自动实现，不需要人工干预；而数字模型文件格式转换需要大量的调试、修改和优化，这其中包含一定的智力劳动，但是调试优化的目的是使转化后得到的 STL 文档与原始设计文件更契合、更相似，类似于"精确复制"而没有加入新的创造元素。对于这种"精确复制"，"虽然毫无疑问需要娴熟的技术和努力，仍然不具有独创性"。并且随着技术的发展，现在很多 3D 打印设备已经可以直接识别设计软件生成的数字模型文件格式，无需额外的调试。

第二种是对原有数字模型的修改，类似于改编数字模型，是在已有的基础上进行再创造。我国《著作权法》第 10 条第 1 款第（14）项的规定——"改编权，即改变作品，创作出具有独创性的新作品的权利"，对改编行为提出了一定的要求，即具有一定的独创性；同时该条也对改编行为进行了一定的限制：改编权归于原作者，也就是说改编需要作者的授权。对此，虽然不同领域的判断标准不同，但改编者获得授权，对原数字模型进行了独创性的改变，改编后的模型也被认为应受到著作权的保护。

（四）数字模型与实用艺术作品

在前面的分析中，从生成过程探讨了哪些数字模型具有独创性。但关于具有独创性是否意味着就能获得著作权保护，这不能作一个恒等变换，因为在当前，通过数字模型打印的成品很大部分是艺术性和实用性相结合的立体物，而关于存在于计算机内的 3D 数字模型属于"平面"还是"立体"形式的问题，学界一直存在争论。

这是由于 3D 数字模型存在于二维载体之上。然而，3D 数字模型虽然不具备直接触摸的可能性，但其载有极为具体的三维设计参数与表达形式，无须通过联想即可直接感知为立体表现形式。这是其与二维产品设计图的最大区别。因此，我们将 3D 数字模型定性为"立体"形式。著作权法不保护任何实用性的因素，因此对立体对象的保护是有限的，即当足以明确区分其审美性与实用性时，著作权法才会对其审美部分提供保护。对此，美国法院在判例中发展出了"物理性可分离"（physical separability）和"观念性可分离"（conceptual separability）两种原则。前者是指立体物的艺术特征可与实用部分分离独立存在，而并不减损其实用功能；后者是指立体物的艺术特征能够从观念上独立于其实用功能。因此，若一个 3D 数字模型的艺术特征必须借助于功能部分进行展现，该数字模型就不能构成作品。

对于这种艺术性与实用性相结合的立体物,可以考虑是否构成实用艺术作品(works of applied art)。《伯尔尼公约》最早在第2条第1款例举了实用艺术作品,在第2条第7款规定成员国应对实用艺术作品给予保护。但是该公约并未规定何为实用艺术作品。中文的"实用艺术作品"一词最早出现在国务院1992年颁发的《实施著作权国际条约的规定》之中,但该规定对何为实用艺术作品亦未予明确。在北京市高级人民法院作出的(2002)高民终字第279号判决书中,法院认为:"依据《伯尔尼公约》及中国政府于1992年9月25日制定并颁布的《实施国际著作权条约的规定》,起源于伯尔尼公约成员国国民的实用艺术作品在中国自该作品完成起25年内受中国法律保护。实用艺术作品是指具有实用性、艺术性并符合作品构成要件的智力创作成果。依据上述规定,实用艺术作品一般应当具有实用性、艺术性、独创性及可复制性的特征。"

根据《著作权法》的精神,实用艺术品中艺术性的部分可以获得保护,而实用性的部分则被排除在外。例如,在花瓶上印制的纹理,或打火机上的细节雕刻都可以受到著作权保护,但花瓶的设计或打火机本身具有实用性的构造不能受到著作权的保护。如果实用艺术作品的其中一部分,实用性和艺术性无法分割,会导致这个部分整体无法受到著作权的保护。因为一旦保护了艺术性的部分,同时会使实用性的部分受到保护,变相地保护了技术,超出了著作权法应有的保护范围;并且著作权的保护时间要远远长于专利法,这样会对技术发展造成阻碍。

2012年公开征求意见的《著作权法(修改草案)》第3条将实用艺术作品规定为单独的作品形式进行保护,并将该作品类型表述为"实用艺术作品,是指具有实际用途的艺术作品",但在修改草案第二稿中,对实用艺术作品的表述进行了修改:"实用艺术作品,是指具有实际用途并有审美意义的作品"。2014年的送审稿继续将其修改为:"实用艺术作品,是指玩具、家具、饰品等具有实用功能并有审美意义的平面或者立体的造型艺术作品"。送审稿在第二稿的基础上作了一些文字性的修改,有学者认为这表明了我国《著作权法》认定实用艺术作品的立场,即实用艺术作品不需具有美术作品一般的审美意义,只要具有艺术性就可以,不管艺术性的高低。

笔者对此有不同的观点。第一,"艺术性"相对于"审美意义"是一个更广的概念。因为美是一个相对的词汇,并且意义不明确,每个人眼中的美是不同的。一旦采用"审美意义"这样的定义,如若发生著作权侵权纠纷,被告一定会从该产品不具有审美意义进行抗辩,这样辩论过程必然耗时且无法得到一个明确的答案。"审美意义"也会使法官在司法中无法准确适用,从而导致司法混乱。第二,即使"美"能够被标准化,难道"丑"的物体就不能享有著作权保护了吗?随着艺术的发展,研究范围已经大大扩张,并不只是美才会被欣赏,传统意义上的"丑"也可以被研究、学习、欣赏,如果采取"审美意义"这样的词,大量先锋、前卫的作品将无法受到保护。并且在学界对于实用艺术作品的讨论中,通常表述都是"艺术性"而非"审美意义"或"审美性"原因也在此。故我们认为实用艺术作品的定义中不应当包含"审美意义"一词。

然而，在2020年11月通过修改的《著作权法》中并没有将实用艺术作品规定为作品类型而提供保护。如果我国著作权法未来对实用艺术作品提供保护，将有助于控制3D打印对实用艺术作品潜在的侵权行为。

四、3D数字模型的作品类型

关于3D数字模型作品类型的认定，学界也一直存在争议。争议主要集中在其是否属于计算机程序、图形作品、美术作品、模型作品等作品类别上。在认同"3D打印构成复制"这一观点的前提下，3D数字模型与3D打印成品的作品类型应当是一致的。根据《著作权法》关于作品类型的规定[1]，作为立体物的3D打印成品可能存在的形式与3D数字模型作品的对应关系应当是：①若打印成品为美术作品（雕塑作品），其3D数字模型仍为美术作品。②若打印成品为建筑作品，其3D数字模型的作品类型按照现行《著作权法》可解释为模型作品。《著作权法（修订草案送审稿）》将作为建筑作品施工基础的模型规定为建筑作品进行保护，[2] 如果这一条款可正式施行，则建筑作品的3D数字模型可作为建筑作品进行保护。虽然2020年11月公布的《著作权法》中删除了对"建筑作品"的具体定义的表述，但鉴于《著作权法》同时也删除了对所有作品类型的具体定义的表述，因此有待于在将来修订《著作权法实施条例》时就此展开深入讨论。③在《著作权法》中没有将实用艺术品规定为作品类型而提供保护，如果我国未来著作权法对实用艺术品提供保护，若3D打印成品为实用艺术品，其3D数字模型也应当为实用艺术作品。④若3D打印成品为非作品的其他立体物，如工业产品，其3D数字模型如果能被施工制造成工业品，则可被视为模型作品进行保护。

五、完善数字模型作品形式的建议

从前文讨论可见，学界对于数字模型的作品类型颇有争议，对于究竟属于何种作品类型，大家各执一词。数字模型属于什么类型的作品法律没有明确的规定，这有一定的必然性，因为法律具有滞后性，立法会落后于现实发展。现实世界纷繁万状，法律不可能针对每种类型的作品一一设置作品形式。对此，应出台相关司法解释，将数字模型囊括其中。因为如果对数字模型没有明确的保护，很容易导致司法者面对数字模型的侵权纠纷时无法准确适用法条，无法对3D打印中处于弱势地位的著作权人进行

---

[1] 《著作权法》（2020年修正）第3条规定："本法所称的作品，是指文学、艺术和科学领域内具有独创性并能以一定形式表现的智力成果，包括：（一）文字作品；（二）口述作品；（三）音乐、戏剧、曲艺、舞蹈、杂技艺术作品；（四）美术、建筑作品；（五）摄影作品；（六）视听作品；（七）工程设计图、产品设计图、地图、示意图等图形作品和模型作品；（八）计算机软件；（九）符合作品特征的其他智力成果。"

[2] 《著作权法（修订草案送审稿）》第5条第（10）项规定："建筑作品，是指以建筑物或者构筑物形式表现的有审美意义的作品，包括作为其施工基础的平面图、设计图、草图和模型。"

保护，增加了著作权人的诉讼成本，影响到 3D 打印产业的发展。[1]

在 3D 打印产业发展的初期，有政策予以鼓励会加快产业的发展，有法律确认利益也会减少发展的阻力。对数字模型进行明确的作品形式定性，明确权属，给予其相适应的权利保护，有助于激发作者设计的热情，从而促进产业的发展。从现行的法律来看，《著作权法》第 3 条第（7）项列举的图形作品和模型作品与三维数字模型最为接近。《著作权法实施条例》中对图形作品的定义为："图形作品，是指为施工、生产绘制的工程设计图、产品设计图，以及反映地理现象、说明事物原理或者结构的地图、示意图等作品"；对模型作品的定义为："模型作品，是指为展示、试验或者观测等用途，根据物体的形状和结构，按照一定比例制成的立体作品"。

数字模型是 3D 打印的开始，而形成数字模型需要对 3D 设计师脑中的抽象创意进行具象化。在 3D 打印中，这个具象化是通过设计软件（如 CAD 软件）来实现的。设计师把他想象中的产品按照一定的比例放大或缩小显示在计算机屏幕上，再通过软件进行不断的修改（类似于传统雕刻家不断地修改雕像），最终定形后，通过 3D 打印制作该产品。这里的数字模型承担的功能正是展示、试验设计者的想法，因此数字模型的本质更为接近模型作品的定义。

为了能尽快将数字模型的保护明确纳入法律体系范围，解决无法可依的困境，建议先出台相关司法解释，将数字模型囊括在作品类型中，对数字模型创作者给予有力的保护。

第二节 3D 数字模型著作权侵权行为

数字模型的获取越来越便利，例如，3D 打印使用者可以通过 Shapeways 和 Thingiverse 等网站下载数字模型。其中很多数字模型是由网友免费共享的，上传数字模型的网友是否为该数字模型的著作权人，可能要打一个问号。在此背景下，针对数字模型，以后可能高发的侵权类型有复制权侵权、改编权侵权、保护作品完整权侵权等。本节将从 3D 数字模型使用者和共享平台两种主体的角度分别展开论述。

一、3D 数字模型使用者

（一）复制权侵权

不同类型的数字模型具有不同特征，如果未经原权利人许可进行扫描或者打印，

---

[1] CHAN J A M, ENIMIL S A. Copyright considerations for providing 3D printing services in the library [J]. Bulletin of the Association for Information Science & Technology，2015，42（1）：26-31.

侵犯著作权人的权利类型也不完全相同。

关于上文提及的复制是否包含异形复制，就表达形式的重复性而言，从二维到三维，虽然维度有所变化，但是实质相同，甚至在计算机的二维显示中可以通过光影技术显示出三维的效果。并且就立法中明确建筑作品形式而言，异形复制包含在复制的内涵中是应有之义。

虽然法律对异形复制没有明确规定，但是我国的司法实践中倾向于认定异形复制属于著作权法意义上的"复制"。以复旦开圆案为例，原告复旦开圆公司为新加坡开圆公司的子公司，通过转让取得母公司的 Q 版开圆"十二生肖"卡通造型，2000 年在上海市版权局登记并取得该作品登记证书。被告冠福公司以该十二生肖卡通造型为模板生产十二生肖储蓄罐，并未支付相关费用。原告因此诉称被告侵犯其著作权，被告辩称原告的作品为平面卡通形象，而储蓄罐属于立体三维形象，因此该储蓄罐为被告享有权利的演绎作品，生产该储蓄罐的行为不属于对原作品的复制。最终法院认定因被告产品只有局部细微差异，不具有独创性，被告生产储蓄罐的行为构成复制。由此可以看出上海市第二中级人民法院认为著作权法上的复制包括从二维到三维的异形复制。❶

同样的情形也发生在腾讯公司诉康福尔公司著作权侵权案中，判决也认为腾讯公司对其公司 logo（QQ 企鹅）享有的著作权包括异形复制（从平面到立体）制作产品造型，因此被告生产的 QQ 企鹅加湿器是再现复制了原告公司的企鹅 logo，进而侵犯了原告的复制权。❷

当用户使用 3D 扫描仪（无论是自动还是非自动的）对作品进行扫描或者使用 3D 打印机打印数字模型时，可能会侵犯作者的复制权，因为这个过程进行了异形复制。当然，复制权属于财产权，具有一定的保护期限，一旦超过了保护期限，作品进入公共领域，用户就可以自由地进行扫描复制和打印。

如果扫描或打印的是受专利保护的发明创造，是否会侵犯权利人的著作权，需要区分情况来讨论。当扫描或打印的是发明、实用新型产品时，该类型产品因为实用性无法得到著作权法的保护（与著作权法的目的有关）。但当被扫描或打印的是外观设计，结果就有可能不同，因为部分外观设计产品在符合法律规定的情况下，可以获得著作权法的保护。但两者保护的范围有所不同，专利法进行实用性的保护，而著作权法进行艺术性的保护。这一点在我国早有相关案例。以 2010 年的群兴玩具公司案为例，原告群兴玩具公司于 2004 年 11 月 24 日获得专利权，该案争议主要在于原告已公开并申请外观设计专利权的产品可否得到专利法和著作权法的双重保护。最终法院认定群兴玩具公司主张的著作权虽然同其申请的外观设计专利存在权利的重叠，但两种权利仍具有独立性，各自依据不同的法律产生，从不同的角度划定了权利的界限及其

---

❶ 上海市第二中级人民法院（2006）沪二中民五（知）初字第 240 号民事判决书。
❷ 北京市朝阳区人民法院（2007）朝民初字第 17052 号民事判决书。

与公众利益之间的关系，可以并行存在，某种权利的丧失并不会影响其他权利的效力。专利权以公开换取一定期限保护，当其期限届满或被宣告无效时，专利权就丧失；但在同一外观设计上享有的著作权并不随之消失，因为其智力成果的独创性仍受到保护。❶

可以对同一物体进行"双重保护"的原因在于外观设计专利权保护和著作权保护存在两点不同。第一，外观设计专利权与著作权对于美感保护的出发点不同：外观设计专利权保护的出发点是产品；著作权保护美感的出发点则是独创性的艺术美，要求作品是作者独立创作的，并具有一定的艺术性高度要求。第二，外观设计专利权与著作权保护的法律效果也存在差异：只有首创的外观设计才能得到保护，并且是独占性保护；而著作权法保护与外观设计专利保护不同，并不排除其他人自己独立创作并使用相同或相似的作品。因此，即使著作权法继续对失效外观设计专利进行保护，其他竞争者只要能证明相同或相似的外观设计是自己独立设计的，权利人仍然没有权利禁止其他竞争者的使用。❷

（二）改编权侵权

在设计创建数字模型时，用户没有加入自己的创造性内容，仅进行富有技巧的组合，同3D扫描的情况类似，依然是侵犯权利人的复制权。但当用户加入了自己的创造性内容，产生了新的作品时，如从徐悲鸿的《奔马图》中创作出奔马数字模型，根据《著作权法》第10条第1款第（14）项的规定——"改编权，即改变作品，创作出具有独创性的新作品的权利"，用户就可能侵犯了作者的改编权。

当然改编权的认定没有这么简单，在实务操作时，经常与保护作品完整权、修改权纠缠在一起，三者互有异同。

改编权的核心内涵是改变在先作品，创造出具有独创性的新作品。同时，改编作品与在先作品之间又必须具有表达上的实质性相似。只有在保留在先作品基本表达的情况下，通过改变在先作品创作出新作品，才是著作权法意义上的改编行为；否则，新完成的作品因缺乏与在先作品的关联而属于独立创作完成的新作品。因此，在司法实践中判断一部作品是否构成对另一作品的改编，关键还是判断在后作品中的相关表达是否与在先作品中的相关部分表达构成实质性相似。因此，"接触+实质性相似"的判断思路在判定3D数字模型改编行为时依然适用。所谓实质性相似，是指原始作品的独创性部分是否在后一作品中实质性再现，而不是比较两部作品从整体上是否构成实质性相似。❸ 实质性相似的认定通常使用如下步骤：①确定两部作品中的相似部分；②遴选出相似部分的独创性表达；③判断相似的独创性表达能否构成在先作品的基本表达。

---

❶ 广东省高级人民法院（2010）粤高法民三终字第115号民事判决书。
❷ 凌宗亮. 失效的外观设计专利仍受著作权法保护 [J]. 人民司法（案例），2010（4）：86-89.
❸ 张玲玲，张传磊. 改编权相关问题及其侵权判定方法 [J]. 知识产权，2015（8）：28-35.

在数字模型改编的认定中,以花瓶数字模型为例,如果两个数字模型均为普通长颈花瓶(已经进入公有领域),都在瓶颈部分有叶片纹理(该纹理未进入公有领域)。①两部作品的相似部分为长颈花瓶构造、叶片纹理。对于是否应该先行剔除不受著作权法保护的思想、特定情境、有限表达及公知素材的问题,一般认为是否定的。这主要是因为改编权不同于复制或者低级剽窃能够通过字面的比对得出结论。两部作品,尤其是改编后的作品与在先作品是否具有相同或者相似的思想、主题、情感等对认定是否构成改编具有非常重要的意义。在该案例中,长颈花瓶的构造对于认定是否改编非常重要,因为改编的认定需要整体认定和综合判断,并且考虑受众对此的认知。如果抛开长颈花瓶的构造单独谈叶片纹理,会对综合判断造成很大的误导,从而影响司法认定。❶ ②相似部分的独创性表达为叶片纹理。在对数字模型进行整体判断后,剔除了长颈花瓶构造部分,因为该部分属于公有领域。独创性遴选是此步骤的重头戏,文学作品要通过思想表达二分法进行区分相对较难,因为细分到何种程度属于思想、何种程度属于思想的表达并没有一个明显的界限。对于数字模型相对简单一些,如果一个部分实用性和艺术性无法分割,则要剔除,仅保留艺术性的部分。长颈花瓶构造很大部分承担了实用性(插花)的功能,和其艺术性的一部分无法分割,这也是该部分被剔除的第二个原因。因此仅保留叶片纹理。③如果前一数字模型的叶片纹理构成后一数字模型的基本表达,可以认为两者实质性相似。基本表达的认定要回到花瓶数字模型中进行认定,看该叶片纹理在原花瓶数字模型中占的比重。这一点正是区分改编权和其他权利的不同点,因为改编权是对作品整体改编的权利。当然这里的比重并没有一个精确的数字,有一个合理的区间即可。

所谓接触,是指在后作品的创作者是否接触在先作品。在数字模型的认定中,对于接触的认定有些不同:如果后创作者曾接触原物,未接触数字模型,算不算接触?假设后创作者曾在朋友家中见识到花瓶 A 的打印成品,受此启发,在该花瓶基础上创作花瓶 B,后创作者是否算接触?本书认为花瓶 A 打印成品和数字模型虽然有所不同,但后创作者见过花瓶 A 的打印成品仍然属于接触,因为 3D 打印成品可以完整反映花瓶 A 数字模型。与美术作品类似,后创作者接触某名画的复制品,当然属于接触该名画。在数字模型中也是这个道理。

(三) 保护作品完整权侵权

假设存在如下场景:创作人甲设计了花瓶 3D 数字模型,而后其将该数字模型放在数字模型共享网站上进行出售,得到了用户的一致好评。而创作者乙对此十分嫉妒,将该数字模型进行歪曲、篡改,再上传到数字模型共享网站上,是否会侵犯甲的保护作品完整权?

---

❶ 陈锦川. 著作权审判原理解读与实务指导 [M]. 北京:法律出版社,2014:318.

根据《著作权法》第 10 条第 1 款第（4）项规定，保护作品完整权，即保护作品不受歪曲、篡改的权利。我国法院在现行著作权法体系下就如何判断侵害保护作品完整权存在两种不同的做法，呈现出司法不统一和混乱的局面。一种是"篡改标准"，认为只要违背作者意思对作品进行了改变，不管客观上是否损害了作者声誉，即构成侵害保护作品完整权。另一种是"损害标准"，认为只有对作品的"歪曲、篡改"客观上损害了作者声誉时才有可能侵害保护作品完整权。❶

在 2011 年的张砚钧诉世纪卓越公司案中，法院认为原告的漫画本身配有一定的文字，通过二者相结合的方式表现老板应当平等对待员工的作品主题，但被告特别关注杂志社将该漫画作为配图的杂志文章意在强调对底层员工职位安排的重要性，二者主题毫不相干，使得该漫画脱离了原本要表达的思想和观点，构成了对漫画主题的篡改，故可以认定被告侵犯了原告张砚钧对该作品享有的保护作品完整权。❷ 在此可以看出该法院采取的是"篡改标准"。

在前述假设场景中，如果采取"篡改标准"，创作者乙未经甲的许可，对该数字模型进行歪曲篡改，显然已经构成了对保护作品完整权的侵犯。这对原权利人有着较高的保护度。但如果采取"损害标准"，创作者甲就需要承担证明乙损害自己声誉的义务，并且声誉的降低是一个模糊的过程，其中的因果关系也十分复杂，证明声誉的降低是因为作品的歪曲也是一个非常难以达成的目标。

综上所述，"篡改标准"对原权利人有着过高的保护度，而"损害标准"又对原权利人施加了过重的证明义务。因此对两者进行结合是一个不错的选择：在创作者对数字模型进行篡改时，即构成侵权；而侵权责任的承担取决于声誉降低的证明程度，当然证明程度的认定来源于法官的自由心证。

（四）合理使用

当前民用 3D 打印的对象主要为小饰品、模型、手办、家具用品等。如果打印对象已经进入公有领域，打印或扫描当然属于合理使用。

3D 打印材料越来越多样化。当使用 3D 打印终端设备打印食物时，会不会侵犯食谱作者的著作权？假设存在如下场景：某作者写了一份食谱书籍，记载了某种蛋糕的秘密做法，该蛋糕的独特之处在于奶油的独特配方；用户通过书本的记载，调制该配方的奶油，打印出蛋糕。此时用户会侵犯食谱作者的著作权吗？答案是否定的。作者对食谱书籍享有著作权，可保护食谱书籍的艺术成分，但对于通过食谱制作食物，调制特定配方，则超出了著作权调整的范围，并且作者写食谱的目的就是让该食物的做法能广泛传播，无论是通过 3D 打印制作还是手工制作。

---

❶ 李扬，许清. 侵害保护作品完整权的判断标准 [J]. 法律科学（西北政法大学学报），2015，33（1）：129.
❷ 北京市朝阳区人民法院（2011）朝民初字第 22988 号民事判决书。

二、3D数字模型共享平台

当前世界上最大的两个3D打印数字模型共享平台为Shapeways和Thingiverse。一方面，用户可以在网站购买数字模型，价格从几美元到几百美元不等，一般为作者创作数字模型后，放在网站上出售，类似于淘宝网。另一方面，用户可以在网站免费下载其他用户共享的数字模型。

如果网上出售或者共享的数字模型侵犯了他人的著作权，网络平台便承担相应的侵权责任，因为网络平台负有一定的审查义务。我国相关法律借鉴美国数字千年版权法引入了"通知—删除"规则，网络平台可以凭此免除责任；但是如果平台明知该侵权数字模型存在却视而不见，那么根据"红旗原则"，网络平台不能因此免责。例如，创作者对数字模型享有著作权，用户未经创作者许可将数字模型上传到网络平台，那么在用户上传后，共享网站便负有一定程度审查数字模型是否侵权的责任。如果创作者发现侵权行为后，向网络平台发出删除通知，网站立即删除了该数字模型，那么网络平台运营商可以凭此免责；但是如果网络平台早就发现该数字模型涉嫌侵权，但由于该数字模型给网站带来了巨大的流量，因此对涉嫌侵权行为视而不见，那么该网络平台就不能免除侵权责任。

第三节 3D打印涉及的"异形复制"

前文讨论复制权侵权时已述及3D打印的"异形复制"现象。鉴于"异形复制"可以说是3D打印的本质现象，本节将就此展开更为详细的论述。

一、传统复制权的不足

3D打印过程中，打印者通过自行设计或扫描已有的物体生成CAD文件，之后将其转化为3D打印机能够读取的STL文件，依照STL可执行文件上呈现的作品内容与表达形式进行再现，其间并不掺杂人为的智力投入。理论上来说复制有狭义与广义之分：狭义的复制仅仅涉及同形复制，即以同样形式制作作品的行为；而广义的复制还包括异形复制，包括通过二维的产品设计图制造三维产品这种行为。

如果仅仅是针对3D打印中的CAD文件的复制，显然属于侵权行为。但是存在争议的是根据3D打印所需的CAD文件来生产产品的行为是否属于复制行为。从3D打印的原理来看，虽然表面上似乎已经突破了从实物到实物的复制，但事实上其还是要分为两个步骤完成的，即先对物体进行3D扫描，形成CAD文档，然后通过3D打印机再对其进行生产。由此看出，对复制方式产生影响的范围是有限的，只涉及从立体到平面的复制和从平面到立体的复制两大类。

所谓"从立体到平面"的复制，是指作品在被复制之时是被固定在三维载体上的，而复制之后则体现在二维载体之上。❶ 但学界对其进行的解释多是限定在为了制作档案资料而对雕刻作品和建筑作品进行拍摄。如果仅仅是拍照的话，无法对原作内容进行全部展示，因为二维的照片无论行为人选择哪种角度都无法全面地表现出作品的内容。而 3D 打印的出现则真正地完善了该理论。

所谓"从平面到立体"的复制，是指作品在被复制之时是被固定在平面载体之上的，而被复制之后，则被固定在三维载体之上。从概念可以看出，"从平面到立体"的复制方式可能与 3D 打印产生交集的地方也就是前述 3D 打印的第二个过程，即"3D 打印过程"。对 3D 打印的第二个过程进行分析可以看出，无论是通过 3D 扫描得到的 CAD 文档，还是设计者直接在计算机上设计的 CAD 文档，或者是通过对于已有物扫描后再经过设计者改动的 CAD 文档，其都没有跳出平面载体之上的概念，所不同的仅仅是制作方式。然而，由于受到著作权客体的约束，目前"从平面到立体"的复制所涉及的客体主要还是局限在可用于制作立体艺术品的美术作品或设计图，以及建筑设计图。❷

二、关于"异形复制"的国内外规定与实践

(一) 国外立法情况

(1) 法国：有限承认"异形复制"。法国著作权法第 L.122-3 条规定，复制可以通过印刷、绘画、雕刻、摄影等手段进行，就建筑作品而言，根据一份设计图纸进行施工也构成复制。❸

(2) 德国：抽象规定。德国著作权法第 16 条规定，复制权是指制作复制件的权利，无论这种复制的方式是临时性的还是永久性的，无论复制的数量是多还是少。❹

(3) 英国：有限承认"异形复制"。英国版权法第 17 条规定，复制的具体手段因作品类型而不同，其中就艺术作品的复制而言，包括对平面作品的立体复制和对立体作品的平面复制。❺

(4) 美国：有限承认"异形复制"。美国在其建筑艺术作品法中认可按照建筑设计

---

❶ 焦和平. "异体复制"的定性与复制权规定的完善：以我国《著作权法》第三次修改为契机 [J]. 法律科学（西北政法大学学报），2014，32（4）：119-126.
❷ 李明德，许超. 著作权法 [M]. 北京：法律出版社，2009：70-72.
❸ 十二国著作权法 [M].《十二国著作权法》翻译组，译. 北京：清华大学出版社，2011：69.
❹ 十二国著作权法 [M].《十二国著作权法》翻译组，译. 北京：清华大学出版社，2011：150.
❺ 十二国著作权法 [M].《十二国著作权法》翻译组，译. 北京：清华大学出版社，2011：576.

图进行施工属于复制。❶

从上述两大法系的代表国家来看,"异形复制"在不同程度上被认可。值得注意的是,法国、英国、美国均只在建筑作品或者艺术作品单一领域承认"异形复制",并且多数国家对复制内涵的描述有一个共同点,即"不增加创作内容"。❷

(二) 国内立法情况

我国现行《著作权法》第10条中规定:"复制权,即以印刷、复印、拓印、录音、录像、翻录、翻拍、数字化等方式将作品制作一份或者多份的权利"。该法条属于以不完全列举的方式对"复制权"作出的定义。从列举的"印刷、复印、拓印、录音、录像、翻录、翻拍、数字化"等八种方式观察立法是否认可"异形复制"(诸如按设计图制造雕塑)难以看出端倪。部分学者试图从第一部著作权法(1990年施行)中的"按照工程设计、产品设计图纸及其说明进行施工、生产工业品的,不属于本法所称的复制"的条款的存废变化来说明"异形复制"其实从未被立法者忽略过,而条款的今昔演变似乎暗示了"异形复制"已经得到认可;❸然而更多的学者则并不认为这种演变具有颠覆原有模式和将"异形复制"纳入"复制"范围的意义。❹

综上所述,我国对于复制权的规定采用的是列举方式,共列举了八种复制的方式,还有一个"等方式"作为兜底条件。然而相对于当今世界快速发展的复制技术来说这显然是不够的。这样的表述方式可能产生以下一些问题:第一,"等方式"的表述过于简单,由于缺乏相关的解释,因此对其所涉及的范围很难确定;第二,会造成法官在面对形形色色的各种复制行为的时候,找不到合适的法律依据来保护著作权人的权利;第三,虽然《著作权法》中规定了数字化是复制方式的一种,但是数字化与异形复制之间的关联依然是模糊不清的。

(三) 国内司法实践

从司法的角度来看,目前对于非美术作品、建筑作品的设计图来说还是沿用了原有的规定,即给予产品设计图的著作权保护仅仅限于对图形本身的复制、印刷、发行等行为,而并不延及根据设计图进行工业产品的制造行为。1997年,最高人民法院在《关于叶庆球与珠海市香洲船舶修造厂等著作权纠纷案的函》中曾明确指出,根据1990年《著作权法》第52条规定,被告依照图纸制造渔船的行为不是复制行为,因此也不是侵犯著作权行为。随着2001年修改《著作权法》,该观点并没有发生变化,法院并

---

❶ 谢兵. 论从平面到立体的转换属于著作权法上的复制[J]. 河北工程大学学报(社会科学版),2009 (3):65-67.
❷ 郑成思. 知识产权法[M]. 北京:法律出版社,1997:391.
❸ 李明德,许超. 著作权法[M]. 2版. 北京:法律出版社,2009:71.
❹ 胡康生. 中华人民共和国著作权法释义[M]. 北京:法律出版社,2002:46;刘春田. 知识产权法[M]. 2版. 北京:中国人民大学出版社,2002:72.

未提供将同形复制的外延扩展到异形复制的行为。上海市第二中级人民法院审理的迪比特公司诉摩托罗拉公司印刷电路板著作权案中,也体现了上述观点。法院认为被告摩托罗拉公司按照印刷线路板设计图生产线路板的行为,是生产工业产品的行为,不属于著作权法意义上的复制行为。[1] 实际上对于图形作品仅仅规定同形复制并没有涉及图形作品复制的真正意义,只有将其扩展到异形复制才能满足3D打印对于CAD文件使用的实质。

实践中,也有部分司法机关已经通过一些案件表明了对"异形复制"的肯定态度,例如范某某等与北京市京沪不锈钢制品厂著作权纠纷案、南京现代雕塑中心与南京时代雕塑艺术公司等著作权纠纷案、腾讯公司与佛山某电器公司著作权纠纷案等。在这些案例中,法院一般认为,从二维到三维的"复制",或者从三维到二维的"复制",只要不足以阻止作品在线条造型、视觉效果上的"再现",则仍然构成著作权法意义上的"复制"。

三、3D打印应当构成"复制"的理由

从前文所述的国外立法和国内司法实践看,尽管国内立法尚未明确,但至少在3D打印领域,从3D打印本身的特点、复制权的内涵以及著作权法体系的一致性上看,都应当将3D打印纳入著作权中"复制"的行为模式。

(一) 3D打印本身的特点

从3D打印的过程可以看出,用于3D打印的设计图相较于传统的平面打印设计图区别很大。首先,3D打印设计图实际是数据化的图形语言,其初始的CAD三维设计文件可以在电子设备上直接以三维模型的形式出现,因此不同于传统产品设计图二维构图的特点。其次,3D打印设计图在输入时表现为可以直接被打印设备识别的STL文件,而且在数据转化和传输过程中基本"无损化"。换言之,3D打印设备是"中立"的,在打印过程中忠实地执行指令,将打印设计图的各种以数字信息表示的尺寸、线条、轮廓、走向都巨细无遗地表现为产品的各个非常微小的细节。

不难看出,如果与建筑作品及其设计图进行比较,3D打印无疑在忠实性方面更接近于"复制"。此前,在2014年公布的《著作权法(修订草案送审稿)》第5条第2款第(10)项中规定,建筑作品"是指以建筑物或者构筑物形式表现的有审美意义的作品,包括作为其施工基础的平面图、设计图、草图和模型"。显然,在这一版草案中,由于作品客体的同一性,按照建筑设计图建造建筑或者按照建筑作品反向绘制建筑设计图,都属于一种复制行为。可以想见,从建筑设计图到建筑物转化的过程中,因为

---

[1] 芮文彪. 按照设计图生产印刷线路板是否属于著作权法意义上的复制[G]//刘华. 知识产权案例精选: 2006. 北京: 知识产权出版社, 2008: 20.

材料和技术原因必然存在精度问题，各细节要素无法完全一一对应，这种情形尚且可以被认可为"复制"，那么经由完全没有增损独创性的极其精确的3D设备转化的打印产品，如果构成作品，其与3D设计图之间，就更有构成复制关系的正当性。更何况，3D打印已经进军到了建筑工程领域。据报道，2014年，10幢3D打印建筑在上海张江高新青浦园区内被正式交付使用，成为当地动迁工程的办公用房。

（二）3D打印符合复制的内涵

一般认为，复制具有三大特征：其一，作品内容的再现性；其二，作品表达形式的重复性；其三，作品复制行为的非创造性。[1]

首先，作品内容的再现与载体形式或者载体性质无关，而3D打印可以再现作品内容。作品内容本身是一种非实体的存在，与作品载体是可以互相分离的。例如，著名雕塑《掷铁饼者》，作为作品的不是那个石雕，而是石雕所呈现的运动者的健美体态；达·芬奇的《蒙娜丽莎》，作为作品的不是那张画布，而是画布上所呈现的人物造型。[2] 3D设计图中的各种作品元素，在经过打印设备的数据转换后，可以通过各种打印材料完成实体再现，因此符合"作品内容再现"这一特征。正是从这一角度，可以认为3D打印设计图与最终的产品（构成作品的产品）之间存在一种"同形同构"的一体关系，共享了一些艺术性的表达元素。

其次，所谓表达形式的重复性，是指产品与设计图之间具有竞争性[3]和相互替代性。从3D打印的特点不难知道，由于打印过程实现了数据的精准传输和完美再现，因此从3D打印产品可以反向再现设计图。具体而言，使用3D扫描仪或其他精确测量的方式，可以获得各种数据后重建数字模型从而获得相同或近似的3D设计图，[4]从而实现著作权法中的"反向工程"。

最后，作品复制行为的非创造性，是指复制过程没有增加其他著作权元素，而只是对原作的简单重复。[5] 从前面的分析可知，3D打印设备是"中立的工具"，在数据转化过程中不会加入任何人力的再行创造，而只是对简单操作命令的忠实执行，不会对最后打印的产品附加任何知识增量，因而同样符合复制的最后一个特征即非创造性。

（三）符合《著作权法》的精神

通过对《著作权法》的观察，我们不难看出，承认3D打印的"异形复制"，完全符合《著作权法》的精神。

---

[1] 吴汉东. 著作权合理使用制度研究［M］. 北京：中国政法大学出版社，1996：168 – 169.
[2] 郑成思. 著名版权案例评析［M］. 北京：专利文献出版社，1990：138.
[3] 冯晓青，付继存. 著作权法中的复制权研究［J］. 法学家，2011（3）：103 – 116.
[4] 李永明，郑金晶. 3D打印中CAD文件的定性与复制问题研究［J］. 浙江大学学报（人文社会科学版），2016（2）：147 – 159.
[5] 冯晓青，付继存. 著作权法中的复制权研究［J］. 法学家，2011（3）：103 – 116.

首先，《著作权法》第10条第1款第（5）项列出的诸多复制方式中，"数字化"就是一种典型的"异形复制"方式。3D打印涉及的从立体到平面的复制过程也是一种典型的数字化方式。

其次，《著作权法》第10条第1款第（5）项列出的诸多复制方式中，"翻拍"也是一种典型的"异形复制"方式。例如，室外的某个艺术雕塑被雨水和阳光侵蚀，为了抢救艺术，保护者会用高级摄像设备对其进行全角度的高精度摄影从而留存艺术影像，实为"翻拍"的一种形式，即从"三维到二维"的复制形式。

再次，《著作权法》第10条规定的复制权是"以印刷、复印、拓印、录音、录像、翻录、翻拍、数字化等方式将作品制作一份或者多份的权利"，而其中的"等方式"显然是兜底表达，是立法者无法预知社会、科技、技术发展对复制方式的影响而作出的抽象规定，是一种典型的立法技术。而3D打印正是现代科技发展的一种体现。

最后，《著作权法》第24条第1款第（10）项规定，对设置或者陈列在公共场所的艺术作品进行临摹、绘画、摄影、录像的，构成合理使用。从该规定可以反推，如果"对设置或者陈列在公共场所的艺术作品进行临摹、绘画、摄影"的行为不构成对他人作品的"复制"或"复制"基础上的"改编"，《著作权法》完全没必要作出这样的规定，而这种"临摹、绘画、摄影"正是典型的"异形复制"。❶

四、3D打印构成复制的判定标准

（一）区分3D打印背景下的复制与制造

首先必须明确，并非所有的3D打印都能构成著作权意义上的"复制"。3D打印构成复制的前提条件是：3D打印设计图和打印出的产品都构成作品。换言之，对于3D打印设计图不构成作品或者打印出的产品不构成作品的情形，3D打印实为"制造"而非"复制"。对于3D打印设计图不构成作品的情形而言，已经失去复制的前提。对于3D打印设计图本身构成图形作品或者其他形式作品的情形（如软件作品、模型作品或者计算机程序等）而言，其对应的打印产品存在构成作品和不构成作品两种可能。

如果打印产品本身并不构成作品，那么3D打印就不能被认定为著作权法意义上的"复制"，因为著作权"保护不能延伸到其中的技术性因素"。❷ 一般工业设计图本身图形语言所组成的符号系统并不能在最终的产品实物上得到审美意义上的表现。那些设计图上的标记、线条和尺寸，已经内化为产品意义上的功能和构造。而这种转化过程，

---

❶ 王迁. 著作权法 [M]. 北京：中国人民大学出版社，2015：170；李明德，管育鹰，唐广良.《著作权法》专家建议稿说明 [M]. 北京：法律出版社，2012：258；雷炳德. 著作权法 [M]. 张恩民，译. 北京：法律出版社，2004：338.

❷ 崔国斌. 著作权法原理与案例 [M]. 北京：北京大学出版社，2014：166.

并不是美感或艺术的延续,而是技术或者功能的传递。例如,对于椎体重建手术中3D打印的椎骨,显然属于实用性很强的医用工业品。其价值就在于对人体骨骼的高度仿真,这使得它基本没有作品独创性存在的空间。因此,这种对实用性产品的打印制造行为,"如果不涉及对作品的美学思想或者艺术成分的表述,只是技术手段的运用,其结果是产出工业产品,而不是从平面到立体的复制行为"。❶

与之相对,一些艺术设计空间较大(美感和功能可以分离)的3D打印工业品可以构成美术作品,从而受到著作权法保护。那么,同样是具有著作权的设计图经过打印设备转化,为什么会有截然不同的结果呢?这是因为,对于实用性工业品的产品设计图而言,虽然其本身构成作品,但是构成作品的原因并非最后打印出的工业品本身有什么美感造型,而是因为设计图本身由图例、线条、图形等符号语言构成的体现精确、简洁、对称的"科学之美"。❷而这种图形设计上的独创性,是无法通过最后的产品承载并体现出来的,因为打印出来的产品很可能是司空见惯、貌不惊人的常见的工业品,而表现"科学之美"的图形语言已经与产品实用功能合为一体无法分离从而无法主张。与之相对,某些3D产品(如3D艺术品),其设计图不但有图形语言构成的"科学之美",而且承载着最终产品视觉造型上的"艺术之美",而这种"艺术之美"最终可以通过忠实执行指令的打印设备无障碍地转化为实体形式,因此实现了著作权元素的"复制"和传递。

(二)相同的视觉效果:普通人视角

澳大利亚版权法(1968)第71条规定,如果在一个普通人看来,一个三维物体是一个平面图形的再现,就可以认为二者构成了复制关系。❸ 由此我们不难得到启发。判断3D打印是否构成复制可以考察两个要点:一是以一般人的视角判断,二是要判明两者在视觉效果上是否基本相同。

例如,在范某某等与北京市京沪不锈钢制品厂著作权纠纷案中,法院的基本思路与这一思路暗合。该案中,原告的雕塑作品《韵》是以该作品的正面照片的形式在公开出版物上发表的。一般人通过该平面照片,均可推知原雕塑作品的线条走向和连接方式,并且照片再现了雕塑作品的美术造型。通过比较照片和被告的涉案雕塑作品,可以看出二者除细微差异外基本相同,可以认为被告雕塑作品是该平面照片所载物体在立体上的再现。

自安娜女王时代起,复制权就一直是著作权财产权的基础和核心。著作权是控制

---

❶ 冯晓青. 著作权法 [M]. 北京:法律出版社,2010:96.
❷ 王迁. 论著作权法保护工业设计图的界限:以英国《版权法》的变迁为视角 [J]. 知识产权,2013(1):21-33.
❸ 冯刚. 从平面到立体及从立体到平面的复制是著作权法意义上的复制 [EB/OL]. (2011-06-12). https://china.findlaw.cn/gsflgw_5879/1/41483.html.

再现作品内容的行为,而在各项再现作品表达的方式(如发行、展览、放映、广播、信息网络传播、改编、翻译)中,均须以复制为基础。❶

因此,对复制行为的控制,对于著作权人具有极大的经济回报意义和物质激励效果。而"由于著作权是一种复写的权利,因此一旦新的复写手段被开发出来,其权利的内容也将随之发生变化"。❷ 每一次技术的变革和创新,都同时意味着复制方式的增加和复制范围的扩大。而一部版权法的发展史,其实包含着复制概念的进化史,而"复制的具体手段永远无法穷尽","具体的方式或手段并不重要",重要的在于作品重现的结果。❸ 目前,3D 打印已经进入太空、飞机、汽车、服装、建筑、食品、机械、医疗、通信、生物、人工智能等诸多领域,面对风生水起的 3D 打印潮流,将"异形复制"纳入复制范畴,才是与时俱进的理性选择。

综上所述,从平面到立体的复制,也被称为"异形复制"。建议著作权法上承认异形复制为"复制"范围,给予著作权人从 3D 打印数字模型到 3D 打印物的复制权保护。一方面,在 3D 打印推广后,平面作品完全可以通过建模实现严格对应的立体化,因此该技术的便利正在且将会极大地促进与著作权相关的文化创意产业的繁荣,将异形复制纳入复制权范围尤为重要。另一方面,虽然对于复制权的扩大已经达成了共识,但是如何在法条中进行表述同样也是一个问题。《著作权法》第 10 条第 1 款第(5)项中规定,复制权是指"以印刷、复印、拓印、录音、录像、翻录、翻拍、数字化等方式将作品制作一份或多份的权利"。此处的"数字化"固然可以涵盖 3D 打印中从立体到平面的过程,但是否能涵盖 3D 打印中从平面到立体的异形复制过程,依然值得探讨。此外,对于从平面到立体的复制,即从 3D 数字模型到 3D 打印物是复制还是制造的看法,根据 3D 打印的发展现状及其特点来看,采取著作权法的保护模式更有利于 3D 打印的发展,且从 3D 数字模型到 3D 打印物更应该是一种复制,而不是制造。❹

第四节 3D 打印涉及的著作权合理使用

社会公众未经合法授权对各种受著作权保护的客体进行 3D 打印会诱发不同程度的侵权风险。为了协调作品创作者和使用者、传播者之间的利益,避免著作权人不断扩张的专有权阻碍科技创新和浪费社会资源,促进社会科学、文化事业的发展,介于权利与侵权之间的合理使用制度成为著作权法中利益平衡必不可少的制度安排。因此,只要符合法律设定的免责情形,3D 打印行为即使构成对受著作权保护客体的复制、生

---

❶ 王迁. 著作权法 [M]. 北京:中国人民大学出版社,2015:164.
❷ 富田彻男. 市场竞争中的知识产权 [M]. 廖正衡,等译. 北京:商务印书馆,2000:40.
❸ 李明德,管育鹰,唐广良.《著作权法》专家建议稿说明 [M]. 北京:法律出版社,2012:386.
❹ 孙玉荣,王罡. 3D 打印著作权问题探究 [J]. 北京工业大学学报(社会科学版),2017(3):54.

产和使用,也可排除其侵权责任。然而,3D 打印所带来的"生产制造的民主化"[1] 现象将使现行著作权合理使用制度面临诸多挑战,亟须予以应对。

一、我国著作权合理使用制度立法现状及哲学和历史背景

(一) 我国著作权合理使用制度立法现状

由于我国采用大陆法系的立法体例,并未在《著作权法》中明确使用"合理使用"这一概念,而是将合理使用制度与法定许可、强制许可等制度一并规定在"权利的限制"章节中,并且采用封闭式、列举式的立法模式。《著作权法》第 24 条中列举了 12 种合理使用的情形,主要包括:为个人学习、研究或者欣赏,使用他人已经发表的作品;为评论、新闻报道、免费表演、执行公务等以特定形式使用已经发表的作品情形。在这 12 种情形下,行为人可以不经著作权人许可使用其作品,不向其支付报酬,但行为人应当指明作者的姓名和作品的名称,并且不得侵犯著作权人依法享有的其他权利。

在这 12 种情形中,与 3D 打印密切相关的即为第一种——非营利性的私人复制情形。按照《著作权法》的规定,构成合理使用的判断主要是以是否具有营利性目的为标准的。个人 3D 打印行为若出于非营利性目的,则会被认定为合理使用;若出于商业性目的,则有被认定为侵权行为的可能。有资料统计,在美国过去的侵害著作权案件的判决中,90% 以上的法院将行为人是否具有商业目的作为判断合理使用是否成立的重要因素。[2]

(二) 我国著作权合理使用立法模式的哲学和历史背景

世界各国 (地区) 的法律文化传统,对于其著作权合理使用立法模式的选择具有深远的影响。从法哲学层面来讲,以美国等普通法系国家为主的版权体系更多地从功利主义的角度看待著作权。因此,对于限制著作权以求利益平衡的制度,版权体系文化给予了正面的评价,从"合理使用""合理利用"之称谓中可窥一斑,甚至在学理上和判例中提出了"使用者权"的概念。[3] 而以德国、法国等大陆法系国家为主的作者权体系则以自然权利来定性作者的权利,更加注重作品的精神内涵和内在人格,因而认为限制作者的权利不符合自然理论,从"权利的例外"这一称谓可解读出作者权体

---

[1] PEACOCK S R. Why manufacturing matters: 3D printing, computer-aided designs, and the rise of end-user patent infringement [J]. William & Mary Law Review, 2014, 55 (5): 1934 - 1960.

[2] 冯晓青."私人复制"与合理使用研究 [EB/OL]. [2017 - 11 - 02]. http://www.iprcn.com/IL_Lwxc_Show.aspx?News_PI=2117.

[3] 盖斯特. 为了公共利益: 加拿大版权法的未来 [M]. 李静,译. 北京: 知识产权出版社, 2008: 325.

系对于著作权的限制所持的态度并不积极。因此,对于权利的限制,作者权体系通过运用封闭式的立法技术形成规则主义的立法模式,而版权体系运用开放式或者半开放式的立法技术形成了因素主义或混合主义的立法模式。

纵观我国著作权制度的历史沿革,自清末以来,我国的著作权法律制度借鉴大陆法系而在形式上接近于作者权体系,并没有从自身历史中凝练出著作权哲学理念,而主要是通过移植国际条约和外国立法而形成的。然而,我国在吸纳著作人格权的同时,也引入了"法人作品"等版权体系的制度,因此,我国在著作权立法模式的选择上没有文化观念的障碍。著作权法哲学和权利限制的立法模式是各自独立的,并不存在特定的相对关联,采纳何种流派的法哲学也不会对选取立法模式造成影响。因而,在决定我国合理使用制度的立法模式时,应立足于社会需求,并着重考虑司法现状。❶

二、我国著作权合理使用制度规制 3D 打印的障碍

(一) 3D 打印打破利益平衡

利益平衡原则作为著作权合理使用制度的法理基础,也是著作权法的核心和精髓。在传统技术条件下,对作品的私人复制行为多被定性为合理使用,主要出于两个原因:其一,该行为没有达到对著作权人利益和作品潜在市场造成消极影响或替代的复制效果;其二,著作权人抑或著作权行政管理部门很难以合理的代价监管个人非营利性使用行为。因而,著作权法以控制营利性使用行为为重点。❷ 如果私人复制不符合上述两个条件,在司法上往往会被排除在合理使用范围之外。❸

按照传统的著作权法,行为人依据 3D 数字模型打印自己需要的目标产品,若出于非营利性目的即可被纳入著作权"合理使用"的范围之内,不被认为是侵权。然而,这一结论忽视了传统技术条件和 3D 打印条件下个人生产商品对经营者利益的影响已然不同。

在传统的生产技术条件下,消费者个人制造产品的成本较高,且产品制造需要一定的技术门槛,因此不可能大规模开展以"个人学习、研究或者欣赏"为目的的产品制造,更不可能实质性损害权利人利益或者减损作品的潜在市场利益。但随着 3D 打印的迅猛发展,立体产品能够被轻易扫描与复制,其设计、制造和传播更为便捷,私人定制、个人制造也广泛普及。被 3D 打印武装起来的终端用户由以前的普通消费者变成了现在兼具自主生产者和消费者双重身份的新人类,这种"分散式"生产对知识产权

---

❶ 李琛. 论中国著作权法修订中"合理使用"的立法技术 [J]. 知识产权, 2013 (1): 16.
❷ 据不完全统计,美国法院在涉及合理使用的判决中,超过90%都将商业使用视为排除合理使用的标准。
❸ 熊琦. 3D 打印行为的著作权规制:旧瓶能否装新酒 [J]. 电子知识产权, 2014 (5): 48 – 49.

权利人市场利润的削减较之传统的由少数侵权厂家大量生产的"集中式"侵权更为严重。❶ 3D 打印使得个人制造得以推广，若以现行合理使用制度抗辩使得个人非营利目的的 3D 打印行为排除侵权责任，使用者为了降低费用便会以自购材料打印所需产品来取代传统的从交易市场获取商品，权利人的利益及作品的潜在市场利益将会受到严重损害。

3D 打印对著作权法带来的挑战正如曾在美国上演的第一次网络著作权大战——Napster 音乐著作权案一样。作为一个专业的免费交换音乐作品，同时也提供免付费下载服务的平台，Napster 迎合了广大音乐爱好者的需求。任何有 CD 的网络用户都被允许上传其所拥有的音乐资源，同时也可任意下载自己所喜爱的作品，网络用户因此拥有了一个免费的数字音乐库。Napster 的存在使得传统唱片公司和著作权人深感恐慌：一方面，免费的音乐资源下载平台大大降低了唱片的销售，损害了著作权人的现有利益；另一方面，该平台的存在使得作品进入市场出现了巨大障碍，损害了作品的潜在市场利益。3D 打印背景下出现的 Thingiverse、海盗湾等 3D 数字模型共享网站与 Napster 提供的音乐交换平台对著作权人产生了同样的影响。

根据合理使用制度的机理，使用者的利益不应高于著作权人的合理利益，否则会危害著作权法利益平衡的基石。合理使用制度的存在本是意欲避免著作权人权利的扩张妨害公共利益，而在 3D 打印条件下却反过来侵害了著作权人的正当权益。由此可见，在 3D 打印的冲击下，利益天平将会严重向社会公众倾斜，违背了著作权合理使用制度的法理基础，建构在传统生产技术基础上的合理使用制度受到了极大的挑战。

（二）个人非营利性 3D 打印行为超越合理使用范围

知识产权是一种无形财产权，著作权合理使用制度自然应当只限于无形的知识产权，且使用应出于非营利性的目的，也不涉及"有形"财产。然而，行为人一旦运用 3D 打印出目标产品，则必然会产生有形实体，甚至涉及一定的经济利益。这要从依照 3D 数字模型打印目标产品这一行为的性质出发来进行分析。

由 3D 打印的技术流程可知，3D 打印目标产品的本质是生产制造，而不是著作权法司法实践当中常见的"打印"。因此 3D 打印中再现物品的行为是否单纯是著作权法意义上的"复制"，值得我们探究。

二者既有联系又有区别，不完全等同。3D 打印实物过程本质上是将三维数字模型这一表达方式所承载的智力成果变成实物的过程。这一过程实则可以分为两个部分：一是复制该模型所承载的智力成果，二是利用 3D 打印将这一模型制造为实物。

这一实物会因所使用材料的不同而具有不同的用途和经济价值，即导致打印成果的内容不同。这显然不同于传统复制技术的复制成果，传统复制技术的复制成果内容

---

❶ 袁博. 3D 打印的知识产权侵权风险及对合理使用制度的影响［J］. 中华商标，2014（2）：24.

与原件完全相同。因此，3D 打印实物的物理过程同时包含著作权法意义上的"复制"与通常意义上的"制造"。即便行为人以个人使用为目的进行 3D 打印，财产利益也会伴随着打印成品的形成而产生，未获授权的打印行为会损害权利人的经济利益。因此，如果行为人只是单纯在计算机中学习或者欣赏 3D 数字模型，尚在合理使用制度适用的范围；但只要将该模型打印为实物，即便是以个人使用为目的，也超越了单纯的无形知识产权，使得无形权利延伸至有形财产权，突破了著作权法合理使用制度适用的范围。

三、3D 打印下个人非营利性合理使用情形存废的价值分析

著作权法的立法目的是通过保护著作权人利益以促进文学、艺术和科学事业的繁荣与发展。著作权从根本上讲是一种激励作品创作的利益平衡保护机制，其以保护著作权人的利益为立法核心，以通过权利合理配置以发挥著作权客体的最大效用为立法精神。因此，传统著作权制度通常以为个人非营利性使用提供的侵权豁免作为其重要利益平衡机制。这也是与 3D 打印最为密切的合理使用情形之一。

由前述可知，3D 打印给现行著作权合理使用制度带来了挑战。著作权制度是否应当继续保留个人非营利性合理使用情形或者是否有必要特别限定个人非营利性合理使用的范围，在学界产生了不同的观点。

（一）废除论

在学界，部分学者对 3D 打印条件下个人非营利性合理使用情形持消极悲观的态度，认为这一规则在 3D 打印条件下已经失去了存在的价值，提出了废除论。[1]

废除论的主要理由为：随着 3D 打印的发展及 3D 打印机逐步进入消费者的生活，个人 3D 打印行为将会迅猛发展。TRIPS 第 13 条规定："缔约方应将对独占权的限制或豁免局限于一定的特殊情况之下，这样的情况和作品的正常利用不相冲突，并且也不会不合理地损害权利所有人的合法利益。"然而 3D 打印可大幅减少制造费用，大量分散的非营利性个人 3D 打印行为的积累叠加效应会促使"合理使用"从根本上动摇甚至损害著作权人的垄断利益。[2]

由此可见，3D 打印已经使得以个人使用为目的的合理使用与著作权侵权行为之间的界限模糊不清。这将使得著作权法无法有效保障著作权人的利益，进而重创社会的文化发展。因此，废除个人非营利性合理使用规则可以有效应对 3D 打印将会引起的下一轮知识产权分散的非营利性侵权行为的浪潮。

---

[1] 刘强，冯晓青，武志孝. 3D 打印给知识产权保护带来冲击 [N]. 检察日报，2015-01-15（4）.
[2] 吴学安. 3D 打印对现有知识产权保护提出挑战 [N]. 中国知识产权报，2014-01-15（1）.

(二) 反限制论

反限制论认为，仓促地将"个人非营利性使用"排除出合理使用的范围显然缺乏充分依据，这一情形仍具有公共利益层面的基本正当性；但是当个人3D打印行为对著作权人利益产生实质性影响时，不应以非营利目的作为其承担侵权责任的豁免理由。❶

也就是说，为适应3D打印产业发展的需要，应当对个人利益与公共利益进行重新平衡，通过增设合理性判断标准给予合理使用制度以"反限制"，限缩个人过于宽泛的自由，以保护权利人的利益。

反限制论的核心在于：不管个人3D打印行为是否构成对作品的营利性使用，只要该使用在范围、程度、效果等方面对著作权人的市场利益造成减损，则不得将合理使用规则作为被控侵权的抗辩理由；若该打印行为并未对著作权人的市场利益构成"实质性影响"，则仍可适用合理使用规则。由此，反限制论使得个人非营利性3D打印行为具备构成侵权行为的可能。

(三) 调整论

调整论认为，个人非营利性3D打印落入了合理使用制度和侵权制度都无法规制的灰色地带。❷

持此观点的学者从分析3D打印的真实面目出发，明确3D打印实物的实质不仅包含著作权法意义上的"复制"，还包含通常意义上的"制造"。由此，他们又提出合理使用的范围应只限于无形的知识产权，且不以营利为目的，与有形财产无关。而3D打印成品需要借助于有形实体，并包含一定经济利益，已然不是纯粹的智力成果。3D打印成品已从无形权利延伸至了有形财产，超越了合理使用的范畴，因此不应简单适用该制度。

《著作权法》第24条中，已规定了合理使用应"不得影响该作品的正常使用，也不得不合理地损害著作权人的合法权益"，然而，该条款的表述是相对抽象的，因此，要想划清3D打印行为构成合理使用抑或侵权的界限，需要对现行著作权侵权判断规则进行调整。例如，有必要在配套的司法解释或者法律法规中明确相应情形，或者在《著作权法》第52条中增加一项著作权侵权行为类型。如此，个人非营利性3D打印行为若对著作权人的利益构成实质性侵害，可被认定为侵权。

(四) 续存论

续存论认为，既有的合理使用制度足以平衡各方利益，3D打印条件对现有法律制

---

❶ 熊琦. 3D打印行为的著作权规制：旧瓶能否装新酒 [J]. 电子知识产权, 2014 (5): 47.
❷ 马忠法, 陈潜. 3D打印中的"复制"与"合理使用" [J]. 上海财经大学学报, 2015 (3): 102 - 103.

度和学说体系并没有产生颠覆性诱因,仍应保留现行著作权法中的合理使用规则。❶

首先,即便3D打印已经大幅提高了复制的精确性,但由于目前3D打印较高的技术要求以及材料的限制,同时多数打印对象的材质、结构等方面极具复杂性与特殊性,在可预见的时期内3D打印的推广和应用会依赖专业打印店,并以社区为单位展开。而3D打印店以营利为目的的承揽行为不能基于"非营利性"而豁免。❷ 其余存在普通个人从事的3D打印行为也并非能够对著作权人的潜在作品市场产生"替代效应"。❸

其次,由于行为的私人性与分散性,权利人很难对为数众多的个人3D打印行为进行调查取证,更无法有效地追究其法律责任。

最后,为了个人学习、研究或欣赏而进行的3D打印行为,能够推动文化艺术和科学事业的进步,将其纳入合理使用范畴,才能实现真正的利益平衡。

四、反限制论加调整论的合理性分析

针对以上四种观点,本书对废除论和续存论持批判态度。3D打印条件下著作权合理使用仍旧有续存的空间,只是立法者需审时度势地对合理使用制度进行适度的反限制和适当的调整与改进,以应对新的传播技术对迟滞的法律规定带来的挑战。

(一)法经济学层面——实现帕累托最优原则

作品作为知识产品的一种,具有非竞争性的经济属性。公共产品的非竞争性指的是增加一个消费者不会降低任何一个人对该产品的消费数量和质量,其他人消费该产品的额外成本为零。正如托马斯·杰斐逊所言:"从我这里接受观念的人,自己受到教育,但并不有损于我;就像从我这里点亮他的蜡烛,照亮自己并不把黑暗留给我。"❹ 作品的非竞争性说明,为了遵循帕累托最优原则❺,合理配置既定的知识资源,任意个人对作品的使用都不应当被排除。

因此,著作权法就不应保护著作权人对作品的绝对排他权,而应充分发挥其非竞争性的经济属性,最大限度地放大作品的效用,使其为了全人类的福祉而发挥足够的作用——这也是著作权法的公共价值目标。由此可见,废除个人非营利性的合理使用规则显然是违反知识资源效用的帕累托最优原则。

---

❶ 柳萍. 3D打印对知识产权的挑战及对策分析[J]. 新闻战线, 2014 (10): 179.
❷ 李陶. 工业4.0背景下德国应对3D打印技术的法政策学分析:兼论我国对3D打印技术的法政策路径选择[J]. 科技与法律, 2015 (2): 334.
❸ 冯晓青. 网络环境下私人复制著作权问题研究[J]. 法律科学(西北政法大学学报), 2012, 30 (3): 103-112.
❹ 胡鞍钢. 知识与发展:21世纪新追赶战略[M]. 北京:北京大学出版社, 2001: 5.
❺ "帕累托最优"是指资源分配的一种理想状态,即假定固有的一群人和可分配的资源,从一种分配状态到另一种状态的变化中,在没有使任何人境况变坏的前提下,也不可能再使某些人的处境变好,即不可能再改善某些人的境况,而不使任何其他人受损。

（二）著作权法的运行机理——利益均衡

作品的非竞争性经济属性与经济人的理性趋利性决定了著作权法必然设定均衡的二元价值目标：其一，为了达到激励创作、增强动力的目的，首先要保护著作权人的个人利益；其二，为了推进社会科学文化事业的繁荣，增加全社会的福祉，必须保证作品资源的传播和流通。

著作权法的二元价值目标是均衡的，但并非处于平等地位。其中，对著作权人个人利益的保护只是初始目的，也是基础和手段，保护公共利益才是著作权法终极性的最高价值追求。正如 David Nimmer 所言，保护知识产权只是知识产权法实现更大公共利益的道路上的一个临时站台。[1]

因此，著作权法为了实现鼓励作品创作、推动社会进步和文化繁荣的最高价值，首先赋予著作权人以垄断性的著作权，然后对这种私人权利附加限制，由此使得著作权人的个人利益和社会公众的公共利益形成一种均衡的状态。其内在的机理是：一方面，永葆作品创作的源泉长流不断需要建立在创作成本充足补给并获取一定收益的基础之上，否则创作者会因为缺乏利益驱动而无法或无意持续创作以至创作的源泉枯竭。著作权法由此而生，并赋予作者以附加期限和限制的垄断性权利来帮助其合理回收创作成本，获得有激励作用的利润，以此保持其作品创作的动力。另一方面，为了避免著作权人坐享其专有权利带来的收益而怠于继续创作，以及作品由于被垄断传播使得公众无法接触作品而造成的对科学文化进步的制约，又必须适当限制这一垄断权利。

由此看来，著作权是权利人对作品享有的专有权与公众对作品的合理使用相互折中形成的均衡权利。合理使用制度作为著作权法中利益平衡的调节器，有力地保证了个人私有利益与公共利益的双向价值互动，有着极其必要的存在价值。

（三）著作权制度的常态——不均衡

著作权法通过均衡配置著作权人的私有产权与公众的公有产权来实现知识进步和社会文化的繁荣，这种均衡并不是静态的，而是表现为一种动态的平衡过程——社会经济和传播科技的不断发展，促使著作权法相应地进行调整以保持均衡。这反映了著作权法为实现其二元价值目标而持续进行协调和平衡。

因此，著作权制度表象上的均衡仅仅是一时的，而不均衡才是其真实的制度常态。这是由于著作权法所要达到的二元价值平衡只会存在于既定的社会环境与技术条件下，而这些既定的外部环境与条件一旦发生变化，著作权法内部的利益格局随即被打破，立法者则需要根据现有外部条件重构其利益均衡机制。

著作权法对其二元价值目标均衡的不懈追求正是著作权法自身逐渐完善的过程。

---

[1] NIMMER D. The end of copyright [J]. Vanderbilt Law Review, 1995, 48：1416.

合理使用制度作为最主要的一种著作权限制制度，自然要适应著作权制度不均衡的常态，根据利益格局的变化不断进行自身的调整和完善。

综上所述，在3D打印的技术条件下，我们不应以过于极端和激进的态度对待合理使用制度，武断的废除论和刻板的续存论都不是最理想的解决方案。3D打印突飞猛进的发展只是打破了著作权法暂时的利益均衡赖以存在的外部技术环境，导致现存合理使用制度难以发挥其利益平衡器的功能，危及了天平的一边——著作权人的个人利益。在这种情况下，有必要对著作权限制制度进行反限制，重新协调著作权人与社会公众之间的利益平衡机制。因此，为应对3D打印对我国著作权合理使用制度带来的冲击，我们提出反限制论加调整论的观点，寻找我国著作权合理使用制度不适应3D打印条件的症结所在，并相应地进行反限制和调整，重新实现新技术条件下二元价值目标的均衡。

五、完善3D打印背景下我国合理使用制度的对策

法律制度的完善不是一蹴而就的，而需要立足于现实需求，与时俱进地不断修订和改进。在日新月异的科技发展下，如何在维护公众合理使用作品的同时，保护好著作权人的个人利益，维持著作权法二元价值目标的均衡，是著作权法最关键的任务。

对于3D打印对我国现行合理使用制度带来的冲击和影响，我们提出了反限制论加调整论的解决方案，在此基础上借鉴国际条约与世界各国（地区）的合理使用制度立法，结合3D打印遇到的著作权规制困境，提出如下几方面的对策。

（一）修订合理使用制度立法模式与立法政策

1. 采用"原则+规则+要素"的立法模式

针对合理使用制度在3D打印条件下所遭遇的困境，改变现有的立法模式是当务之急。受国际条约及各国（地区）合理使用制度立法模式的启发，建议我国在调整现有规则时可以采用"原则+规则+要素"的立法模式，即在"三步检验法"的一般原则指导下，借鉴因素与规则主义相结合的立法模式。

"原则"是指立法中所要体现的指导思想和基本精神。著作权国际条约所确立的"三步检验法"的功能主要在于，指导成员立法规定著作权限制制度的具体条款，并对该权利限制制度的执行效果进行检验。"三步检验法"要求每一成员在具体设定限制规则时都必须遵守该原则，并不强制要求成员在立法中明确这项原则，但若在立法中明确该原则也不会背离著作权国际条约的精神。某一行为能够定性为合理使用，其在表层上是契合法律规定，更深层次则是由于该行为可以让各方达到利益均衡。由此可见，对于合理使用制度的立法而言，原则是不可或缺的。它可以作为合理使用判断的准绳，避免使用者和裁判者对合理使用的预测和判断出现过多偏差，弥补具体法律规定的局

限性。我国《著作权法》已经借鉴了《伯尔尼公约》规定，引入了"三步检验法"，将其作为合理使用制度的一般原则加以规定，这无疑是对著作权国际条约的有效执行。"规则"指的是对常见的构成合理使用的情形所作出的详尽具体的规定，增加了适用结果的确定性和可预测性，便于司法实践中的准确适用。"要素"指的是认定特定行为构成合理使用时需要考量的因素。在新的科学技术和交易模式层出不穷的当下，我国合理使用制度引入合理性判断标准的必要性已毋庸多言。配置有法定判断要素的合理使用制度具备良好的灵活特点和高度的概括性，司法实践中层出不穷的新问题可得以合理且合法的妥善解决。美国版权法第107条所确立的"四要素"已经经历了理论和实践的检验，并且被多数国家所认可，值得我们借鉴。

具体地，首先，要合理认定"商业性"。以营利为目的商业使用是法院判定被告侵权的主要依据，而这一判定又是结合使用者的行为是否会影响"作品的市场和价值"作出的。[1] 至于"作品的市场和价值"的认定标准，需要国家出台一系列3D打印标准和政策作出正确的引导，兼顾著作权人和公共利益的考虑，可在行为人进行3D打印活动所造成的"实质性损害"与"轻微程度的间接损害"之间进行考量，保证新技术促进产业发展的同时，又能保护著作权人的利益，激发社会的创造积极性。合理使用不应该被看成对权利人的侵犯，而应该认为从一开始就是不属于权利人的。[2] 其次，借鉴美国"合理性判断标准"——3D打印目的是否为商业性使用，是否纯粹是为个人学习、研究、欣赏之用，数量及在作品整体中的比例，使用结果对作品的潜在市场价值造成的影响，深入分析权利人与行为人合理使用行为的关联性和经济损害。此外，荷兰的经验也可借鉴。荷兰复印法取消了部分以私人为目的的自由复制行为，我国可以考虑通过司法解释对现有合理使用规定进行适当的限制。例如，可对行为人打印出的3D打印产品的数量进行限定，更好地平衡著作权人与社会公众之间的利益，让社会公众近距离接触3D打印产品的同时，抑制3D打印市场的失控局面，更好地保障著作权人的利益。最后，需要特别强调的是，过于严厉的侵权保护立法会丧失尊严和执行力，当众多的个人诉求得不到满足之时，就会置秩序与规则于不顾，频繁冲破法律的底线，而权利人的维权则会陷入"法不责众"的尴尬境地。[3] 此外，还应权衡利益，防止一味排挤个人合理使用的空间，打击社会的主观能动性。

2. 选取严苛的立法政策

如前所述，在借鉴规则与要素主义相结合的立法模式时，面临着选取严苛抑或宽松的立法政策问题。立法政策体现了立法者对特定行为的态度，"立法的核心问题就是

---

[1] 许安碧. 3D打印技术中"个人使用"的困境与出路 [J]. 黑龙江省政法管理干部学院学报，2017（1）：51.

[2] 在 Worldwide Church, 227 F. 3d at 1117 – 1118；Sega Enters. Lt. v. MAPHIA, 857 F. Supp. 679, 687（N. D. Cal. 1994）中，法院裁定用户为了避免购买计算机游戏光盘而下载该游戏的行为属于商业使用。

[3] 吴坤埔. 3D打印技术应用的版权障碍与立法研究：以《著作权法》第三次修订为视角 [J]. 出版广角，2016（5）：53.

如何确切地认识和协调各种利益，以减少利益冲突，促成利益的最大化"。❶ 立法者确立立法政策的核心是对各种社会利益进行取舍。在确立立法政策时应当分析当前的利益格局，衡量特定行为所牵涉的各方利益。因此，对于合理使用制度究竟应当选取严苛的还是宽松的立法政策，应当立足于当前的利益结构进行分析，对利益取舍作出衡量。在3D打印的冲击下，合理使用制度规制下的公私利益均衡状况被打破，危及了著作权人的私人利益。原本是为了避免著作权人权利的扩张妨害公共利益而设置的合理使用制度，在3D打印条件下却反过来侵害了著作权人的正当利益。在这种利益格局之下，我们应当考虑适当限缩合理使用的范围，对这一著作权限制制度进行反限制，使得合理使用制度的二元价值目标重新达到均衡。因此，我们应当采取严苛的立法政策，认定某一行为构成合理使用要满足规则与要素的双重判断标准，即该行为首先要属于明文列举的法定情形，其次还应当符合合理性判断要素。这种立法模式使得根据现行合理使用规则被认定为合理使用的新技术条件下的作品使用行为，可通过合理性判断要素的考核而被排除出合理使用的范围。

（二）调整相关著作权法律规定

1. 调整著作权侵权法律规定

由于3D打印中个人非营利性使用落入了合理使用制度和侵权制度都无法规制的灰色地带，为了充分保护著作权人的个人利益，可以对著作权侵权法律规定进行相应调整，使未获权利人授权以非营利目的使用其受著作权法保护的作品进行3D打印的行为能被界定为侵权行为。

在《著作权法》第24条中，已规定了合理使用应"不得影响该作品的正常使用，也不得不合理地损害著作权人的合法权益"，然而，该条款的表述是抽象的，因此，有必要在配套的司法解释或者法律法规中明确"不得不合理地损害著作权人的合法权益"的情形包括"对著作权人市场利益造成实质性影响或减损作品的潜在市场利益"，或者在《著作权法》第52条中增加一项著作权侵权行为类型——"未经著作权人同意或无法定原因使用他人作品，对著作权人市场利益造成实质性影响或减损作品的潜在市场利益的"。对著作权侵权法律规定的调整，能够控制分散的大规模利用3D打印进行的私人复制，为著作权人维护其合法权益提供有效路径。

2. 引入私人复制金制度

除了对著作权合理使用制度进行适当的调整以外，还可以引入德国著作权法上的私人复制金制度，对3D打印给著作权人利益造成的损失进行补偿。德国1965年著作

---

❶ 孙国华. 法的形成与运作原理 [M]. 北京：法律出版社，2003：130.

权法中规定了私人复制金制度❶，其是指对易侵犯复制权的复制设备制造商或进口者征收补偿金以解决私人复制对著作权人利益的不合理损害。美国1992年颁布的家庭录制法案规定对数字式录制设备、空白录音带和录像带的厂商征税。加拿大1999年的著作权法对向空白录音媒体的生产商、制造商和销售商征税作出了明确规定。欧盟2001/29/EC号指令也提到"合理补偿"制度。我国在前期保护著作权人利益的同时，亦可合理借鉴补偿制度，以促进3D打印的发展。❷

私人复制金制度可以合理地限制著作权人的权利，使得社会公众得以自由进行3D打印，同时解决向最终消费者征收报酬难以操作的问题，从复制的源头上保证了著作权人的经济补偿。这一制度是由著作权集体管理组织将对3D打印设备制造商收取的私人复制金分配给著作权人，而设备制造商再通过销售将该报酬转嫁到消费者的身上，由此便可实现谁打印谁付钱的制度目标。作为私人复制金制度基础的著作权集体管理制度在我国著作权法中已有规定，且面临着进一步的完善，因此引入私人复制金制度可以与我国现行著作权法良好衔接。

该制度对于弥补私人复制行为对著作权人利益的损害、平衡权利人和3D打印使用者的利益，具有独到作用。私人复制金制度有如下作用：①对于创作者而言，该制度能使数字模型创作者从私人复制中获得一定的经济补偿，有利于激发创作者的创作积极性；②对于使用者而言，该制度一定程度上降低了著作权侵权风险，社会公众可以自由使用3D打印设备；③对于3D打印设备生产者而言，该制度也避免了3D打印设备被污名化，有利于3D打印的发展；❸④对于作品而言，一旦实行该制度，使用者可以自由使用作品，作品可以自由传播，有利于扩大作品的影响力，推动社会文化发展。

私人复制补偿金制度的功能通常依赖著作权集体管理组织来实现。从这个角度看，我国将来引进该制度，也需要进一步完善著作权集体管理制度。❹ 在初期，可以尝试赋予数字模型共享平台一定的集体管理职能，因为该共享平台已有大量的创作者和数字模型，平台商已经和创作者、使用者建立了良好的关系、收费模式，从而可以降低建立数字模型集体管理组织的经济成本、社会成本。当然，之后还是以建立非营利性的数字模型协会集体管理数字模型为主，因为共享平台属于营利性组织，在管理时，难免考虑到自身的营利性，从而无法公正考虑社会公众利益和创作者利益的平衡。

---

❶ 德国著作权法与邻接权法（2003）（张恩民译）第54a条规定：（1）若从种类上看可以预期按照第53条第1款至第3款的规定通过扫描作品复制件或者类似的工序对作品进行复制，则该作品的作者对于制造商所制造的、显然用于上述复制行为之用途的物品，就上述物品或者其他投放市场的行为所提供的复制机会而享有适当报酬请求权。除制造商以外，在本法使用范围内从事上述设备商业进口、再进口或者从事销售活动的人，应作为连带债务人而承担支付报酬义务。若在半年内经营的设备不超过20台，该销售商不承担支付报酬的义务……

❷ 许安碧. 3D打印技术中"个人使用"的困境与出路［J］. 黑龙江省政法管理干部学院学报，2017（1）：52.

❸ 黄亮. 3D打印著作权问题探讨［J］. 现代出版，2015（2）：24-27.

❹ 沈凯. 网络环境下私人复制补偿金制度探析［J］. 北方经贸，2012（12）：78-79.

3. 扩大教科书编写和教学课件制作法定许可的范围

我国《著作权法》第 25 条和《信息网络传播权保护条例》第 8 条，对于编写教材和制作教学课件的法定许可仅仅限定在"已发表的作品片段或短小的文字作品、音乐作品或者单幅的美术作品、摄影作品、图形作品"这一封闭的概念下，显然已经无法满足 3D 打印的普及化要求。为此，建议将这两条的规定所确定的封闭概念改为开放式概念，在最后增加"等"字。如此不仅能够适应 3D 打印相关推进政策的顺利实施，更使得今后我国的义务教育制度能够与科技的发展同步。

(三) 引入技术保护措施

在信息网络快速发展的当下，技术保护措施在著作权保护中发挥着重要作用，如技术措施和权利管理电子信息等。

技术措施是指用于防止、限制未经权利人许可浏览、欣赏作品、表演、录音录像制品或通过信息网络向公众提供作品、表演、录音录像制品的有效技术、装置或者部件。

权利管理电子信息可读取作品、作者、对作品拥有权利者的资料，与作品使用条款、条件相关的信息，以及包含这些内容的数据、代码等。

技术措施是为防范他人未经允许而接触、使用作品而采取的技术手段，实质上是在网络环境下对著作权进行权利管理的内容之一。无论是美国的数字千年版权法❶，还是我国的《著作权法》❷，都对通过技术保护措施保护著作权持支持态度。由此可见，用来控制接触作品的技术措施不仅能够控制他人访问作品，还能有效防范这一合理使用损害权利人的利益。

有学者就提出通过专项的技术措施❸来阻止一些非法 3D 打印使用的行为。虽然《世界知识产权组织表演和录音制品条约》（1996）第 18 条❹有"关于技术措施的义务"条款，我国《信息网络传播权保护条例》第 12 条有关于"技术措施合理限制"的规定，但对于技术措施，仍需国家制定出一个适合 3D 打印的专项技术标准，使知识产权权利人能够合法维权。例如，建立三维数字模型数据库和保护 3D 打印知识产权的

---

❶ 美国数字千年版权法第 1201（a）（2）条规定：任何人不得规避有效控制受保护作品之访问的技术措施；任何人不得制造、进口、向公众推销提供或者运送任何技术、产品、服务、设备、零件或部分：（A）其设计、生产的主要目的是规避有效控制受保护作品之访问的技术措施；（B）规避有效控制受保护作品之访问的技术措施，只有有限的商业意义或用途；（C）由某人或在某人授意下上市并且知道可以用于受保护之作品访问的技术措施。

❷ 《著作权法》第 44 条第 1 款规定："为保护著作权和与著作权有关的权利，权利人可以采取技术措施。"第 2 款规定："未经权利人许可，任何组织或者个人不得故意避开或者破坏技术措施，不得以避开或者破坏技术措施为目的制造、进口或者向公众提供有关装置或者部件，不得故意为他人避开或者破坏技术措施提供技术服务。但是，法律、行政法规规定可以避开的情形除外。"

❸ 各国立法对技术措施的规定有所差异，总的来说，技术措施可以包括以下两类：（1）控制访问措施，主要是禁止未经许可的人访问网站以得到信息，例如常见的加密措施；（2）控制使用的措施。

❹ 第 18 条规定，缔约各方应规定适当的法律保护和有效的法律补救办法，制止规避由表演者或者录音制品制作者为行使本条约所规定的权利而使用的、对就其表演或录音制品进行未经该有关表演者或录音制品制作者许可或未由法律准许的行为加以约束的有效技术措施。

"生产系统",强制要求制造商在"生产系统"下安装相应的数据库在 3D 打印机中;若 3D 打印产品时的数据库与三维数字模型数据库中模型相同或近似,行为人就应该事先向相应管理部门缴纳一定的使用费,否则不能打印。❶

对 3D 打印进行针对性保护的"生产控制系统"在美国已被投入应用。在这一系统的管理下,3D 打印相关设备在进行打印任务之前,将待打印的三维数字模型与系统数据库中的数据进行对比是必不可少的步骤。一旦呈现大比例的匹配或较高的相似度,系统将会终止相应的打印工作。我国相关部门可对此进行借鉴,以规范 3D 打印行业为目标,构建 3D 模型数据库,将在机器中安装相应的控制系统作为 3D 打印设备制造商的强制义务。3D 打印设备在启动打印功能前自动对比待打印的三维数字模型与数据库中已登记模型的数据,能否打印或者打印的数量则取决于对比结论和已登记模型的权利管理信息的许可条件。由此,可从源头上遏制 3D 打印行为侵犯权利人的著作权。

但考虑到我国 3D 打印的发展现状以及采取技术措施的成本较高,后期能不能达到理想效果还待评估,需要权利人去创新一些保护知识产权的技术措施。❷

---

❶ 宋智慧. 3D 打印对版权制度的挑战 [N]. 光明日报,2015 – 10 – 24 (10).
❷ 孙玉荣,王罡. 3D 打印著作权法律问题探究 [J]. 北京工业大学学报(社会科学版),2017 (3):56.

第九章 3D打印涉及的商标法及竞争法问题

第一节 3D打印涉及的商标法问题

一、3D打印涉及的商标领域个人使用行为的局限性

在某些情况下，注册商标所有者享有的权利与公共利益或他人的合法权利相矛盾时，为了协调公众与权利人之间的关系，需要对商标权的保护和行使进行必要的限制。[1] 具体而言，这些限制主要包括：商标构成要素的正当使用、商标用尽、在先商标的继续使用及非商业性使用。其中，除最后一类外，其余几类均针对市场活动中的商标使用行为。即使是非商业性使用，也只涵盖了滑稽模仿、新闻报道和评论等。也就是说，在现有的商标权限制制度中并未对个人使用行为予以过多的考虑。这可能是由于商业标识和产品生产天然所具有的技术和成本壁垒，导致个人使用行为零星稀少。

然而，随着3D打印设备的推广，3D打印的发展将使得消费者个人制造能力大幅提升，个人使用行为的合法性问题必将会引起大家的重视。

关于商标权的合理使用，TRIPS第17条规定："各成员可对商标所赋予的权利规定有限制的例外，如描述性术语的适当使用，只要这些例外考虑到了商标所有人和第三方的合法利益。"英国商标法第11条亦有关于商标权合理使用的相关规定。美国法院判例则确立了"商标个人使用合理性判断标准"。该判断标准主要包括以下方面。第一，个人使用的目的和性质。此标准主要是考虑行为人的主观目的是善意还是恶意，并且是否从中获取商业利益，对于未获取商业利益却免于商业性购买的行为亦应认定具有商业性质。第二，个人使用的数量和价值。3D打印时代推动产品的定制化，每个人都可以根据个人需求打印3D产品。其中，个人3D打印产品的数量是否会影响到被打印产品在市场上的正常流通、是否会降低被打印产品的商业价值，是需要考虑的问题，因为这直接影响到被打印产品权利人的权利。第三，个人使用是否有损相关商品的潜在市场价值。如果个人使用3D打印产品的行为被视为"合理使用"会严重影响商标所有者的市场积极性，同时阻碍商品潜在市场价值的实现，那么这也违背了现行商

---

[1] 吴汉东. 知识产权法[M]. 北京：法律出版社，2016：264.

标法保护商标所有人利益的目的。❶

综上所述，有必要考虑构建3D打印下商标权个人非商业性使用的规范，在其中考量个人使用商标的目的、性质、数量、价值以及对潜在市场的影响等因素。例如，个人将自行设计的3D模型文件上传至网络平台供他人下载使用，即便没有侵权故意，但若模型文件中含有他人商标信息的情形，则需明确说明，以避免侵权之嫌；若下载人明知文件包含他人商标信息还用于3D打印且可能产生商业性影响，则会有侵权之虞。

二、3D打印对商标权侵权认定的局限性分析

3D打印降低了产品制造的难度与成本，使得产品的制造与传播更大众化，但同时也相应地增加了商标权侵权的风险。然而，现有的商标法制度尚不能对3D打印造成的潜在侵权行为进行完善的规制。这些行为主要包括：对商标进行数据化处理并进行个人使用；对附有商标的产品进行扫描并数据化；行为人对他人拥有的产品更换商标进行数字化处理，以供3D打印等。❷ 下文从直接侵权和间接侵权两个层面对此进行讨论。

（一）认定直接侵权的局限性

《商标法》第57条规定："有下列行为之一的，均属侵犯注册商标专用权：（一）未经商标注册人的许可，在同一种商品上使用与其注册商标相同的商标的；（二）未经商标注册人的许可，在同一种商品上使用与其注册商标近似的商标，或者在类似商品上使用与其注册商标相同或者近似的商标，容易导致混淆的；（三）销售侵犯注册商标专用权的商品的；（四）伪造、擅自制造他人注册商标标识或者销售伪造、擅自制造的注册商标标识的；（五）未经商标注册人同意，更换其注册商标并将该更换商标的商品又投入市场的；（六）故意为侵犯他人商标专用权行为提供便利条件，帮助他人实施侵犯商标专用权行为的；（七）给他人的注册商标专用权造成其他损害的。"

据此，无论是在3D打印产品中使用、删除、更新原商标，还是仅打印商标不打印商品的行为，都可能构成对商标权的侵犯。然而，对于将商品的3D数字模型上传至平台供公众免费下载的行为，是否属于商标侵权，还不太明确。这是3D打印商品侵权认定局限性的一部分。再有，若仅仅是个人使用，未谋取商业利益，也未将3D打印商品投入市场，是否会因个人使用而不能认定其构成商标侵权？这也是此类侵权认定的局限所在。

此外，根据我国《商标法》，商品的实际制造是存在侵权的先决条件。由于产品的设计不与产品的实际制造直接等同，因此仅仅传播或销售3D打印产品设计图不会构成

---

❶ 黄亮. 3D打印著作权问题探讨 [J]. 现代出版, 2015（2）：27.
❷ 曹阳. 个性化3D打印技术知识产权问题研究 [J]. 上海政法学院学报, 2016（1）：9.

商标的直接侵权。❶ 对此，有学者认为，可以允许 3D 打印潮流下对公开交易的工业产品进行 3D 扫描的行为以及复制、传播相应产品设计图的行为，但应规制根据设计图制造产品的行为。❷

（二）认定间接侵权的局限性

对于商标的间接侵权，根据我国《商标法》第 57 条的规定，故意为侵犯他人商标专用权行为提供便利条件，帮助他人实施侵犯商标专用权行为的，属侵犯注册商标专用权的行为。具体地，行为人在主观方面表现为"故意"，具有主观侵权意愿；客观方面表现为为侵权行为的实施提供便利条件。❸ 进一步解释，此处的主观意愿要求行为人认识或可能认识到自己的行为对侵权具有辅助性作用，否则就不需要承担侵权责任；客观行为则表现为为侵犯他人注册商标专用权提供仓储、运输、邮寄、隐匿等便利条件，并且客观地导致或加重了商标侵权的后果，从而应承担连带责任。

仔细分析该条款不难发现，该规定实际上还是脱胎于共同侵权中的帮助与引诱侵权，但是未考虑到 3D 打印对其的影响，尤其是未考虑到 3D 打印的出现使得私人也能够成为间接侵权的主体和将对商标或带有商标的商品进行扫描并上传到网络环境下的行为。

若间接侵权人的主观侵权意愿能够被确认，那就应该与直接侵权人承担侵犯商标权的连带责任。在 3D 打印中，商标间接侵权的主体一般是提供模型文件的网站，因大多数用户都可以在网站中免费下载开源模式的模型文件。关于如何规制网络服务提供者，可参照《最高人民法院关于审理利用信息网络侵害人身权益民事纠纷案件适用法律若干问题的规定》第 6 条中规定的网络服务提供者承担连带责任的考虑因素。❹ 对此，个别学者还提出，对商标间接侵权者的过度追究将不利于 3D 打印的推广和创新。一般情况下，只要间接侵权人不是故意忽略设计文件中显而易见的驰名商标，或者如果商标所有人的商标信息不经商标检索而无法知晓，则间接侵权人不得被视为具有侵犯权利的主观意图，可不认定为侵权。❺ 实践中，认定引诱侵权和帮助侵权均有一定难度。

在 3D 打印案件中，认定帮助侵权的困难主要在体现在以下三个方面：第一，主观心态的证明，即行为人要明知直接侵权人所实施的行为侵害了商标权人的利益，否则难以归责；第二，法律认可的商品零部件应该是有体物形态，而 3D 打印的设计图为抽象的信息，不是法律所保护的商品；第三，3D 打印设计图中包含的商标在传播过程中

---

❶ 刘强. 3D 打印技术专利侵权问题研究 [J]. 武陵学刊，2014（1）：55-60.
❷ 刘强，张文思. 我国工业设计权制度的构建：以 3D 打印为视角 [J]. 武陵学刊，2015（3）：66.
❸ 谢雪凯. 商标间接侵权之制度辨明及其独立地位 [J]. 云南社会科学，2013（6）：128-132.
❹ 杨临萍. 网络服务提供者承担连带责任六大因素 [EB/OL]. [2017-06-05]. http://legal.people.com.cn/n/2014/1023/c42510-25893609.html2014.10.23.
❺ 李薇薇. 3D 打印中商标不当使用行为的法律规制 [J]. 华中科技大学学报（社会科学版），2014（5）：83.

并未实际打印,因此实行行为本身可能不被认为是侵权,那么帮助行为也难以被认为是侵权。❶ 确定引诱侵权的困难则主要来自行为人主观心态的证明,也即证明行为人通过明示或暗示的手段引诱他人实施了侵犯商标权的行为。对此,"漠不关心"(deliberate indifference to a known risk)和"故意无视"(willful blindness)规则已在美国商标法判例中作为主观心态的认定方法得到采纳。❷

三、3D 打印对商标保护的相关理论探讨

基于上述 3D 打印对于商标权侵权行为认定的局限性,我们将会从混淆理论和淡化理论对其进行系统的梳理和分析。

(一)混淆理论

判断行为是否构成商标侵权的核心问题就是认定"混淆的可能性"。按照混淆发生的时间先后,可将混淆分为售前、售中和售后混淆。

售前混淆又称为初期混淆,即一开始混淆,但当看到实物后并没有混淆。该理论在"注意力经济"时代具有特别重要的意义。❸ 目前我国商标法并未引入该理论,且 3D 打印所涉及的商标侵权行为也未对其产生影响,所以此处不再赘述。

所谓售中混淆,就是一般意义上的商标混淆。消费者基于对相同商标标识的信任而误以为是正牌商品,从而被误导并作出了错误的消费决策,导致消费者和商标权利人均蒙受损失,而仿冒者获得不法利益。正如上文所列举的,无论是运用 3D 打印将包含有他人商标的产品进行打印还是将他人的商标打印出来后贴于其他相似产品之上等行为,只要未经权利人许可,涉及商业目的,有可能造成消费者混淆的,都可以运用售中混淆理论进行判定。

售后混淆是指,消费者在购买假冒商品时明知其是假冒的,并未发生混淆,但在购买后的使用过程中,却会使看到商品的旁观者发生混淆,由于假冒商品在质量和外观上必然存在瑕疵,这会让不明真相的旁观者降低对正牌商品的评价,从而对真正的品牌商品造成商誉损害。虽然售后混淆理论来源于美国,且在我国并未得到承认,但是在 3D 打印环境下,很有必要考虑 3D 打印仿造对于正品的商誉影响。究其原因在于,未来成熟的 3D 打印必然使得对他人商品的模仿达到纤毫毕现的程度,"所印即所得",因此在外形上很容易蒙蔽消费者。但是由于正品制造者在原料选取、加工制造上还会有很多技术,而这些仿造者无法知晓,这使得仿制的产品徒有其形,而在内在功能技

---

❶ 刘强,李红旭. 3D 打印视野下的商标侵权认定 [J]. 知识产权,2015 (5):58.
❷ 前者只要求行为人知道侵权风险的存在,并且消极地无视该风险而实施行为;后者则不仅要求行为人认识到存在较高的侵权可能性,而且要采取积极的措施以避免对侵权事实的查证,从而提高认定标准。
❸ 黄晖. 商标法 [M]. 北京:法律出版社,2016:117.

术细节上无法与正品真正一样，但是消费者对此并不知情。这就很容易导致"售后混淆"，从而对真正的商标权利人造成品牌淡化和商誉上的隐形损害。

（二）淡化理论

最早提出淡化理论的是美国法学家弗兰克·斯科特。其1972年发表的《商标保护的理论基础》一文中提到："在所有这些案件中，必须结合商标的功能，才能测算真正的损害。这种损害表现在，由于被使用在非竞争的商品上，商标或名称在公众心中的形象和影响逐渐削弱后降低。商标越是显著或独特，给公众的印象就越深，防止该商标与其特定商品之间的联系被削弱或消失的需求就越强烈。"针对商标的淡化问题，美国专门制定了商标反淡化法予以规制。

我国尚未对其进行专门的立法，但是在《商标法》以及《商标法实施条例》等法律法规中已经构建起对驰名商标淡化的保护。驰名商标淡化行为主要表现形式有冲淡和玷污两种。首先，驰名商标的冲淡，指无权使用人将相同或近似商标使用在与驰名商标商品不相同或不类似的商品上，从而使该驰名商标与其商品之间的特定联系弱化，甚至消失，侵蚀了驰名商标特有的吸引力和广告价值。3D打印所带来的对于产品设计和制造能力的提高，会使得使用者使用商标标识的能力大大提高，也更加方便将他人的商标使用在其他不相关的领域，从而降低其商标标识在本领域内的识别度。其次，驰名商标的玷污，指一个商标被用于某些服务或商品上或用于某种环境下，有可能使该商标良好的信誉被贬低、毁损。3D打印虽然具有精确打印产品外观和结构的功能，但是其打印的产品质量和精度目前还远不及传统生产厂商的标准。一旦其流入市场，必然会引发消费者对产品质量的不满，从而有损商标权人的商誉。

四、3D打印时代对商标保护的建议

（一）增加"个人非商业性使用"条款并加以限制

对于商标权的权利限制，目前我国并未设定个人非商业性使用条款，其原因在于商业标识和产品生产天然具有技术和成本壁垒。然而3D打印的发展使得消费者个人制造能力大幅提升，将来可能会威胁到附着在产品之上的商标。虽然个人的非商业性行为本身一般并不损害商标在商业范围内的指向性，对于商标权人的商业利益不会产生太大的影响，但个人非商业性使用行为的汇集效应在未来可能会对商标权人带来很大的影响，因此存在讨论的必要。

鉴于当前3D打印自身技术的限制和我国产业发展的现状，对于商标权的权利限制应当增加"个人非商业性使用"条款，将基于个人兴趣、爱好使用3D打印技术打印出的附着、替换或删除商标的行为明确界定为商标侵权的抗辩理由，并且对其范围进行严格的界定。

具体标准表现为：第一，个人使用的目的必须善意，体现在利用3D打印生产、制造他人产品时的附着、替换或删除商标的行为是出于个人的兴趣、爱好，而不是损害商标权人利益的意图。第二，个人使用的性质必须是非营利性。此处的非营利性仅限于个人使用非营利性的3D打印设备来打印产品。第三，个人使用的数量和价值，应当仅限于家庭内部使用。

上述规定设置的原因在于：首先，避免对于个人非商业使用过于严格的规定，而丧失立法的尊严。3D打印本身所带来的分布式制造对于整个知识产权法所带来的冲击具有相似性，即发现侵权行为的成本和诉讼成本过高，与其赋予商标权人一项难以行使的权利，不如将个人非商业性使用行为限定在一个合理的范围。其次，为3D打印产业发展预留发展的空间。当前3D打印及其产业发展还处于初期阶段，由于技术自身还存在较大的局限性，当前3D个人打印对于商标权人利益的侵害基本还停留在理论层面。

（二）引入"漠不关心"和"故意无视"规则

引入"漠不关心"和"故意无视"规则可以应对商标间接侵权问题。鉴于间接侵犯商标权的行为人主观心态不容易认定，可借鉴美国的"漠不关心"和"故意无视"规则来判定。上述规则分别对应以下两种情形：①行为人在知道侵权风险存在的情况下，采取消极的态度，无视风险而继续实施商标侵权的行为；②行为人不但能意识到使用商标行为可能存在的较高侵权风险，而且主观上还采取积极措施以规避侵权事实的查证。

（三）可将"通知—删除"规则引入商标法

当前著作权领域内的"通知—删除"规则可很好地解决3D打印在作品传播过程中的问题，在美国的"left shark"和"铁王座"事件中，权利人通过该规则的运用有效地防止了相关CAD文件在网络上的传播，遏制了侵权行为的进一步实施。因此，建议将著作权领域内的"通知—删除"规则和"红旗标准"引入商标领域。

首先，处于技术中立地位的网络服务提供商在不知道或不应当知道侵权事实存在的情况下，只要接到权利人诉求之后及时履行了删除相关数字文件的义务，就可以考虑免除网络服务提供商承担侵权的损害赔偿责任。其次，处于技术中立地位的网络服务提供商应当具有转送通知的责任，即在收到权利人的合格通知后应及时将通知转送上传者，并规定合理的反馈时间。只有在合理期限内没有收到上传者的通知时，才应及时删除相关的数字文件；如果在合理时间内收到了上传者的反馈意见，应当及时将反馈意见通知权利人，并告知权利人可以通过诉讼手段进行解决。再次，处于技术中立地位的网络服务提供商在接到商标权人通知后没有及时删除侵权信息的，可考虑与上传者承担共同侵权责任。最后，处于技术中立地位的网络服务提供商应当对于通知的申请提出统一的格式或要求，如要求提供商标注册信息等。虽然也有学者认为商标领域引入"通知—删除"规则对网络服务提供商要求了过高的注意义务，毕竟商标领域相对于著作权领域的作品来说在判断是否涉及侵权时更为复杂。但是随着与3D打印一同发展的人工智能和区块链技术的不断完善，技术上的问题也会迎刃而解。

需要说明的是，由于3D打印自身存在的技术缺陷和产业发展规模的限制，当前3D打印对于商标法的上述影响并未实际显现。至于未来可能出现的个人3D打印普及所带来的叠加效果，还存在未知性。而且商标法所保护的并非商标这一符号本身，其实质在于保护商标在商业化活动过程中所产生的指向性。这不仅涉及商业标志本身，而且涉及商业产品的生产。如果能够通过著作权法和专利法对商品中包含的作品或者专利进行合理的规制，商标法本身所存在的问题可能也能够迎刃而解。这也充分体现了知识产权法整体所表现出的整体性效应。

第二节　3D打印涉及的竞争法问题

一、3D打印与反不正当竞争法的冲突

从3D打印产业的现状来看，其未来的发展方向主要有二：一是面向高端化的制造业，为其提供高质量、高价位的服务；二是面向终端消费者，即为个人提供3D打印服务，使用这种服务的成本也会相对低廉。

对于运用于制造业的3D打印，基本可以借助现有的知识产权制度进行保护；而对于面向个人的3D打印来说，现有的知识产权制度存在诸多漏洞。考虑到制造业所需的3D打印价格高昂，按照目前的发展状况暂时无法迅速规模化，因此，3D打印势必会先在个人使用的领域推广开来，并实现个性化制造。个人只要持有3D打印设备与设计图，便可以根据各自需求制造物品。与制造业中的3D打印不同，个人3D打印的需求导向性及个性化设计的隐私性将成为知识产权制度下侵权认定的主要难点。

（一）私人制作与"从事商品生产、经营或者提供服务"的冲突

反不正当竞争法的立法目的是保护经营者和消费者的合法权益。所谓的不正当竞争行为，是指经营者在生产经营活动中，违反反不正当竞争法规定，扰乱市场竞争秩序，损害其他经营者或者消费者的合法权益的行为。不正当竞争行为的主体须是生产经营活动中的经营者。但个人使用3D打印将使消费者和自主生产者的两种不同角色重合。

如果个人购买某商品后对此进行扫描并批量3D打印与销售，那么该消费者同时也

具备了经营者身份。如果该假冒商品的销售对其他经营者造成了损害，则完全可以受到反不正当竞争法的规制。

如果消费者仅将商品3D打印后供个人使用，该种生产行为就不属于经营行为，不能适用反不正当竞争法。但是，不难想象，这样的个人生产行为耗时短且成本低，如果越来越多的消费者如法炮制，而经营者又无法逐一找出这些个体并追究他们的法律责任，那么毫无疑问，经营者的市场利益会遭到极大的减损。以包含商标权和大量专利权的智能手机为例，只要消费者合法获取其3D设计图便可以利用3D打印设备将其制造出来供个人使用或赠送他人。一旦人们纷纷效仿此行为，那么就不再有人愿意支付高额价款购买手机，而是倾向于自产自用，这对经营者带来的损失可想而知。

从本质上看，3D打印带来的问题其实是新科技的出现动摇了传统的生产经营模式，使原有的利益平衡被打破。一方面，3D打印使生产制造大众化、个性化，为人们带来福利。但另一方面，经营者和知识产权权利人的利益却遭到影响。这并非新的难题，而是人类在文明进展过程中不断产生的阶段性难题。知识产权体系的建立初衷是为促进创新，为保护经营者和支持知识产权权利人而剥夺新科技带给公众的便利无疑是本末倒置。但是，如对此现象置之不顾，同样也会打击创新积极性和市场活力。因此，如何缓和新科技造成的冲击、是否应采用反不正当竞争法进行干预仍需进一步的考量。

（二）3D打印涉及的标识问题

3D打印的诞生标志着"个性化制造"时代的到来。相应地，不当使用标识的现象也会随之增加。根据现行《反不正当竞争法》第6条规定，经营者不得擅自使用与他人有一定影响的商品名称、包装、装潢等相同或者近似的标识。相比该法1993年制定时规定的"知名商品"范围更广。该条还设置了兜底条款，即其他足以引人误以为是他人商品或者与他人存在特定联系的混淆行为在被明确禁止之列。该条款强调行为造成的"发生或足以发生误认"的结果。3D打印中可能存在的不当行为大致有两类。一类是打印者在非原商品上打印相应商标。这类行为可归于"擅自使用与他人有一定影响的商品名称、包装、装潢等相同或者近似的标识"。另一类是打印原商品但删除相应商标。这类行为并不会受到商标法的规制；但如果该行为造成了误认或可能误认的结果，则会受到《反不正当竞争法》的规制。但问题是，如果仅供自用，是否还有造成误认的可能？如前文所述，即便是自用，打印商品的行为也会对商品的销量产生影响进而损害经营者利益。并且，私自打印的商品与正品也不一定完全相似，如消费者公然使用质量有瑕疵的打印产品，同样会折损商标权利人的商誉。然而，从目的上看，消费者并非为了商业利益而打印、使用产品，且打印的数量也较为有限，认定为是不正当竞争行为未免过于牵强。

(三) 3D 打印涉及的商业秘密问题

要完成 3D 打印，模型设计图是必不可少的。那么，在获取设计图的过程中是否会侵犯到《反不正当竞争法》所保护的商业秘密呢？对于个人而言，如果原始设计图通过专利审查机关向社会公开，自然可以合法地获取，不会产生法律问题。如果设计者未公开设计图，则个人只能通过计算机技术对成品进行测量、扫描并由此获取设计图。这一获取手段属于反向工程。根据《最高人民法院关于审理不正当竞争民事案件应用法律若干问题的解释》（法释〔2007〕2 号）第 12 条的规定，通过自行开发研制或者技术手段从公开渠道取得的产品进行拆卸、测绘、分析等行为而获得产品有关技术信息的，不构成对他人商业秘密的侵犯。尽管获取行为本身合法，但获取并进行 3D 打印之后，如果在产品上附加了具有区别产品来源作用的显著标识，如商品特有名称、装潢、包装、图案、造型等，并最终引起相关消费者混淆误认，同样有构成不正当竞争的可能性。

(四) 3D 打印涉及的知识产权过度保护问题

学术界普遍认为，当知识产权法缺乏特别规定或不完备时，反不正当竞争法可以发挥辅助和兜底的作用，以填补知识产权法的漏洞。不论是反不正当竞争法还是知识产权法，都体现着法学的重要理论——利益平衡理论的思想。维持个体利益与公共利益的平衡，缓和二者的冲突，正是立法的重要作用之一。知识产权法的立法初衷即是"为天才之火添加利益之油"。一方面，知识产权法赋予创造者特殊权利以鼓励创新，推动生产力发展；另一方面，知识产权法也鼓励科学技术被更广泛地传播与应用，发挥出其应有的社会效益和公共效益。这即是权衡了公共利益与个人利益的结果。然而，知识产权有时也会被肆意滥用，成为独断专权的牟利手段，进而使个人利益与公共利益的天平向一端倾斜。例如，在生物制药领域，某些公司为申请专利，窃取遗传资源或民族医药技术，继而收取高价专利费。如此一来，真正对药品有需求却难以承担此费用的一般民众就无法享受医疗发展的成果。因此，从根本上说，要保持知识产权生态系统的良性发展，就势必要遏制知识产权的过度私有化，鼓励知识共享，否则就像自然资源的过分掠夺一样，可能会破坏现存的生态系统。3D 打印的个性化使用也同样应当以利益平衡理论为出发点。同样以制药领域为例，英国 Central Lancashire 大学的研究者正致力于运用 3D 打印为病人按需定制药物，使得病人在家中也能自制药物，大大降低了制药成本。除了医疗，3D 打印还可以用于食品的生产，解决贫困地区的饥荒问题。当涉及民生福利等公共问题时，是否还应当追究其使用者侵犯知识产权或构成不正当竞争的责任？新的技术往往都是双刃剑，我们既要考虑 3D 打印对公共社会的积极作用，也要考虑其负面影响。

二、缓和3D打印与反不正当竞争法之间冲突的对策

(一) 对立法者的建议

如前文论述，3D打印带来的问题在一定程度上可以通过传统的知识产权制度妥善解决，没有必要为此推陈出新，打破现有知识产权制度的稳定性。但与此同时，也不能否认3D打印所引发问题的特殊性。"个性化"和"全民制造"是3D打印最核心、最重要的变革，这将会极大地动摇传统制造业的生产及传播方式，公共利益和个人利益的天平也会因此倾斜。在不久的将来，3D打印普及的时代，当私人制造和使用进入市场，减损了经营者利益时，应怎样适用反不正当竞争法或者知识产权法对其进行规制尚是未知数。如果不认定为侵权，会有失公允；如果认定为侵权，又欠缺足够的法律依据。

因此，立法者还需在利益平衡原则的指导之下，对现有的相关法律法规进行进一步的完善。例如，针对3D打印降低生产门槛而实现"全民制造"的趋势，立法者可以在解释反不正当竞争法中的"生产经营者"时，将未经权利人允许而擅自以3D打印方式打印与其相同或相类似的产品，并给权利人的利益带来损害的个人或团体纳入其中。当然，我们还应在实践中结合每个案例的具体情况综合考虑，而并不是草率地对法律作出扩张解释。凡事都是一体两面的，将私人制造认定为侵权，虽然直接地保护了权利人的利益，但是，从另一个角度来看，它也阻碍了消费者使用3D打印和与公众分享科技成果的权利，不利于促进该产业的整体健康发展和规划。因此，解决3D打印与反不正当竞争法的冲突还应进行个别评价，综合考量侵权纠纷的个案因素，充分权衡各方利益之后再作决断。

(二) 对生产经营者的建议

法律并不是万能的，甚至在很多情况下，法律发挥的作用是有限的。要平衡公共利益和私人利益，不能仅仅依靠法律的强制，更需要生产经营者自主地采取措施，提高技术水平，对核心技术采取更强的管理和保护措施，降低侵权发生的可能性。具体而言，生产经营者可以从以下几方面入手。

第一，加强对产品模型设计图的保护。模型设计图是3D打印的核心。对于接触设计图的人员应当严格控制并签订保密协议。此外，也要密切关注互联网平台上的传播情况，对于有侵权之嫌的网络服务提供者应当及时警告，以防损害扩大。

第二，加强开发过程中的保密事宜。3D打印材料对于最终成品也会有很大的影响，因此，除设计图外，生产所需原料、具体加工步骤等各流程的细节也应当严格保密，并做好相关员工的保密工作。

第三，提高3D打印设备的机能。工业领域使用的3D打印设备应与个人使用的3D打印设备拉开差距。如果工业用的3D打印设备在分辨率、喷射技术等方面都远远优于个人打印设备，那么二者的成品效果自然也会有巨大差距，从而使误认的可能性降低。

第四，防止技术过于单一。如果把产品及其部件的所有制造都依托于3D打印设备，风险会自然增加。因此，开发者和生产者不如采取一定的技术保留手段。例如，可以在零部件上增加设计图上所没有的防伪工艺，防止他人对产品进行100%的复制。

第五，充分利用法律手段。知识产权法和反不正当竞争法都可适用于3D打印相关产业。生产经营者应当根据产品的特点和具体的情形选择合适的法律手段维护自己的权益。例如，对于产品上附加的商标或者图案等可通过著作权保护的要素，应当及时注册和登记。对于产品中创造性较高、容易被他人通过反向工程破解的核心技术特征，可以考虑通过专利进行强保护；对于一些不便申请专利、隐秘性较强的技术特征则可以采取商业秘密的形式进行保护。如此，便能充分利用现有知识产权制度，最大限度地保护和发挥自身的技术优势。

(三) 对3D打印产业的建议

为防止3D打印过程中的不当行为，还应当从根源着手。3D打印的起点是模型设计数据。因此，首先需要建立一个统一的模型数据库，由设计人将官方认证后的模型数据传至数据库，以此作为原本与个人3D打印的模型进行比对。美国专利商标局采取的做法是在3D打印设备内设置控制系统，当个人使用该3D打印设备进行打印之前，系统会自动将待打印的模型与数据库内的模型进行比对，如果相似度达到了一定高度，则3D打印设备不会执行打印任务。然而，该系统仅是在3D打印设备中内置数据库，无须联网，难以做到时时更新，因此效果有限。这一系统值得借鉴的优势在于，其可以控制文件的上传，并禁止他人上传与数据库中模型高度相似的模型。要实现这一控制系统或其他类似防范措施的设置，无疑需要相关行业的配合与资金支持。目前，在国内专利检索库进行搜索后，尚未发现具有相似功能的系统，我国尚需进一步的研究。另一条途径是从销售模式入手，推行模型数据与3D打印机捆绑销售的方式。类似于电子音乐与电子图书销售时的加密模式，限制消费者在3D打印机中使用模型的数量。此外，还需仰仗公权力的力量，通过制定具体的行业规范和设立监管部门的方式，严格监督利用3D打印设备实施的违法违规行为。

结　语

第一节　结　论

本研究取得了较为丰富的成果，既有对3D打印产业发展与知识产权制度关系方面的理论研究，也有3D打印条件下知识产权制度国际一体化发展、促进3D打印产业发展及应对知识产权制度完善的对策方面的实践分析。具体来说，主要包括以下几点。

一是对3D打印的发展现状和发展趋势及其影响进行了系统梳理。明确3D打印使创新活动呈现出创新成本由昂贵走向平价、创新过程由封闭走向开放、创新主体由少数走向多元、创新产品由单一走向集成、实施创新由复杂走向便捷等新特征。认识到3D打印的应用使得制造业将逐渐进入第四阶段的大批量定制的初级阶段，并带来生产制造模式和商业模式的相应变化，从而给现有的市场环境带来巨大影响。

在理论方面，确认了3D打印尚未从根本上撼动知识产权制度的初衷与理念，但是对实现知识产权法立法目的的作用机制（激励机制、利益平衡机制）带来了挑战，在应对过程中需要进一步激励创新，并针对3D打印带来的"公益－私益"失衡的风险进行利益的再平衡。在此基础上具体分析了3D打印背景下的利益格局在利益主体、利益结构、利益客体等方面发生的一系列变化，并确定了由此引发的知识产权法上的系列问题，如知识产权客体问题、知识产权侵权问题、知识产权侵权限制问题等。

在实践方面，结合理论研究结论，通过走访3D打印产业链中的企业并对当前我国3D打印所涉及的专利技术进行检索和分析，对我国3D打印产业发展对当前知识产权制度产生的影响和需求进行了实证研究后认为，我国3D打印产业发展并未出现颠覆性的效果，完全符合当前知识产权制度的基本理念，对于知识产权制度的需求表现出多元和复杂的特征。在知识产权政策方面亟须通过指导创新中心与创新成员之间以及创新成员相互之间的协议，构建国家增材制造创新中心各方成员之间的协同创新网络环境，突破对于前沿性和共性技术的研发；扩大创新中心知识产权保护的范围；加速创新中心研发成果的首次商业化。在知识产权法律层面，由于我国3D打印产业化发展起步较晚，企业规模不大且都关注各自领域，并未出现明显的交叉，因此相关的知识产权案件并不多，且主要集中于3D打印设备的外观设计方面，对于提高知识产权保护标准的诉求并不突出。但是3D打印与互联网的结合致使出现了新的商业模式，尤其是

3D打印服务提供商游走于法律的灰色地带，急需知识产权法对其发展方向进行引导。

二是在上述理论与实践研究的基础上，厘清了3D打印与知识产权制度之间的辩证关系。确认了知识产权制度对3D打印发展的作用，并且认识到3D打印产业发展是知识产权制度改革的直接推动力之一。技术创新作为生产力中最活跃的因素，其并不能对处于社会上层建筑的知识产权制度直接产生影响，而应当通过其产业化发展来实现。在此基础上构建了3D打印技术创新、产业发展与知识产权制度之间的互动模式，并从微观角度和宏观角度分析了三者之间的横向协同演变和纵向协同演变。

综上所述，我们以3D打印产业发展为切入点，对知识产权制度的基本理念、功能实现和规则制定进行深入研究后认为知识产权制度的完善不仅要满足产业发展的需要，同时也应该对技术创新和产业发展起到监督和引导的作用；在参考域外经验的基础上，提出了3D打印下知识产权制度的整体应对思路；并在整体应对思路的指引下紧紧围绕以3D打印为代表的新技术革命背景下知识产权制度的完善提出了若干法律与政策建议。

在知识产权政策层面，应当打破传统私权思维模式，强化3D打印创新中心知识产权政策的社会性；以创新中心组建协议为突破口，完善3D打印创新中心协同创新生态环境；依据国家产业发展需求，明确3D打印创新中心成果商业化的时间期限。在知识产权法律层面，根据我国发展的实际，坚持以"立法微调，司法精进"为原则，通过增设知识产权客体，扩大复制权的范围，增加知识产权法对于新技术的包容性；通过明确界定修理与再造的边界扫清3D打印产业化发展的障碍；通过重塑著作权领域个人合理使用的范围、增加专利法中"个人非营利性目的行为"和在商标法中引入"商标个人使用合理性判断标准"来引导3D打印及其产业化发展方向。在提高知识产权保护标准方面，应将"通知—删除"规则引入专利和商标领域，确认专利间接侵权与直接侵权的关系，扩大专利间接侵权的对象范围，明确专利间接侵权的构成要件等，进而为我国3D打印及其产业化发展创造宽松的法律环境，释放科技进步的红利。在解决3D打印与反不正当竞争法冲突的问题上，除了进一步完善相关行业规范并加强监管外，还应进行个别评价，综合考量侵权纠纷的个案因素，充分权衡各方利益。

总而言之，我们以理论研究为起点，以实践研究为主线，将理论研究成果运用到具体实践问题的解决中，并由此提出了具有实践意义的政策建议。在学术价值方面，在3D打印产业发展与知识产权制度关系方面的研究理论成果，弥补了国内相关研究的不足，为我国新技术革命背景下知识产权制度的完善提供了理论支撑。在应用价值方面，提出的关于知识产权政策完善、知识产权法律改进方面的政策建议，为政府部门在知识产权政策方面的科学决策及立法部门在知识产权法律方面的科学完善提供了支撑。上述建议有的得到中共中央办公厅的采纳，有的被相关政府部门在政策制定和完善中采纳。

第二节　研究不足与下一步计划

　　鉴于3D打印、人工智能等新一轮科技革命标志性技术还处于迅猛发展时期，无论是技术本身，还是相关产业的形成，都尚未稳定，对社会经济的影响尚难准确判定，司法实际案例仍然鲜见。对它们的研究和分析更多的还是从趋势预测与理论推导的角度展开的，因此难免有"秀才打仗，纸上谈兵"的感觉，以及"只见树木，不见森林"的偏见与缺陷。例如，对于3D打印的非商业目的的实施对权利人的损失有多大、由3D打印引发的侵权和假冒泛滥究竟到了何种程度等问题，一方面需要我们更深入地从理论的角度探索，另一方面更要求我们及时掌握3D打印等技术和相关产业发展的最新动态、趋势、现实的案例，从实证的角度作更全面和更科学的分析，方能得出锦囊妙计，从而未雨绸缪，与时俱进地调整相关知识产权制度，促进3D打印等技术和产业繁荣，迎接新一轮科技革命的到来，为建设知识产权强国和科技强国夯实基础。

　　进一步而言，贯穿全书始终的是以3D打印为代表的新一轮科技革命的核心生产要素——数据，而其中由一定智力（无论人类还是人工智能）编辑出的一部分数据，就变成了知识和信息。知识和信息在符合现有法律标准的条件下，就形成了知识产权保护的客体。换言之，在以数字化制造为主导的新技术革命时代中，真正推动经济发展和社会变革的是数据，以及以其为基础不断壮大的颠覆性技术的发展。数据具有以下主要特点：①无形性。数据产生在虚拟网络中，储存在物理介质之中，其可以被具体设备（如显示屏）所表达，甚至可以通过3D打印直接实现"异形复制"，故在新技术革命时代，数据的无形性与传统知识产权客体的无形性产生了差别。②开放性。对于数据而言，其所在的网络世界本身具有"泛民主化""非集中化""个性化"等特征，数据的利用、流通和储存等都耗费极低的交易成本，其本身没有较高的准入和使用门槛，由此虽加深了开放式创新与共享协作的趋势，但也对其中权利的保护提出了挑战。③无地域性。互联网本身是一个没有国界的虚拟世界，数据在互联网上的流转与传统交通运输（陆路、海运和空运等）的速度和范围比较，有天壤之别，这对于原有建立在地域和旧有国际运输贸易基础上的知识产权规范体系将是颠覆性的变革。④低安全性。数据安全的保护是新技术革命时代重要的命题之一，无论对于个人还是工业领域，其都将是未来法律的核心研究对象，也正是上述前三个特点导致数据的安全性令人担忧。

　　数据的无形性、开放性和无地域性特质，导致了含有专利保护客体的数据信息在旧有知识产权制度下的不适应性。因此，知识产权制度应该根据新技术革命的特征（制造数字化、去中心化和个性化）以及数字经济的需求，适当合理地对整体制度进行一定调适，从而在新技术革命时代持续维护（而不是废除或弃置）知识产权制度的权威核心地位，保持公私利益的动态平衡。

因此，除了与 3D 打印直接相关的法律问题外，我们尚未对以 3D 打印、大数据、人工智能和区块链等技术为代表的新技术革命时代中所产生的数据交互、沟通、传输、安全、竞争及其所有权和保护等法律问题进行深入研究。虽然有关数据的法律问题在当前是一个热点，但各国法律界至今都没有进行过完整且系统的整理，其中特别突出的问题有数据的法律属性、与竞争法的关联以及新技术革命环境中的整体法律适用等。对于这些问题，我们将在今后的工作学习中继续深入研究。

就具体的研究切入点而言，未来有三个方向：一是结合德国马普创新与竞争研究所在欧盟数据保护上的倡议，以及于 2018 年 5 月 25 日正式生效的欧盟《通用数据保护条例》（*General Data Protection Regulation*，GDPR），作系统性的梳理和研究，为我国未来数据相关立法提供指引；二是对区块链技术进行深入研究，分析其在新技术革命时代成为颠覆性技术的可能性，全面而系统地就其会对知识产权法律体系产生的影响进行研究，并在区块链涉及的知识产权客体的确权、交易、维权以及其他相关法律问题上逐个进行研究；三是对于新技术革命的最终目标——智能化制造进行研究。在现有知识产权理论框架下，必须清晰地区别"智能化制造"与"智能化创造"两个概念。新技术革命概念中提出的"智能化制造"仅指在计算机数控系统指挥下的自动化全程制造链，其比过往更先进的地方是其可以通过各个由网络连接的设备传感器，实时向中央系统反馈信息，从而实现智能化的合理调配和资源优化。但"智能化创造"则主要依靠人工智能技术，来实现机器取代人脑的创作和创造过程。而最终产生的技术成果的可专利性、权属、权利行使以及限制等一系列问题，都值得在将来作出进一步探索。

在知识产权制度面对新技术的挑战时，法学研究应该"拨开技术的迷雾，奔赴利益的战场"。事实上，技术创新与发展所带来的是权利人、其他人和社会公众之间不断的利益纠葛。对于知识产权法律的研究，始终离不开对隐藏在规范背后的利益指向性研究，其亦将伴随着时代进步，不断结出新的学术硕果。

参考文献

一、中文译著类

[1] ADELMAN M J, RADER R R, KLANCNIK G P, 2011. 美国专利法［M］. 郑胜利，刘江彬，主持编译. 北京：知识产权出版社.

[2] 阿尔文·托夫勒，海蒂·托夫勒，2006. 财富的革命［M］. 吴文忠，刘微，译. 北京：中信出版社.

[3] 安德森，2015. 创客：新工业革命［M］. 2版. 萧潇，译. 北京：中信出版社.

[4] BARNATT C, 2014. 3D打印：正在到来的工业革命［M］. 韩颖，赵俐，译. 北京：人民邮电出版社.

[5] 博登海默，1987. 法理学：法哲学及其方法［M］. 邓正来，姬敬武，译. 北京：华夏出版社.

[6] 费舍尔，2013. 说话算数：技术、法律以及娱乐的未来［M］. 李旭，译. 上海：上海三联书店.

[7] 富田彻男，2000. 市场竞争中的知识产权［M］. 廖正衡，等译. 北京：商务印书馆.

[8] 盖斯特，2008. 为了公共利益：加拿大版权法的未来［M］. 北京：知识产权出版社.

[9] 戈斯汀，2008. 著作权之道：从谷登堡到数字点播机［M］. 金海军，译. 北京：北京大学出版社.

[10] 格莱克，波特斯伯格，2016. 欧洲专利制度经济学：创新与竞争的知识产权政策［M］. 张南，译. 北京：知识产权出版社.

[11] 哈尔彭，纳德，波特，2013. 美国知识产权法原理［M］. 宋慧献，译. 北京：商务印书馆.

[12] 吉藤幸朔，1990. 专利法概论［M］. 宋永林，魏启学，译. 北京：专利文献出版社.

[13] 考夫，2005. 专利制度经济学［M］. 柯瑞豪，译. 北京：北京大学出版社.

[14] 克拉瑟，2016. 专利法：德国专利和实用新型法、欧洲和国际专利法：第6版［M］. 单晓光，张韬略，于馨淼，等译. 北京：知识产权出版社.

[15] 拉伦茨，2003. 法学方法论［M］. 陈爱娥，译. 北京：商务印书馆.

[16] 兰德斯，波斯纳，2016. 知识产权法的经济结构：法与经济学译丛［M］. 2版. 金海军，译. 北京：北京大学出版社.

[17] 雷炳德，2004. 著作权法［M］. 张恩民，译. 北京：法律出版社.

[18] 里夫金，2014. 零边际成本社会：一个物联网、合作共赢的新经济时代［M］. 赛迪研究院专家组，译. 北京：中信出版社.

[19] 利普森，库曼，2013. 3D打印：从想象到现实［M］. 赛迪研究院专家组，译. 北京：中信出版社.

[20] 马什，2013. 新工业革命［M］. 赛迪研究院专家组，译. 中信出版社.

[21] 麦迪森，2003. 世界经济千年史［M］. 伍晓鹰，许宪春，叶燕斐，等译. 北京：北京大学出

版社.

[22] MERRILL T W, SMITH H E, 2003. 法律经济学中财产权怎么了？[G]. 罗胜华, 译//易继明. 私法：第3辑第1卷. 北京：北京大学出版社.

[23] 墨杰斯, 迈乃尔, 莱姆利, 等, 2003. 新技术时代的知识产权法[M]. 齐筠, 张清, 彭霞, 等译. 北京：中国政法大学出版社.

[24] 青山纮一, 2014. 日本专利法概论[M]. 聂宁乐, 译. 北京：知识产权出版社.

[25] 萨缪尔森, 诺德豪斯, 2013. 经济学：第19版[M]. 肖琛, 主译. 北京：商务印书馆.

[26] 施瓦布, 2016. 第四次工业革命：转型的力量[M]. 世界经济论坛北京代表处, 李菁, 译. 北京：中信出版集团.

[27] 世界知识产权组织, 2007. 著作权与邻接权法律术语汇编：中英法对照[M]. 刘波林, 译. 北京：北京大学出版社.

[28] 斯卡利亚, 2017. 联邦法院如何解释法律[M]. 蒋惠岭, 黄斌, 译. 北京：中国法制出版社.

[29] 斯科奇姆, 2010. 创新与激励[M]. 刘勇, 译. 上海：格致出版社, 上海人民出版社.

[30] 泰雷, 森勒尔, 2008. 法国财产法[M]. 罗结珍, 译. 北京：中国法制出版社.

[31] 田村善之, 2013. 田村善之论知识产权[M]. 李扬, 等译. 北京：中国人民大学出版社.

[32] 谢尔曼, 本特利, 2006. 现代知识产权法的演进：英国的历程（1760—1911）[M]. 金海军, 译. 北京：北京大学出版社.

[33] 中国人民大学知识产权教学与研究中心, 中国人民大学知识产权学院. 十二国专利法[M]. 《十二国专利法》翻译组, 译. 北京：清华大学出版社, 2013.

[34] 十二国著作权法[M]. 《十二国著作权法》翻译组, 译. 北京：清华大学出版社, 2011.

二、中文专著类

[1] 陈锦川. 2014. 著作权审判原理解读与实务指导[M]. 北京：法律出版社.

[2] 陈瑞华, 2009. 论法学研究方法：法学研究的第三条道路[M]. 北京：北京大学出版社.

[3] 程永顺, 罗李华, 1993. 专利侵权判定：中美法条与案例比较研究[M]. 北京：专利文献出版社.

[4] 崔国斌, 2014. 著作权法原理与案例[M]. 北京：北京大学出版社.

[5] 崔国斌, 2016. 专利法原理与案例[M]. 北京：北京大学出版社.

[6] 冯晓青, 2003. 知识产权法哲学[M]. 北京：中国人民公安大学出版社.

[7] 冯晓青, 2006. 知识产权法利益平衡理论[M]. 北京：中国政法大学出版社.

[8] 冯晓青, 2010. 著作权法[M]. 北京：法律出版社.

[9] 顾金焰, 2018. 3D打印的知识产权挑战与制度创新[M]. 北京：知识产权出版社.

[10] 郭禾, 2004. 规避技术措施行为的法律属性辨析[M]//沈仁干. 数字技术与著作权：观念、规范与实例. 北京：法律出版社.

[11] 国家知识产权局, 2010. 专利审查指南2010[M]. 北京：知识产权出版社.

[12] 韩赤风, 冷罗生, 田琳, 等, 2010. 中外专利法经典案例[M]. 北京：知识产权出版社.

[13] 何敏, 2011. 知识产权法总论[M]. 上海：上海人民出版社.

[14] 胡鞍钢, 2001. 知识与发展：21世纪新追赶战略[M]. 北京：北京大学出版社.

[15] 胡波, 2011. 专利法的伦理基础 [M]. 武汉：华中科技大学出版社.

[16] 胡康生, 2002. 中华人民共和国著作权法释义 [M]. 北京：法律出版社.

[17] 华融证券 3D 打印小组, 2017. 透视 3D 打印：资本的视角 [M]. 北京：中国经济出版社.

[18] 孔祥俊, 2013. 知识产权法律适用的基本问题：司法哲学、司法政策与裁判方法 [M]. 北京：中国法制出版社.

[19] 寇宗来, 2005. 专利制度的功能与绩效 [M]. 上海：上海人民出版社.

[20] 李明德, 许超, 2009. 著作权法 [M]. 2 版. 北京：法律出版社.

[21] 李明德, 管育鹰, 唐广良, 2012.《著作权法》专家建议稿说明 [M]. 北京：法律出版社.

[22] 李明德, 2014. 美国知识产权法 [M]. 2 版. 北京：法律出版社.

[23] 李文江, 2017. 国外专利权限制及中国适用研究 [M]. 北京：知识产权出版社.

[24] 李扬, 2004. 数据库法律保护研究 [M]. 北京：中国政法大学出版社.

[25] 梁慧星, 1996. 民商法论丛：第 4 卷 [M]. 北京：法律出版社.

[26] 刘春田, 2002. 知识产权法 [M]. 2 版. 北京：中国人民大学出版社.

[27] 刘孔中, 2015. 解构知识产权法及其与竞争法的冲突与调和 [M]. 北京：中国法制出版社.

[28] 刘强, 2017. 3D 打印与知识产权法 [M]. 北京：知识产权出版社.

[29] 刘鑫, 2017. 中国 3D 打印专利技术产业化的机会与障碍 [M]. 北京：科学出版社.

[30] 罗军, 2015. 专利权限制研究 [M]. 北京：知识产权出版社.

[31] 彭礼堂, 2008. 公共利益论域中的知识产权限制 [M]. 北京：知识产权出版社.

[32] 彭霞, 2016. 专利权合理使用制度研究 [M]. 成都：西南交通大学出版社.

[33] 齐爱民, 2011. 知识产权法总则 [M]. 武汉：武汉大学出版社.

[34] 单晓光, 姜南, 漆苏, 2016. 知识产权强国之路：知识产权密集型产业研究 [M]. 上海：上海人民出版社.

[35] 孙国华, 2003. 法的形成与运作原理 [M]. 北京：法律出版社.

[36] 孙建, 罗东川, 1998. 知识产权名案评析：2 [M]. 北京：中国法制出版社.

[37] 汤宗舜, 2003. 专利法解说 [M]. 北京：法律出版社.

[38] 王迁, 2011. 知识产权法教程 [M]. 北京：中国人民大学出版社.

[39] 王迁, 2015. 著作权法 [M]. 北京：中国人民大学出版社.

[40] 王太平, 2016. 知识经济时代专利制度变革研究 [M]. 北京：法律出版社.

[41] 王泽鉴, 2009. 法律思维与民法实例 [M]. 北京：中国政法大学出版社.

[42] 吴汉东, 1996. 著作权合理使用制度研究：中青年法学文库 [M]. 北京：中国政法大学出版社.

[43] 吴汉东, 2013. 知识产权制度变革与发展研究 [M]. 北京：经济科学出版社.

[44] 吴汉东, 2015. 知识产权多维度学理解读 [M]. 北京：中国人民大学出版社.

[45] 吴汉东, 2016. 知识产权法 [M]. 北京：法律出版社.

[46] 吴伟光, 2013. 著作权法研究：国际条约、中国立法与司法实践 [M]. 北京：清华大学出版社.

[47] 徐棣枫, 2007. 专利权的扩张与限制 [M]. 北京：知识产权出版社.

[48] 徐海燕, 2010. 中国近现代专利制度研究 [M]. 北京：知识产权出版社.

[49] 尹新天, 2012. 中国专利法详解：缩编版 [M]. 北京：知识产权出版社.

[50] 张乃根, 1995. 美国专利法判例选析 [M]. 北京：中国政法大学出版社.

[51] 张玉敏, 张平, 张今, 2009. 知识产权法 [M]. 北京：中国人民大学出版社.

[52] 郑成思, 1990. 著名版权案例评析 [M]. 北京：专利文献出版社.

[53] 郑成思, 1997. 知识产权法 [M]. 北京：法律出版社.

[54] 中国电子信息产业发展研究院, 2018. 美国制造业创新研究院解读 [M]. 北京：电子工业出版社.

[55] 中国机械工程学会, 2013. 3D 打印：打印未来 [M]. 北京：中国科学技术出版社.

[56] 周洪宇, 鲍成中, 2014. 大时代：震撼世界的第三次工业革命 [M]. 北京：人民出版社.

三、中文析出文献类

（一）图书析出文献

[1] 芮文彪, 2008. 按照设计图生产印刷线路板是否属于著作权法意义上的复制 [M] // 刘华. 知识产权案例精选：2006. 北京：知识产权出版社.

[2] 张韬略, 2004. 开源软件的知识产权问题研究：制度诱因、规则架构及理论反思 [M] // 张平. 网络法律评论：第 5 卷. 北京：法律出版社.

（二）报纸析出文献

[1] 杨延超, 2013. 3D 打印挑战知识产权 [N]. 经济参考报, 2013 – 08 – 27（8）.

（三）期刊析出文献

[1] 毕文轩, 2017. 3D 打印热现象在法律解释视域下的"冷思考"：以著作权与专利权的认定与保护为视角 [J]. 天津法学, (2)：65 – 72.

[2] 蔡元臻, 2014. 3D 打印冲击下专利间接侵权制度研究 [J]. 科技与法律, (1)：142 – 159.

[3] 曹阳, 2016. 个性化 3D 打印技术知识产权问题研究 [J]. 上海政法学院学报（法治论丛），31 (1)：90 – 101.

[4] 陈燕和, 2013. 3D 打印产业发展问题分析 [J]. 产业与科技论坛，(11)：19 – 20.

[5] 陈仲伯, 曾艺, 2013. 3D 打印时代专利侵权判定的思考 [J]. 发明与创新, (11)：38 – 39.

[6] 陈子龙, 2000. 知识产权权利冲突及司法裁量 [J]. 人民司法（应用），(2)：14 – 16.

[7] 窦珍珍, 顾新, 王涛, 2017. 国外职务发明成果转化经验及启示 [J]. 中国科技论坛, (7)：176 – 183.

[8] 范长军, 郭志旭, 2014. 3D 打印对专利产品修理与重作规则的挑战 [J]. 华中科技大学学报（社会科学版），28 (5)：84 – 87.

[9] 冯晓青, 2005. 专利法利益平衡机制之探讨 [J]. 郑州大学学报（哲学社会科学版），(3)：58 – 62.

[10] 冯晓青, 2007. 知识产权法的价值构造：知识产权法利益平衡机制研究 [J]. 中国法学, (1)：67 – 77.

[11] 冯晓青, 付继存, 2011. 著作权法中的复制权研究 [J]. 法学家, (3)：103 – 116.

[12] 冯晓青, 2012. 技术创新与知识产权战略及其法律保障体系研究 [J]. 知识产权, (2)：3 – 5.

[13] 冯晓青, 2012. 网络环境下私人复制著作权问题研究 [J]. 法律科学（西北政法大学学报），30 (3)：103 – 112.

[14] 巩珊珊, 2015. 3D 打印技术对专利合理使用的影响 [J]. 法商研究, (5): 51-56.

[15] 郭鹏鹏, 2016. 专利说明书著作权问题研究 [J]. 中国版权, (5): 47-51.

[16] 郭玉军, 向在胜, 2002. 网络案件中美国法院的长臂管辖权 [J]. 中国法学, (6): 155-168.

[17] 韩缨, 2015. 欧盟"地平线 2020 计划"相关知识产权规则与开放获取政策研究 [J]. 知识产权, (3): 92-96.

[18] 胡滨斌, 2017.《专利法》第 11 条"除本法另有规定的以外"之辨析 [J]. 交大法学, (2): 131-138.

[19] 胡凌, 2013. 3D 打印的法律挑战 [J]. 文化纵横, (4): 92-95.

[20] 黄亮, 2015. 3D 打印著作权问题探讨 [J]. 现代出版, (2): 24-27.

[21] 黄玉烨, 张惠瑶, 2015. 3D 数字模型的复制权保护探析 [J]. 中南大学学报（社会科学版）, (5): 45-50.

[22] 贾佳, 赵兰香, 万劲波, 2015. 职务发明制度促进科技成果转化中外比较研究 [J]. 科学学与科学技术管理, (7): 3-10.

[23] 贾平, 李辉, 孙棕檀, 2015. 国外 3D 打印技术在航天领域的应用分析 [J]. 国际太空, (4): 31-34.

[24] 焦和平, 2014. "异体复制"的定性与复制权规定的完善：以我国《著作权法》第三次修改为契机 [J]. 法律科学（西北政法大学学报）, 32 (4): 119-126.

[25] 金海军, 2017. 美国最高法院 2016 年度知识产权判例解析 [J]. 知识产权, (9): 67-88.

[26] 孔晨岑, 2015. 3D 打印在汽车领域的知识产权问题研究 [J]. 科技情报开发与经济, (11): 100-102.

[27] 李琛, 2013. 论我国著作权法修订中"合理使用"的立法技术 [J]. 知识产权, (1): 12-18.

[28] 李杜, 2015. 外层空间 3D 打印对知识产权制度的挑战 [J]. 北京理工大学学报（社会科学版）, (3): 137-142.

[29] 李士林, 2005. 论技术措施之性质 [J]. 福建政法管理干部学院学报, (3): 2-4.

[30] 李陶, 2015. 工业 4.0 背景下德国应对 3D 打印技术的法政策学分析：兼论我国对 3D 打印技术的法政策路径选择 [J]. 科技与法律, (2): 322-338.

[31] 李薇薇, 2014. 3D 打印中商标不当使用行为的法律规制 [J]. 华中科技大学学报（社会科学版）, 28 (5): 80-84.

[32] 李扬, 2008. 修理、更换、回收利用是否构成专利权侵害 [J]. 法律科学（西北政法大学学报）, 26 (6): 78-88.

[33] 李扬, 许清, 2015. 侵害保护作品完整权的判断标准：兼评我国《著作权法修订草案（送审稿）》第 13 条第 2 款第 3 项 [J]. 法律科学（西北政法大学学报）, 33 (1): 129-138.

[34] 李永明, 郑金晶, 2016. 3D 打印中 CAD 文件的定性与复制问题研究 [J]. 浙江大学学报（人文社会科学版）, (2): 147-159.

[35] 李忠富, 何雨薇, 2015. 3D 打印技术在建筑业领域的应用 [J]. 土木工程与管理学报, (2): 47-53.

[36] 林关征, 2011. 专利激励机制的理论探源：基于政府制度设计的解析 [J]. 现代经济探讨, (3): 37-41.

[37] 凌宗亮, 2010. 失效的外观设计专利仍受著作权法保护 [J]. 人民司法（案例）, (4):

86-89.

[38] 刘迪,2015. 刍议电子商务平台服务提供者专利间接侵权中"通知—删除"规则的完善[J]. 电子知识产权,(6):22-29.

[39] 刘红光,杨倩,刘桂锋,等,2013. 国内外 3D 打印快速成型技术的专利情报分析[J]. 情报杂志,(6):40-46.

[40] 刘江涛,李旭鸿,曹春建,2016. 3D 打印对供给侧改革的影响:理论分析与政策建议[J]. 财政研究,(5):20-21.

[41] 刘强,2014. 3D 打印技术专利侵权问题研究[J]. 武陵学刊,(1):55-60.

[42] 刘强,2015. 自我复制专利侵权问题研究:以 3D 打印等自我复制技术为视角[J]. 法商研究,(5):184-192.

[43] 刘强,李红旭,2015. 3D 打印视野下的商标侵权认定[J]. 知识产权,(5):56-61.

[44] 刘强,罗凯中,2015. 3D 打印背景下的专利制度变革研究[J]. 中南大学学报,(5):51-57.

[45] 刘强,王超,2015. 3D 打印视野下的专利间接侵权[J]. 电子知识产权,(5):29-34.

[46] 刘强,张文思,2015. 我国工业设计权制度的构建:以 3D 打印为视角[J]. 武陵学刊,(3):62-67.

[47] 刘强,陈舜翊,2016. 开放源代码硬件许可协议知识产权问题研究:以 3D 打印为视角[J]. 北京理工大学学报(社会科学版),18(1):134-140.

[48] 刘强,沈伟,2016. 专利权用尽的售后限制研究:以专利权保留规则的构建为视角[J]. 知识产权,(2):56-64.

[49] 刘鑫,余翔,2015. 3D 打印技术对专利实施的潜在挑战与对策思考[J]. 科技进步与对策,(10):101-106.

[50] 刘兹恒,周佳贵,2013. 日本"U-Japan"计划和发展现状[J]. 大学图书馆学报,(3):38-43.

[51] 柳萍,2014. 3D 打印对知识产权的挑战及对策分析[J]. 新闻战线,(10):178-179.

[52] 卢纯昕,2017. 反不正当竞争法一般条款在知识产权保护中的适用定位[J]. 知识产权,(1):54-62.

[53] 卢海君,2014. 美国实用艺术作品的版权法保护制度及其借鉴[J]. 知识产权,(3):96-103.

[54] 罗娇,2014. "3D 打印"的著作权法律问题研究[J]. 知识产权,(8):41-47.

[55] 马一德,2013. 创新驱动发展与知识产权战略实施[J]. 中国法学,(4):29-32.

[56] 马忠法,2014. 3D 打印中的知识产权问题[J],电子知识产权,(5):30-38.

[57] 马忠法,2014. 3D 打印中的知识产权问题[J]. 知识产权,(5):30-38.

[58] 马忠法,陈潜,2015. 3D 打印中的"复制"与"合理使用"[J]. 上海财经大学学报,(3):97-104.

[59] 梅术文,2017. 基于 3D 打印技术的网络知识产权制度变革[J]. 科技进步与对策,(7):105-108.

[60] 宁立志,2010. 专利辅助侵权制度中的法度边界之争:美国法例变迁的启示[J]. 法学评论,(5):35-45.

[61] 宁立志,王德夫,2016. 论 3D 打印数字模型的著作权[J]. 武汉大学学报(哲学社会科学

版），（1）：104 – 111.

[62] 宁立志，周围，2015. 非营利性实施专利条款探究［J］. 法律科学（西北政法大学学报），33（4）：52 – 61.

[63] 齐爱民，2009. 论知识产权法的基本理念［J］. 中国流通经济，（11）：40 – 41.

[64] 沈凯，2012. 网络环境下私人复制补偿金制度探析［J］. 北方经贸，（12）：78 – 79.

[65] 史勤艳，2005. 论作品独创性的判断标准［J］. 山东审判，（6）：75 – 78.

[66] 宋晓明，2015. 新形势下中国的知识产权司法政策［J］. 知识产权，（5）：3 – 9.

[67] 孙文德，匡慧珍，杨志，等，2015. 杭州3D打印技术产业化发展现状及发展路径建议［J］. 现代城市，（1）：36 – 39.

[68] 孙玉荣，王罡，2017. 3D打印著作权法律问题探究［J］. 北京工业大学学报（社会科学版），（3）：52 – 57.

[69] 田村善之，2010. "知识创作物未保护领域"之思维模式的陷阱［J］. 法学家，（4）：118 – 131.

[70] 王桂杰，汤志贤，2013. 3D打印的九大知识产权挑战［J］. 中国对外贸易，（6）：64 – 65.

[71] 王璞，2012. 从"奥伏赫变"到"莱茵的葡萄"："顿挫"中的革命与修辞［J］. 现代中文学刊，（5）：25 – 36.

[72] 王迁，2003. 对技术措施立法保护的比较研究［J］. 知识产权，（2）：3 – 8.

[73] 王迁，2007. 我国著作权法中修改权的重构［J］. 法学，（11）：35 – 42.

[74] 王迁，2013. 论著作权法保护工业设计图的界限：以英国《版权法》的变迁为视角［J］. 知识产权，（1）：21 – 33.

[75] 王迁，2016. 论禁止规避技术措施的范围［J］. 法学家，（6）：134 – 136.

[76] 王迁，2017. 技术措施保护与合理使用的冲突及法律对策［J］. 法学，（11）：9 – 25.

[77] 王玉凯，2011. 利益平衡问题的冷思考：反思知识产权领域"利益平衡"［J］. 中国版权，（3）：57 – 60.

[78] 王玉凯，2016. 3D打印的知识产权法应对：基于解释论与立法论相区分的讨论［J］. 西部法学评论，（3）：84 – 92.

[79] 王忠宏，李扬帆，张曼茵，2013. 中国3D打印产业的现状及发展思路［J］. 经济纵横，（1）：90 – 93.

[80] 王重远，2012. 美国职务发明制度演进及其对我国的启示［J］. 安徽大学学报（哲学社会科学版），（1）：135 – 140.

[81] 韦稼霖，2017. 自然权利还是功利性选择：对知识产权合理性的反思［J］. 党政研究，（3）：121 – 128.

[82] 韦之，2014. 试论3D打印核心著作权问题［J］. 华中科技大学学报（社会科学版），28（5）：74 – 76.

[83] 吴广海，2014. 3D打印中的专利权保护问题［J］. 知识产权，（7）：17 – 22.

[84] 吴广海，2017. 3D打印背景下专利产品修理与再造的区分标准［J］. 知识产权，（3）：43 – 49.

[85] 吴国平，2004. 作品的法律属性及表现形式的法理分析［J］. 福建政法管理干部学院学报，（4）：24 – 26.

[86] 吴汉东，2005. 后TRIPs时代知识产权制度的变革与中国的应对方略［J］. 法商研究，（5）：

3－7.

[87] 吴汉东，2012. 试论知识产权限制的法理基础 [J]. 法学杂志，(6)：1－7.

[88] 吴汉东，2013. 论反不正当竞争中的知识产权问题 [J]. 现代法学，(1)：37－43.

[89] 吴汉东，2014. 知识产权法的制度创新本质与知识创新目标 [J]. 法学研究，(3)：95－108.

[90] 吴坤埔，2016. 3D 打印技术应用的版权障碍与立法研究：以《著作权法》第三次修订为视角 [J]. 出版广角，(10)：51－53.

[91] 伍春艳，2014. 试论 3D 打印技术背景下专利间接侵权的认定 [J]. 华中科技大学学报（社会科学版），28 (5)：77－80.

[92] 伍春艳，焦洪涛，2014. 3D 打印技术发展与专利法回应 [J]. 科技与法律，(4)：580－597.

[93] 谢乒，2009. 论从平面到立体的转换属于著作权法上的复制 [J]. 河北工程大学学报（社会科学版），(3)：65－67.

[94] 谢晓尧，吴楚敏，2016. 转换的范式：反思知识产权理论 [J]. 知识产权，(7)：3－24.

[95] 谢晓尧，吴思罕，2004. 论一般条款的确定性 [J]. 法学评论，(3)：21－28.

[96] 谢学凯，2013. 商标间接侵权之制度辨明及其独立地位 [J]. 云南社会科学，(6)：128－132.

[97] 熊琦，2011. 论著作权合理使用制度的适用范围 [J]. 法学家，(1)：86－98.

[98] 熊琦，2014. 3D 打印行为的著作权规制：旧瓶能否装新酒 [J]. 电子知识产权，(5)：46－50.

[99] 徐瑄，2003. 知识产权的正当性：论知识产权法中的对价与衡平 [J]. 中国社会科学，(4)：144－154.

[100] 许安碧，2017. 3D 打印技术中"个人使用"的困境与出路 [J]. 黑龙江省政法管理干部学院学报，(1)：49－52.

[101] 杨建锋，2011. 美国网络服务商商标协助侵权责任的认定 [J]. 重庆理工大学学报（社会科学版），(12)：17－22.

[102] 姚强，王丽平，2013. "万能制造机"背后的思考：知识产权法视野下 3D 打印技术的风险分析与对策 [J]. 科技与法律，(2)：17－21.

[103] 于灏，2015. "中国制造 2025"下的 3D 打印 [J]. 新材料产业，(7)：20－29.

[104] 袁博，2014. 3D 打印的知识产权侵权风险及对合理使用制度的影响 [J]. 中华商标，(2)：21－24.

[105] 张成龙，2000. 专利间接侵权国际立法比较 [J]. 江西社会科学，(6)：134－137.

[106] 张吉豫，2013. 禁止专利权滥用原则的制度化构建 [J]. 现代法学，(4)：93－103.

[107] 张嘉容，罗先觉，2009. 关于中国实用艺术作品保护的反思 [J]. 电子知识产权，(12)：76－80.

[108] 张今，2008. 版权法上"技术中立"的反思与评析 [J]. 知识产权，(1)：73－74.

[109] 张玲玲，张传磊，2015. 改编权相关问题及其侵权判定方法 [J]. 知识产权，(8)：28－35.

[110] 张韬略，黄洋，2014. 3D 打印时代中国专利权人的维权困局及出路 [J]. 电子知识产权，(5)：39－45.

[111] 张伟君，2016. 默示许可抑或法定许可：论《专利法》修订草案有关标准必要专利披露制度的完善 [J]. 同济大学学报（社会科学版），(3)：103－116.

[112] 赵勇，2016. 专利正当性：阿罗悖论的困境及其重释 [J]. 吉首大学学报（社会科学版），(1)：73－75.

[113] 郑国辉，2015. 中国知识产权保护与 TPP 的战略应对［J］. 上海政法学院学报（法治论丛），30（3）：59-65.

[114] 中国社会科学院工业经济研究所，2012. 第三次工业革命与中国制造业的应对战略［J］. 学习与探索，(9)：93-98.

[115] 周艳敏，2008. 临摹作品著作权保护问题探讨：从"盛世和光"艺术大展谈起［J］. 知识产权，(3)：68-72.

四、外文专著类

[1] BALLARDINI R M, NORRGÅRD M, PARTANEN J, 2017. 3D printing, intellectual property and innovation: insights from law and technology［M］. Amsterdam: Kluwer Law International.

[2] BENTLY L, SHERMAN B, GANGJEE D, et al, 2014. Intellectual property law［M］. 4th ed. Oxford: Oxford University Press.

[3] DALY A, 2016. Socio-legal aspects of the 3D printing revolution［M］. London: Palgrave Macmillan UK.

[4] DRAHOS P, 1996. A philosophy of intellectual property［M］. Aldershot: Dartmouth Publishing Company.

[5] HAEDICKE M W, TIMMANN H, 2014. Patent law: a handbook on European and German patent law［M］. Baden-Baden: Beck-Hart-Nomos.

[6] HOWELLS J, 2015. 3D printing will rock the world［M］. North Charleston: CreateSpace Independent Publishing Platform.

[7] KUR A, DREIER T, 2013. European intellectual property law: text, cases and materials［M］. Cheltenham: Edward Elgar Publishing.

[8] LIPSON H, KURMAN M, 2013. Fabricated: the new world of 3D printing［M］. Indianapolis: John Wiley & Sons.

[9] LIVESEY F, 2017. From global to local: the making of things and the end of globalization［M］. New York: Pantheon.

[10] MANYIKA J, CHUI M, BUGHIN J, et al, 2013. Disruptive technologies: advances that will transform life, business, and the global economy［M］. San Francisco: McKinsey Global Institute.

[11] NIMMER M, NIMMER D, 2003. Nimmer on copyright［M］. Miamisburg: Matthew Bender & Company, Inc..

[12] MENDIS D, LEMLEY M, RIMMER M, 2019. 3D printing and beyond: intellectual property and regulation［M］. Cheltenham: Edward Elgar Publishing.

[13] SCALIA A, 1998. A matter of interpretation: Federal courts and the law［M］. Princeton: Princeton University Press.

[14] SHERMAN B, BENTLY L, 2008. The making of modern intellectual property law: the British experience 1760-1911［M］. Cambridge: Cambridge University Press.

[15] STEELE J R, 1986. Is this my reward?: an employee's struggle for fairness in the corporate exploitation of his inventions［M］. New York: Pencraft Press.

[16] VAN DEN BERGB, VAN DER HOFS, KOSTA E, 2016. 3D printing: legal, philosophical and economic dimensions [M]. Hague: T. M. C. Asser Press.

五、外文析出文献类

（一）图书析出文献

[1] AL‐SHARIEH S, MENTION A‐L, 2013. Open innovation and intellectual property: the relationship and its challenges [M/OL] // RAN B. The dark side of technological innovation. Charlotte, NC: Information Age Publishing. https://www.researchgate.net/publication/263468599_Open_Innovation_and_Intellectual_Property_The_Relationship_and_Its_Challenges.

[2] Arrow K J, 1962. Economic welfare and the allocation of resources for invention [M] //Universities‐National Bureau Committee for Economic Research & Committee on Economic Growth of the Social Science Research Council. The rate and direction of inventive activity: economic and social factors. Princeton: Princeton University Press.

[3] BLANKE‐ROESER C, 2018. 3D‐druck als herausforderung für das deutsche und europäischepatentrecht‐rechtlicherrahmen und chancen für rechteinhaber [M] // REDLICH T, MORITZ M, WULFSBERG J P. Interdisziplinäre Perspektivenzur Zukunft der Wertschöpfung. Wiesbaden: Springer Gabler.

[4] DREIER T, NOLTE G, 2003. The German copyright: yesterday, today, tomorrow [M] // BECKER E, BUHSE W, GÜNNEWIG D, et al. Digital rights management: technological, legal and political aspects. Berlin: Springer‐Verlag.

[5] HALL B H, 1988. Innovation and diffusion [M] //FAGERBERG J, MOWERY D C, NELSON R R. The Oxford handbook of innovation. Oxford: Oxford University Press.

[6] KUR A, 2014. What to protect, and how? Unfair competition, intellectual property, or protection sui generis [M] // LEE N, WESTKAMP G, KUR A, et al. Intellectual property, unfair competition and publicity: convergences and development. Cheltenham: Edward Elgar Publishing Limited.

[7] LEE N, 2016. Revisiting the principle of technological neutrality in patent protection in the age of 3D printing technology and cloud computing [M] //ULLRICH H, HILTY RM, LAMPING M, et al. TRIPs plus 20: from trade rules to market principles. Berlin: Springer‐Verlag.

[8] MENDIS D, SECCHI D, 2015. A legal and empirical study of 3D printing online platforms and analysis of user behaviour: study I [M]. London: The UK Intellectual Property Office.

[9] VAN OVERWALLE G, 2015. Inventing inclusive patents: from old to new open innovation [M] // DRAHOS P, GHIDINI G, ULLRICH H. Kritika: Essays on intellectual property: volume 1. Cheltenham: Edward ElgarPublishing Ltd..

[10] VAN OVERWALLE G, 2015. Fair use: a workable concept in European patent law? [M] //HILTY R M, LIU K‐C. Compulsory licensing: practical experiences and ways forward. Berlin: Springer‐Verlag.

（二）期刊析出文献

[1] AMMAR J, SMITH R C, 2015. When is a trade mark use not a trade mark use?: a 3D perspective [J]. International Journal of Law and Interdisciplinary Legal Studies, 1 (1): 4-12.

[2] Anon, 2010. An interview with WIPO Director General Francis Gurry [J/OL]. WIPO Magazine, 2010

(5): 2 - 4 (2010 - 09 - 13) [2017 - 11 - 17]. http://www.wipo.int/wipo_magazine/en/2010/05/article_0001.html.

[3] ANZALONE G C, GLOVER A G, PEARCE J M, 2013. Open - source colorimeter [J]. Sensors, 13 (4): 5338 - 5346.

[4] BALLARDINI R M, LINDMAN J, ITUARTE I F, 2016. Co - creation, commercialization and intellectual property - challenges with 3D printing [J]. European Journal of Law and Technology, 7 (3): 1 - 37.

[5] BALLARDINI R M, NORRGARD M, MINSSEN T, 2015. Enforcing patents in the era of 3D printing [J]. Journal of Intellectual Property Law & Practice, 10 (11): 850 - 866.

[6] BECHTOLD S, 2004. Digital rights management in the United States and Europe [J]. American Journal of Comparative Law, 52: 323 - 382.

[7] BECHTOLD S, 2016. 3D printing, intellectual property and innovation policy [J]. International Review of Intellectual Property and Competition Law, 47 (5): 517 - 536.

[8] BERMAN B, 2012. 3 - D printing: the new industrial revolution [J]. Business Horizons, 55 (2): 155 - 162.

[9] BREAN D H, 2013. Asserting patents to combat infringement via 3D printing: it's no "use" [J]. The Fordham Intellectual Property, Media & Entertainment Law Journal, 23 (3): 771 - 814.

[10] BREAN D H, 2015. Patenting physibles: a fresh perspective for claiming 3D - printable products [J]. Santa Clara Law Review, 55 (4): 837 - 864.

[11] BROOKS G, KINSELY K, OWENS T, 2014. 3D printing as a consumer technology business model [J]. International Journal of Management & Information Systems, 18 (4): 271 - 280.

[12] BUDZINSKI C, 2014. 3D printing for prototyping: an innovative manufacturing technology [J]. Optik&Photonik, 9 (4): 23 - 23.

[13] CALABRESI G, MELAMED A D, 1972. Property rules, liability rules, and inalienability: one view of the cathedral [J]. Harvard Law Review, 85 (6): 1089 - 1128.

[14] CHAN J R M, ENIMIL S A, 2015. Copyright considerations for providing 3D printing services in the library [J]. Bulletin of the Association for Information Science & Technology, 42 (1): 26 - 31.

[15] DASARI H, 2013. Assessing copyright protection and infringement issue involved with 3D printing and scanning [J]. American Intellectual Property Law Association Quarterly Journal, 41 (2): 279 - 318.

[16] DE JONG J P, DE BRUIJN E, 2013. Innovation lessons from 3 - D printing [J]. MIT Sloan Management Review, 54 (2): 43 - 52.

[17] DEPOORTER B, 2014. Intellectual property infringements & 3D printing: decentralized piracy [J]. The Hastings Law Journal, 65 (6): 1483 - 1504.

[18] DESAI D R, 2014. The new steam: on digitization, decentralization and disruption [J]. The Hastings Law Journal, 65 (6): 1469 - 1482.

[19] DESAI D R, MAGLIOCCA G N, 2014. Patents, meet napster: 3D printing and the digitization of things [J]. The Georgetown Law Journal, 102: 1691 - 1720.

[20] DILLON S, 2014. Infringement by blueprint: protecting patent rights in a world of low - cost 3D printing [J]. American Intellectual Property Law Association Quarterly Journal, 42 (3): 425 - 458.

[21] DINWOODIE G B, DREYFUSS R C, 2017. Brexit and IP: the great unraveling [J]. Cardozo Law Review, 39: 967 – 994.

[22] DOHERTY D, 2012. Downloading infringement: patent law as a roadblock to the 3D printing revolution [J]. Harvard Journal of Law & Technology, 26 (1): 353 – 373.

[23] DOLINSKY K, 2014. CAD's cradle: untangling copyright ability, derivative works, and fair use in 3D printing [J]. Washington and Lee Law Review, 71 (1): 591 – 681.

[24] DREYFUSS R C, DONOSO E, 2016. On aiding technological development: the Max Planck Declaration on Patent Protection [J]. UC Irvine Law Review, 6 (3): 321 – 342.

[25] EBRAHIM T Y, 2016. 3D printing: digital infringement & digital regulation [J]. Northwestern Journal of Technology and Intellectual Property, 14 (1): 1 – 42.

[26] EBRAHIM T Y, 2017. 3D bioprinting patentable subject matter boundaries [J]. Seattle University Law Review, 41 (1): 24 – 25.

[27] ESMOND R W, PHERO G C, 2015. The additive manufacturing revolution and the corresponding legal landscape [J]. Virtual and Physical Prototyping, 10 (1): 9 – 12.

[28] FORREST E, CAO Y, 2013. Digital additive manufacturing: a paradigm shift in the production process and its socio – economic impacts [J]. Engineering Management Research, 2 (2): 66 – 70.

[29] GOFF R, 1997. The future of the common law [J]. International and Comparative Law Quarterly, 46 (4): 745 – 760.

[30] GRIMMELMANN J, 2014. Indistinguishable from magic: a wizard's guide to copyright and 3D printing [J]. Washington and Lee Law Review, 71 (1): 683 – 698.

[31] HOLBROOK T R, 2003. Liability for the threat of a sale: assessing patent infringement for offering to sell an invention and implications for the on – sale patentability bar and other forms of infringement [J]. Santa Clara Law Review, 43 (3): 751 – 822.

[32] HOLBROOK T R, 2006. The intent element of induced infringement [J]. Santa Clara High Technology Law Journal, 22 (3): 399 – 412.

[33] HOLBROOK T R, 2008. Extraterritoriality in U. S. patent law [J]. William and Mary Law Review, 49 (6): 2119 – 2192.

[34] HOLBROOK T R, OSBORN L S, 2015. Digital patent infringement in an era of 3D printing [J]. University of California Davis Law Review, 48 (4): 1319 – 1385.

[35] HORNICK J, 2015. 3D printing and IP rights: the elephant in the room [J]. Santa Clara Law Review, 55 (4): 801 – 818.

[36] HUBBARD W, 2011. Inventing norms [J]. ConnecticutLaw Review, 44 (2): 369 – 414.

[37] HUGHES J, 2005. On the logic of suing one's customers and the dilemma of infringement – based business models [J]. Cardozo Arts & Entertainment Law Journal, 22 (3): 725 – 766.

[38] JAKAB K, NOROTTE C, MARGA F, et al, 2010. Tissue engineering by self – assembly and bio – printing of living cells [J]. Biofabrication, 2 (2): 1 – 14.

[39] JANIS M D, HOLBROOK T R, 2012. Patent law's audience [J]. Minnesota LawReview, 97 (1): 72 – 131.

[40] JIANG R, KLEER R, PILLER F T, 2017. Predicting the future of additive manufacturing: a delphi

study on economic and societal implications of 3D printing for 2030 [J]. Technological Forecasting and Social Change, 117: 84 – 97.

[41] JONES R, HAUFE P, SELLS E, et al, 2011. RepRap: the replicating rapid prototyper [J]. Robotica, 29 (1): 177 – 191.

[42] KAGERMANN H, LUKAS W D, WAHLSTER W, 2011. Industrie 4.0: Mit dem internet der dinge auf dem wegzur 4. industriellen revolution [J]. VDI Nachrichten, (13): 3 – 4.

[43] KARUNARATNE S B, 2012. The case against combating BitTorrent piracy through mass John Doe copyright infringement lawsuits [J]. Michigan Law Review, 111 (2): 283 – 309.

[44] KITSON P J, SYMES M D, DRAGONEV, et al, 2013. Combining 3D printing and liquid handling to produce user – friendly reaction ware for chemical synthesis and purification [J]. Chemical Science, 4 (8): 3099 – 3103.

[45] KOSTAKIS V, PAPACHRISTOU M, 2014. Commons – based peer production and digital fabrication: the case of a RepRap – based, lego – built 3D printing – milling machine [J]. Telematics and Informatics, 31 (3): 434 – 443.

[46] KUFESS T, CASSW J, 2014. Rethinking additive manufacturing and intellectual property protection [J]. Research – Technology Management, 57 (5): 35 – 42.

[47] LANDES W M, LICHTMAN D, 2003. Indirect liability for copyright infringement: napster and beyond [J]. Journal of Economic Perspectives, 17 (2): 113 – 124.

[48] LANDES W M, POSNER R A, 1989. An economic analysis of copyright law [J]. The Journal of Legal Studies, 18 (2): 325 – 363.

[49] LEE E, 2010. Technological fair use [J]. Southern California Law Review, 83 (4): 797 – 874.

[50] LEMLEY M A, 1997. The economics of improvement in intellectual property law [J]. Texas Law Review, 75 (5): 989 – 1084.

[51] LEMLEY M A, 2015. IP in a world without scarcity [J]. New York University Law Review, 90 (2): 460 – 515.

[52] LEMLEY M A, 2016. The surprising resilience of the patent system [J]. Texas Law Review, 95 (1): 1 – 57.

[53] LEMLEY M A. O'BRIEN D, KENT R M, et al, 2005. Divided infringement claims [J]. American Intellectual Property Law Association Quarterly Journal, 33 (3): 255 – 283.

[54] LERNER A, TIROLE J, 2002. Some simple economics of open source [J]. Journal of Industrial Economics, 50 (2): 197 – 234.

[55] LI P, MELLOR S, GRIFFIN J, et al, 2014. Intellectual property and 3D printing: a case study on 3D chocolate printing [J]. Journal of Intellectual Property Law& Practice, 9 (4): 322 – 332.

[56] LIDDICOAT J E, NIELSEN J L, NICOL D, 2016. Three dimensions of patent infringement: liability for creation and distribution of CAD files [J]. Australian intellectual property journal, 26 (4): 165 – 178.

[57] LUNNEY G S, Jr, 2002. Fair use and market failure: Sony revisited [J]. Boston University law review, 82 (4): 975 – 1030.

[58] MACIK T, 2015. Global data meets 3 – D printing: the quest for a balanced and globally collaborative

solution to prevent patent infringement in the foreseeable 3 – D printing revolution [J]. Indiana Journal of Global Legal Studies, 22 (1): 149 – 173.

[59] MACIK T, 2015. Global data meets 3 – D printing: the quest for a balanced and globally collaborative solution to prevent patent infringement in the foreseeable 3 – D printing revolution [J]. Indiana Journal of Global Legal Studies, 22 (1): 149 – 173.

[60] MENDIS D, 2013. "The clone wars": episodo Ⅰ: the rise of 3D printing and its implications for intellectual property law – learning lessons from the past [J]. European Intellectual Property Review, 35 (3): 155 – 169.

[61] MENDIS D, 2014. "The clone wars" episode Ⅱ: the next generation: the copyright implications relating to 3D Printing and computer – aided design (CAD) files [J]. Law, Innovation and Technology, 6 (2): 265 – 281.

[62] MERGES R P, 1999. As many as six impossible patents before breakfast: property rights for business concepts and patent system reform [J]. Berkeley Technology Law Journal, 14 (2): 577 – 615.

[63] MERGES R P, 2005. A transactional view of property rights [J]. Berkeley Technology Law Journal, 20 (4): 1477 – 1520.

[64] MERGES R P, NELSON R R, 1990. On the complex economics of patent scope [J]. Columbia Law Review, 90 (4): 839 – 916.

[65] MIMLER M, 2013. 3D printing, the internet and patent law: a history repeating? [J]. La Rivista di Diritto Industriale, 62 (6): 352 – 370.

[66] MOFFAT V R, 2004. Mutant copyrights and backdoor patents: the problem of overlapping intellectual property protection [J]. Berkeley Technology Law Journal, 19 (4): 1473 – 1532.

[67] MOILANEN J, DALY A, LOBATO R, et al, 2015. Cultures of sharing in 3D printing: what can we learn from the license choices of Thingiverse users? [J]. Journal of Peer Production, (6): 1 – 13.

[68] MONOTTI A, 1997. Balancing the rights of the patentee and prior user of an invention: the Australia experience [J]. European Intellectual Property Review, 7: 351 – 359.

[69] NIMMER D, 1995. The end of copyright [J]. Vanderbilt Law Review, 48: 1385 – 1425.

[70] OHLHAUSEN H M K, 2016. Patent rights in a climate of intellectual property rights skepticism [J]. Harvard Journal of Law & Technology, 30 (1): 103 – 151.

[71] O'ROURKEM A, 2000. Toward a doctrine of fair use in patent law [J]. Columbia Law Review, 100 (5): 1177 – 1250.

[72] OSBORN L S, 2013. The leaky common law: an "offer to sell" as a policy tool in patent law and beyond [J]. Santa Clara Law Review, 53 (1): 143 – 203.

[73] OSBORN L S, 2014. Of PhDs, pirates, and the public: three – dimensional printing technology and the arts [J]. Texas A&M Law Review, 1 (4): 811 – 835.

[74] OSBORN L S, 2014. Regulating three – dimensional printing: the converging worlds of bits and atoms [J]. San Diego Law Review, 51 (2): 553 – 621.

[75] OSBORN L S, 2017. The limits of creativity in copyright: digital manufacturing files and lockout codes [J]. Texas A&M University Journal of Property Law, 4 (1): 25 – 66.

[76] OSBORN L S, 2018. Intellectual property channeling for digital works [J]. Cardozo Law Review, 39:

1303 – 1362.

[77] OSBORN L S, PEARCE J M, HASELHUHN A, 2015. A case for weakening patent rights [J]. St. John's Law Review, 89 (4): 1185 – 1253.

[78] OZBOLAT I, YU Y, 2013. Bioprintingtoward organ fabrication: challenges and future trends [J]. IEEE Transactions on Biomedical Engineering, 60 (3): 691 – 699.

[79] PEACOCK S R, 2014. Why manufacturing matters: 3Dprinting, computer – aided designs, and the rise of end – user patent infringement [J]. William & Mary Law Review, 55 (5): 1934 – 1960.

[80] PEARCE J M, 2015. Quantifying the value of open source hardware development [J]. Modern Econ, 1 (6): 1 – 11.

[81] PEARCE J M, 2012. Building research equipment with free, open – source hardware [J]. Science, 337 (6100): 1303 – 1304.

[82] PILLAY V, CHOONARA Y E, 2015. 3D Printing in drug delivery formulation: you can dream it, design it and print it. How about patent it? [J]. Recent Patents on Drug Delivery & Formulation, 9 (3): 192 – 193.

[83] RANTANEN J A, 2011. An objective view of fault in patent infringement [J]. American University Law Review, 60 (6): 1575 – 1633.

[84] RAYNA T, STRIUKOVA L, 2016. From rapid prototyping to home fabrication: how 3D printing is changing business model innovation [J]. Technological Forecasting & Social Change, 102: 214 – 224.

[85] RAYNA T, STRIUKOVA L, DARLINGTON J, 2015. Co – creation and user innovation: the role of online 3D printing platforms [J]. Journal of Engineering and Technology Management, 37: 90 – 102.

[86] RIDEOUT B, 2011. Printing the impossible triangle: the copyright implications of three – dimensional printing [J]. Journal of Business Entrepreneurship and the Law, 5 (1): 161 – 177.

[87] RIMMER M, 2017. The maker movement: copyrightlaw, remix culture and 3D printing [J]. The University of Western Australia Law Review, 41 (2): 51 – 84.

[88] ROISAH K, 2017. Understanding Trade – Related Aspects of Intellectual Property Rights Agreement: from hard and soft law perspective [J]. Hasanuddin Law Review, 3 (3): 277 – 289.

[89] SAMUELSON P, 2016. Freedom to tinker [J]. Theoretical Inquiries in Law, 17 (2): 562 – 600.

[90] SANTOSO S M, WICKER S B, 2016. The future of three – dimensional printing: intellectual property or intellectual confinement [J]. New Media & Society, 18 (1): 138 – 155.

[91] SENFTLEBEN M, 2006. Towards a horizontal standard for limiting intellectual property rights? – WTO panel reports shed light on the three – step test in copyright law and related tests in patent and trademark law [J]. IIC – International Review of Intellectual Property And Competition Law, 37 (4): 407 – 438.

[92] SILVERMAN I, 2016. Optimising protection: IP rights in 3D printing [J]. European Intellectual Property Review, 38 (1): 5 – 10.

[93] SIMON M, 2013. When copyright can kill: how 3D printers are breaking the barriers between "intellectual" property and the physical world [J]. Pace Intellectual Property, Sports & Entertainment Law Forum, 3 (1): 59 – 97.

[94] SOLMECKE C, KOCATEPE S, 2014. Der 3D – druck – ein neuer juristischer zankapfel? rechtliche aspekte des 3D – drucks mit besonderem blick auf die rechte am geistigen eigentum und das wettbewerbsrecht

[J]. K & R, 12：778 – 783.

[95] SOSNA M, TREVINYO – RODRIGUEZ R N, VELAMURI S R, 2010. Business model innovation through trial – and – error learning：the naturhouse case [J]. Long Range Planning, 43（2/3）：383 – 407.

[96] SYMES M D, KITSON P J, YAN J, et al, 2012. Integrated 3D – printed reaction ware for chemical synthesis and analysis [J]. Nature Chemistry, 4（5）：349 – 354.

[97] TAYLOR D O, 2013. Patent misjoinder [J]. New York University Law Review, 88（2）：652 – 728.

[98] TRAN J L, 2016. Two years after Alice v. CLS Bank [J]. Journal of the Patent and Trademark Office Society, 98：354 – 375.

[99] ULLRICH H, 1989. The importance of industrial property law and other legal measures in the promotion of technological innovation [J]. Industrial Property：102 – 112.

[100] VAN OVERWALLE G, LEYS R, 2017. 3D printing and patent law：a disruptive technology disrupting patent law? [J]. International Review of Intellectual Property and Competition Law, 48（5）：504 – 537.

[101] VISCOUNTY P J, GASS A M, VIRGIEN K A, 2014. 3D printing：a new technology challenges the existing intellectual property framework [J]. Orange County Lawyer, 56（10）：16 – 19.

[102] WANGM Y, HE J K, LIU Y X, et al, 2015. The trend towards in vivo bioprinting [J]. International Journal of Bioprinting, 1（1）：15 – 26.

[103] WIJNEN B, ANZALONE G C, PEARCE J M, 2014. Open – source mobile water quality testing platform [J]. Journal of Water, Sanitation and Hygiene for Development, 4（3）：532 – 537.

[104] WILBANKS K B, 2013. The challenges of 3D printing to the repair – reconstruction doctrine in patent law [J]. George Mason Law Review, 20（4）：1147 – 1181.

[105] YANISKY – RAVID S, KWAN K S, 2017. 3D printing the road ahead：the digitization of products when public safety meets intellectual property rights：a new model [J]. Cardozo Law Review, 38（3）：921 – 958．

(三) 会议录析出文献

[1] YEN – TZU C, HSIN – NING S, 2014. Understanding patent portfolio and development strategy of 3D printing technology [C] //2014 Portland International Conference on Management of Engineering and Technology. Kanazawa：IEEE：1407 – 1415.

六、学位论文类

[1] DESAI D R, MAGLIOCCA G N, 2013. Patents, meet napster：3D printing and the digitization of things [D]. Indianapolis：Indiana University Robert H. McKinney School of Law.

[2] MALAQUIAS P, 2014. The 3D printing revolution：an intellectual property analysis [D]. London：Queen Mary University of London.

[3] MENDOZA A J, 2015. Legal and social implications of the 3D printing revolution [D]. Claremont：Claremont McKenna College.

七、国内外报告类

[1] A joint project between the European Patent Office and the Office for Harmonization in the Internal Market, 2013. Intellectual property rights intensive industries: contribution to economic performance and employment in the European Union: industry – level analysis report, September 2013 [R/OL]. Munich: EPO and OHIM. https://www.epo.org/service – support/publications.html? pubid = 87#tab3.

[2] BECHTOLD S, 2015. 3D printing and the intellectual property system: economic research working paper No. 28 [R/OL]. Geneva: WIPO. https://www.wipo.int/edocs/pubdocs/en/wipo_pub_econstat_wp_28.pdf.

[3] BERGERON J, 2018, Three – dimensional printing: intellectual property rights and civil liability? [R/OL]. (2018 – 09 – 28). https://www.europarl.europa.eu/doceo/document/CRE – 8 – 2018 – 07 – 02 – INT – 1 – 228 – 0000_FR.html.

[4] CASTRO D, 2013. Should government regulate illicit uses of 3D printing? [R/OL]. Washington D. C.: ITIF. http://www2.itif.org/2013 – regulate – illicit – 3d – printing.pdf.

[5] DE JONGE B, MAISTER B H, 2016. The many national formulations of the "private and non – commercial use" exception in patent law: which, if any, satisfy TRIPs? [R]. Wageningen: Wageningen University Law and Governance Group.

[6] DIME, 2012. DIME working papers series on intellectual property rights [R/OL]. (2012 – 12 – 17). http://www.bbk.ac.uk/innovation/news – events/dime – working – papers – series – on – intellectual – property – rights/.

[7] EFI, 2015. Gutachten zu Forschung, Innovation und technologischer leistungsfähigkeit Deutschlands: Gutachten 2015 [R/OL]. [2017 – 06 – 05]. http://www.e – fi.de/fileadmin/Gutachten_2015/EFI_Gutachten_2015.pdf.

[8] European Commission, 2014. Additive manufacturing in FP7 and Horizon 2020: report from the EC workshop on additive manufacturing [R/OL]. (2014 – 06 – 18). https://www.metalliskamaterial.se/globalassets/4 – fakta/bilder/ec – am – workshop – report.pdf.

[9] Gridlogics Technologies PVT Ltd, 2014. 3D printing: technology insight report [R/OL]. [2017 – 04 – 05]. http://www.patentinsightpro.com/techreports/0214/Tech%20Insight%20Report%20 – %203D%20Printing.pdf.

[10] HILTY R M, KÖKLÜ K, 2013. Access and use: open vs. proprietary worlds: Max Planck Institute for Innovation & Competition research paper No. 14 – 07 [R/OL]. (2013 – 04 – 29). Munich: Max Planck Institute for Innovation & Competition. http://dx.doi.org/10.2139/ssrn.2425637.

[11] JPO, The Intellectual Property System Study Group for the Fourth Industrial Revolution, 2017. Report compiled by the intellectual property system study group for the fourth industrial revolution [R/OL]. (2017 – 04 – 19). https://www.meti.go.jp/english/press/2017/0419_001.html.

[12] LEERING R, 2017. 3D printing: a threat to global trade [R/OL]. (2017 – 09 – 28). https://www.ingwb.com/media/2088633/3d – printing – report – 031017.pdf.

[13] MANYIKA J, CHUI M, BUGHIN J, et al, 2013. Disruptive technologies: advances that will transform life, business, and the global economy [R/OL]. McKinsey Global Institute. (2013 – 05 – 01)

［2017 - 06 - 20］. http：//www. mckinsey. com/insights/business_technology/disruptive_technologies.

［14］ MENDIS D, SECCHI D, 2015. A legal and empirical study of 3D printing online platforms and an analysis of user behavior：study Ⅰ［R］. London：The UK Intellectual Property Office.

［15］ MENDIS D, SECCHI D, REEVES P, 2015. A legal and empirical study into the intellectual property implications of 3D printing：executive summary［R］. London：The UK Intellectual Property Office.

［16］ MÉNIÈRE Y, RUDYK I, VALDES J, 2017. Patents and the fourth industrial revolution：the inventions behind digital transformation［R/OL］. Munich：European Patent Office. https：//www. lemoci. com/wp - content/uploads/2017/12/Patents - and - the - Fourth - industrial - Revolution - 2017. pdf.

［17］ REEVES P, MENDIS D, 2015. The Current Status and Impact of 3D printing within the industrial sectors：an analysis of six cases studies［R］. London：The UK Intellectual Property Office.

［18］ RIMMER M, 2017. Intellectual property and autonomous vehicles in a gridlock economy［R/OL］. House of Representatives Standing Committee on Industry, Innovation, and Science and Resource. http：//eprints. qut. edu. au/104810/1/IP%20and%20autonomous%20vehicles%20in%20a%20gridlock%20economy%20 - %20Rimmer. pdf.

［19］ Wholers Terry and Cafrey Tim, 2016. Wohlers Report 2016：3D printing and additive manufacturing state of the industry annual worldwide progress report［R］. Wholers Associates, Inc.

［20］ WIPO, 2014. Questionnaire on exceptions and limitations to patent rights［R/OL］. http：//www. wipo. int/scp/en/exceptions.

［21］ WIPO, 2015. World intellectual property report：breakthrough innovation and economic growth［R/OL］. https：//www. wipo. int/edocs/pubdocs/en/wipo_pub_944_2015. pdf.

［22］ Wohlers Associates, 2014. Wohlers report 2014：3D Printing and Additive Manufacturing State of the Industry［R/OL］. Fort Collins, CO. , 2014, 116［2017 - 02 - 20］. http：//www. wohlersassociates. com/2014report. htm.

［23］ WTO, 2013. World trade report 2013：factors shaping the future of world trade［R/OL］. https：//www. wipo. int/pressroom/en/articles/2015/article_0015. html.

［24］ 国家统计局, 2017. 中华人民共和国2016年国民经济和社会发展统计公报［R/OL］. （2017 - 02 - 28）. http：//www. stats. gov. cn/tjsj/zxfb/201702/t20170228_1467424. html.

八、在线电子文献

［1］ 林广海. 人民法院知识产权司法保护工作取得显著成效［EB/OL］. （2018 - 01 - 31）. http：//www. chinaipmagazine. com/news - show. asp？21667. html.

［2］ 林委之. 从Enfish案和TLI案简析美国软件专利适格客体的判断标准［EB/OL］. （2016 - 10 - 09）. http：//www. chinaipmagazine. com/journal - show. asp？2505. html.

［3］ 刘迪, 单晓光. 向德国学创新（2）工业4.0：知识产权与信息化再碰撞［EB/OL］. （2015 - 03 - 14）. https：//www. thepaper. cn/newsDetail_forward_1311026.

［4］ 郑成思. 知识产权的起源［EB/OL］. http：iolaw. cssn. cn/zxzp/200405/t20040531_4590796. shtml.

［5］ 郑成思. 知识产权战略与知识产权保护［EB/OL］. （2005 - 08 - 22）. http：//www. nipso. cn/onews. asp？id＝4677.

［6］ BASILIERE P, SHANLER M. Hype cycle for 3D printing, 2017［EB/OL］.（2017－07－12）［2017－08－02］. https：//www. gartner. com/doc/3759564/hype－cycle－d－printing.

［7］ BECHTHOLD L, FISCHER V, HAINZLMAIER A, et al. 3D printing：a qualitative assessment of applications, recent trends and the technology's future potential［EB/OL］.［2017－06－20］. http：//www. e－fi. de/fileadmin/Innovationsstudien_2015/StuDIS_17_2015. pdf.

［8］ European Commission. Reflection paper on harnessing globalization［EB/OL］.（2017－05－10）. http：//eur－lex. europa. eu/legal－content/EN/TXT/？uri＝COM％3A2017％3A240％3AFIN.

［9］ European Parliament（Committee on Legal Affairs）. Working document on three－dimensional printing, a challenge in the field of intellectual property rights and civil liability［EB/OL］.（2017－11－23）. http：//www. europarl. europa. eu/sides/getDoc. do？type＝COMPARL&reference＝PE－612. 302&format＝PDF&language＝EN&secondRef＝01.

［10］ GHILASSENE F. L'impression 3D：impacts économiques et enjeux juridiques［EB/OL］. https：//www. inpi. fr/sites/default/files/l_impression_3d_sept_2014. pdf.

［11］ HARHOFF D, HEUMANN S, JENTZSCH N, et al. Eckpunkte einer nationalen strategie für künstliche intelligenz［EB/OL］. https：//www. ip. mpg. de/fileadmin/ipmpg/content/aktuelles/Eckpunkte_einer_nationalen_Strategie_fuer_Kuenstliche_Intelligenz. pdf.

［12］ HILTY R M. Intellectual property and private ordering：Max Planck Institute for innovation and competition research paper No. 16－15［EB/OL］. https：//ssrn. com/abstract＝2875621.

［13］ HSU J. How face recognition tech will change everything［EB/OL］. https：//www. seeker. com/how－face－recognition－tech－will－change－everything－1767588451. html.

［14］ International Trademark Association. 3D printing：key legal issues and options for change［EB/OL］. https：//www. inta. org/wp－content/uploads/public－files/advocacy/testimony－submissions/3D－Printing－Report－27. 09. 2017. pdf.

［15］ JEWELL C. 3D printing and the future of stuff［EB/OL］. WIPO Magazine, 2013（2）：2－6. https：//www. wipo. int/wipo_magazine/en/2013/02/article_0004. html.

［16］ MARSHALL B. Better drawings make a better patent［EB/OL］. WIPO Magazine, 2010（2）：20－22［2017－11－17］. http：//www. wipo. int/wipo_magazine/en/2010/02/article_0008. html.

［17］ MICHAEL G J. Anarchy and property rights in the virtual world：How Disruptive Technologies Undermine the State and Ensure that the Virtual World Remains a 'Wild West'［EB/OL］.［2017－06－15］. http：//ssrn. com/abstract＝2233374.

［18］ MICHAEL W. What's the deal with copyright and 3D printing［EB/OL］.（2013－01－29）. https：//www. publicknowledge. org/files/What％27s％20the％20Deal％20with％20Copyright_％20Final％20version2. pdf.

［19］ MURPHY M, XUAN S. Chinese intellectual property aspects of 3D printing［EB/OL］.［2013－07－01］. http：//www. hg. org/article. asp？id＝30501.

［20］ National Board of Trade（Sweden）. Trade regulation in a 3D printed world［EB/OL］. https：//www. kommers. se/Documents/dokumentarkiv/publikationer/2016/Publ－Trade－Regulation－in－a－3D－Printed－World. pdf.

［21］OECD. The next production revolution: implications for governments and business［M/OL］. Organization For Economic Co – Operation & Development, 2017 https: //www. oecd. org/governance/the – next – production – revolution – 9789264271036 – en. htm.

［22］PETRICK I J, SIMPSON T W. 3D printing disrupts manufacturing: how economies of onecreate new rules of competition［J/OL］. Research – Technology Management, 2013（6）: 12 – 16（2015 – 12 – 28）. https: //english1312rodolforubio. files. wordpress. com/2014/02/3d – printing – disrupts – manufacturing. pdf.

［23］POHLMANN T. Patent and litigation trends for 3D printing technologies［EB/OL］.（2019 – 03 – 12）. https: //www. iam – media. com/patent – and – litigation – trends – 3d – printing – technologies.

［24］SHUCHMAN L. 3D printing: the next big thing in IP law［EB/OL］.（2013 – 05 – 17）［2017 – 06 – 12］. http: //www. law. com/corporatecounsel/PubArticleCC. jsp? id = 1202600412379&3D_Printing_The_Next_Big_Thing_in_IP_Law&slreturn = 20130605113136.

［25］SOSA F. Katy Perry Law Firm responds and so does political sculptor: 2015［EB/OL］.［2018 – 04 – 10］. http: //politicalsculptor. blogspot. com. au/2015/02/katy – perry – law – firm – responds – and – so. html.

［26］The UK Intellectual Property Office. 3D printing: a patent overview［EB/OL］.（2013 – 11 – 18）［2017 – 04 – 02］. https: //www. gov. uk/government/publications/3d – printing – a – patent – overview.

［27］The United States Patent and Trademark Office. 2014 interim guidance on patent subject matter eligibility［EB/OL］.（2014 – 12 – 16）. https: //www. federalregister. gov/documents/2014/12/16/2014 – 29414/2014 – interim – guidance – on – patent – subject – matter – eligibility.

［28］WEINBERG M. It will be awesome if they don't screw it up: 3D printing, intellectual property and the fight over the next great disruptive technology［M/OL］. Public Knowledge（white paper）.（2010 – 11 – 10）. https: //www. publicknowledge. org/files/docs/3DPrintingPaperPublicKnowledge. pdf.

［29］WIPO Standing Committee on the Law of Patents（Twentieth Session）. Exceptions and limitations to patent rights: private and/or non – commercial use: Document SCP/20/3［EB/OL］.（2014 – 11 – 15）. http: //www. wipo. int/meetings/en/doc_details. jsp? doc_id = 256317.

［30］WIPO. Small group of countries drives innovation in breakthrough technologies［EB/OL］.（2015 – 11 – 15）. https: //www. wipo. int/pressroom/en/articles/2015/article_0015. html.

九、相关案例

［1］*3D Systems Inc. v. Aarotech Laboratories Inc.* 160F. 3d 1373（1998）.

［2］*Adams v. Burke*, 84 U. S. 453（1873）.

［3］*Alice Corp. Pty. Ltd. v. CLS Bank Int'l*, 134 S. Ct. 2347, 2354（2014）.

［4］Appeal from the United States Patent and Trademark Office, Patent Trial and Appeal Board in No. 10/868, 312.

［5］*Aro Manufacturing Co. v. Convertible Top Replacement Co.* 377 U. S. 476（1964）.

［6］*Association for Molecular Pathology v. Myriad Genetics, Inc.* No. 12 – 398（569 U. S. June 13, 2013）.

[7] *Baker v. Selden*, 101 U. S. 99, at101 – 107 (1879).

[8] *Bauer & Cie v. O'Donnell*, 229 U. S. 1 (1913), 10.

[9] BGHZ, 144, 232, 235 – Parfumflakon.

[10] *Bilski v. Kappos* 130 S. Ct. 3218, 3225 – 31 (2010).

[11] *Bristol – Myers Squibb Company v. Minister of Health*, HCJ 5379/00, 55 P. D. (4) 447 [2001].

[12] *Broadcom Corp. v. Qualcomm Inc.* 543 F. 3d 683, 699 (2008).

[13] Bundesgerichtshof [BGH] [Federal Court of Justice] July 17, 2012, Case No. X ZR 97/11 (Ger.) – Palettenbehälter Ⅱ (Pallet Container Ⅱ).

[14] Bundesgerichtshof [BGH] [Federal Court of Justice] May 4, 2004, Case No. X ZR 48/03 (Ger.) – Flügelradzähler.

[15] *Carol Barnhart v. Economy Corporation*, 773 F. 2d411 (2nd Cir. 2005), p. 418.

[16] *Certain Hardware Logic v. ITC*, ITC investigation No 337 – TA – 383.

[17] *ClearCorrect Operating, LLC v. International Trade Commission* 819 F. 3d 1334 (Fed. Cir. Mar. 31, 2016).

[18] *Cooper v. Universal Music Australia Pty Ltd.*, 156 FCR 380 (2006).

[19] *Cuisenaire v. Reed* [1963] VR 719.

[20] *Deepsouth Packing Co. v. Laitram Corp.*, 406 U. S. 518 (1972).

[21] *Desktop Metal Inc. v. Markforged, Inc. and Matiu Parangi, Case number*:1:18 – CV – 10524.

[22] *Diamond v. Diehr*, 450 U. S. 175 (1981).

[23] *Educational Testing Services v. Katzman*, 793 F. 2d 533, 539 (3rd Cir. 1986).

[24] *Eolas Techs., Inc. v. Microsoft Corp.*, 399 F. 3d 1325, 1339 – 40 (Fed. Cir. 2005).

[25] *Feist Publ'ns v. Rural Tel. Serv.*, 499 U. S. 340, 361 (1991).

[26] *Global Tech Appliances Inc. v. SEB*, 131 S. Ct. 2060, U. S (2011).

[27] *Hughes Aircraft Co. v. United States*, 640 F. 2d 1193 (Ct. Cl. 1980).

[28] *i4i Ltd. P'ship. v. Microsoft Corp.*, 598 F. 3d 831, 848 – 49 (Fed. Cir. 2010).

[29] *In re Beauregard* 53 F. 3d 1583 (Fed. Cir. 1995).

[30] *In re Lowry*, 32 F. 3d 1579, 1583 (Fed. Cir. 1994).

[31] *Jazz Photo v. ITC* 264 F. 3d 1094 (Fed. Cir. 2001).

[32] *Lexmark International, Inc. v. Impression Products, Inc.* No. 15 – 1189. (Argued March 21, 2017—Decided May 30, 2017).

[33] *Life Techs v. Promega*, No. 14 – 1538. (Argued December 6, 2016—Decided February 22, 2017).

[34] *Lucasfilm Ltd & Others v. Ainsworth and Another.* [2011] UKSC 39, [2012] 1 AC 208.

[35] *Lucky Break Wishbone Corp. v. Sears Roebuck & Co.*, 373 Fed. App'x 752 (9th Cir. 2010).

[36] *Menashe Business Mercantile v. William Hill Organization Ltd.*, R. P. C. 31. (2003).

[37] *Metro Goldwin Mayer Studios Inc. v. Grokster. Ltd.*, 545 U. S. 913, 940 (2005).

[38] *MGM Studios, Inc. v. Grokster, Ltd.* 545 US 913 (2015).

[39] *Microsoft v. AT&T*, 550 U. S. 437, 441 – 442 (2007).

[40] *Molecular Pathology v. U. S. Patent & Trademark Office* 653 F. 3d 1334 (Fed. Cir. 2011).

[41] *Monroe Auto Equipment Co. v. Precision Rebuilders, Inc.* 229 F. Supp. 347, 347 (D. Kan. 1964).

[42] *Napp pharmaceutical holdings limited v. Dr. Reddy's laboratories* [2016] EWHC 1517 (Pat).

[43] *Nautilus, Inc. v. Biosig Instruments, Inc.* 134 S. Ct. 2120, 2124 (2014).

[44] *NTP Inc. v. Research in Motion Ltd.* 418 F3d 1282 (2005).

[45] *NTP Inc. v. Research in Motion, Ltd.* No. 03-1615 (December 14, 2004).

[46] *Octane Fitness, LLC v. ICON Health & Fitness, Inc.*, 134 S. Ct. 1749, 1756-58 (2014).

[47] *OLG Düsseldorf, InstGE 7, 258 – Loom-Möbel?*

[48] *Ormco Corp. v. Align Tech., Inc.*, 609 F. Supp. 2d 1057 (C. D. Cal. 2009).

[49] *Paper Converting Mach. Co. v. Magna-Graphics Corp.*, 745 F. 2d 11 (Fed. Cir. 1984).

[50] *Pfaff v. Wells Electronics, Inc.* 525 U. S. 55, 57 (1998).

[51] *Philips Electronics NV v. Remington Consumer Products Ltd.* [2001] RPC 38.

[52] *Phillips v. AWH Corp.*, 415 F. 3d 1303, 1315 (Fed. Cir. 2005).

[53] *Pinefair Pty Ltd v. Bedford Industries Rehabilitation Assn Inc*, (1998) 87 FCR 458.

[54] *Rosen v. NASA* 152 USPQ 757, 768 (1966).

[55] *Saccharin v. Anglo-Continental Chemical Works*, RPC 307 [1900].

[56] *Seafolly Pty Limited v. Fewstone Pty Ltd.* [2014] FCA 321.

[57] *Smith, Kline & French Laboratories Ltd. v. Evans Medical Ltd.* (1989) FSR 513, 518; *McDonald v. Graham* (1994) RPC 407.

[58] *Sony Corp. of Am. v. Universal City Studios, Inc.* 464 U. S. 417 (1984).

[59] *Star Athletica LLC v. Varsity Brands Inc et al.* 580 U. S. (2017).

[60] *State Street Bank and Trust Company v. Signature Financial Group, Inc.*, 149 F. 3d 1368 (Fed. Cir. 1998).

[61] *Transocean Offshore Deepwater Drilling, Inc. v. Maersk Contractors USA, Inc.* 617 F. 3d 1296 (Fed. Cir. 2010).

[62] *Wilson v. Simpson* 50 U. S. (9 How.) 109, 123-24 (1850).

[63] 福建侨龙专用汽车有限公司诉陈某著作权侵权纠纷案[(2015)闽民终字第990号]。

[64] 李宪奎诉中华人民共和国拱北海关等发明专利侵权纠纷案[广东省高级人民法院(2004)粤高法民三终字第288号]。

[65] 广东群兴玩具有限公司诉蔡某某侵犯著作权纠纷案[广东省高级人民法院(2010)粤高法民三终字第115号]。

[66] 复旦开圆文化信息(上海)有限公司诉上海联家超市有限公司、福建冠福现代家用股份有限公司著作财产权纠纷案[上海市第二中级人民法院(2006)沪二中民五(知)初字第240号]。

[67] 深圳腾讯计算机系统有限公司诉北京世纪百旺商贸有限公司、佛山市康福尔电器有限公司侵犯著作权纠纷案[北京市朝阳区人民法院(2007)朝民初字第17052号]。

[68] 张砚钧诉北京世纪卓越信息技术有限公司、特别关注杂志社侵犯著作权纠纷案[北京市朝阳区人民法院(2011)朝民初字第22988号]。

[69] 赵呈利诉张武.山东省口腔医院侵害著作权纠纷案[(2016)鲁01民终2416号]。